**Ignacio Etchebarne, Juan Martín Gómez Penedo
y Andrés Jorge Roussos** –editores–

Nuevos desarrollos en el tratamiento del
TRASTORNO DE
ANSIEDAD GENERALIZADA

Abordajes psicoterapéuticos, farmacológicos y debates actuales

MIÑO y DÁVILA
• E D I T O R E S •

Diseño de colección: Gerardo Miño
Armado y composición: Eduardo Rosende
Diseño de portada: Lic. Carina Terracina

Edición: Primera. Mayo de 2019

ISBN: 978-84-17133-40-5

IBIC: MMJ   [Psicología clínica]
MMJT [Psicoterapia]
VFJP [Hacer frente a la ansiedad y las fobias]

Lugar de edición: Buenos Aires, Argentina

MIÑO y DÁVILA
♦ E D I T O R E S ♦

dirección postal: Tacuarí 540 (C1071AAL)
Ciudad de Buenos Aires, Argentina
tel-fax: (54 11) 4331-1565
e-mail producción: produccion@minoydavila.com
e-mail administración: info@minoydavila.com
web: www.minoydavila.com
redes sociales: @MyDeditores, www.facebook.com/MinoyDavila

ÍNDICE

AGRADECIMIENTOS

Queremos agradecer y dedicar este libro a todas las personas que lo hicieron posible:

Los pacientes que nos enseñan a ser mejores clínicos.

Los colegas pares, jefes y supervisores que compartieron su expertise enriqueciendo nuestra labor clínica y de investigación.

El Equipo de Investigación en Psicología Clínica (EIPSI) que dio el espacio para el desarrollo de las investigaciones que dieron origen al libro.

Los colegas que se comprometieron a participar en esta obra integrativa, dándole un carácter único.

Las traductoras de los capítulos con autores angloparlantes y miembros de EIPSI que oficiaron de revisores de estilo de escritura para darle la mayor calidad posible a esta publicación, junto al equipo de la editorial Miño y Dávila.

A nuestras familias que siempre están detrás, en las sombras de producciones cómo está, acompañándonos y apoyándonos incansable e incondicionalmente.

A los lectores que, a partir de ese acto, se hacen parte de la diseminación de los contenidos que convergen en estos capítulos, con el propósito inalcanzable pero inevitable de aliviar el sufrimiento humano y promover el bienestar en todo el mundo.

PRÓLOGO

El trastorno de ansiedad generalizada (TAG) es una patología prevalente y crónica, que puede afectar severamente la calidad de vida de quien la padece. Si bien los avances en la comprensión y tratamiento de los trastornos de ansiedad en las últimas décadas han sido muy significativos, todavía muchas personas responden de modo parcial o inestable al tratamiento. El consenso es que hay aún un amplio margen para el perfeccionamiento de nuestras herramientas clínicas, lo cual mantiene, sin duda, el atractivo del tema para la comunidad investigativa.

Con el advenimiento de los modelos cognitivos y conductuales, la visión psicopatológica del trastorno se centró en la preocupación excesiva y su función, así como en la incontrolabilidad percibida del proceso. El perfil de activación fisiológica del TAG llamó la atención de los investigadores, dando lugar a nuevos modelos e intervenciones. El estudio del contenido de las preocupaciones en el TAG fue uno de los factores que llevaron al viraje del interés hacia los procesos cognitivos y al desarrollo de modelos psicopatológicos metacognitivos.

Tanto la psicopatología como el tratamiento del TAG pusieron en cuestión algunos presupuestos básicos del sistema diagnóstico de la American Psychiatric Association. Por un lado resultaba difícil definir la inclusión del TAG en el eje I del sistema multiaxial. Si bien muchos investigadores lo concebían como el trastorno de ansiedad "básico", su perfil de activación autonómica era distinto del de los otros trastornos de ese grupo. También se pensó que podía ser incluido en el eje relativo a los trastornos de personalidad, dado su inicio temprano, su cronicidad y su relación clara con variables temperamentales. Su alto grado de solapamiento con algunos trastornos del ánimo llevó por un lado al establecimiento de una regla jerárquica de diagnóstico, pero por sobre todo sembró un manto de duda sobre la real validez de la tajante división entre trastornos del ánimo y trastornos de ansiedad.

La alta comorbilidad del TAG también representó un desafío para el enfoque categorial neo-krapeliniano. Los resultados obtenidos en tratamientos de pacientes con trastorno de pánico comórbido con TAG dieron apoyo a la idea de mecanismos compartidos entre diversos trastornos del ánimo y de la ansiedad y eventualmente al desarrollo de conceptualizaciones y tratamientos transdiagnósticos. De hecho, una serie de constructos del emergente campo de la investigación transdiagnóstica, tales como el pensamiento recurrente negativo, el síndrome cognitivo atencional, la intolerancia de la incertidumbre o la sensibilidad a la ansiedad, fueron propuestos a consecuencia de la investigación de la psicopatología de este trastorno.

Uno de los méritos indudables de este libro es la consideración sistemática de todas estas aristas del trastorno de ansiedad generalizada. La introducción da cuenta del contexto y plan de la obra. La segunda sección está dedicada a la historia de la evolución de los criterios diagnósticos del trastorno y del desarrollo de tratamientos específicos para el mismo, mientras que la tercera, la más extensa, comienza con la presentación del "caso Darío". Este capítulo describe de modo claro e interesante el modo en que se construyó un material clínico para la investigación, combinando una fuente tomada del libro de casos del Manual Diagnóstico y Estadístico de los Trastornos Mentales y adaptada localmente por medio de una dramatización.

La ilustración clínica se ve seguida por la presentación de los diversos modelos psicopatológicos con apoyo empírico que se han propuesto para el TAG en diversas poblaciones (adultos, jóvenes, niños). Todos los modelos vigentes en la bibliografía contemporánea han sido incluidos; el lector encontrará una síntesis de los modelos psicodinámicos, cognitivo-conductuales, contextuales y neurobiológicos. La tercera sección del libro concluye con referencias a nuevos modelos y propuestas de tratamiento del TAG basadas en la regulación emocional, abordajes interpersonales de procesamiento emocional y también integrativos. Finalmente, la discusión final del libro realiza un análisis crítico de las estrategias de investigación utilizadas para perfeccionar el tratamiento del TAG y presenta posibles líneas futuras de investigación.

El volumen ofrece a los profesionales de la salud mental una información muy completa y actualizada sobre el trastorno de ansiedad generalizada, y lo hace en lengua castellana, lo cual lo convierte en una gran herramienta de referencia teórica y clínica, tanto para los profesionales formados como para psicoterapeutas en entrenamiento.

Este libro es producto del trabajo de un equipo de investigación en psicoterapia argentino con años de trayectoria compartida. Muchos de sus hallazgos con población local han sido plasmados en este volumen, lo que le da una mayor validez ecológica para los terapeutas latinoamericanos. Andrés Roussos, Ignacio Etchebarne, Juan Martín Gómez Penedo, Santiago

Juan y Laura Challú representan a distintas generaciones de terapeutas e investigadores que han sido compañeros de ruta en la construcción de una psicoterapia con apoyo empírico en la Argentina y Latinoamérica. A ellos se han sumado otros investigadores locales y del exterior, que han contribuido con su experticia a producir un libro equilibrado, útil y bien provisto de información. Sólo resta felicitarlos y augurarles muchas ediciones.

Dr. Eduardo Keegan

INTRODUCCIÓN

El objetivo de este libro es presentar las principales conceptualizaciones y abordajes contemporáneos del Trastorno de Ansiedad Generalizada (TAG). El TAG representa un foco de interés clínico destacado debido a que es un trastorno muy prevalente en la población (cuarto trastorno mental más frecuente; Ver Anxiety and Depression Association of America, 2016) cuyo tratamiento suele ser complejo, con tasas de mejoría humildes. Esto ha llevado a que en la última década el TAG se haya convertido en un interés especial para los desarrollos clínicos, surgiendo diversos modelos de tratamiento en el contexto de diferentes marcos teóricos, con evidencia empírica que los sustente.

Si bien se han publicado obras anteriores dirigidas a entender y abordar el TAG (Ver por ejemplo, Bogiaizian, 2014, Cascardo y Resnik, 2006; Robichaud y Dugas, 2015), estos esfuerzos previos han estado circunscriptos a marcos de referencia específicos (por ejemplo, tratamientos farmacológicos, tratamientos cognitivo conductuales, etc.). Este libro representa la primera publicación integrada, trans-teórica, tanto en español como en otros idiomas, orientada a presentar las diferentes propuestas terapéuticas contemporáneas de diversos marcos teóricos, en conjunto con la evidencia empírica que sustenta sus efectos para tratar a estos pacientes.

A lo largo de este libro se buscará representar la evolución histórica, estatus actual y debates respecto al diagnóstico de TAG desde una perspectiva trans-teórica. Del mismo modo, se describirán y se ilustrará la aplicación de los distintos modelos y tratamientos "puros" e integrativos, desarrollados para el TAG (mediante capítulos especialmente orientados a estos fines). Finalmente, esta obra planteará un análisis crítico respecto del desarrollo de modelos de comprensión y abordaje para el TAG, identificando y proponiendo líneas futuras de investigación para mejorar el tratamiento de estos pacientes.

El libro se divide en tres secciones principales. En una primera, denominada "Contextualización del diagnóstico y tratamiento del TAG", se incluyen capítulos que presentan recorridos históricos a través de la evolución de los criterios diagnósticos y desarrollos de tratamientos para el TAG.

La segunda sección de este libro, titulada "Modelos y abordajes para el trastorno de ansiedad generalizada", está compuesta por los diferentes tratamientos de punta diseñados para abordar este cuadro. Esta sección cuenta con capítulos destinados a describir modelos etiopatogénicos y de abordaje desde distintos marcos teóricos para el TAG: se presentan modelos conductuales, cognitivo-conductuales tradicionales y de tercera ola, modelos psicodinámicos, perspectivas integrativas e incluso propuestas farmacológicas para conceptualizar y abordar el TAG, tanto en adultos como en niños y adolescentes.

Para facilitar la comprensión de las distintas perspectivas e ilustrar su aplicación en el contexto clínico, se ha planteado el uso de un mismo material clínico ficticio, denominado "El Caso Darío", que será descripto en un capítulo a estos fines. Los autores de los capítulos correspondientes a los distintos modelos de conceptualización y abordaje del TAG, tuvieron la consigna de incluir en ellos, la forma en que sus modelos podrían servir para entender la fenomenología del caso Darío, así como también las estrategias de intervención posibles sobre este caso, en base a sus propuestas terapéuticas. A partir de la utilización de este caso ficticio compartido, se busca ilustrar la aplicación de los distintos tratamientos, permitiendo identificar semejanzas y diferencias en las propuestas. Es de esta forma que el trabajo intenta presentar una conceptualización rica desde el punto de vista teórico y sólidamente fundamentada en investigación básica y aplicada, y al tiempo ilustrar la ejecución de las principales intervenciones para el TAG mediante el uso del caso ficticio.

La tercera sección de este trabajo está conformada por la discusión del libro, a cargo de los editores del volumen. Esta discusión intentará superar una mera síntesis de los capítulos del libro, centrándose en discutir las implicancias clínicas del panorama general presentado a través de los capítulos previos, así como también en plantear líneas actuales e ideas futuras de investigación para continuar optimizando los resultados de los tratamientos para el TAG.

Si bien la lectura completa del libro puede aportar una visión integral sobre la problemática y abordaje del TAG, cada uno de los capítulos, incluida la discusión, fueron escritos para que puedan ser leídos en forma independiente, a modo de volumen de consulta, incluyendo una discusión por separado de cada capítulo.

El trabajo plasmado en los capítulos de este libro puede servir tanto para psicólogos como psiquiatras que desean tener un entendimiento abarcativo de los diferentes modelos para entender y tratar pacientes con TAG, pudiendo aplicar e integrar estos conocimientos a sus prácticas clínicas cotidianas. Además, esta obra puede servir a estudiantes avanzados de psicología, para tener una comprensión de la psicopatología del cuadro, en términos de sus vulnerabilidades asociadas, factores desencadenantes y mecanismos de mantenimiento. Finalmente, este trabajo puede ser útil para investigadores interesados en el TAG, brindando un panorama de las diversas líneas de investigación posibles en conjunto con una visión crítica de ellas, en términos de sus implicancias asociadas.

De esta manera, esta obra, en su conjunto apunta a presentar información actualizada desde diferentes perspectivas teóricas, intentando realizar una aporte para facilitar el diagnóstico, conceptualización, abordaje y estudio del TAG, teniendo como objetivo último, el fin necesario de toda aproximación clínica: facilitar el proceso de ayudar a las personas que día a día padecen este trastorno.

Etchebarne, Gómez Penedo y Roussos

Referencias

Anxiety and Depression Association of America (2016). *Facts & Statistics*. Recuperado de https://adaa.org/about-adaa/press-room/facts-statistics#

Bogiaizian, D. (2014). *Preocuparse de más*. Buenos Aires: Lumen Humanitas.

Cascardo, E. y Resnik, P. (2006). *Trastorno de Ansiedad Generalizada*. Buenos Aires: Editorial Polemos.

Robichaud, M., y Dugas, M.J. (2015). *The Generalized Anxiety Disorder Workbook: A Comprehensive CBT Guide for Coping with Uncertainty, Worry, and Fear (New Harbinger Self-help Workbooks)*. Oakland, CA: New Harbinger Publications.

— SECCIÓN I —

Contextualización del diagnóstico y tratamiento del Trastorno de Ansiedad Generalizada

Evolución histórica y debates sobre el diagnóstico de Trastorno de Ansiedad Generalizada

Dr. Ignacio Etchebarne
Universidad de San Andrés y Human Intelligence (HI)

Dr. Santiago Juan
Universidad de Buenos Aires

Dr. Andrés Roussos
Universidad de Buenos Aires y CONICET

Introducción

El presente capítulo busca recorrer de forma sintética la evolución histórica del diagnóstico de Trastorno de Ansiedad Generalizara (TAG) y brindar una visión panorámica de los debates vigentes respecto de su entidad nosológica y su tratamiento. Ambos puntos contextualizan el desarrollo que los sucesivos capítulos de este libro efectúan a propósito del abordaje del trastorno. Las líneas de discusión que se presentan en este capítulo, a su vez, buscan guiar la reflexión del lector a lo largo del libro, en un sentido crítico y orientado a una visión operativa de conjunto. Al mismo tiempo, instamos a que tanto la evolución histórica del diagnóstico como las actuales discusiones sobre su abordaje, sean un telón fondo al momento de idear estrategias concretas con pacientes concretos que cumplan criterios de ansiedad generalizada.

Este capítulo ha sido construido a partir de los trabajos de Etchebarne (2014) y Juan (2014) sobre intervenciones y estrategias iniciales en el abordaje del TAG. Asimismo, para un mayor detalle de los puntos sintetizados, se recomienda la lectura de los trabajos de Etchebarne, Juan, Gómez Penedo y Roussos (2016) y de Etchebarne, Juan y Roussos (2016) sobre la conceptualización y abordaje clínico de la ansiedad generalizada.

Evolución histórica del diagnóstico de TAG

Conceptos históricamente asociados con el diagnóstico de TAG

El TAG y la neurastenia. Si bien la noción de TAG es reciente en comparación con otros trastornos de ansiedad (como las fobias específicas, el trastorno obsesivo-compulsivo, o el estrés postraumático), la ansiedad o angustia crónica y persistente ha sido objeto de estudio desde el surgimiento mismo de la psicoterapia. Varios autores (Barlow, 2002b/2004; Bleichmar,

1999; Rickels y Rynn, 2001; Roemer et al., 2002/2004) han ubicado el origen del TAG en la nomenclatura freudiana clásica de "neurosis de angustia" (Freud, 1893/1996: 220; 1895a/1996: 92), la cual fue reinterpretada tanto por investigadores de corte cognitivo-conductual, así como por los equipos de trabajo de los sucesivos DSMs y CIEs.

Sin embargo, "neurosis de angustia" (Freud, 1893/1996: 220; 1895a/ 1996: 92) no fue el primer nombre que se le asignó a la sintomatología comprendida dentro de lo que hoy conocemos como TAG. Con anterioridad a Freud, este conjunto de síntomas fue ubicado dentro de un cuadro más abarcativo, denominado por Beard (1869: 217) como "neurastenia" "agotamiento nervioso" o "agotamiento del sistema nervioso". De acuerdo con ese autor, dichos términos derivaban de la noción rudimentaria de "astenia nerviosa", introducida por Barker, que hasta ese momento solamente circulaba en conversaciones informales entre médicos.

La neurastenia se caracterizaba, según Beard (1869: 218), por la presencia de síntomas de agotamiento nervioso, cuya presentación clínica consistía en "quejas de malestar general, debilitación de todas las funciones, falta de apetito, debilidad duradera en la espalda y columna, dolores neurálgicos fugitivos, histeria, insomnio, hipocondriasis, aversión al trabajo mental consecutivo, severos y debilitantes ataques de dolor de cabeza, y otros síntomas similares", sin presentar patología orgánica. La neurastenia, además, podía presentar un curso tanto agudo como crónico, ser tanto el efecto de enfermedades agudas o crónicas –tales como fiebre, anemia y dispepsia–, así como la causa de estas mismas enfermedades o de otras como el insomnio, dolores de cabeza, parálisis, anestesia, neuralgia, gota, espermatorrea en el hombre e irregularidades menstruales en la mujer (Beard, 1869: 218).

El TAG y la neurosis de angustia. Freud (1893/1996, 1895a/1996) inició el proceso de fragmentación de categorías psicopatológicas más amplias que desembocó en lo que hoy conocemos como TAG, al haber separado de la neurastenia al síndrome que denominó y conceptualizó como neurosis de angustia. Según este autor, dicho cuadro era una "neurosis sexual" (Freud, 1893/1996: 217) sin tramitación psíquica (Freud, 1894a/1996) provocada por prácticas sexuales inadecuadas (*coitus-interruptus* u onanismo).

Dada la falta de procesamiento psíquico teorizada para la neurosis de angustia, Freud (1896/1996: 168) posteriormente la conceptualizó como una "neurosis simple" y, subsiguientemente, como una "neurosis actual" (Freud, 1898/1996: 271) –junto con la neurastenia y la hipocondría (Freud, 1914/1996: 80, 1917/1996: 355)–, por deberse a causas inmediatas, "actuales". De este modo, las diferenció de las "neuropsicosis de defensa" o "psiconeurosis", que sí implicaban una formación de compromiso con participación de instancias psíquicas (Freud, 1896/1996: 168, 1898/1996, 1917/1996: 354).

La neurosis de angustia podía presentarse de dos formas: como un "estado permanente" de angustia sobre diversas áreas (el cuerpo, el entorno y la autoeficacia) o como una combinación de dicho estado permanente y "ataques de angustia" (Freud, 1893/1996: 220-221). Esta formulación, junto con otras que desarrolló previamente, convirtieron a Freud en el primero en conceptualizar clínicamente a la preocupación excesiva (Rickels y Rynn, 2001: 5) y en vincularla a lo que hoy se conoce como TAG entre los diagnósticos psiquiátricos. En el capítulo de este libro "Comprensión y abordajes psicoanalítico-psicodinámicos del Trastorno de Ansiedad Generalizada" de Juan, Gómez Penedo y Roussos, se analiza más de cerca este origen histórico de la noción de TAG en la obra freudiana.

El diagnóstico "TAG" en la evolución de los sistemas CIE y DSM

Según Kramer (1968), Kramer et al. (1979), Marchall y Klein (2002/2003) y Widiger (2005), fue recién en la CIE-6, publicada en 1948, que los trastornos mentales obtuvieron un apartado propio y que, dentro del grupo de los "desórdenes psiconeuróticos", se incluyó a la "reacción de ansiedad sin mención a síntomas somáticos" (Kramer et al., 1979: 257). Esta última pareciera ser un precursor del TAG.

En lo que se refiere al DSM, Widiger (2005: 65) y Kramer (1968: xi) explicaron que la primera edición del mismo, el DSM-I [American Psychiatric Association (APA), 1952] surgió de la fusión de la sección de trastornos mentales de la CIE-6 y la Nomenclatura de la *Veterans Administration* del ejército de los Estados Unidos, desarrollada durante la segunda guerra mundial. En este manual también es posible encontrar un precursor del TAG: la sintomatología asociada a este cuadro fue incluida en términos de una "reacción de ansiedad", dentro del grupo de los trastornos psiconeuróticos del DSM-I (APA, 1952: 32).

A partir de la mayor aprobación que recibió el DSM-I, y en un intento por proveer un territorio común que satisficiera las necesidades de psiquiatras con diferentes orientaciones teóricas, la CIE-8, publicada en 1968, se desarrolló en forma coordinada con el DSM-II (Kramer, 1968; Marchall y Klein, 2002/2003; Widiger, 2005).

En el DSM-II (APA, 1968: 39) la noción de "reacción" de ansiedad fue sustituida por la de "neurosis de ansiedad" y ubicada dentro del grupo de las "neurosis". Este síndrome, al igual que su precursor en el DSM-I, estaba íntimamente relacionado con el concepto homónimo creado por Freud (1895a/1996) y se caracterizaba por la presencia de una aprehensión ansiosa o patológica, descripta en términos de una "preocupación excesiva y ansiosa" (en inglés, "*anxious over-concern*", DSM-II, APA, 1968: 39), en donde la ansiedad, al igual que en caracterizaciones anteriores de este cuadro, no estaba circunscripta a objeto alguno ni a ninguna situación en particular, y también se asociaba a sintomatología somática. Dicha aprehensión patológica se diferenciaba de la aprehensión o miedo normales en cuanto que ocurría ante situaciones sin peligro real. A diferencia del síndrome descrito en DSM-I, la neurosis de ansiedad del DSM-II se asoció explícitamente tanto con una expectación ansiosa, como con reacciones de pánico.

Instalación del diagnóstico de "TAG" en el sistema DSM

La denominación "TAG" apareció por primera vez en el sistema DSM en su tercera edición. El TAG del DSM-III (APA, 1980) se caracterizó por la presencia de ansiedad generalizada y persistente durante, al menos, un mes de duración. Dicha ansiedad generalizada se evidenciaba por la presencia de síntomas comprendidos en un listado de cuarenta y tres síntomas de ansiedad –treinta y cuatro corporales y nueve cognitivos–, agrupados en cuatro categorías. Para cumplir el criterio diagnóstico, el paciente debía tener síntomas de tres o más categorías. Estas son:

1. *Tensión motora*: temblor, sobresalto, fatigabilidad fácil, tensión, dolor muscular, inhabilidad para relajarse, contracción nerviosa del párpado, expresión facial de agotamiento, inquietud, incansabilidad, etc.
2. *Hiperactividad autonómica*: transpiración, taquicardia, boca seca, mareos, parestesias, malestar estomacal, episodios de frío o calor, urinación frecuente, ruborización, frecuencia cardíaca y respiratoria elevados durante el reposo, etc.
3. *Expectación aprehensiva*: ansiedad, preocupación, miedo, rumiación y anticipación de eventos desafortunados para sí mismo/a u otras personas.
4. *Vigilancia y escaneo*: hipervigilancia resultando en distractibilidad, dificultad para concentrarse, insomnio, sentirse al límite, irritabilidad e impaciencia (DSM-III, APA, 1980: 233).

Al ubicar a la preocupación dentro del grupo de síntomas asociados a la expectación aprehensiva, el DSM-III implicó, en este sentido, un retorno a la reacción de ansiedad del DSM-I, ya que la ubicaba como un síntoma optativo del TAG. Como se verá más adelante, el rol de la preocupación en este trastorno continúa siendo debatido.

Dado que en el DSM-III el TAG sólo podía diagnosticarse en ausencia de síntomas propios de otros trastornos de ansiedad, varios autores (Brown et al., 2001; Sandín y Chorot, 1995, Vetere, 2009) consideraron que, en la práctica, esta condición convertía al cuadro en una categoría diagnóstica residual. Además, tal como afirmaron Brown y colegas (2001), el TAG del DSM-III presentaba gran imprecisión diagnóstica, ya que, dada la brevedad y diversidad de los síntomas que incluía, cualquier episodio de ansiedad elevada que no cumpliera con los criterios diagnósticos de otro trastorno de ansiedad podía ser englobado dentro de esta definición de TAG.

El TAG en el DSM-III-R y el rol de la preocupación. En el DSM-III-R (APA, 1987), al permitirse el diagnóstico de cuadros comórbidos, el TAG pasó a ser un diagnóstico válido en sí mismo y empezó a recibir plena atención de parte de los clínicos e investigadores (Barlow, 2002 a y b/2004; Cía, 2002; Keegan, 2007; Kessler, 2002/2003). Una segunda modificación presente en esa edición del manual de la APA fue la reubicación de la preocupación al mismo nivel jerárquico que la ansiedad, como síntomas patognomónicos del TAG, debiendo ser ambas de carácter excesivo o no realista y acerca de dos o más áreas.

A partir del DSM-III-R, la ansiedad y preocupación excesiva pasaron a ser requisitos necesarios y suficientes de la noción de "expectación aprehensiva", presente en las sucesivas versiones del DSM. Hubo otras modificaciones realizadas al diagnóstico de TAG en este manual. En primer lugar, se operacionalizaron en mayor detalle las nociones de generalidad y persistencia debiendo la expectación aprehensiva estar presente la mayoría de los días y referirse a dos o más circunstancias vitales que no estuvieran vinculadas con otros trastornos clínicos (eje I del DSM).

En segundo lugar, la duración mínima del cuadro fue extendida a seis meses. Según Brown y colaboradores (2001), esto se realizó para facilitar la diferenciación del TAG respecto de reacciones transitorias ante acontecimientos vitales estresantes como, por ejemplo, el trastorno adaptativo. Kessler (2002/2003) afirmó, además, que si bien se había descubierto que la comorbilidad entre TAG y depresión disminuía cuando la duración del TAG era mayor, incluso con este nuevo criterio de seis meses de duración la comorbilidad general del TAG continuaba siendo elevada. En la segunda parte del capítulo se volverá sobre los debates que la comorbilidad genera en torno a la ansiedad generalizada.

Un tercer cambio presente en el TAG del DSM-III-R consistió en las siguientes modificaciones del listado de cuarenta y tres síntomas de ansiedad opcionales, presente en el DSM-III: por un lado, se removió del mismo la categoría de *"expectación aprehensiva"*, reubicándola como un criterio diagnóstico adicional del TAG y convirtiéndola, de este modo, en un requisito diagnóstico *sine qua non*. Por otro lado, los treinta y nueve síntomas restantes del listado fueron reducidos a dieciocho síntomas de ansiedad, quince corporales y tres cognitivos. Además, se flexibilizó el criterio categorial sintomático, exigiendo únicamente la presencia de seis o más síntomas, independientemente de que se ubicaran en la categoría de *tensión motora*, *hiperactividad autonómica*, y/o *vigilancia y escaneo*.

La cuarta y última modificación del TAG del DSM-III-R consistió en dos restricciones que se impusieron al diagnóstico de este cuadro: por un lado, el mismo no podía asignarse cuando el síndrome se presentaba únicamente durante el curso de un trastorno del ánimo o un cuadro psicótico. Por el otro lado, el diagnóstico de TAG sólo podía asignarse a mayores de 18 años, siendo reemplazado por el diagnóstico de Trastorno de Ansiedad Excesiva ([TAE], en inglés, "*overanxious disorder*", DSM-III-R, APA, 1987: 63-5) para menores de edad, o para adultos que no cumplían los criterios diagnósticos de TAG, pero sí los de TAE.

El TAG en el DSM-IV: hacia un diagnóstico sin hiperactividad autonómica. De acuerdo con Widiger (2005), el mandato de la Task Force del DSM-IV incluyó una mejor coordinación con la CIE-10 y una mayor revisión crítica de documentación que proveyese apoyo empírico al manual. Siguiendo con dicho mandato, en el DSM-IV (APA, 1994) se volvieron a realizar múltiples modificaciones al diagnóstico de TAG.

En primer lugar, se abandonó la noción de ansiedad y preocupación "no realistas", presente en el DSM-III-R, enfatizando el carácter excesivo de las mismas. Según Roemer y equipo (2002/2004) este cambio se basó en investigaciones que evidenciaron que el criterio de preocupación no realista era menos discriminante que el criterio de preocupación excesiva, respecto del TAG y otras poblaciones clínicas.

En segundo lugar, se desmanteló parte de la operacionalización de la ansiedad y preocupación excesiva, incluida en el DSM-III-R. Por un lado, se conservó la duración mínima del cuadro, de seis meses, y la exigencia de una frecuencia prácticamente diaria. Por otro lado, en vez de limitar la expectación aprehensiva a dos o más dominios de la vida del paciente, se imprecisó su definición, describiendo, únicamente, que la misma debía referiese a "un número de eventos o actividades" (DSM-IV, APA, 1994: 432 y 435). De acuerdo con Roemer y colegas (2002/2004), esta última modificación se basó en el hecho de que múltiples investigaciones resaltaron que las personas con TAG se preocupaban por cuestiones de todos los días (es decir, el contenido de sus preocupaciones no difería de las preocupaciones de la mpoblación no clínica), pasando a ser más discriminante el carácter persistente y generalizado de la preocupación.

En línea con lo señalado por Roemer y equipo (2002/2004) en el párrafo anterior, el tercer cambio introducido en el TAG del DSM-IV consistió en que se incrementó aún más el énfasis de los componentes cognitivos de la ansiedad para el establecimiento del diagnóstico. Así, se agregó la dificultad para controlar las preocupaciones como criterio diagnóstico adicional, resaltándose el rol primordial de la preocupación en el cuadro. Se redujo de seis a tres el mínimo de síntomas de ansiedad requeridos para asignarse este diagnóstico, y el listado de dichos síntomas se redujo de dieciocho a seis, siendo cuatro corporales y dos cognitivos. A su vez, entre los síntomas que se mantuvieron, ninguno pertenecía a la categoría de hiperactividad autonómica, dejando de ser ésta un criterio diagnóstico del TAG a partir de dicha edición del DSM.

De acuerdo con Roemer y colaboradores (2002/2004), la eliminación de la sintomatología de activación autonómica se basó en que múltiples investigaciones evidenciaron una restricción autonómica en los pacientes con TAG, que los diferenciaba significativamente de quienes padecían un trastorno de angustia (por ejemplo, Thayer, Friedman y Borkovec, 1996; Barlow, Chorpita y Turovsky, 1996, tal como se cita en Barlow y Durand, 2011). Por esta razón, Barlow y equipo (tal como se cita en Barlow y Durand, 2011) han dado en llamarlos "restrictores autonómicos".

Como cuarto cambio introducido en el TAG del DSM-IV, se modificó la restricción respecto de la asignación del diagnóstico, a partir de una edad mínima y respecto de la presencia/ausencia de trastornos del ánimo o cuadros psicóticos. Por un lado, se extendió la restricción a aquellos casos donde la ansiedad y preocupación ocurrían únicamente durante el curso de un trastorno de estrés postraumático (TEPT) o un trastorno generalizado del desarrollo (TGD). Esto evidenciaba, como señalaron Brown y equipo (2001) que si bien el TAG había dejado de ser un diagnóstico residual desde el DSM-III-R, incluso en el DSM-IV continuaba relegándoselo frente a otros trastornos comórbidos. Lo recién mencionado reflejaba, también, que aún persistían debates respecto de si existía suficiente evidencia empírica como para considerar al TAG como una categoría diagnóstica válida en sí misma. Algunas de estas discusiones siguen vigentes hasta hoy, como se verá más adelante.

Por otro lado, se eliminó el trastorno de ansiedad excesiva (TAE) del DSM-IV y la restricción del diagnóstico de TAG para menores de edad. De este modo, los menores de edad que según el DSM-III-R presentaban un TAE, pasaron a ser diagnosticados con un TAG, y los mayores de edad con TAE pasaron a tener un trastorno de ansiedad no especificado (TANE). La quinta y última modificación consistió en la adición del requisito diagnóstico de presencia de malestar clínicamente significativo o deterioro social y/o laboral a causa de la ansiedad, preocupación y/o síntomas físicos. Este último criterio se agregó porque a pesar de que muchos clínicos consideraban que el TAG era una problemática de poca gravedad, varias investigaciones señalaron lo contrario (Brown et al., 2001; Judd et al., 1998).

En lo que se refiere al DSM-IV-TR (APA, 2000), ésta fue la primera edición del manual de la APA en la que no se introdujo modificación alguna en el diagnóstico de TAG respecto de su edición anterior, y a pesar de poseer diferencias respecto de la definición de TAG presente en la CIE-10 (OMS, 1994/2000). Esta ausencia de modificaciones no se sustenta en la existencia de un pleno acuerdo o satisfacción con la definición del TAG del DSM-IV, sino en que, según Widiger (2005), en el DSM-IV-TR no se realizó ningún cambio sustancial en los criterios diagnósticos, y no se eliminó ni adicionó ningún tipo de trastorno mental, porque el propósito principal de dicha edición del DSM fue el de actualizar la información acerca de la edad de inicio, curso, prevalencia, historia familiar y discusión de cada trastorno presente en el manual.

Diferencias entre los sistemas DSM y CIE: el TAG preocupado y restrictor versus el TAG hiperactivado y corporal

En lo que se refiere a las diferencias en las definiciones de TAG presentes en el DSM-IV-TR (APA, 2000) y la CIE-10 (OMS, 1994/2000), las mismas poseen implicancias clínicas significativas. En el primero la presencia de síntomas de activación autonómica pasó a ser irrelevante y la preocupación excesiva, el síntoma *sine qua non* del TAG. Para la CIE-10, en cambio, la activación autonómica era el requisito indispensable para el diagnóstico de este trastorno, el cual, además, no debía presentar comorbilidad con la mayoría de los trastornos de ansiedad para que su diagnóstico fuera posible. Asimismo, la CIE-10 incluyó sintomatología que en el DSM-IV formaba parte del diagnóstico del trastorno de angustia, como son el miedo a morirse o volverse loco. Slade y Andrews (2001) y Vetere (2009) afirmaron que tales diferencias indicaban que bajo el mismo nombre se estaba diagnosticando a dos grupos diferentes de personas. En este sentido, existirían dos subpoblaciones de TAG: el TAG "preocupado y restrictor" vs. el TAG "ansioso y activado". Estos estudios marcan un importante antecedente en términos de reconocer diferentes tipologías de pacientes con TAG y el desafío que esto plantea para la adecuada selección de tratamiento. En la conclusión del capítulo se volverá sobre este punto, que consideramos de especial relevancia.

El TAG en el DSM-5 y la CIE-11

Cuando el DSM-5 (APA, 2013a) finalmente se publicó, se retomaron por completo y textualmente los criterios diagnósticos de TAG (con algún mínimo reordenamiento de ítems) tal como habían sido publicados en el DSM-IV (APA, 1994) y en el DSM-IV-TR (APA, 2000). No obstante, ello no significó que el cuadro siguiera siendo idéntico a sus versiones publicadas anteriormente.

Por un lado, en el DSM-5 por primera vez no se aplicó restricción especial alguna al diagnóstico de TAG. Además, se modificó la conformación del grupo de los "trastornos de ansiedad". Éste pasó a incluir al "trastorno de ansiedad por separación", "mutismo selectivo", "fobia específica", "trastorno de ansiedad social (fobia social)", "trastorno de pánico", "agorafobia", "trastorno de ansiedad generalizada" y al "trastorno de ansiedad inducido por substancia/medicación" (DSM-5, APA, 2013a: 189-190). De este modo, figuró totalmente separado del trastorno obsesivo-compulsivo, del trastorno por estrés agudo y del trastorno de estrés postraumático, que en el DSM-IV-TR formaban parte del grupo de los trastornos de ansiedad.

De acuerdo con los autores del DSM-5, el grupo de los trastornos de ansiedad, incluía a aquellos cuadros que compartían características de miedo y ansiedad excesivos y perturbaciones conductuales relacionadas, en donde el miedo estaba usualmente asociado a activaciones autonómicas repentinas necesarias para el ataque o huida. Asimismo, dentro de este grupo era común la presencia de conductas persistentes de evitación como medio para reducir la ansiedad y/o el miedo. En este sentido, los trastornos de ansiedad se diferenciaban entre sí a partir del tipo de objeto o situación que inducía miedo, ansiedad o evitación, y la ideación cognitiva asociada a ello.

Por último, en el DSM-5 se incluyó la dirección URL a una sección de la página web de la APA en donde quedaron disponibles escalas específicas para algunos de los trastornos del manual, cuyo fin consistió en facilitar una caracterización más adecuada de la severidad y curso del trastorno. En lo que respecta al TAG, se proveyó online la Escala de Gravedad del Trastorno de Ansiedad Generalizada en su versión para adultos (APA, 2013b) y para menores, de 11 a 17 años de edad (APA, 2013c). A pesar de que se presenta cada versión de la escala separadamente, ambas versiones son idénticas tanto en cantidad de ítems, fraseo, consigna, puntaje e interpretación.

Se recomendó el uso de la Escala de Gravedad del Trastorno de Ansiedad Generalizada (APA, 2013b, 2013c) tanto para pacientes diagnosticados con un TAG como para pacientes con "síntomas significativos de ansiedad generalizada". La misma constó de los siguientes diez ítems a ser puntuados de 0 a 4 (APA, 2013b, 2013c: 2):

Durante los siete días pasados, yo...

1. Sentí momentos de terror, miedo o espanto repentino.
2. Me sentí ansioso, preocupado o nervioso.
3. Tuve pensamientos sobre la ocurrencia de cosas malas, tales como tragedia familiar, enfermedades, despido de mi trabajo o accidentes.
4. Sentí palpitaciones, traspiración excesiva, dificultad para respirar, desmayos o temblores.
5. Sentí tensión muscular, al límite o fatigado, o tuve dificultades para relajarme o dormir.
6. Esquivé, evité o me abstuve de entrar en situaciones sobre las que me estuve preocupando.

7. Abandoné situaciones tempranamente o participé mínimamente a causa de mis preocupaciones.
8. Dediqué muchísimo tiempo a tomar decisiones, posponiendo tomar decisiones, o preparándome para situaciones, a causa de mis preocupaciones.
9. Busqué reaseguros por parte de otros a causa de mis preocupaciones.
10. Necesité ayuda para lidiar con mi ansiedad (por ejemplo, alcohol o medicación, objetos supersticiosos u otras personas).

La escala de severidad del TAG sorprende por múltiples motivos. Tal como se mencionó en párrafos anteriores, para el establecimiento del diagnóstico de TAG en el DSM-5 se retomaron los criterios diagnósticos del DSM-IV y del DSM-IV-TR. Sin embargo, el primer ítem describe sintomatología asociada en dichos manuales al trastorno de angustia. Además, el cuarto ítem incluye sintomatología de activación autonómica, la cual había sido excluida del TAG en estos manuales y se la vinculaba, también, al pánico. Por último, en el sexto al noveno ítem se incluyeron síntomas adicionales (reaseguro, procrastinación, perfeccionismo y evitación de situaciones que preocupan), propuestos originalmente en los borradores del DSM-5, los cuales nunca habían sido asociados al TAG en ninguna de las versiones publicadas del DSM.

En este sentido, el DSM-5 parece contradecirse a sí mismo respecto de la definición del TAG. Sin embargo, en la subsección sobre el curso y desarrollo del TAG, se mencionó que estos síntomas podían presentarse en niños y adolescentes con este trastorno. Asimismo, se explicó que, a pesar de los problemas existentes en los sistemas diagnósticos categoriales, según la Task Force del DSM-5 era científicamente prematuro proponer diagnósticos alternativos para la mayoría de los trastornos. En este sentido, y para evitar entorpecer la investigación y práctica clínica actuales, se ubicó al DSM-5 y a su estructura organizativa como un "documento vivo" que facilite el desarrollo futuro de criterios dimensionales que puedan suplementarse o reemplazar al sistema diagnóstico actual (APA, 2013a: 13).

En lo que se refiere a los primeros borradores de la CIE-11 (OMS, 2012a, 2012b), si bien se aclara que las definiciones no han sido aprobadas aún y, además, que son actualizadas diariamente, el TAG figura presente desde el inicio, aunque en forma muy sucinta. Asimismo, a pesar de que el borrador de la CIE-11 fue actualizado oficialmente numerosas veces desde 2012, el cuadro se ha mantenido estable (OMS, 2013, 2018). El mismo ha sido definido como una condición caracterizada por "ansiedad que es generalizada y persistente, pero que no se limita a, o incluso, que no predomina fuertemente en, ninguna circunstancia ambiental en particular (es decir, es 'libremente flotante')" (OMS, 2018, Definición). Asimismo, la preocupación no ha sido considerada como el síntoma patognomónico del TAG. En su lugar, los autores de la CIE-11 explicaron que los síntomas dominantes del cuadro eran variables, entre los que se incluyó a la preocupación en términos de "nerviosismo" y temores sobre la salud y seguridad propia y de seres queridos (OMS, 2018, Definición). Otros síntomas opcionales mencionados fueron temblores, tensión muscular, sudoración, inestabilidad, palpitaciones, sensación de mareo y malestar epigástrico. De este modo, la definición del borrador de la CIE-11 no sólo defirió de la definición de la CIE10, sino que, además, acrecentó aún más la brecha existente entre las CIE y los DSM, respecto del TAG.

Debates relacionados con la delimitación diagnóstica del TAG y su tratamiento

Tal como se describió hasta aquí, las modificaciones en la definición del TAG introducidas en las distintas ediciones del DSM (APA, 1980, 1987, 1994, 2000 y 2013a) y de la CIE (OMS, 1994/2000, 2012a, 2012b, 2013, 2018) mantienen relativamente intacta su naturaleza en tanto trastorno de ansiedad aislado. Sin embargo, por fuera de estos manuales, la propia naturaleza de este trastorno –y consecuentemente, su implicancia diagnóstica– está siendo discutida desde múltiples ejes de investigación. Por otra parte, han surgido numerosas propuestas para entender el rol de la preocupación en el TAG y su tratamiento (ver, por ejemplo: Behar et al., 2009; Etchebarne, Juan y Roussos, 2016), que marcan otra zona de discusión y debate en torno al cuadro. Estos focos de debate se sintetizan a continuación. Consideramos que, junto con las particularidades de su evolución como entidad diagnóstica, este grupo de discusiones completa el panorama actual sobre las diferentes formas en las que hoy se estudia y se debate en la comunidad científico-clínica respecto de la ansiedad generalizada.

El TAG: ¿trastorno de ansiedad o de personalidad?

El primer eje de debate gira en torno a la cuestión de si el TAG es un trastorno de ansiedad (eje I de los DSMs) o si, en realidad, se trata de un trastorno de personalidad en sí mismo (eje II de los DSMs). Dentro del marco teórico cognitivo-conductual –alineado con psicopatología estadística y descriptiva del DSM–, la posición estándar ha consistido en considerar al TAG como un trastorno de ansiedad, asociado con neuroticismo, afecto negativo y los trastornos de personalidad dependiente y evitativo (Vetere, Portela y Rodriguez Biglieri, 2007). Sin embargo, algunos de sus exponentes han sugerido que el TAG en sí mismo podría ser un trastorno de personalidad.

Los primeros investigadores que propusieron esta hipótesis fueron Akiskal (1985), Sanderson y Wetzler, en 1991 (citados en Vetere et al., 2007) y Beck, Stanley y Zebb (1996). Vetere y equipo (2007) reevaluaron esta declaración y sus hallazgos sugirieron que el TAG podría constituir un trastorno de personalidad, caracterizado no sólo por la preocupación crónica, sino también, por un estilo de apego dependiente, una tendencia general al razonamiento emocional y una predisposición a priorizar las necesidades de los demás por sobre las propias.

Hale, Klimstra y Meeus (2010), por su parte, aportaron evidencias respecto de que la tendencia a preocuparse en el TAG podría ser un factor de riesgo para el desarrollo de neuroticismo y no a la inversa, como usualmente se ha afirmado. De acuerdo con estos autores, si bien el neuroticismo y la preocupación patológica eran constructos diferentes e interrelacionados, en su investigación esta última tendió a preceder temporalmente y a predecir el desarrollo de neuroticismo. Por este motivo, coincidieron con los otros autores citados, sugiriendo que el TAG debería conceptualizarse como un trastorno de personalidad o del carácter.

Dentro del marco psicoanalítico, los principales investigadores acerca de tratamientos psicodinámicos para el TAG han mantenido la categorización del TAG del DSM-IV-TR, como un trastorno de ansiedad (por ejemplo, Crits-Christoph, 2002; Crits-Christoph et al., 1996; Ferrero et al., 2007; Leichsenring et al., 2009). A diferencia de esto, la Task Force del *Psychodynamic Diagnostic Manual* ([PDM] Ferrari et al., 2006; McWilliams et al., 2006) ha conceptualizado al TAG en dicho manual diagnóstico, como un "trastorno de personalidad ansiosa", excluyéndolo en forma explícita del grupo de los trastornos de ansiedad (también incorporados allí), hipotetizando que la ansiedad en el TAG sería el organizador fundamental de la personalidad. En el capítulo ya citado de Juan, Gómez Penedo y Roussos se abordará en detalle la conceptualización que tanto el PDM como el campo psicodinámico en sentido amplio ofrecen para el TAG.

El TAG: ¿trastorno de ansiedad o de preocupación?

El segundo eje de debate gira en torno a la importancia relativa de la ansiedad o la preocupación para la comprensión del TAG. El mismo se vio plasmado en la tentativa de la *Task Force* del DSM-5, respecto de cambiarle el nombre por el de trastorno de preocupación generalizada o patológica (Andrews et al., 2010).

Si bien Freud (1893/1996) planteó que las representaciones penosas y la angustia expectante (o expectativa angustiada) estaban conectadas en la neurosis de angustia, su teoría respecto de la etiología y factores de mantenimiento de esta problemática resaltaron el componente somático, en términos de excitación somática no tramitada o tóxica, sin intermediación psíquica o simbólica sintomática (Freud, 1893/1996, 1894a/1996,

1894b/1996, 1895a/1996, 1895b/1996). En este sentido, si bien fue un pionero en la vinculación del proceso de preocupación (conceptualizada como expectativa angustiada) con una entidad psicopatológica, le otorgó un rol secundario y subsidiario de la angustia.

La posición de Freud respecto del rol de la angustia en la neurosis de angustia es actualmente debatida desde dentro del psicoanálisis. Por ejemplo, Bleichmar (1999) planteó, con relación al TAG y al pánico, la existencia de un proceso de codificación que activaría a la angustia automática. Además, vinculó a estos cuadros con la interacción entre traumas infantiles y conflictos intrapsíquicos, reacciones neurovegetativas y la codificación que el paciente haga de su angustia. Asimismo, Chrits-Christoph y colaboradores (Crits-Christoph, 2002; Crits-Christoph, et al., 1996) se alejaron de la conceptualización freudiana, ligando al TAG con la noción de trauma infantil y reinterpretando a la preocupación como un mecanismo defensivo inconsciente. Contrariamente a estos autores, en el PDM (Ferrari et al., 2006; McWilliams et al., 2006) se siguió asignando un rol fundamental a la ansiedad en el TAG. Para más detalle de estos puntos, ver capítulo de Juan, Gómez Penedo y Roussos.

Dentro del ámbito de la terapia cognitiva, ya no se cuestiona el rol primordial de la preocupación como agente patognomónico del TAG (Borkovec et al., 2004; Brown y Barlow, 1992; Kessler, 2002/2003; Newman et al., 2013). En lugar de ello se discute acerca de su función en el mantenimiento del trastorno. De hecho, la actividad de preocuparse ha cobrado tal importancia que ya se la estudia como un fenómeno transdiagnóstico (Olatunji et al., 2010).

La comorbilidad del TAG: ¿diagnóstico válido, mixto o epifenómeno?

El tercer eje de debate gira en torno a si el TAG es un cuadro nosográfico válido en sí mismo (y de qué naturaleza) o si se trata de un epifenómeno presente en diversas estructuras psíquicas. En lo que se refiere al psicoanálisis, Gabbard (2000/2002: 280) afirmó que la noción de TAG ha sido entendida tradicionalmente como un epifenómeno sintomático, representando la ansiedad "la punta del iceberg", motivo por el cual una gran mayoría de psicoanalistas ha rechazado la versión actual del diagnóstico, conforme a la crítica tradicional del psicoanálisis a los sistemas diagnósticos puramente descriptivos. Al mismo tiempo, el campo psicodinámico ha generado algunas propuestas formalizadas de tratamiento para el TAG que, por ende, lo consideran un diagnóstico válido que organiza la situación clínica (ver Juan, Gómez Penedo, Etchebarne y Roussos, 2011). Este debate intrapsicoanálisis sobre la entidad nosológica del TAG se desarrollará en detalle en el capítulo de Juan, Gómez Penedo y Roussos.

Dentro del marco cognitivo-conductual y psiquiátrico no psicoanalítico, la comorbilidad del TAG ha originado un debate respecto de la validez diagnóstica de este cuadro, implicando que el concepto actual de TAG como trastorno de ansiedad sería insuficiente para su comprensión clínica y abordaje terapéutico. Así, por un lado, se ha sugerido que el TAG, en vez de ser considerado como un trastorno independiente, debería ser reconceptualizado como un cuadro residual, prodrómico de la depresión, o como un indicador de gravedad de esta última (Kessler, 2002/2003). Por otro lado, Krueger (1999), a partir de un análisis de la varianza estadística de la comorbilidad de distintos trastornos mentales, propuso reorganizar la psicopatología reagrupando a los distintos trastornos del DSM-IV-TR a partir de sus estructuras latentes o factores que las engloban.

De este modo Krueger (1999: 925) identificó un primer factor en el que ubicó a aquellos trastornos en los que primaron patrones que definió como "internalizadores" (en inglés, "*internalizing*"), tales como la ansiedad y la tristeza, o bien, la evitación fóbica de las demás personas y el mundo externo. Planteó un segundo factor "externalizador" (en inglés "*externalizing*"), en el que ubicó trastornos con patrones conductuales y de estilo de vida "antisocial", tales como conductas agresivas o delictivas y el déficit atencional.

Krueger et al. (2001) explicaron que se recurrió a la etiqueta de "internalizadores" para describir la propensión común de los trastornos ubicados en este grupo de expresar el distrés internamente, al revés de lo que sucedía en el grupo de trastornos "externalizadores". De acuerdo con esta reorganización, el TAG pasaría a integrar, junto con la distimia, la depresión mayor y el estrés postraumático, un subgrupo de la dimensión o factor de trastornos internalizadores, denominada "internalizadora ansioso-miserable" (en inglés, "*Anxious-Misery Internalizing*", Krueger, 1999: 925).

El Grupo de Trabajo del DSM-5 (APA, 2013) sostuvo que la agrupación de los trastornos mentales en internalizadores y externalizadores es un marco conceptual con demostrado apoyo empírico, el cual debiera ayudar en el desarrollo de nuevos abordajes diagnósticos, incluidos los dimensionales. Además, facilitaría la identificación de marcadores biológicos y de mecanismos subyacentes. No obstante, la reorganización propuesta por Krueger y equipo (2001) no ha sido añadida a la última publicación del DSM. Queda pendiente descubrir si la misma es incorporada a la CIE-11 y/o en ediciones posteriores al DSM-5.

Roemer y equipo (2002/2004), en clara oposición a los planteos citados en los párrafos anteriores, consideraron aún válido el estatus diagnóstico del TAG como trastorno de ansiedad individual. Estos autores explicaron la comorbilidad del cuadro entendiendo el TAG como el "trastorno de ansiedad básico", en donde la ansiedad generalizada y, principalmente, el fenómeno de preocupación, representarían el terreno común entre todos los trastornos de ansiedad.

Wells y Butler (1997) criticaron el postulado de Roemer y equipo, explicando que no quedaba del todo claro a qué se referían con un "trastorno de ansiedad básico". No obstante, acordaron con estos autores en cuanto a que el TAG "refleja en una forma relativamente pura, procesos cognitivos básicos involucrados en una vulnerabilidad a estados de ansiedad, tales como rumiación negativa autorreferencial, autoconocimiento disfuncional y estilos particulares de procesamiento" (Wells y Butler, 1997: 156).

Resulta interesante destacar que las afirmaciones de Roemer y equipo (2002/2004) y Wells y Butler (1997), todos ellos investigadores cognitivo-conductuales, se condicen con la afirmación de Freud (1917/1996) respecto de considerar al síntoma de las neurosis actuales como el núcleo y etapa previa de las psiconeurosis.

El TAG y el uso del término "comorbilidad"

Al igual que con el resto de los trastornos de ansiedad y los trastornos del ánimo (Kessler 2002/2003), los niveles de comorbilidad del TAG plantean zonas de debate para la clasificación diagnóstica y el tratamiento en psicología clínica. Esta situación ha desencadenado un debate respecto del uso del término "comorbilidad" en psiquiatría, y una crítica general a los sistemas clasificatorios de psicopatología actuales.

Los primeros que introdujeron el término "comorbilidad" con relación a los trastornos de ansiedad fueron Brown y Barlow (1992), a consecuencia de que la comorbilidad de los trastornos de ansiedad en general es elevada. Lilienfeld, Waldman e Israel (1994), y Mineka, Watson y Clark (1998), explicaron que el concepto de "comorbilidad" fue acuñado por Feinstein en 1970, dentro del marco de la epidemiología médica y con relación a enfermedades orgánicas. El mismo se refería a "cualquier entidad adicional distinta que ha existido o que pueda ocurrir durante el curso clínico de un paciente que tenga la enfermedad indexada bajo estudio" (Feinstein, tal como se cita en Lilienfeld et al., 1994: 71, y en Mineka et al., 1998: 379); es decir, a la manifestación en paralelo de distintas enfermedades en un mismo individuo.

No obstante, Lilienfeld y equipo (1994) sugirieron utilizar el término "co-ocurrencia" en vez del de comorbilidad para referirse a los cuadros psicopatológicos porque, de lo contrario, se implicaba un mayor conocimiento acerca de los trastornos del que existía en realidad, equiparando las categorías diagnósticas con entidades demostradamente diferentes. Mineka y colegas (1998) coincidieron con estos autores y plantearon que el mayor desafío que le imponía la comorbilidad a los actuales sistemas nosológicos consistía en que lograran demostrar si, efectivamente, los trastornos mentales constituyen entidades clínicas distintivas.

Desde una óptica más optimista, Robins (1994) afirmó que el término que se utilizara –diagnósticos comórbidos, co-ocurrentes o superspuestos– era de menor importancia que el fenómeno que revelaba. Según este autor, gracias a que a partir del DSM-III-R se permitió el diagnóstico de múltiples trastornos, se evidenciaron todos los diagnósticos que podría recibir una misma persona. Esto posibilitaría refinar los sistemas categoriales actuales, de modo tal que se ajusten más a la realidad. Mineka y equipo (1998) explicaron que el paso siguiente consistiría en intentar darle sentido a esta comorbilidad descriptiva superficial, a través del estudio de mecanismos subyacentes y relaciones causales.

Respecto de este debate sobre sistemas psicopatológicos, Salloum y Mezzich (2004: 1-2) plantearon que "la validez clínica, en lugar de la validez etiopatogénica, podría representar un concepto clave en la consideración de la comorbilidad hacia el desarrollo futuro de sistemas clasificatorios psiquiátricos". No obstante, Widiger (2005) señaló que la dificultad de diferenciar un trastorno mental individual de otro, era paralela a la dificultad presente en las nosologías actuales para delinear un punto de demarcación entre la normalidad y la psicopatología.

Esta afirmación de Widiger se aplica al caso del TAG, ya que la diferenciación entre preocupación normal y preocupación patológica o excesiva también ha sido fuente de debate (Andrews et al., 2010). Frances y Nardo (2013) señalaron, además, que si bien la Task Force del DSM-5 descartó la propuesta de flexibilizar el diagnóstico del TAG, no logró refinar los criterios diagnósticos de este trastorno, de modo tal que discriminaran aquellos casos en los que la persona enfrentaba una situación realmente estresante. En consecuencia, según Frances y Nardo (2013), el límite entre preocupación normal y patológica continúa siendo demasiado ambiguo, posibilitando el sobrediagnóstico e indicación innecesaria de tratamientos. Es por esta razón que los autores sostuvieron que "la CIE-11 debiera aprender de los errores del DSM-5 en vez de repetirlos" en pos de una mayor armonización (Frances y Nardo, 2013: 1).

Debates relacionados con el rol de la preocupación en el mantenimiento del TAG

Otro eje crucial de debate que hoy recae sobre el TAG alude al rol de la preocupación en el cuadro. Si bien todos los modelos teóricos actuales del TAG incorporaron a la preocupación en su formulación desde un modelo de diátesis-estrés, aún se debate de qué forma la misma contribuye al desarrollo y mantenimiento del trastorno. En consecuencia, se han desarrollado múltiples modelos teóricos y terapéuticos contrapuestos (para una revisión detallada ver: Behar et al., 2009, Newman et al., 2013). Tal cual desarrollamos en otro trabajo (Etchebarne, Juan y Roussos, 2016), la existencia de múltiples propuestas sobre el rol de la preocupación en el TAG y su tratamiento marca un desafío vigente a la hora de comprender el fenómeno y encontrar la mejor manera de tratar pacientes que sufran ansiedad generalizada.

Conclusión y reflexiones finales

El rótulo "TAG" es hoy la designación imperante para referirse a los pacientes que presentan la sintomatología descripta a lo largo del capítulo. Sin embargo, su aceptación fue gradual ya que, originalmente, en los estudios de los principales investigadores acerca de este trastorno se utilizaban otras denominaciones, y debieron publicarse sucesivas versiones del DSM, así como de la CIE, antes de que se incluyera en ellas dicha denominación.

Si bien en la actualidad existe un alto nivel de consenso entre las personas que investigan sobre este trastorno respecto de que la preocupación crónica y excesiva es el síntoma patognomónico del TAG (Behar et al., 2009; Borkovec, Alcaine y Behar, 2004; Crits-Christoph et al., 1996; Crits-Christoph, 2002; Roemer et al., 2002/2004), aún se debate cómo ésta contribuye al desarrollo y mantenimiento del trastorno. Esta situación ha llevado a la construcción de modelos teóricos y terapéuticos contrapuestos (Behar et al., 2009; Newman et al., 2013). Complicando la situación aún más, dicha conceptualización del fenómeno de la preocupación como condición *sine qua non* del TAG no está presente en las últimas versiones de la CIE.

Tomando en conjunto los debates reseñados en torno al TAG, aún estamos lejos de aprehender este cuadro. Actualmente existen continuas discusiones internacionales acerca de su naturaleza, delimitación y abordaje. De hecho, este síndrome es el trastorno de ansiedad que ha sufrido la mayor cantidad de modificaciones desde su primera publicación en el DSM-III hasta el DSM-5. Dichas modificaciones no representan una mera cuestión de intereses políticos o académicos, sino que repercuten fuertemente en la práctica clínica y en la comunicación entre los profesionales de la salud. Si bien muchos diagnósticos psiquiátricos han ido mutando con el correr de los años, el TAG ha tenido un rol contencioso en lo referente a la clasificación psicopatológica, y un mayor refinamiento en su definición diagnóstica es necesario (Slade y Andrews, 2001; Vetere, 2009).

En relación con lo anterior, se observa también un panorama heterogéneo de tratamiento del TAG, incluso entre propuestas generadas desde un mismo marco teórico y que comparten una misma noción descriptiva del cuadro. Cada uno de los modelos teóricos existentes, muchos de los cuales serán descritos en este libro, se vincula con el desarrollo de uno o más abordajes psicoterapéuticos específicos para el TAG. En una síntesis actualizada sobre al estatus actual de la comprensión y abordaje de la preocupación excesiva en el TAG, Etchebarne, Juan, Gómez Penedo y Roussos (2016) identificaron doce modelos teóricos, a partir de los cuales se han propuesto 25 factores de mantenimiento y doce abordajes terapéuticos específicos.

Esta situación evidencia un estado del arte complejo respecto a la comprensión y tratamiento del TAG, ya que resulta al menos problemático que un mismo trastorno posea tantos modelos teóricos, factores de mantenimiento y abordajes específicos. Es probable que distintos modelos estén siendo demasiado focalizados y fragmentarios del fenómeno total, o bien que estén denominando en forma diferente a fenómenos similares y, en consecuencia, presenten grados variables de superposición. De cualquier manera, y tomando revisiones exhaustivas (Behar et al., 2009; Newman et al., 2013; Roemer et al., 2002/2004), aún resta mucho por descubrir cómo ayudar con mayor efectividad a este tipo de pacientes.

Como hemos planteado en un trabajo reciente (Etchebarne, Juan y Roussos, 2016), la actual heterogeneidad y multiplicidad de propuestas de tratamiento para la ansiedad generalizada es una oportunidad para diseñar estrategias diferenciales según el tipo de paciente que mejor pueda beneficiarse de determinada aproximación terapéutica. En este sentido, creemos que uno de los aportes fundamentales del presente libro es sumar una mirada integral y panorámica del problema, que permita al lector llegar a una síntesis completa y actual sobre las luces y sombras en el abordaje del TAG, abriendo una reflexión crítica sobre qué tipo de abordaje podría ajustarse mejor a qué tipo de pacientes con ansiedad generalizada.

Referencias

Akiskal, H. S. (1985). Anxiety: Definition, Relationship to Depression, and Proposal for an Integrative Model. En A. H. Tuma y J. D. Maser (Comps.). *Anxiety and the Anxiety Disorders* (pp. 787-797). Hillsdale, N J: LEA.

American Psychiatric Association (1952). *Diagnostic and Statistical Manual of Mental Disorders.* (1ra ed.). Washington, DC: Autor.

American Psychiatric Association (1968). *Diagnostic and Statistical Manual of Mental Disorders.* (2ra ed.). Washington, DC: Autor.

American Psychiatric Association (1980). *Diagnostic and Statistical Manual of Mental Disorders.* (3ra ed.). Washington, DC: Autor.

American Psychiatric Association (1987). *Diagnostic and Statistical Manual of Mental Disorders.* (3ra ed., revisada). Washington, DC: Autor.

American Psychiatric Association (1994). Diagnostic and Statistical Manual of Mental Disorders. (4ra ed.). Washington, DC: Autor.

American Psychiatric Association (2000). *Diagnostic and Statistical Manual of*

Mental Disorders (4ta ed., Texto Revisado). Arlington, VA: American Psychiatric Association.

American Psychiatric Association (2013-a). *Diagnostic and Statistical Manual of Mental Disorders. Fifth Edition. DSM-5*. Arlington, VA: American Psychiatric Association.

American Psychiatric Association (2013-b). Severity Measure for Generalized Anxiety Disorder — Adult. DSM-5. Online Assessment Measures [En red]. http://www.psychiatry.org/practice/dsm/dsm5/online-assessment-measures#Disorder

American Psychiatric Association (2013-c). Severity Measure for Generalized Anxiety Disorder — Child Age 11 – 17. DSM-5. Online Assessment Measures http://www.psychiatry.org/practice/dsm/dsm5/online-assessment-measures#Disorder

Andrews, G., Hobbs, M. J., Borkovec, T. D., Beesdo, K., Craske, M. G., Heimberg, R. G., Rapee, R. M., Ruscio, A. M., y Stanley, M. A. (2010). Generalized Worry Disorder: A Review of DSM-IV Generalized Anxiety Disorder and Options for DSM-V. *Depression and Anxiety, 27*, 134–147.

Barlow, D. H. (2002-a/2004). The Experience of Anxiety: Shadow of Intelligence or Specter of Death? En D. H. Barlow (Comp.), *Anxiety and Its Disorders. The Nature and Treatment of Anxiety and Panic. (2da ed.)*. New York: The Guilford Press.

Barlow, D. H. (2002-b/2004). Biological Aspects of Anxiety and Panic. En D. H. Barlow (Comp.), *Anxiety and Its Disorders. The Nature and Treatment of Anxiety and Panic. (2da ed.)*. New York: The Guilford Press.

Barlow, D. H. y Durand, V. M. (2011). *Abnormal Psychology: An Integrative Approach. (6ta ed.)*. Belmont: Cengage Learning.

Beard, G. (1869). Neurasthenia, or Nervous Exhaustion. *The Boston Medical and Surgical Journal, 3*(13), 217–221.

Beck, J. G., Stanley, M. A. y Zebb, B. J. (1996). Characteristics of Generalized Anxiety Disorder in Older Adults: A Descriptive Study. *Behaviour Research and Therapy, 34*(3), 225–234.

Behar, E., Dobrow DiMarco, I., Hekler, E. B., Mohlman, J. y Staples, A. M. (2009). Current Theoretical Models of Generalized Anxiety Disorder (GAD): Conceptual Review and Treatment Implications. *Journal of Anxiety Disorders, 23*, 1011–1023.

Bleichmar, H. (1999). El tratamiento de las crisis de pánico y el enfoque Modular-Transformacional [Versión HTML]. *Aperturas psicoanalíticas*, N.3. Disponible en: http://www.aperturas.org/articulos.php?id=0000094&a=El-tratamiento-de-las-crisis-depanico-y-el-enfoque-Modular-Transformacional

Borkovec, T. D., Alcaine, O. M. y Behar, E. (2004). An Avoidance Theory of Worry and Generalized Anxiety Disorder. En R. G. Heimberg, C. L. Turk, y D. S. Menning (Comps.), *Generalized Anxiety Disorder. Advances in Research and Practice [Versión electrónica]*. New York: Guilford Press.

Brown, T. A. y Barlow, D. H. (1992). Comorbidity Among Anxiety Disorders: Implications for Treatment and DSM-IV. *Journal of Consulting and Clinical Psychology, 60*(6), 835-844.

Brown, T. A., O' Leary, T. A. O. y Barlow, D. H. (2001). Generalized Anxiety Disorder. En: D.H. Barlow (Comp.) *Clinical Handbook of Psychological Disorders: A Step-by-Step Treatment Manual (3ra ed.)* New York, NY: Guilford Publications; 154-208. Obtenido el 07 de septiembre de 2011 de http://common-

web.unifr.ch/artsdean/pub/gestens/f/as/
files/4660/21992_121827.pdf

Cía, A. H. (2002). *La ansiedad y sus
trastornos. Ansiedad, pánico, fobias,
obsesiones, estrés y trauma. Manual
diagnóstico y terapéutico.* Buenos Aires: Editorial Polemos.

Crits-Christoph, P. (2002). Psychodynamic-interpersonal treatment of generalized anxiety disorder. *Clinical Psychology: Science and practice, 9*(1), 81-84.

Crits-Christoph, P., Connolly, M. B.,
Azarian, K., Crits-Christoph, K. y
Shappell, S. (1996). An Open Trial of
Brief Supportive-Expressive Psycho-
therapy in the Treatment of Generalized
Anxiety Disorder. *Psychotherapy, 33,*
418-430.

Etchebarne, I. (2014). *Estrategias psicoterapéuticas iniciales para el tratamiento
del Trastorno de Ansiedad Generalizada.* Tesis doctoral defendida y aprobada, Universidad de Buenos Aires.
DOI: 10.13140/RG.2.2.20851.12322.
https://www.researchgate.net/publica-
tion/308410318_Estrategias_psicotera-
peuticas_iniciales_para_el_tratamien-
to_del_Trastorno_de_Ansiedad_Ge-
neralizada_Initial_Psychotherapeutic_
Strategies_in_the_Treatment_for_Ge-
neralized_Anxiety_Disorder

Etchebarne, I., Juan, S., Gomez-Penedo,
J. M. y Roussos, A. J. (2016). Theoretical and Clinical Considerations of
Psychoanalysts and Cognitive Behavioral Therapists Regarding Generalized
Anxiety Disorder in Argentina: A Qualitative Study of the Research-Practice
Gap. *Brazilian Journal of Psychotherapy, 18*(2), 92-114.

Etchebarne, I., Juan, S., y Roussos, A. J.
(2016). El abordaje clínico de la preocupación en el Trastorno de Ansiedad
Generalizada por parte de Terapeutas
Cognitivo-Conductuales de Buenos Aires. *Anuario ANXIA, Publicación de la*

*Asociación Argentina de Trastornos de
Ansiedad, 22*(1), 6-20.

Ferrari, H., Fink, P., Herzig, A., Green-
span, S. I., Hurvich, M. Kaplan, J.
A., Kenemore, T. K., Khantzian, E.
J., Kirkpatrick, M., Licht, J., Notman,
M. y Phillips, D. G. (2006). Symptom
Patterns: The Subjective Experience S
Axis. En PDM Task Force (Comp.),
Psychodynamic Diagnostic Manual.
Silver Spring, MD: Alliance of Psy-
choanalytic Organizations.

Ferrero, A., Pierò, A., Fassina, S., Massola,
T., Lanteri, A., Abbate Daga, G. y Fassino, S. (2007). A 12-Month Comparison
of Brief Psychodynamic Psychotherapy and Pharmacotherapy Treatment
in Subjects with Generalized Anxiety
Disorders in a Community Setting. *European Psychiatry, 22,* 530-539.

Frances, A. J. y Nardo, J. M. (2013). ICD-
11 Should Not Repeat the Mistakes
Made by DSM-5. *The British Journal
of Psychiatry, 203*(1), 1–2. doi:10.1192/
bjp.bp.113.127647

Freud, S. (1893/1996). Manuscrito B. La
etiología de las neurosis. En J. Strachey
(Comp. y Trad.), *Sigmund Freud. Obras
Completas.* (6ta reimp). Buenos Aires,
Amorrortu Editores, Vol. 1, 217-223.

Freud, S. (1894a/1996). Manuscrito E.
¿Cómo se genera la angustia?. En J.
Strachey (Comp. y Trad.), *Sigmund
Freud. Obras Completas.* (6ta reimp).
Buenos Aires, Amorrortu Editores, Vol.
1, 228-234.

Freud, S. (1894b/1996). Manuscrito F. Re-
copilación III. En J. Strachey (Comp.
y Trad.), *Sigmund Freud. Obras Completas.* (6ta reimp). Buenos Aires, Amorrortu Editores, Vol. 1, 235-238.

Freud, S. (1895a/1996). Sobre la justificación de separar de la neurastenia un
determinado síndrome en calidad de
neurosis de angustia. En J. Strachey
(Comp. y Trad.), *Sigmund Freud. Obras*

Completas. (6ta reimp). Buenos Aires, Amorrortu Editores, Vol. 3, 85-116.

Freud, S. (1895b/1996). A propósito de las críticas a la «neurosis de angustia». En J. Strachey (Comp. y Trad.), *Sigmund Freud. Obras Completas.* (6ta reimp). Buenos Aires, Amorrortu Editores, Vol. 3, 118-138.

Freud, S. (1896/1996). Nuevas puntualizaciones sobre las neuropsicosis de defensa. En J. Strachey (Comp. y Trad.), *Sigmund Freud. Obras Completas.* (6ta reimp). Buenos Aires, Amorrortu Editores, Vol. 3, 157-184.

Freud, S. (1898/1996). La sexualidad en la etiología de las neurosis. En J. Strachey (Comp. y Trad.), *Sigmund Freud. Obras Completas.* (6ta reimp). Buenos Aires, Amorrortu Editores, Vol. 3, 251-276.

Freud, S. (1914/1996).Introducción del narcisismo. En J. Strachey (Comp. y Trad.), *Sigmund Freud. Obras Completas.* (6ta reimp.). Buenos Aires, Amorrortu Editores, Vol. 14, 65-98.

Freud, S. (1917/1996). 24ª conferencia. El estado neurótico común. En J. Strachey (Comp. y Trad.), *Sigmund Freud. Obras Completas.* (6ta reimp.). Buenos Aires, Amorrortu Editores, Vol. 16, 344-356.

Gabbard, G. (2000/2002). *Psiquiatría psicodinámica en la práctica clínica, 3ra edición.* Buenos Aires, Editorial Médica Panamericana.

Hale, W., Klimstra, T. y Meeus, W. (2010). Is the Generalized Anxiety Disorder Symptom of Worry Just Another Form of Neuroticism? A 5-Year Longitudinal Study of Adolescents From the General Population. *Journal of Clinical Psychiatry, 71*(7), 942-948.

Juan, S. (2014). *Inferencias pronósticas e intervenciones en el Trastorno de Ansiedad Generalizada.* Tesis doctoral defendida y aprobada, Universidad de Buenos Aires. DOI: 10.13140/ RG.2.2.33588.45442. https://www.re-searchgate.net/publication/310829042_ PROGNOSTIC_INFERENCES_ AND_INTERVENTIONS_IN_GEN-ERALIZED_ANXIETY_DISORDER

Juan, S.; Gómez Penedo, J.; Etchebarne, I. y Roussos, A. (2011). Debates clínicos y de investigación acerca del trastorno de ansiedad generalizada entre terapeutas cognitivos y psicoanalistas. *Memorias del III Congreso Internacional de Investigación y Práctica Profesional en Psicología, XVIII Jornadas de Investigación y Sexto Encuentro de Investigadores en Psicología del MERCOSUR;* Facultad de Psicología, UBA, Tomo Psicología Clínica y Psicopatología, 114-118, ISSN 1667-6750. Ediciones de la Facultad de Psicología, Universidad de Buenos Aires.

Judd, L. L, Kessler, R. C., Paulus, M. P., Zeller, P. V., Wittchen, H.-U. y Kunovac, J. L. (1998). Comorbidity as a Fundamental Feature of Generalized Anxiety Disorders: Results from the National Comorbidity Study (NCS). *Acta Psychiatrica Scandinavica, 98*(393), 6-11.

Keegan, E. (2007). La ansiedad generalizada como fenómeno: Criterios diagnósticos y concepción. *Revista Argentina de Clínica Psicológica, 16*(1), 49-55. En http://www.cienciared.com.ar/ra/ revista.php?wid=35&articulo=645&tipo=A&eid=16&sid=175&NombreSe ccion=Articulos&Accion=Ver

Kessler, R. C. (2002/2003). Evidence that Generalized Anxiety Disorder is an Independent Disorder. En D. Nutt, K. Rickels y D. J. Stein (Comps.), *Generalized Anxiety Disorder. Symptomatology, Pathogenesis and Management (1° reimp.).* London: Martin Dunitz Ltd.

Kramer, M. (1968). Introduction: The Historical Background of ICD-8. En APA (Comp.), *Diagnostic and Statistical Manual of Mental Disorders* (2nd ed.) Washington, DC: Comp.

Kramer, M., Sartorius, N., Jablensky, A. y Gulbinat, W. (1979). The ICD-9 Classification of Mental Disorders: a review of its development and contents. *Acta Psychiatrica Scandinavica*, *53*(3), 241-262.

Krueger, R. F. (1999). The structure of common mental disorders. *Archives of General Psychiatry*, *56*(10), 921–6.

Krueger, R. F., McGue, M., y Iacono, W. G. (2001). The higher-order structure of common DSM mental disorders: internalization, externalization, and their connections to personality. *Personality and Individual Differences, 30*(7), 1245–1259. doi:10.1016/S0191-8869(00)00106-9

Leichsenring, F., Salzer, S., Jaeger, U., Kächele, H., Kreische, R., Leweke, F., Rüger, U., Winkelbach, C. y Leibing, E. (2009). Short-Term Psychodynamic Psychotherapy and Cognitive-Behavioral Therapy in Generalized Anxiety Disorder: A Randomized, Controlled Trial. *American Journal of Psychiatry, 166*, 875-881.

Lilienfeld, S. O., Waldman, I. D. e Israel, A. C. (1994). A Critical Examination of the Use of the Term and Concept of Comorbidity in Psychopathology Research. *Clinical Psychology: Science and Practice, 1*(1), 71-83.

Marchall, R. D. y Klein, D. F. (2002/2003). Conceptual Antecedents of the Anxiety Disorders. En D. J. Nutt y J. C. Ballenger, *Anxiety Disorders*. Massachusetts: Blackwell Science.

McWilliams, N., Caligor, E., Herzig, A. Kernberg, O., Shedler, J. y Westen, D. (2006). Personality Patterns and Disorders P Axis. En PDM Task Force (Comp.), *Psychodynamic Diagnostic Manual*. Silver Spring, MD: Alliance of Psychoanalytic Organizations.

Mineka, S., Watson, D. y Clark, L. A. (1998). Comorbidity of Anxiety and Unipolar Mood Disorders. *Annual Review of Psychology, 49*, 377-412.

Newman, M. G., Llera, S. J., Erickson, T. M., Przeworski, A., y Castonguay, L. G. (2013). Worry and Generalized Anxiety Disorder: A Review and Theoretical Synthesis of Evidence on Nature, Etiology, Mechanisms, and Treatment. *Annual Review of Clinical Psychology, 9*, 275–297. doi:10.1146/annurev-clin-psy-050212-185544

Olatunji, B. O., Wolitzky-Taylorb, K. B., Sawchukc, C. N., y Ciesielski, B. G. (2010). Worry and the anxiety disorders: A meta-analytic synthesis of specificity to GAD. *Applied and Preventive Psychology, 14*(1-4), 1-24.

Organización Mundial de la Salud (1994/2000). *Guía de bolsillo de la clasificación CIE-10. Clasificación de los trastornos mentales y del comportamiento con glosario y criterios diagnósticos de investigación. CIE-10: CDI-10*. Madrid: Panamericana.

Organización Mundial de la Salud (2012a, versión del 31/05/12). *ICD11 Beta*. En: http://apps.who. int/classifications/icd11/browse/f/ en#/http%253a%252f%252fwho. int%252ficd%2523F41.1

Organización Mundial de la Salud (2012b, actualización del 5/08/2012). *ICD11 Beta*. http:// apps.who.int/classifications/icd11/ browse/f/en#/http%3A%2F%2Fwho. int%2Ficd%23F41.1

Organización Mundial de la Salud (2013, actualización del 9/07/2013). *ICD11 Beta*. http://apps.who.int/ classifications/icd11/browse/f/ en#/http%3a%2f%2fid.who. int%2ficd%2fentity%2f1712535455

Organización Mundial de la Salud (2018, actualización del 27/03/2018). *ICD11 Beta*. https://icd.who.int/dev11/l-

m/en#/http%3a%2f%2fid.who.
int%2ficd%2fentity%2f1712535455

Rickels, K. y Rynn, M. A. (2001). What is generalized anxiety disorder? *Journal of Clinical Psychiatry, 62*(11), 4-12.

Robins, L. N. (1994). How Recognizing "Comorbidities" in Psychopathology May Lead to an improved Research Nosology. *Clinical Psychology: Science and Practice, 1*(1), 93-95.

Roemer, L., Orsillo, S. M. y Barlow, D. H. (2002/2004). Generalized Anxiety Disorder. En D. H. Barlow (Comp.), *Anxiety and Its Disorders. The Nature and Treatment of Anxiety and Panic.* (2da ed.). New York: The Guilford Press.

Salloum, I. M. y Mezzich, J. E. (2005). Comorbidity: Clinical Complexity and the Need for Integrated Care. A Report from a WHO Workgroup. Obtenido el 13 de febrero de 2013, en http://www.wpanet.org/uploads/Education/Contributions_from_ELN_Members/comorbidity-clinical-complexity.pdf

Sandín, B. y Chorot, P. (1995). Síndromes clínicos de la ansiedad. En A. Belloch, B. Sandín, y F. Ramos (Comps.) *Manual de psicopatología. Volumen II.* Madrid: McGraw-Hill.

Slade, T. y Andrews G. (2001). DSM-IV and ICD-10 Generalized Anxiety Disorder: Discrepant Diagnoses and Associated Disability. *Society of Psychiatry and Psychiatry Epidemiology, 36*, 45–51.

Vetere, G. (2009). Evolución de los criterios diagnósticos del trastorno de ansiedad generalizada. *Investigaciones en Psicología, 14*(3), 125-136.

Vetere, G. Portela, A. y Rodriguez Biglieri, R. (2007). Perfil de personalidad de pacientes con Trastorno de Ansiedad Generalizada. *Revista Argentina de Clínica Psicológica, 16*(2), 129-134.

Wells A. y Butler, G. (1997). Generalized Anxiety Disorder. En D. M. Clark y C. G. Fairburn (Comps.), *Science and Practice of Cognitive Behaviour Therapy.* Oxford: Oxford University Press.

Widiger, T. (2005). Classification and Diagnosis: Historical Development and Contemporary Issues. En J. A. Maddux y B. A. Winstead, *Psychopathology: Foundations for a Contemporary Understanding.* New Jersey: Lawrence Erlbaum Associates.

Evolución histórica de los modelos y abordajes específicos del Trastorno de Ansiedad Generalizada

Lic. Laura Challú
Universidad de Belgrano

Dr. Ignacio Etchebarne
Universidad de San Andrés y HI. Human Intelligence

Dr. Juan Martín Gómez Penedo
Universidad de Buenos Aires y CONICET

A lo largo de las últimas décadas, el creciente interés por el Trastorno de Ansiedad Generalizada (TAG) se vio reflejado en una proliferación de teorías sobre su desarrollo, mantenimiento y terapéutica.

Este apartado se propone realizar una presentación sucinta de los modelos teóricos propuestos para comprender el TAG, en un recorrido cronológico a través de las principales formas de conceptualizar este trastorno. Esta breve revisión busca servir para ubicar temporalmente a los distintos modelos que serán presentados y analizados en profundidad en los capítulos siguientes de este libro.

El libro de Beck, Emery y Greenberg (1985) *Trastornos de ansiedad y fobias, una perspectiva cognitiva*, representó uno de los desarrollos pioneros en la construcción de una conceptualización cognitiva del TAG. Allí los autores propusieron un rol central de los procesos cognitivos en el desarrollo y mantenimiento de los trastornos de ansiedad. En particular, postularon la existencia de distorsiones cognitivas específicas en las personas con trastornos de ansiedad (como la sobrestimación de la amenaza y el sesgo confirmatorio) que operaban poniendo en marcha un sistema de influencia recíproca entre el pensamiento, la emoción y la conducta que mantenía el trastorno. Más adelante, esta perspectiva fue considerada el **Modelo estándar de terapia cognitiva para la ansiedad y el TAG**, el cual constituyó una plataforma de base para múltiples y diversos desarrollos posteriores.

Uno de los primeros desarrollos posteriores al trabajo de Beck y colaboradores, fue el **Modelo de la preocupación como evitación cognitiva** (MPEC), que surgió en la década de 1990, de la mano de Borkovec y colaboradores (Borkovec, Alcaine y Behar, 2004; Borkovec e Inz, 1990). Este modelo, si bien mantuvo la idea de que los procesos cognitivos tienen un rol fundamental para comprender el fenómeno de la ansiedad generalizada, puso énfasis en el valor de la preocupación excesiva, considerada como el principal mecanismo de mantenimiento en el TAG, a través de una evitación cognitiva de las emociones negativas. En este marco, surge la aplicación de una adaptación específica de la **Terapia de relajación aplicada** para el TAG (RA; Borkovec, Alcaine y Behar, 2004, Ver el capítulo de Etchebarne "Nuevos modelos explicativos y abordaje clínico y del TAG con Terapia de relajación aplicada"), integrándola con otros abordajes cognitivo-conductuales (tal como se detalla en el capítulo de Newman y Llera, "El Modelo de evitación de contraste y la Terapia de procesamiento emocional interpersonal").

El MPEC fue pionero en atribuirle a la preocupación un papel central en el TAG, teniendo una importante influencia sobre varios de los modelos subsiguientes.

Tal es el caso del **Modelo de la intolerancia a la incertidumbre** del TAG (Behar et al., 2009) desarrollado por Dugas y equipo (Dugas, 2008; Dugas et al., 1998; Dugas y Ladouceur, 2000; Dugas y Roubichaud, 2007), que sugirió que la preocupación surgía y era alimentada en el TAG, a partir de una predisposición a interpretar situaciones novedosas o ambiguas de forma negativa y catastrófica. Este modelo será presentado en el capítulo de Bogiaizian, "Modelos metacognitivo y de la intolerancia a la incertidumbre: Integración clínica para el tratamiento del TAG".

En una dirección distinta, Crits-Christoph y colegas (Crits-Christoph et al., 1996; Crits-Christoph, 2002) reinterpretaron la teoría de Borkovec desde un marco teórico psicodinámico-interpersonal, desarrollando el **Modelo psicodinámico de apoyo-expresivo del TAG**. Aquí, la función evitativa de la preocupación era vista como un mecanismo de defensa inconsciente. Las características de este modelo serán discutidas en el capítulo de Juan, Gómez Penedo y Roussos, "Comprensión y abordajes psicoanalítico-psicodinámicos del Trastorno de Ansiedad Generalizada".

Paralelamente a estos desarrollos, surgió el **Modelo meta-cognitivo del TAG** (Wells, 1997) con especial énfasis en el valor atribuido a las creencias (tanto positivas como negativas) de los sujetos respecto de sus propias preocupaciones. Una descripción exhaustiva de este modelo se presenta en el capítulo ya mencionado de Bogiaizian, "Modelos metacognitivo y de la intolerancia a la incertidumbre: integración clínica para el tratamiento del TAG".

Basados tanto en el MPEC como en el modelo de evitación experiencial de Hayes y colegas (Hayes et al., 1996), que propuso que gran parte de los fenómenos psicopatológicos pueden ser conceptualizados como esfuerzos por evitar las experiencias internas, Roemer y Orsillo (2002, 2007) desarrollaron el **Modelo del TAG basado en la aceptación**. Éste postuló que los individuos con TAG tenían una relación problemática con sus propias experiencias internas (incluyendo pensamientos, emociones y sensaciones corporales) que los llevaba a una evitación tanto conductual como cognitiva. Este modelo es presentado en el capítulo de O'Connell y Walser, "Terapia de aceptación y compromiso (ACT) para el TAG: crear una vida significativa más allá de la preocupación y el miedo".

En una línea similar se ubicó la **Terapia cognitiva basada en** *mindfulness* (MBCT, por sus siglas en inglés; Evans et al., 2008), un modelo de tratamiento grupal derivado del programa de *Reducción de estrés basado en mindfulness* (Kabat-Zinn, 1990). Ambos modelos integraron técnicas basadas en las nociones de *mindfulness* y aceptación de la experiencia, donde el foco estaba puesto en ayudar a las personas con TAG a lograr un descentramiento de los propios contenidos mentales.

Partiendo del desarrollo de Borkovec y colaboradores, y señalando algunas limitaciones del mismo, Newman y equipo (Newman y Llera, 2011; Newman et al., 2013) desarrollaron el **Modelo de evitación del contraste** del TAG, que postulaba que la preocupación sirve como una estrategia de evitación, pero no de la emoción negativa en sí misma, sino de la experiencia de *contraste emocional*, es decir, de la exposición a cambios bruscos en la emoción. Dicho modelo sería presentado en el capítulo de Newman y Llera, "El modelo de evitación de contraste y la terapia de procesamiento emocional interpersonal".

Por su parte, en el año 2012, Westra presentó un **Modelo de integración de entrevista motivacional en el tratamiento cognitivo-conductual del TAG**, centrado en la elaboración de las resistencias y ambivalencias de los pacientes, especialmente respecto de abandonar la acción de preocuparse (debido a sus ventajas aparentes). El capítulo de Westra y Hara, "Integrando entrevista motivacional y terapia cognitivo-conductual para el tratamiento del Trastorno de Ansiedad Generalizada", se dedica a especificar las características principales de este modelo.

En un desarrollo más reciente, Mennin y equipo (Fresco et al., 2013; Mennin et al., 2015; Mennin, 2004) utilizaron al fenómeno de la desregulación emocional para conceptualizar a la preocupación excesiva y al TAG, creando el **Modelo de desregulación emocional del TAG**. Según esta perspectiva, el principal responsable del TAG era un déficit en la modulación y expresión de las experiencias emocionales. Este modelo aparece delineado conceptualmente en el capítulo de Renna, Quintero, Fresco y Mennin, "Terapia de regulación emocional: tratamiento para trastornos por distrés enfocado en sus mecanismos".

Actualmente se está llevando a cabo un programa de investigación para el desarrollo de un abordaje del TAG basado en la **Terapia focalizada en la emoción** (Timulak y McElvaney, 2016). Si bien este modelo conceptualiza a la preocupación excesiva como un esfuerzo por evitar emociones desagradables, el énfasis aquí radica en que estas emociones evitadas son parte de esquemas emocionales complejos, desarrollados a lo largo de la historia del sujeto.

En la Figura 1 se presenta el ordenamiento cronológico de los modelos y sus influencias respectivas.

De esta manera, el breve recorrido realizado por los principales modelos de conceptualización y abordaje del TAG brinda una visión de conjunto respecto del marco teórico en la materia. Además, este repaso por las distintas propuestas teóricas permite ubicarlas temporalmente, a partir de su desarrollo, identificando también posibles influencias conceptuales de un modelo a otro.

Figura 1. Orden cronológico de aparición de los modelos e influencias establecidas entre ellos.

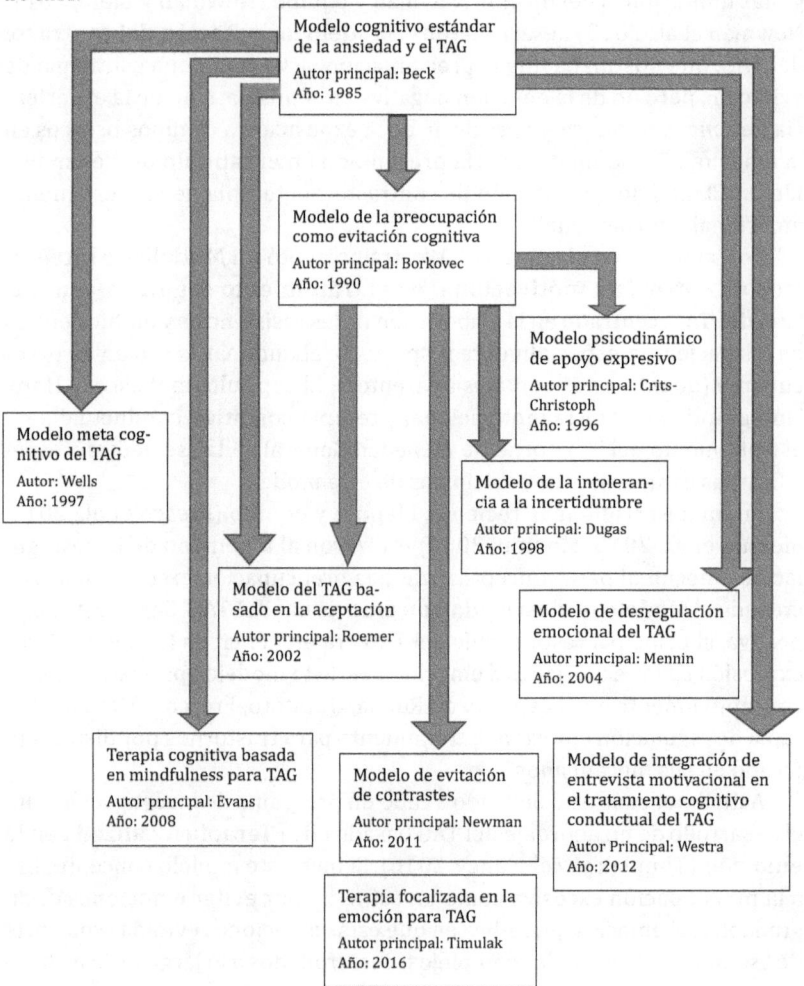

Referencias

Beck, A.T., Emery, G. y Greenberg, R.L. (1985). *Anxiety Disorders and Phobias: A Cognitive Perspective*. New York: Basic Books.

Behar, E., Dobrow DiMarco, I., Hekler, E. B., Mohlman, J., y Staples, A. M. (2009). Current theoretical models of generalized anxiety disorder (GAD): Conceptual review and treatment implications. *Journal of Anxiety Disorders*, *23*, 1011–1023.

Borkovec, T. D., Alcaine, O. M., y Behar, E. (2004). An Avoidance Theory of Worry and Generalized Anxiety Disorder. En R. G. Heimberg, C. L. Turk, y D. S. Menning (Comps.), *Generalized Anxiety Disorder. Advances in Research and Practice* [Versión electrónica]. New York: Guilford Press.

Borkovec, T. D., e Inz, J. (1990). The Nature of Worry in Generalized Anxiety Disorder: A Predominance of Thought Activity. *Behavioral Research and Therapy*, *28*(2), 153-158.

Crits-Christoph, P. (2002). Psychodynamic-Interpersonal Treatment of Generalized Anxiety Disorder. *Clinical Psychology: Science and practice*, *9*(1), 81-84.

Crits-Christoph, P., Connolly, M. B., Azarian, K., Crits-Christoph, K., y Shappell, S. (1996). An Open Trial of Brief Supportive-Expressive Psychotherapy in the Treatment of Generalized Anxiety Disorder. *Psychotherapy*, *33*, 418-430.

Dugas, M. (2008). Terapia cognitiva-comportamental de la ansiedad patológica y la preocupación excesiva. Trabajo presentado como workshop de la Asociación Argentina de Trastornos de Ansiedad, Buenos Aires, Junio.

Dugas, M. J., Gagnon, F., Ladouceur, R., y Freeston, M. H. (1998). Generalized Anxiety Disorder: A preliminary Test of a Conceptual Model. *Behaviour Research and Therapy*, *36*, 215-226.

Dugas, M. J., y Ladouceur, R. (2000). Treatment of GAD: Targeting Intolerance of Uncertainty in Two Types of Worry. *Behavior Modification*, *24*, 635-657.

Dugas, M. J. y Robichaud, M. (2007). *Cognitive-Behavioral Treatment for Generalized Anxiety Disorder. From Science to Practice*. New York: Routledge.

Evans, S., Ferrando, S., Findler, M., Stowell, C., Smart, C., y Haglin, D. (2008). Mindfulness-based cognitive therapy for generalized anxiety disorder. *Journal of Anxiety Disorders*, *22*, 716-721.

Fresco, D. M., Mennin, D. S., Heimberg, R. G., y Ritter, M. (2013). Emotion Regulation Therapy for Generalized Anxiety Disorder. *Cognitive and Behavioral Practice*, *20*, 282-300.

Hayes, S. C., Wilson, K. G., Gifford, E. V., Follette, V. M., y Strosahl, K. D. (1996). Experiential avoidance and behavioral disorders: a functional dimensional approach to diagnosis and treatment. *Journal of Consulting and Clinical Psychology*, *64*, 1152–1168.

Kabat-Zinn, J. (1990). *Full catastrophe living*. New York: Delta Publishing.

Mennin, D. S. (2004). Emotion Regulation Therapy for Generalized Anxiety Disorder. *Clinical Psychology and Psychotherapy*, *11*, 17–29.

Mennin, D. S., Fresco, D. M., Ritter, M., y Heimberg, R. G. (2015). An Open Trial of Emotion Regulation Therapy for Generalized Anxiety Disorder and Co-occurring Depression. *Depression and Anxiety*, *32*(8), 614–623.

Newman, M. G., y Llera, S. J. (2011). A novel theory of experiential avoidance in generalized anxiety disorder: A review and synthesis of research supporting a contrast avoidance model of worry. *Clinical Psychology Review*, *31*, 371–382.

Newman, M. G., Llera, S. J., Erickson, T. M., Przeworski, A., y Castonguay, L. G. (2013). Worry and Generalized Anxiety Disorder: A Review and Theoretical Synthesis of Evidence on Nature, Etiology, Mechanisms, and Treatment. *Annual Review of Clinical Psychology, 9*, 275–297. doi:10.1146/annurev-clinpsy-050212-185544

Roemer, L., y Orsillo, S. M. (2002). Expanding Our Conceptualization of and Treatment for Generalized Anxiety Disorder: Integrating Mindfulness/Acceptance-Based Approaches with Existing Cognitive- Behavioral Models. *Clinical Psychology: Science and Practice*, *9*(1), 54– 68. doi:10.1093/clipsy.9.1.54

Roemer, L., y Orsillo, S. M. (2007). An open trial of an acceptance-based behavior therapy for generalized anxiety disorder. *Behavior Therapy*, *38*, 72–85.

Timulak, L. y McElvaney, J. (2016). Emotion Focused Therapy for Generalized Anxiety Disorder: An Overview of the Model. *Journal of Contemporary Psychotherapy, 46*(1), 41-52.

Wells, A. (1997). *Cognitive Therapy of Anxiety Disorders: A Practice Manual and Conceptual Guide* [versión de Kindle]. West Sussex: John Wiley & Sons.

Westra, H.A. (2012) *Motivational Interviewing in the Treatment of Anxiety*. New York: Guilford Press.

— SECCIÓN II —

Modelos y abordajes para el TAG

El caso clínico "Darío": recreación de un paciente con un Trastorno de Ansiedad Generalizada[1]

Dr. Ignacio Etchebarne
Universidad de San Andrés y Human Intelligence (HI)

Dr. Andrés J. Roussos
Universidad de Buenos Aires y Conicet

Introducción

Como ya se adelantó en la introducción, se utilizó un material estímulo para facilitar la presentación y comparación de los distintos modelos de comprensión y abordaje del TAG, que se describen en los subsiguientes capítulos. El caso clínico "Darío" consiste en un material cuasi-clínico construido por Etchebarne y Roussos (2010) para la fase de recolección de información en la tesis doctoral de Etchebarne (2014), sobre las estrategias psicoterapéuticas iniciales para el tratamiento del Trastorno de Ansiedad Generalizada, por parte de terapeutas cognitivos y psicoanalistas. El mismo consta de una audiograbación de 14'35" de duración, y su correspondiente transcripción, con las verbalizaciones en español (presentación clínica) de un paciente ficticio durante una primera entrevista, quien cumple con los criterios diagnósticos de la quinta edición del *Manual Diagnóstico y Estadístico de los Trastornos Mentales* ([DSM-5] APA, 2013) para el diagnóstico de un trastorno de ansiedad generalizada (TAG). El presente documento no incluye la audiograbación de la presentación clínica del caso "Darío" sino la transcripción de la misma y la viñeta clínica en la que se basó[2].

Los procedimientos seguidos para la construcción de este material estímulo han sido descritos detalladamente por Etchebarne (2014). Primero, se elaboró un guión básico basado en la viñeta de TAG titulada "El electricista inquieto", del libro de casos del DSM-IV (Massana Montejo, Massana Montejo y Spitzer, 1994/1996). Para evitar que pudiera reconocerse la viñeta que originó al material estímulo, se modificó la profesión del paciente (en vez de ser un electricista, el paciente ficticio del material estímulo es un técnico en electrónica que trabaja en una empresa de subtes). En segundo lugar, se entrenó a un psicoterapeuta con habilidades actorales para que in-

---

1 Agradecemos al Lic. Darío Rodriguez por su inigualable interpretación del caso clínico "Darío".

2 Para solicitar la audiograbación de la presentación clínica en español del caso clínico "Darío", puede contactar al primer autor: igetchebarne@gmail.com

terpretara a un paciente con TAG, solicitándole que se aprendiera el guión básico y que escuchara audiograbaciones de sesiones clínicas reales de dos pacientes argentinos diagnosticados con un TAG. Como tercer paso, se entrevistó al actor solicitándole que personificara al paciente descripto en el guión básico, como si fuera un paciente real presentándose a una primera consulta psicoterapéutica. Durante dicha entrevista sólo se audiograbaron las verbalizaciones del actor para evitar que las intervenciones del entrevistador distrajeran o sesgaran a quien oyera el material estímulo. Esto resultó en un monólogo de 19'55" de duración. Por último, para que el paciente ficticio del material estímulo recreara, incluso con mayor fidelidad, la agitación y verborragia característica de estos pacientes, se editó digitalmente dicho material, acelerándolo y reduciendo los silencios de modo tal que su duración total se redujo a 14'35".

La utilización de la viñeta del Libro de Casos del DSM-IV (Massana Montejo et al., 1994/1996) como fuente de inspiración respondió a que ésta representaba a un caso paradigmático de TAG. Para controlar la adecuación y correspondencia del material estímulo respecto a la viñeta original, Etchebarne (2014) solicitó a quince terapeutas cognitivos y quince psicoanalistas que puntuaran en una escala Lickert (de 0 a 100%) el grado de representatividad del material estímulo respecto de la viñeta original. En la Tabla 1 se presentan el grado de representatividad reportado al comparar el caso escuchado (audiograbación del material estímulo) con la viñeta del libro de casos del DSM-IV.

Como puede observarse, la representatividad adjudicada al material estímulo fue muy elevada. Asimismo, los participantes que le adjudicaron un menor porcentaje de representatividad al material estímulo refirieron que las diferencias que percibían entre ambos materiales si bien no les permitían asegurar que describían a la misma persona, si así fuera, ello no los llevaba a modificar su diagnóstico presuntivo del material estímulo. Explicaban esta posición afirmando que en la viñeta figuraba información que estaba ausente en el material estímulo, y que les resultaba verosímil que el paciente pudiera haberla omitido en los primeros quince minutos de una consulta psicoterapéutica.

Tabla 1: Representatividad del material estímulo[3].

Código participante	Marco teórico	Represent. Mat. Estim.	Código participante	Marco teórico	Represent. Mat. Estim.
10	Psicoanalítico	90%	1	Cognitivo	80%
2	Psicoanalítico	30%	3	Cognitivo	90%
4	Psicoanalítico	85%	5	Cognitivo	90%
6	Psicoanalítico	70%	7	Cognitivo	50%
9	Psicoanalítico	50%	8	Cognitivo	80%
11	Psicoanalítico	50%	12	Cognitivo	80%
13	Psicoanalítico	90%	15	Cognitivo	90%
14	Psicoanalítico	100%	17	Cognitivo	90%
16	Psicoanalítico	90%	21	Cognitivo	100%
18	Psicoanalítico	50%	22	Cognitivo	90%
33	Psicoanalítico	75%	23	Cognitivo	70%
20	Psicoanalítico	95%	25	Cognitivo	85%
24	Psicoanalítico	85%	27	Cognitivo	80%
26	Psicoanalítico	75%	28	Cognitivo	95%
30	Psicoanalítico	95%	29	Cognitivo	85%

El material estímulo desarrollado por Etchebarne y Roussos (2010) ha sido utilizado exitosamente en otras dos investigaciones, corroborando la adecuación y utilidad clínica del mismo: por un lado, dentro del marco de un *small research grant* otorgado por la Society for Psychotherapy Research (SPR) a Balbi, Jurkowsky y Roussos (2013) en su proyecto de investigación acerca del abordaje clínico de las funciones ejecutivas en pacientes con TAG, por parte de terapeutas cognitivos y psicoanalistas. Por otro lado, en la tesis doctoral de Juan (2014) para estudiar las inferencias pronósticas e intervenciones psicoterapéuticas de terapeutas cognitivos y psicoanalistas, también, en el tratamiento de pacientes con TAG.

En las páginas subsiguientes se presenta la viñeta original de TAG del Libro de Casos del DSM-IV (Massana Montejo et al., 1994/1996), disfrazando la profesión del paciente para que mantenga correspondencia con el material estímulo desarrollado por Etchebarne y Roussos (2010). Esto es seguido por la transcripción de la presentación clínica del caso clínico "Darío" (el material estímulo). Tal como se anticipó en la introducción, para la elaboración de los capítulos subsiguientes de este libro, se les indicó a los autores tratar a estas dos fuentes de información como si describieran a un mismo paciente, imaginando que la primera representa el resumen

---

3   Tabla reproducida bajo permiso de Etchebarne.

del caso hecho por un admisor tras una serie de entrevistas diagnósticas, y la segunda, la transcripción de la presentación inicial del paciente durante una primera sesión de psicoterapia. La única excepción a esta regla es el capítulo sobre modelos teóricos y abordajes clínicos de niños y adolescentes con TAG (Bunge y equipo), ya que el paciente recreado en el caso clínico "Darío" es un adulto joven. Por esta razón, en dicho capítulo se presenta un caso clínico diferente.

Viñeta descriptiva del caso "Darío"

Un técnico en electrónica de 27 años de edad, casado, acude a la consulta por mareos, sudoración, palpitaciones y acúfenos desde hace dieciocho meses. También refiere sequedad de boca y de garganta, períodos de tensión muscular extrema y una sensación de inquietud y de vigilancia que a menudo han interferido en su capacidad de concentración. Esta sensación ha estado presente la mayor parte del tiempo a lo largo de estos dos últimos años. A pesar de que algunas veces estos síntomas le hacen sentirse desanimado, niega sentirse deprimido y continúa disfrutando de la vida.

Debido a estos síntomas, el paciente ha consultado con un médico de cabecera, un neurólogo, un neurocirujano, un quiropráctico y un otorrinolaringólogo. Se le ha indicado dieta hipoglucémica, ha recibido fisioterapia por el pinzamiento de un nervio y ha comunicado la posibilidad de padecer algún trastorno del oído interno.

Está preocupado por infinidad de cosas. Se preocupa constantemente por la salud de sus padres. Su padre, de hecho, sufrió un infarto de miocardio hace dos años, del que se ha restablecido por completo. También se muestra preocupado por si es un buen padre, por si su mujer le dejará algún día (no existe nada que indique que su esposa no esté satisfecha con el matrimonio) y por si resulta simpático a sus amigos del trabajo. A pesar de que reconoce que sus preocupaciones son infundadas, no puede evitar sentirse preocupado.

A lo largo de los dos últimos años, el paciente ha tenido poco contacto de tipo social debido a su sintomatología nerviosa. Aunque algunas veces ha tenido que irse del trabajo porque los síntomas se hacían intolerables, continúa trabajando para la misma empresa con la que empezó una vez terminados sus estudios. Tiende a evitar que su mujer y sus hijos se den cuenta de los síntomas que padece, ante quienes quiere parecer "perfecto" y refiere tener pocos problemas con ellos a pesar de estar preocupado.

Presentación clínica del caso "Darío"[4]

Bueno, tengo, tengo veintisiete años. Eh, soy técnico en electrónica. Laburo en los subtes, trabajo, trabajo en los subtes, pero laburo en la parte de señalización, con los coches. O sea, no es que trabajo en los subtes vendiendo los boletos, no, eh, trabajo en lo mío. Estoy casado hace como ocho años, tengo dos nenes. Te comento: yo fui a la facultad, hice, bueno hice, estudié ingeniería en sistemas. Entré, habré cursado materias de segundo y de tercero. Estuve más o menos ahí, entre segundo y tercero. Y bueno, la tuve que dejar. Eh, la tuve que dejar porque, bueno, me casé muy joven y ya me era medio un quilombo. Trabajar, mi casa, la facultad: era imposible, era un soberano despelote. Para mí era muchísimo, pero, muchísimo, muchísimo.

Yo vengo porque me mandó, me mandó un médico, porque tenía un problema en el oído... hace como, a ver, ¿como cuánto hará? hace como dos años empecé a tener unos problemas, tenía como un zumbido en el oído, como un pitido. O sea, no sé si me explico. Como un chiflido y también en simultáneo, a veces, me causaba mareos, me mareaba, no sé cómo era bien. A veces, a veces no me mareaba. ¿Viste cuando a lo mejor te levantás rápido e igual te mareás? Pero esto era más, era mucho más seguido. Yo, a lo mejor me mareaba, estaba quieto y me mareaba. Y ahí me di cuenta que empecé a transpirar mucho y de la nada porque, porque tenía en lugares cálidos o porque podía ser en cualquier lado. O sea, no era por algo específico. Es más, bueno, a lo mejor transpiraba más veces de lo que me di cuenta. Porque me daba cuenta más que nada cuando me quedaba quieto que estaba, que estaba sudando, que estaba traspirando. Bueno, todo eso me llevó al doctor. Fui al doctor y me dijo que lo del oído eran acúfenos, se les llamaba. Pero que todo lo demás era psicológico, así que... acá me tenés. Al principio, no sé, dije: "Bueno, no sé qué será. Será que me tengo que tranquilizar". A lo cual dije: "cómo hago para tranquilizarme" porque no estoy acostumbrado. O sea, si vos me preguntás ¿hace cuánto que no estás tranquilo? Y yo me tengo que remontar, no, no sé, no me acuerdo, no me acuerdo. A lo mejor sí pero no, debe haber algún, pero no lo tengo registrado. Yo creo que, que estar tranquilo debe ser no pensar, a lo mejor. Si vos no pensás estás tranquilo; no tener un pensamiento o varios pensamientos. O estar, o, no sé, si vos sos una máquina de pensar, si pensás todo el día no, no creo que puedas llegar a estar tranquilo. O sea, yo por eso no creo que sea un tipo tranquilo, porque me, me siento más tiempo que estoy pensando en todo momento.

Yo, por ejemplo, estoy todo el tiempo preocupado. Pero por todo, eh, pensando "¿Y qué pasa si esto?, ¿y si se enoja tal?, ¿y si me va mal?", por ejemplo. Todo el tiempo, eh, tengo algún pensamiento relacionado con al-

4   Reproducido bajo permiso de Etchebarne y Roussos.

gún miedo. O sea, puedo llegar a tener miedo de que a mi viejo le pase algo, que mi mujer no esté contenta, que puedo llegar a ser un mal padre, que... los demás me ven como un tipo tonto en el laburo, eh... de no llegar a fin de mes con la guita, no sé. Lo que se te ocurra, en determinado momento del día está pasando por mi cabeza. Eh, no sé, hasta la situación del país y si se cae todo y qué pasa; lo que se te ocurra.

Eh mirá, si querés te doy ejemplos de, de algunos pensamientos, pero igual tengo todos, ¿eh? porque constantemente estoy pensando, y más que nada, preocupado de lo que pienso. Eh, pero te doy un ejemplo, mirá, mi viejo tuvo un infarto, hace... casi como dos años, mirá, justamente, un poquito más, no me había dado cuenta de esto. Igual mi viejo está bien, no tiene nada, pero nada, ¿eh? Te puedo asegurar que nada. Tiene todos los chequeos, le sale todo bien. Pero igual me preocupo y digo, pienso y digo: "Uh, ¿y este?, ¿y si le pasa algo?, ¿y estará bien?" Eh, "¿Qué estará haciendo?" Eh, "Si le llega a pasar algo y mi mamá no se llega a dar cuenta". Eh... son pensamientos, pero por eso te, me parece que son preocupaciones porque, o sea, es como que, que, que veo un peligro, que pienso en un peligro, no sé si me entendés. Pero me preocupo y me preocupo. ¡Y mirá que se hace los controles y sale todo bien, eh! Pero todo; no hay ningún problema. Pero después digo: "¿Y cómo sabemos si en ese momento el control le salió bien y si después tiene algún tipo de...?" O sea, cosas así pienso. Eh, es como una máquina ¿viste? Vos la prendés de a poquito, que se va activando, se activa, va largando hasta que llega a un pico y no lo podés parar, y cada vez va creciendo más. Eh, bueno, ese es un pensamiento pero tengo mil, mil. Por ejemplo, a veces pienso de la nada si mi señora algún día no me va a abandonar, y mirá que nos llevamos súper bien, nunca tuvimos una pelea, nunca otra persona, estamos juntos desde muy chicos nosotros. Pero igual, eh, no sé, me da. Igual, es que v-, que lo pienso, o sea que lo pienso y me causa una preocupación. O sea, no, no sé cómo, cómo es, pero me pasa eso.

Después otro, otro pensamiento que me puede preocupar, de ejemplo, y te vuelvo a repetir que me preocupa todo, es si estoy en el laburo y si me llevo con los chicos y a lo mejor a uno le hago un chiste, y sé que me quedo pensando si, si no se habrá enojado, si me dirá algo, cosas así. Eh, me puedo llegar a preocupar durante el día por el tema del dólar, a cuánto se va ir a fin de año, y no es que esté especulando con el dólar, no es que tenga una incidencia, y, pero igual, es un tema que, un tema más de todos los que tengo en la cabeza.

Después otro tema que estoy empezando a darme cuenta que tengo es, no sé si para prestar atención o para concentrarme, porque no entiendo mucho, ¿sí?, pero por ejemplo, estoy laburando y me cuesta pensar en la actividad que hago en ese momento. O sea, por eso te digo, a lo mejor vos sabés si, si es la atención o, o no sé qué; pero me cuesta un montón, ya que pienso en ese momento, "Tengo que, tengo que hacer eso". Pero pienso en muchas cosas juntas. Eh, no sé, creo que sería un problema para concentrarme, no sé, la verdad que no sé.

Eh, otra cosa, mirá, por ejemplo, yo soy un tipo que siempre me encantó leer, toda la vida, siempre, siempre. Y digo, "Bueno, me voy a sentar a leer". Puedo llegar a mi casa, tengo tiempo libre, me siento a leer: ¡Dos hojas duro, dos hojas! Me siento, me pongo a leer y digo, "Bueno, me pongo a hacer otra cosa, ya está", porque a lo mejor viene otra cosa y digo: "Uh, tengo que hacer esto, porque no lo hice, tengo que ir a lavar el auto, porque no, tengo", es como que aparece una cosa, un pensamiento, que me paro y me voy. Y eso mirá que siempre, eh, siempre leo, tipo el diario lo leo, y mirá que es una lectura simple. Y a veces siento que leo y no comprendo bien lo que leo, o no sé por qué, porque no por una dificultad de comprensión, porque no sé si es de memoria creo tampoco, porque a lo mejor no, no me quedo quieto a leer. No sé si me explico, es como que leo y mi cabeza se va para otro lado o aparece una idea y termino haciendo otra cosa. Una cosa así, o sea, me parece que debo, debo tener un problema, y mirá que no, o sea, no es que, por ejemplo: eh, si tengo, si tengo que solucionar un despelote en el laburo, o sea, no es que me disperso y hago cuarenta cosas, y no es que no termine haciendo una, ¿eh? O sea, no, no, no. Tengo un quilombo, voy y lo soluciono. Pero es como que no me siento de lleno concentrado en eso. O, o estoy así y es como que digo, "¿Y después cuando termine esto?". O sea, no es que, o sea, lo termino, lo finalizo; pero, ¿viste?, digo: "Y bueno, pero si", o sea, no lo hago tranquilo, esa es la palabra que me cuesta definirlo. No lo hago tranquilo, es como que lo termino, lo soluciono, viste un quilombo en una línea, lo hago, pero no lo hago tranquilo. Por ejemplo, antes de hacer algo me surgen ideas: "¿Y qué llegara a pasar si lo hago mal?" ¿Si? O, a lo mejor un supervisor me pide un laburo, y lo peor es que yo lo sé hacer, lo sé hacer y no tuve problemas, nunca, pero en ese momento a lo mejor pienso: "¿Y si cometo un error?". Después hasta ahora no, no terminé cometiendo errores. Pero en ese momento, me preocupo, digo: "¿Y si llego a fallar?, ¿y si", y me preocupo, y así empiezo, porque digo: "¿Y si llego a fallar?, ¿y si me echan del laburo?, ¿y cómo voy a quedar con mis hijos?, ¿y qué van a hacer?" Y se hace una cosa así.

Pero te digo que es una cosa de, de mi cabeza. Porque después en el rendimiento, ¿viste?, no, no pasa nada, ¿si? Este, mirá, te repito, soy como una máquina de ruedas que empiezan a pensar a pensar, a girar, a girar, me preocupo, y aparecen cada vez más preocupaciones. No es que tengo una idea que, que calma la preocupación ¿si? No, al contrario, aparece una preocupación y es como una cadena de preocupaciones que pueden llegar a aparecer.

Eh, en fin, soy una máquina de pensar porque, el ejemplo que te di: que yo piense cuánto se va a ir el euro, o sea, yo no compro euros, nada que ver.

O sea, yo tengo mi casa, no es que estoy ahorrando para tener un proyecto, no es que me quiera cambiar de laburo, hacer un emprendimiento nuevo. Lo pienso por una situación, "¿Y qué llegara a pasar si, si a esta presidenta la bajan?, ¿y quién viene y quién no?". Y a lo mejor no pasa nada, o sea, no tengo, no sé, es una preocupación fuerte ¿entendés? Y no puedo parar porque digo: "¿Y si la presidenta?, ¿y si esto?, ¿y si llegan a cambiar a mi jefe?", eh, "¿y si cambian y si estatizan los subtes y volvemos otra vez?, ¿y si yo dejo de laburar?, ¿y si cambia mi supervisor y me mandan a otro lugar?, ¿y si me mandan a otro lugar y yo no llego a saber la tarea que me mandan?", y cuando, en realidad, las tareas son similares, son similares. Pero te digo, es como una cadena ¿viste? Como una ruedita, empieza a girar y no para más y cada vez va a más velocidad. Porque no es que, que en un punto, en un punto se detiene, o sea, no, no, no: sigue, sigue, sigue, sigue. Y te digo, sigue pero igual me deja hacer otras cosas. Me deja terminar un laburo.

Te cuento un ejemplo para que veas, porque otra cosa que tengo: en el laburo con los pibes súper bien, o sea, un clima de laburo muy bueno, el grupo, a mí me gusta mucho laburar en grupo y que el grupo esté bien, en armonía, ¿viste? Que nos llevemos bien, me gusta; si fuera por mí que todos se lleven bien, ¿viste? Y ahora pienso: "¿Cómo puedo hacer para caer más simpático a este flaco o a lo mejor para que nos llevemos mejor?". Y empieza, y digo: "¿Cómo puedo hacer para caerle bien a este flaco y que nos llevemos mejor?, ¿y qué pasaría si no nos llevamos bien?, ¿y si dentro de un día nos peleamos?, ¿y qué pasaría con el clima del laburo, se alteraría todo, yo tendría que cambiarme de sector?" O sea, empiezo a pensar cosas así, por eso si voy a hacer una broma pienso mucho qué le digo, o sea qué broma le hago, cuál no le hago. O sea, lo trato de medir pero, pero todo el tiempo.

Eh, bueno, te di algunos ejemplos: la salud de mi viejo, lo de mi mujer, lo del laburo, lo del clima del laburo; pero así te puedo dar un montón. Hasta puedo llegar a pensar un día, cuando me estoy comprando un CD, el otro día me compré un CD original de un artista que me gusta, y estuve pensando qué haría con todos mis discos si algún día cambian el formato. Mirá lo que llegué a pensar cuando salí de ahí. ¿Me entendés? No lo puedo creer, pero bueno...

Igual te digo, nunca tuve un problema con un compañero, el clima de laburo, me llevo bien con el grupo. Me encanta estar, estoy feliz con mi familia, con mis nenes, o sea, juego con ellos, me llevo bien. O sea, no, no, no me siento deprimido, pero sí, preocupado. No sé si me explico la diferencia, o sea, no sé, a lo mejor puede servir este dato: es como que me preocupo, me preocupo y por cosas que a lo mejor nunca me pasaron. O sea, y no, y te digo, de toda la vida lo que sí es cierto es que soy una máquina de pensar. Soy una máquina de pensar hasta cuando alguien me está contando algo. Eh, siempre con mis compañeros del secundario, de la facultad, siempre que me contaron cosas, hasta pensando en cómo, qué solución les podía ayudar, si se me ocurría algo. O sea, pero no te digo pensar de que ahí, no, "¿Y si yo le digo esto y él hace esto y puede llegar a", o sea. Pero con, con tratar de ayudar, ¿no? Pero, te repito, porque a lo mejor no sé si me entendés o me explico bien lo que estoy diciendo. O sea, yo esto con- contento o feliz con mi vida pero preocupado, constantemente. Es como que, no sé, estoy en alerta, y no sé de qué. Porque, ¿viste?, son cosas que a lo mejor nunca me pasaron y no sé si me van a pasar. Pero una vez que pienso una, vienen todas juntas. No sé bien cómo es esto.

Y otra cosa que tengo, eh, o, a lo mejor, es más de lo mismo, no sé. Una vez por mes nos juntamos con los chicos del secundario. Nos conocemos de toda la vida, con algunos nos conocemos del primario ¿sí? Y la última vez, eh, no sé, eh, con un flaco que conozco de siempre, de siempre, no sé, me dio la impresión de que le hice un comentario, así medio en joda y que nos cagábamos de la risa todos. Pero él, no sé porque no, no se rió, se quedó medio. Bueno, entonces de ahí me fui pensando, dije: "Uh, ¿y éste?", eh, "¿habrá quedado sentido con algo?", ehm, me preocupé. Al otro día fui a laburar y andaba con este lío en la cabeza, ¿sí? Entonces, ¿sabés qué hice? Eh, al encuentro de este mes no fui, falté, falté. Porque dije, me puse a pensar, a preocupar: "Mirá si este flaco quedó sentido y mirá si no llega a ir porque yo voy. Mirá si quedó sentido y se puso mal". Eh, todas, todas preocupaciones así, ¿viste? Pero que no, no sé. Te digo me vino la cara del flaco y de la cara del flaco salieron veinticinco cosas que le podrían haber pasado, veinticinco cosas como diciendo: bueno a lo mejor lo ofendí, a lo mejor tuvo quilombo por otra cosa y no le cayó bien, a lo mejor pensó, no sé dio cuenta que era una joda, a lo mejor dije mal la joda. Ehm, no sé cómo, cómo, pero te quiero dar un ejemplo: tuve esta situación y este mes no fui a la reunión, directamente. Y, viste, porque dije: "A ver si pasa, a ver qué". Y no sé qué voy a hacer el mes que viene. No, no tengo mucha idea de lo que voy a hacer. Cuando venga el mes que viene yo estoy seguro que a medida que se va acercando el día, que nos llamemos, que nos mandemos el mail, voy a ir pensando y preocupándome a ver si voy o no voy.

Y, por ejemplo, una cosita que puedo llegar a tener con mis hijos: si, si yo me noto preocupado, pará que es un quilombo, cómo te lo voy a decir porque no sé bien. Si yo estoy enquilombado a lo mejor pienso, me preocupo, de cómo me pueden llegar a ver mis hijos a mí cuando estoy enquilombado. Pero enquilombado en la cabeza, ¿eh? O sea, eso es enquilombado, es como que digo: "Uh ¿y si me ven?, ¿y qué van a decir: 'mi viejo tiene quilombos'?". Es como que cuando tengo un quilombo ¿viste? Trato de decir: "Bueno, a ver si me llega a ver". Por eso, es como que no... que lo pienso, lo pienso un montón. A todo esto sabés que yo, yo ahora estoy hablando con vos. Y yo, ahora que estoy hablando con vos, y lo miro a distancia o sea, me miro a mí a distancia y te digo: "Uh, mirá lo que pienso de mi mujer, mirá lo que pienso de mi viejo". O sea, se hace un control y sale bien y yo en ese, pero en ese momento pienso, "Se hizo un control, ¿y si tuvo una recaída?, ¿y si después de hacer eso...?, ¿y si llega a pasar algo?, ¿y si no está mi vieja?, ¿y si mi vieja no se da cuenta?, ¿y si llaman a alguien y no viene?" O sea, en ese momento no las puedo parar, o sea, es un bombardeo de ideas, de preocupaciones, de pensamientos, no sé, no sé bien qué son.

Referencias

American Psychiatric Association (2013). *Diagnostic and Statistical Manual of Mental Disorders. Fifth Edition. DSM-5.* Arlington, VA: American Psychiatric Association.

Balbi, P., Jurkowski, L. y Roussos, A. J. (2013). Cognitive and Psychoanalytic Therapists' Clinical Approach to Executive Functions in Generalized Anxiety Disorder [Director: Roussos, Andrés]. *Small Research Grant de la Society for Psychotherapy Research.*

Etchebarne, I. (2014). Estrategias psicoterapéuticas iniciales para el tratamiento del Trastorno de Ansiedad Generalizada [Tesis doctoral]. *Doctorado en Psicología de la Facultad de Psicología de la Universidad de Buenos Aires.* Buenos Aires: Universidad de Buenos Aires.

Etchebarne, I., y Roussos, A. J. (2010). *Modelo de protocolo para presentación de un material estímulo y obtención de datos demográficos de participantes en una investigación.* Documento de trabajo No 252. Universidad de Belgrano. Obtenido el 10 de abril del 2010 de http://www.ub.edu.ar/investigaciones/dt_nuevos/252_Etchebarne.pdf

Juan, S. (2014). Inferencias pronósticas e intervenciones psicoterapéuticas en el Trastorno de Ansiedad Generalizada [Tesis doctoral]. *Doctorado en Psicología de la Facultad de Psicología de la Universidad de Buenos Aires.* Buenos Aires: Universidad de Buenos Aires.

Massana Montejo, G., Massana Montejo, E., y Spitzer, R. L. (1996/1994). DSM-IV. *Libro de casos: Compañero del DSM-IV (Manual diagnóstico y estadístico de los trastornos mentales).* Barcelona: Masson.

Nuevos modelos explicativos y abordaje clínico del TAG con terapia de relajación aplicada

Dr. Ignacio Etchebarne

Universidad de San Andrés y Human Intelligence (HI)

Introducción

En el presente capítulo describiré el contexto de necesidades y oportunidades que promovieron el desarrollo de la terapia de relajación aplicada para los trastornos de ansiedad, sus fundamentos y conceptualización inicial del TAG. Luego, analizaré sus reformulaciones teóricas y adaptaciones técnicas para el abordaje específico del TAG. Asimismo, presentaré su estatus actual como tratamiento basado en la evidencia para el TAG, e ilustraré su aplicación al caso Darío. A lo largo del capítulo (como objetivo secundario), también esclareceré equívocos respecto a la distinción entre *mindfulness* y relajación, y acerca del infundado efecto ansiogénico de la relajación.

Lo que hoy conocemos como terapia de relajación aplicada (RA) se nutre del trabajo sostenido y acumulativo de múltiples equipos de investigación, desde 1929 a la fecha. Chang-Liang y Denney (1976) originaron la noción de "relajación aplicada" inspirados en dos fuentes de información. Por un lado, destacaron que Jacobson, el desarrollador de la relajación muscular progresiva en 1929, advocó fuertemente por la aplicación de las técnicas de relajación durante situaciones provocadoras de ansiedad (en lugar de sólo practicarlas en contextos poco estresantes). La segunda fuente de inspiración fue el trabajo de Goldfried (1971) y Goldfried y Trier (1974) sobre desensibilización sistemática de autocontrol. Goldfried y Trier fueron los primeros en conceptualizar a la relajación como una estrategia de afrontamiento activo entrenable, desafiando las visiones hegemónicas de esa época, según las cuales, la relajación era un proceso pasivo de decondicionamiento, contracondicionamiento o inhibición recíproca. Como parte de dicha reconceptualización, estos autores pasaron a evaluar la eficacia de la relajación tanto dentro de la sesión, imaginando escenas temidas, como por fuera de la sesión de psicoterapia, durante exposiciones en vivo a estímulos temidos (siguiendo las indicaciones de Jacobson).

Partiendo de estos aportes, Chang-Liang y Denney (1976) hipotetizaron y demostraron que un factor que diferenciaba a los entrenamientos eficaces en relajación de aquellos ineficaces, era el grado de énfasis que se le daba a aplicar la relajación por fuera del marco de la sesión psicoterapéutica. Así, bautizaron como "relajación aplicada" o "RA" al tratamiento conductual que combinaba entrenamiento en la versión abreviada de la relajación muscular progresiva (ideada por Wolpe durante la década de los cincuenta) e instrucciones respecto a su aplicación en variadas situaciones provocadoras de ansiedad, identificadas previamente por el paciente.

En la década de 1980, la RA fue ampliada y refinada por Öst (1987, 1988, 2002, 2013), enmarcándola como un abordaje conductual. Sin embargo, posteriormente tanto Öst (2002) como otros investigadores (ver por ejemplo Andersson, Holmes y Carlbring, 2013; Borkovec y Sharpless, 2004) pasaron a conceptualizarla como un abordaje cognitivo-conductual. Esta visión no es compartida por Newman et al. (2017), quienes recientemente volvieron a presentarla como un abordaje conductual. En este sentido, el debate queda abierto.

Como parte de su refinamiento de la RA, Öst (1987, 1988, 2002, 2013) integró en forma sistemática los procedimientos de relajación previamente desarrollados en un programa de tratamiento bifásico. La primera fase consistió en un entrenamiento orientado a que los pacientes aprendan a detectar sus señales tempranas de ansiedad, y a que adquieran la capacidad de relajarse en contextos poco estresantes, en forma cada vez más rápida y portátil (fase de entrenamiento). La segunda fase de la RA desarrollada por Öst se focalizó en la implementación de la capacidad de relajación rápida en variados contextos estresantes de la vida del paciente (fase aplicada).

Öst (2002, 1987) explicó que los desarrollos que culminaron en la RA fueron motivados tanto por la insatisfacción con los métodos conductuales tradicionales para el tratamiento del pánico y las fobias (desensibilización sistemática, inundación, etc.), así como por la necesidad de construir nuevos métodos para tratar la ansiedad generalizada. Asimismo, la misión de la RA desarrollada por Öst fue la de transformar a la relajación en una habilidad portátil que pudiera ser utilizada cuando las personas sentían ansiedad en contextos naturales; es decir, sin tener que interrumpir sus actividades para recluirse a un espacio tranquilo de práctica formal de relajación.

De este modo, Öst (2002, 1987) desarrolló un programa de investigación demostrando la eficacia de su versión de la RA para múltiples trastornos de ansiedad, así como variadas condiciones médicas como el tinitus, llegando a rivalizar con los demás abordajes cognitivo-conductuales contemporáneos para los trastornos de ansiedad. Sin embargo, la revisión de Durham et al. (2003) reveló que la tasa de mejoría a largo plazo de los pacientes con TAG con los abordajes existentes, incluida la RA de Öst, no superaba al 50%, y que sólo el 30-40% realizaba una remisión total.

Este grado de eficacia para el tratamiento del TAG era muy inferior a la respuesta de los otros trastornos de ansiedad (Durham et al., 2003). Ello desembocó en un especial interés por este cuadro clínico, el cual fue liderado por el equipo de Borkovec (Bernstein, Borkovec y Hazlett-Stevens, 2000; Borkovec y Costello, 1993; Borkovec y Sharpless, 2004). Así, estos autores continuaron refinando y adaptando a la RA para el abordaje específico del TAG. De este modo, aumentaron el énfasis de la RA en la identificación de cadenas de preocupaciones, encuadrándolas como señales tempranas cognitivas de ansiedad. También incluyeron la aplicación sistemática de relajación durante las sesiones, en respuesta a señales tempranas de ansiedad, e incorporaron al ensayo imaginario de relajación aplicada (intrasesión) para promover desensibilización sistemática de autocontrol. Estas modificaciones se orientaron a proveerle a los pacientes con TAG una práctica más intensiva de RA, acorde a los disparadores sutiles y casi omnipresentes de su ansiedad y preocupación excesiva.

Si bien esta adaptación de la RA realizada por Borkovec y equipo (Bernstein et al., 2000; Borkovec y Costello, 1993; Borkovec y Sharpless, 2004; Newman et al., 2004) demostró que dicho abordaje también era eficaz para el tratamiento del TAG, tampoco logró superar la barrera del 50% de eficacia. Por ello, estos autores integraron a la RA con procedimientos cognitivo-conductuales adicionales como el control de estímulos, reestructuración cognitiva en estado de relajación, técnicas de resolución de problemas, uso del humor, foco atencional en el momento presente, entrenamiento en habilidades interpersonales, técnicas de procesamiento emocional y trabajo con valores intrínsecos de los pacientes. Además de estos procedimientos adicionales, Borkovec y equipo enfatizaron adoptar un estilo terapéutico caracterizado por un espíritu de juego y flexibilidad que modele la actitud de vida más relajada que se busca desarrollar en los pacientes con TAG.

Más recientemente, y como se destaca en otros capítulos de este libro, las técnicas involucradas en la RA fueron adaptadas o integradas con prácticas de *mindfulness* en múltiples abordajes cognitivo-conductuales de tercera generación[1]. Así, las técnicas de la RA se incorporaron a la terapia conductual basada en la aceptación para el TAG (Roemer y Orsillo, 2009) y a la terapia de regulación emocional de los trastornos por distrés (TAG comórbido con depresión mayor y/o distimia) o "depresión ansiosa" (Fresco et al., 2013). En ambos casos, las técnicas de la RA fueron reencuadradas como prácticas de *mindfulness*, enfatizando la búsqueda de claridad emo-

---

1 Por fuera del tratamiento del TAG, es de destacarse que algunas técnicas de RA fueron fusionadas con otras estrategias de la terapia dialéctica-conductual ("*Dialectical-Behavioral Therapy*" o "DBT") para pacientes con cuadros de elevada desregulación emocional como el trastorno límite de la personalidad, adicciones, etc. (Linehan, 1993, 2015). También Gilbert (2009) integró a la RA con la terapia centrada en la compasión ("*Compassion-Focused Therapy*" o "CFT" en inglés) para pacientes con depresión monopolar y elevada autocrítica. Para más información ver Etchebarne (en preparación).

cional por sobre la respuesta de relajación. Por ejemplo, Roemer y Orsillo (2009) adaptaron a la respiración diafragmática de modo tal que enfatice la consciencia plena, explicando lo siguiente:

> Con clientes ansiosos, nos gusta introducir la tradicional técnica conductual de respiración diafragmática, adaptada para enfatizar *mindfulness* (...) Este ejercicio es una especie de ejercicio no tradicional de *mindfulness* porque hay un gentil énfasis en cambiar más que en simplemente observar lo que es. En nuestra experiencia, este énfasis ayuda a contraatacar el potencial para distrés creciente entre individuos que pueden reaccionar negativamente a la consciencia inicial de su propia respiración e interrumpir el ejercicio prematuramente (Roemer y Orsillo, 2009, posiciones 2915 y 2951).

Roemer y Orsillo (2009) también adaptaron a la "relajación muscular progresiva", transformándola en una práctica de "relajación muscular progresiva basada en *mindfulness*" (en inglés, "*Mindfulness-Based Progressive Muscle Relaxation*"). Su fundamentación permite vislumbrar el potencial de esta técnica desde la óptica del *mindfulness*:

> Con nuestros clientes con TAG, utilizamos una versión modificada de la relajación muscular progresiva (RMP; Bernstein et al., 2000), en la que enfatizamos dirigir la atención hacia las sensaciones asociadas tanto con tensar como aflojar cada grupo muscular, y permitiendo que cualquier respuesta que pueda ocurrir ocurra. En forma similar a nuestro uso de la respiración diafragmática, este ejercicio de *mindfulness* es algo inusual porque incluye una acción que puede cambiar activamente la experiencia del cliente (tensar y aflojar los músculos, típicamente, lleva a músculos más relajados); sin embargo, descubrimos que la integración con este tratamiento con apoyo empírico para el TAG ayuda a nuestros clientes a expandir su experiencia (por introducir una respuesta más relajada en lo que es, típicamente, un estilo rígido de tensión) a la vez que permiten lo que sea que surja. Somos cuidadosos de no sugerir que el ejercicio resultará en relajación (Roemer y Orsillo, 2009, posiciones 3003 y 3015).

Por su parte, Fresco y equipo (2013) incluyeron la técnica de monitoreo de señales tempranas de ansiedad (central en la RA), bajo el lema de "Atrápate reaccionando". También, reencuadraron a la respiración diafragmática y a la Relajación muscular progresiva como prácticas formales de *mindfulness*. Todo ello se fundamentó en reentrenar la capacidad atencional de los pacientes con TAG y disminuir su reactividad (fase inicial de la terapia de regulación emocional). Esto se describe más en detalle en el capítulo de este libro escrito por Renna, Quintero, Fresco y Mennin, "Terapia de regulación emocional: tratamiento para trastornos por distrés enfocado en sus mecanismos".

Desafortunadamente, las adaptaciones de la RA y su integración con otros procedimientos psicoterapéuticos con el fin de aumentar la eficacia de los tratamientos psicológicos para el TAG, complejizó el abordaje de este cuadro y no se tradujo –al menos aún– en un incremento de la eficacia (Cuijpers et al., 2014). Por esta razón, Hayes-Skelton et al. (2013a) rescataron la versión más simple de RA para el TAG (es decir, aquella desarrollada por Bernstein et al., 2000, Borkovec y Costello, 1993, y Hayes-Skelton et al., 2013a) y propusieron que la investigación futura se enfoque en identificar los mecanismos de acción específicos de esa versión de la RA para así aumentar su eficacia sin perder su simpleza. Asimismo, aportaron una primera reconceptualización de la RA para el TAG desde el esquema referencial cognitivo-conductual de tercera generación (o contextual). En el presente capítulo se describe la versión de la terapia de relajación aplicada (RA) tal como fue adaptada por Borkovec y equipo (Bernstein et al., 2000; Borkovec y Costello, 1993; Hayes-Skelton et al., 2013a) para el tratamiento del TAG y reconceptualizada por Hayes-Skelton y colegas (2013a).

Modelos teóricos del TAG desde la lente de la terapia de relajación aplicada

Modelo teórico de segunda generación cognitiva-conductual

Partiendo de una visión de la ansiedad como un proceso que se desarrolla a lo largo del tiempo, involucrando secuencias habituales de respuestas multisistema, Borkovec y equipo (Bernstein et al., 2000; Borkovec y Costello, 1993) conceptualizaron al TAG de la siguiente forma: la ansiedad involucra a un proceso de múltiples sistemas en interacción (el sistema atencional, conceptual, imaginativo, fisiológico, afectivo y conductual), y las personas con TAG se encuentran estancadas en dicho proceso debido a los siguientes factores:

a) *Sesgo cognitivo:* presentan un sesgo cognitivo que las predispone a percibir múltiples señales de amenaza ante estímulos ambiguos.

b) *Disparadores de ansiedad sutiles:* experimentan ansiedad ante disparadores ambientales menos obvios.

c) *Evitación sutil:* si bien las personas con TAG suelen enfrentar las situaciones que temen –a diferencia de las personas con otros trastornos de ansiedad– lo hacen recurriendo a maniobras de seguridad menos visibles como, por ejemplo, procrastinación, perfeccionismo, indecisión, etc.

d) **Evitación cognitiva:** poseen una rápida respuesta de evitación cognitiva y una predominancia de preocupación en forma verbal que suprime las imágenes mentales atemorizantes, disminuye la activación somática e interfiere con el procesamiento emocional efectivo[2].

e) **Restricción autonómica:** exhiben una inflexibilidad fisiológica tanto en reposo como frente a amenazas, resultante de la inhibición del sistema nervioso autónomo simpático, por medio de la restricción del rango de su variabilidad, y de un tono parasimpático deficitario.

Por estas razones, Borkovec y equipo (Bernstein et al., 2000; Borkovec y Costello, 1993; Borkovec y Sharpless, 2004) hipotetizaron que las personas con TAG desarrollan modos reactivos crónicos y habituales de respuesta ansiosa –a modo de defensa ante la percepción de múltiples amenazas– que se autoperpetúan adquiriendo mayor fuerza de hábito con cada nueva ocurrencia. Por ello denominaron a este proceso ansioso, sostenido a lo largo del tiempo, como la "espiral de ansiedad", destacando el inevitable transcurso de tiempo y respuestas reactivas sucesivas entre los estados de tranquilidad, las primeras señales de ansiedad y su amplificación gradual hasta transformarse en estados de intensa ansiedad y preocupación o, incluso, ataques de pánico. En este sentido, la fundamentación (o "*rationale*") de la RA se centra en los siguientes pilares:

1. **Ansiedad = múltiples sistemas en interacción:** dado que la respuesta de ansiedad es un proceso de múltiples sistemas en interacción, los cambios en un canal de respuesta ansiosa, deberían afectar los otros canales de respuesta ansiosa. En este sentido, aprender a reducir la activación en uno de los sistemas de respuesta ansiosa (por ejemplo, la respuesta fisiológica de tensión muscular) también debería reducir la activación en otros sistemas de respuesta (reducción de preocupaciones en el sistema cognitivo, reducción de la evitación y búsqueda de reaseguros en el sistema conductual, etc.). De hecho, las técnicas de relajación involucradas en la RA abordan diferencialmente distintos canales de la respuesta ansiosa. Por ejemplo, la respiración diafragmática se centra en la actividad parasimpática, la relajación muscular progresiva se centra en la tensión muscular, y la relajación condicionada, en la actividad cognitiva (enfocando la atención en las palabras "inhalá" y "relax", impide la emergencia de otros pensamientos).

2. **Ansiedad = proceso temporal en espiral:** dado que la respuesta de ansiedad es un proceso que se va desplegando a lo largo del tiempo, las

---

2 Este hallazgo consistió en la piedra angular de la teoría de la preocupación como mecanismo de evitación cognitiva que luego desarrollarían Borkovec y equipo, tal como se describe en el capítulo de Newman y Llera, "El modelo de evitación de contraste y la terapia de procesamiento emocional interpersonal"

intervenciones psicoterapéuticas para reducirla serán más efectivas si los pacientes logran tomar consciencia del proceso de ansiedad (y preocupación) en el momento en que está ocurriendo, y si logran identificar las señales más tempranas de cualquiera de los canales relevantes de respuesta que señalan movimiento en dirección de mayor respuesta ansiosa. De esta forma, los pacientes pueden aprender a invertir gradualmente la espiral de ansiedad aplicando, ante sus primeras señales de activación ansiosa, técnicas psicofisiológicas que los moverán en dirección de mayor relajación (estimulando al sistema nervioso parasimpático).

3. *Ansiedad y relajación se asocian a sistemas opuestos:* dado que la ansiedad se asocia a la activación del sistema nervioso simpático y la relajación a la activación de sistema nervioso parasimpático, la relajación es incompatible con la tensión y la ansiedad. Por esta razón, el entrenamiento en relajación reduce la tensión y la ansiedad.

4. *Relajación = aprendizaje de nuevo hábito y significado:* cada vez que se utiliza a la relajación como una estrategia de afrontamiento ante las primeras señales de ansiedad, éstas cambian su significado. En vez de significar distrés creciente y amenazante, adquieren el significado de "Es hora de usar mi respuesta de relajación". También, al intervenir tempranamente sobre el inicio de la espiral de ansiedad, el resto de la secuencia de la experiencia de ansiedad no ocurre ni es fortalecida en la memoria (más bien, se debilita). Asimismo, comienza a fortalecerse en la memoria la nueva secuencia de ansiedad seguida de relajación que, con la práctica, se volverá cada vez más habitual y potente.

5. *Relajación "portátil" y aplicada:* para que la respuesta de relajación se torne habitual, la misma debe poder aplicarse en forma rápida y práctica, sin tener que interrumpir actividades, de modo tal que las personas con TAG puedan exponerse a situaciones de ansiedad, aplicando la relajación como estrategia de afrontamiento.

6. *RA y flexibilidad conductual:* el entrenamiento sistemático en variadas técnicas de relajación no sólo les permite a las personas con TAG ir aumentando su capacidad de relajación. También les brinda un mayor repertorio de respuestas de afrontamiento, ya que aprenderán a aplicar las distintas técnicas de relajación en variadas situaciones, flexiblemente, según sus preferencias y características del contexto.

7. *Relajación y aspectos positivos:* el entrenamiento en relajación desarrolla la habilidad para aprender a crear, atender y estar abierto a momentos presentes positivos y agradables. De esta forma, disminuye el excesivo filtro negativo y sesgo confirmatorio de los pacientes con TAG, promoviendo que estén más permeables a toda la información de su entorno y puedan procesar la información en forma más balanceada.

Modelo teórico de tercera generación cognitiva-conductual

Como se mencionó anteriormente, Hayes-Skelton y equipo (2013a) reinterpretaron a la RA desde una visión cognitiva-conductual de tercera generación. La misma parte de una comprensión integrativa del TAG, desarrollada por Roemer y colegas (Hayes-Skelton, Orsillo y Roemer, 2013b; Orsillo, Roemer y Barlow, 2003; Roemer y Orsillo, 2002). De acuerdo con estos autores, el TAG no sólo persiste por la acumulación crónica de tensión y ansiedad, sino que también estaría mediado por:

- *Modo reactivo:* Sostener una relación fusionada y crítica hacia las experiencias internas.
- *Evitación experiencial:* Evitación y supresión rígida de experiencias dolorosas.
- *Constricción conductual:* Involucración reducida en actividades personalmente significativas.

Como se menciona en la sección anterior, la teoría original de la RA se centraba en la percepción temprana de la ansiedad por medio del automonitoreo y en la reducción de la activación muscular como mecanismos primarios para reducir la ansiedad (Hayes-Skelton et al., 2013a; Öst, 1987). Sin embargo, Conrad y Roth (2007) realizaron una revisión de la efectividad de varias técnicas de relajación y concluyeron que las evidencias empíricas existentes no permiten afirmar que la activación fisiológica de pacientes con TAG o trastorno de pánico disminuye a lo largo del curso de una terapia de relajación, incluso cuando los pacientes reportan una disminución subjetiva de la ansiedad.

El hallazgo de Conrad y Roth (2007) convalida indirectamente la teoría de Borkovec y equipo (Bernstein et al., 2000; Borkovec y Costello, 1993; Borkovec y Sharpless, 2004), quienes sugirieron mecanismos de acción adicionales en la RA (flexibilización del excesivo filtro negativo y sesgo confirmatorio, reestructuración cognitiva de experiencias de ansiedad, flexibilización conductual y cambio de actitud frente a la vida). Asimismo, Meuret et al. (2003) han propuesto que las técnicas de relajación lograrían su efecto más por un reentrenamiento respiratorio que por disminución de la tensión, aunque posteriormente Ritz et al. (2013) hallaron que las personas con elevada sensibilidad a la ansiedad –un factor común a los trastornos de ansiedad– presentaban elevada tensión muscular respiratoria. Consecuentemente, podría suceder que las técnicas de relajación operan promoviendo una relajación de los músculos directamente involucrados en la respiración (y no en el tono muscular general del cuerpo). Lamentablemente, no he podido encontrar investigaciones que aborden esta última afirmación.

Desde una perspectiva de tercera generación cognitiva conductual, los equipos de Orsillo y Roemer (Eustis, Hayes-Skelton, Roemer y Orsillo, 2016;

Hayes-Skelton, Calloway, Roemer y Orsillo, 2015; Hayes-Skelton, Usmani, Lee, Roemer y Orsillo, 2012; Hayes-Skelton et al., 2013a) explicaron que la reducción en la tensión podría ser un mediador parcial de la eficacia de la RA, y presentaron evidencias de que la RA promueve un aumento de la capacidad de *mindfulness*, descentramiento, aceptación, y una reducción de metapreocupaciones y evitación experiencial, aún cuando no se hace mención explícita a estos procesos durante el tratamiento. En este sentido, explicaron que si bien a *prima facie* la RA pareciera promover la evitación experiencial, en realidad, tanto el monitoreo de señales tempranas de ansiedad como el afrontamiento activo de situaciones de ansiedad, confiando en su capacidad de relajación como estrategia regulatoria, les facilita a los pacientes permanecer en contacto con sus emociones sin responder reactivamente. Por esta razón, estos autores plantearon que la RA es funcionalmente equivalente al *mindfulness*, en consonancia con Kabat-Zinn (2003, p. 148), quien vinculó a la noción de *mindfulness* con el trabajo original de Jacobson, "que enfatizó aprender a reconocer y confiar en la experiencia propioceptiva del paisaje de sensaciones en la tensión, en vez de luchar por lograr un estado más deseable como la relajación".

En línea con los trabajos del equipo de Orsillo y Roemer, Yackle y equipo (2017) demostraron que las prácticas basadas en el control y lentificación de la respiración –factor común a todas las técnicas de relajación y a muchas prácticas de *mindfulness*– promueven un estado de calma por intermedio de la inhibición de una subpoblación de neuronas (el circuito Cdh9/Dbx1) en el Complejo preBötzinger (preBötC). En este sentido, estos investigadores demostraron que si bien el ritmo respiratorio es una conducta autonómica sobre la cual podemos ejercer control con nuestras funciones cerebrales superiores, a su vez, el ritmo respiratorio ejerce una influencia directa sobre nuestras funciones cerebrales superiores.

Si bien estas evidencias de mecanismos de acción comunes entre la RA y las prácticas de *mindfulness* pueden implicar erróneamente que la relajación aplicada y *mindfulness* son términos que representan a un mismo proceso, la cuestión parece ser bastante más compleja: Lumma, Kok y Singer (2015, 2017) identificaron efectos fisiológicos y subjetivos diferenciales según el tipo de práctica de *mindfulness*. Por un lado, registraron que la práctica de *mindfulness* consistente en tomar a la respiración como objeto de observación ("*Breathing Meditation*") –al igual que las prácticas de relajación–, se asocia con menor activación fisiológica, menor esfuerzo y, por ende, mayor respuesta de relajación. En cambio, observaron que las prácticas de *mindfulness* compasivas y las metacognitivas se asocian con mayor activación fisiológica y percepción subjetiva inicial de esfuerzo. En este sentido, también habría una equivalencia fisiológica entre las técnicas de relajación y las prácticas de *mindfulness* de la respiración. Sin embargo, estas últimas se llevan a cabo en un contexto muy diferente al del entrenamiento en relajación donde no se busca modificar la experiencia, sino su mera aceptación. Es por esta razón que Dahl, Lutz y Davidson (2015: 518) las agrupan como la "familia atencional" de las prácticas meditativas, orientadas simplemente a "observar o notar la presencia de pensamientos, emociones y percepciones".

De este modo, tal como anticiparon Hayes-Skelton y equipo (2013a), el componente de la RA que pareciera ser más equivalente a la familia del *mindfulness* atencional, desde una perspectiva funcional, sería el monitoreo de señales tempranas de ansiedad. Por otra parte, dada su orientación a cambiar la experiencia inmediata estimulando la respuesta de relajación por activación del sistema nervioso parasimpático, las técnicas de relajación comprendidas en la RA parecieran estar más en línea con lo que Dahl y equipo (2015: 518) denominaron como "familia constructiva" de prácticas de *mindfulness*. Estos autores ubicaron en este grupo a las prácticas de *mindfulness* como las meditaciones de ecuanimidad, compasión, reestructuración de prioridades o valores, etc. El factor común a esta familia de prácticas consiste en que todas ellas se orientan a cultivar o generar sistemáticamente cualidades virtuosas, vinculadas con el bienestar. En otras palabras, "involucran cambiar activamente el contenido cognitivo y afectivo" (Dahl et al., 2015: 518).

Sin embargo, tal como se describe en la sección de presentación del protocolo de RA, Bernstein y equipo (2000) especificaron que la RA no se orienta a reducir la ansiedad normal, sino a disminuir las reacciones secundarias de control –por parte del paciente– hacia su experiencia ansiosa, las cuales "espiralizan" su ansiedad inicial. En este sentido, las técnicas de la RA también buscarían la reducción de la ansiedad excesiva (secundaria) por medio de la aceptación experiencial, y así lo afirmaron Hayes-Skelton y colegas (2013a). Entonces, cabe destacarse la existencia de múltiples puntos de contacto entre la RA y los abordajes basados en *mindfulness*, a pesar de que las mismas parten de tradiciones y contextos variados. Lamentablemente, como la evaluación de los procesos psico/fisiológicos involucrados en estas prácticas es aún problemática (Conrad y Roth, 2007; Grossman, 2011), es difícil realizar una diferenciación clara o punto de corte entre ambas.

De acuerdo con Hayes-Skelton y equipo (2013a), un mecanismo de acción adicional por el cual operaría la fase aplicada de la RA es la exposición, ya que la misma asiste a los pacientes a enfrentarse sistemáticamente y permanecer experiencialmente conectados a situaciones estresantes que previamente evitaban. En consistencia con las teorías subyacentes a la terapia de exposición, de aprendizaje inhibitorio (Craske et al., 2014), y de procesamiento emocional (Foa, Huppert y Cahill, 2006), este afrontamiento activo e intencional de situaciones previamente evitadas probablemente lleve a un incremento de las probabilidades de que el individuo vuelva a enfrentar situaciones similares en el futuro. Consecuentemente, reduce su ansiedad a lo largo del tiempo con cada nueva exposición. Por ejemplo, usando a la relajación como nuevo hábito de afrontamiento al enfrentar situaciones, probablemente promueva que transcurra el procesamiento emocional o nuevo aprendizaje, frente a la no ocurrencia del resultado temido (Craske et al., 2014; Foa et al., 2006).

Esta afirmación de Hayes-Skelton y equipo (2013a) contradice a Craske y Barlow (2008), quienes plantearon que el entrenamiento en respiración –y por consecuencia lógica, en relajación– interfiere con la eficacia de las técnicas de exposición porque puede ser usada como maniobra de seguridad, obstaculizando la disconfirmación de temores. Sin embargo, Meuret y equipo (2003: 751) señalaron que las críticas hacia el entrenamiento están motivadas teóricamente y no se basan en evidencias empíricas. Asimismo, Keegan (2009) realizó una revisión de las evidencias respecto al efecto contraterapéutico del uso de maniobras de seguridad, identificando que incluso en los tratamientos basados en la exposición, los pacientes suelen desoír la indicación de abandono completo de maniobras de seguridad, sin que ello necesariamente disminuya la efectividad del tratamiento. También señaló evidencias que indican que el uso de medidas de seguridad contribuye al tratamiento cuando anima a los pacientes a enfrentar situaciones que, sin estas medidas, evitarían por completo.

En este sentido, pareciera ser que, además de basarse en especulaciones teóricas, Craske y Barlow (2008) confundieron la *forma* (descripción topográfica) con la *función* (meta, propósito o consecuencia buscada) de una conducta (Martell, Dimidjian y Herman-Dunn, 2010), como lo es el caso de la conducta de intentar relajarse. Por ejemplo, no es lo mismo utilizar la relajación (a) para evitar sentir ansiedad que (b) como medida de seguridad transitoria que me anime a empezar a enfrentar la situación, o bien, (c) que me ayude regular la ansiedad, disminuya mi activación autonómica para así poder afrontar la situación en forma efectiva, en lugar de reaccionar impulsivamente (Linehan, 2015). Entonces, al momento de evaluar una conducta, es más importante su función que su forma, ya que esta última no da cuenta de los antecedentes y consecuencias que contextualizan a la conducta (Martell et al., 2010).

Evidencias empíricas de la eficacia de la terapia de relajación aplicada

La RA ha demostrado en múltiples estudios controlados al azar (RCTs) tener entre un 50 y 67% de eficacia para el tratamiento del Trastorno de Ansiedad Generalizada (Arntz, 2003; Hayes-Skelton et al., 2013a; Öst y Breitholtz, 2000). Es por ello que persiste, a la fecha, como un tratamiento de primera línea para este cuadro, al igual que los nuevos desarrollos cognitivo-conductuales de tercera generación. Por esta razón, la división 12 le ha asignado un estatus de apoyo empírico "fuerte" (American Psychological Association, APA, 2016a). En particular, estudios recientes sugieren que la RA es especialmente eficaz en casos crónicos de TAG (Newman y Fisher, 2013) y en pacientes con TAG y un perfil interpersonal excesivamente dominante e intrusivo (Newman et al., 2017), los cuales pueden abrumarse frente a la oferta de múltiples habilidades en tratamientos cognitivo-conductuales (multicomponentes), o bien sentirse desafiados e invalidados frente al entrenamiento en reestructuración cognitiva, respectivamente.

Una ventaja adicional de la RA, en términos de su eficacia, es que los usos de la misma (dependiendo del caso, como abordaje único o en combinación con otras terapias cognitivo-conductuales) se extienden a múltiples problemáticas: trastornos de ansiedad (tales como el trastorno de pánico, la fobia a la sangre y a las inyecciones, y la fobia social), insomnio, acufenos, cefaleas, dolor crónico y síntomas posmenopáusicos, etc. (Andersson et al., 2013; Carlbring et al., 2007; Öst, 2012; Öst, Sterner y Fellenius, 1989).

Aunque son escasas las revisiones sistemáticas de la RA, la misma ha sido evaluada numerosas veces como condición de control en estudios experimentales (Hayes-Skelton et al., 2013a). Ello la convierte en uno de los pocos abordajes específicos para el tratamiento del TAG que cuenta con múltiples evaluaciones independientes de su grado de eficacia o efectividad clínica. De hecho, ya sea como tratamiento experimental de control o en pruebas piloto de terapia online, la RA es uno de los abordajes del TAG que más evaluaciones empíricas ha recibido (Etchebarne, 2016).

Si bien en algunos RCTs aislados como el de Dugas y equipo (2010) y el de Wells y otros (2010), la RA parece haber sido superada por estos nuevos tratamientos específicos para el TAG, estas diferencias no se vislumbran en el meta-análisis de Cuijpers y equipo (2014), antes mencionado. De hecho, estos autores afirman que los nuevos tratamientos específicos del TAG no lograron aumentar la eficacia de la TCC respecto a los abordajes de segunda generación, así como respecto a la RA, permaneciendo la misma cercana al 50% de eficacia. También, sugirieron que las TCCs específicas del TAG podrían ser más efectivas que la RA a largo plazo. Sin embargo, aclararon que sus resultados podrían estar sesgados y que el número de RCTs comparativos de estos abordajes "es demasiado pequeño como para arribar a conclusiones respecto de la efectividad comparativa o los efectos a largo plazo" (Cuijpers et al., 2014, Discusión).

Por otra parte, Hayes-Skelton y equipo (2013a) destacaron que la mayoría de los RCTs que han examinado la eficacia de la RA, la utilizaron como condición de control, no la implementaron en forma completa como fue ideada, sino que se focalizaron únicamente en los componentes de relajación, omitiendo la práctica aplicada, o bien describieron al tratamiento en una forma que dificulta identificar el grado de foco o de "dosis" asignado a la fase de entrenamiento aplicado. Entonces, no queda claro contra qué tipo de relajación están comparando a las TCCs ni si los resultados obtenidos son realmente representativos de la RA. A su vez, su uso como condición de control restó la atención de los investigadores hacia la RA, obstaculizado su comprensión y perfeccionamiento.

Lamentablemente, existe una serie de revisiones bibliográficas sesgadas que tienden a subvalorar a la RA infundadamente (Etchebarne, 2016) y obstaculizan su correcta diseminación. Para peor, parte de estos obstáculos han sido promovidos por investigadores de reconocimiento internacional (Adler, Craske y Barlow, 1987; Cohen, Barlow y Blanchard, 1985; Wegner, Broome y Blumberg, 1997) a partir de la identificación de casos aislados de una reacción de ansiedad (o crisis de pánico), aparentemente, inducida por la práctica de relajación (esto se popularizó como "ansiedad inducida por relajación" o "AIR").

Sin embargo, tras revisar todos los casos documentados de reacciones adversas a prácticas de relajación, *mindfulness* o cualquier otra práctica que requiera un sostenido foco atencional en las sensaciones corporales, Lilienfeld (2007) concluyó que los mismos no constituían suficiente evidencia como para considerar que la RA (o cualquiera de estas prácticas) tuviera un efecto iatrogénico. Asimismo, Wegner (2010) se retractó, afirmando que su teoría sobre los efectos irónicos de la supresión de experiencias internas se aplicaba únicamente a los intentos de supresión directa, reubicando a las técnicas de relajación como estrategias eficaces de supresión indirecta de la ansiedad. También Craske (en Craske y Simos, 2013) cambió su actitud, señalando a la relajación muscular progresiva y a la relajación condicionada como componentes útiles de las terapias cognitivo-conductuales para el tratamiento del pánico y la agorafobia. Por último, Newman, Lafreniere y Jacobson (2016) realizaron un análisis secundario de una investigación del equipo de Borkovec sobre la eficacia de la RA para el TAG, volviendo a revisar este prejuicio. Así, observaron que todos los participantes en la investigación habían disminuido significativamente su TAG, independientemente de si experimentaban ansiedad inducida por relajación al inicio del tratamiento.

Instrumentos diagnósticos del TAG utilizados dentro del marco de la terapia de relajación aplicada

A la fecha, no existen instrumentos de evaluación específicos para la RA del TAG. En este sentido, se recomienda utilizar los instrumentos diagnósticos vigentes (ej. GAD-7), así como aquellos que evalúen directamente las variables que el terapeuta tratante conceptualice como factores de mantenimiento del trastorno del paciente (la mayoría de ellos descriptos en los demás capítulos de este libro).

Protocolo de tratamiento para el TAG según la terapia de relajación aplicada

Como se detalla a continuación, existen variados protocolos de RA. En este capítulo se presentan los principales elementos básicos, la estructura global de trabajo y las estrategias de la RA para el tratamiento del TAG. Estos componentes de la RA se basan específicamente en los desarrollos de Öst (1987, 1988, 2002, 2013), Borkovec y Costello (1993), Bernstein y equipo (2000), Hayes-Skelton, Roemer y Orsillo (2009), y Hayes-Skelton y equipo (2013a).

Como una descripción detallada de cada uno de los procedimientos involucrados en la RA excede el alcance este capítulo, se recomienda a los lectores interesados recurrir a las fuentes directas en inglés, a la traducción al español de la versión de la RA desarrollada por Öst (2013) o a la guía práctica de técnicas de relajación en español de Payne (2002).

Objetivo y elementos básicos de la RA para el TAG

Tal como explicaron Bernstein y colegas (2000), el objetivo de la RA no es enseñar a los pacientes a relajarse para que luego practiquen la habilidad durante "recreos" periódicos a lo largo del día. En lugar de ello, el fin último de la RA consiste en que los pacientes aprendan a "aplicar la relajación como una estrategia de afrontamiento a lo largo del día (y especialmente en respuesta a experiencias ansiógenas) y, eventualmente, que desarrollen una actitud habitual más relajada frente a la vida" (Bernstein et al., 2000: 97). Por otra parte, como se mencionó en la sección anterior de este capítulo, para la RA el problema no es la ansiedad, la reacción inicial de los pacientes ante los eventos estresantes de la vida, sino sus reacciones secundarias a esa primera reacción emocional:

> Cómo elegimos responder a nuestra experiencia ansiosa inicial puede determinar si esa experiencia continuará y empeorará y será más probable que vuelva a ocurrir en el futuro, o si esa experiencia será breve y moderada y menos probable de repetirse (Bernstein et al., 2000: 100).

En este sentido, el objetivo de la RA no es eliminar la ansiedad, sino que los pacientes aprendan a modular su respuesta ansiosa a niveles funcionales, modificando sus reacciones secundarias a ella, de modo tal que no interfieran con el afrontamiento efectivo de situaciones estresantes. Asimismo, si bien originalmente Bernstein y equipo (2000) conceptualizaban a la preocupación como un componente cognitivo de la ansiedad, a partir de su conceptualización de la preocupación como un mecanismo cognitivo de evitación emocional, Borkovec y Sharpless (2004) reubicaron a la preocupación como una reacción secundaria a la reacción primaria de ansiedad. De acuerdo con estos autores, la ansiedad es la respuesta evaluativa automática frente a la detección de un estímulo (interno o externo) próximo, percibido como amenazante. En cambio, la preocupación es una reacción secundaria a la ansiedad, de contenido verbal referido a escenarios futuros también amenazantes, pero bastante más distantes en el tiempo que la amenaza que disparó la reacción primaria, y que desconectan o distraen mentalmente a la persona de la situación inmediata.

La RA involucra cinco elementos técnicos básicos (Andersson et al., 2013; Bernstein et al., 2000; Borkovec y Costello, 1993; Borkovec y Sharpless, 2004; Hayes-Skelton et al., 2013a; Öst, 1987):

1. *Conceptualización del caso:* al igual que los otros abordajes cognitivo-conductuales, la RA requiere de una conceptualización o análisis funcional de la problemática del paciente como guía del tratamiento y de una fuerte alianza terapéutica.

2. *Automonitoreo escrito:* automonitoreo de la secuencia de las reacciones de ansiedad para aprender a detectar tempranamente cualquier cambio y desviación del estado de relajación (el inicio de la espiral de ansiedad).

3. *Entrenamiento formal en relajación:* despliegue de respuestas de relajación ante señales tempranas de ansiedad para interrumpir la espiral y desarrollar nuevos hábitos.

4. *Aplicación de relajación en variados contextos:* experimentación flexible de implementación de las técnicas de relajación durante las sesiones, frente a situaciones imaginadas y en situaciones de la vida diaria del paciente para enriquecer su repertorio conductual de afrontamiento y estimular el afrontamiento activo de situaciones previamente evitadas.

5. *Atención en el presente:* focalización de la atención en la experiencia presente en lugar de en eventos pasados o posibilidades futuras.

Las técnicas de relajación involucradas en la RA, tal como ilustra la Figura 1, son las siguientes:

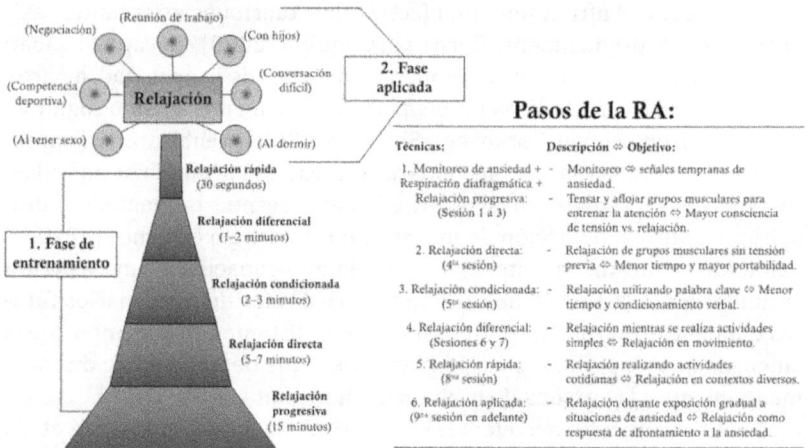

Figura 1. Pasos y técnicas de la relajación aplicada (RA) desarrollada por Öst (1987, 2002, 2013)

1. **Respiración diafragmática:** consiste, primero, en psicoeducar al paciente respecto de los efectos diferenciales de la respiración torácica vs. diafragmática. Estos son, respectivamente, la activación fisiológica y predisposición a respuesta ansiosa por estimulación del sistema nervioso simpático vs. la activación de la respuesta de relajación por estimulación del sistema nervioso parasimpático. Luego se entrena al consultante a respirar en forma lenta y desde el diafragma, durante dos o tres minutos aproximadamente.

2. **Relajación muscular progresiva:** consiste en anteponer tensión intencionalmente para luego relajar variados grupos musculares de todo el cuerpo en orden secuencial, durante quince a veinte minutos, aproximadamente. Este ejercicio cumple el doble propósito. Primero ofrece una oportunidad para identificar señales tempranas de tensión en cada grupo muscular durante el ciclo de tensión. En segundo lugar, el ciclo de tensión crea un efecto pendular que –en teoría– facilita una relajación más profunda al liberar la tensión previamente generada.

3. **Relajación directa:** consiste en evocar la sensación de liberación de tensión y relajación profunda aprendida con la práctica de relajación muscular progresiva (RMP); es decir, se elimina el componente de tensión previa, utilizado en la RMP (aprox. 5-7 minutos de duración).

4. **Relajación condicionada:** consiste en la asociación de una autoinstrucción verbal ("calma", "relax", etc.) a la respuesta de relajación lograda con la práctica de relajación directa, por medio de la repetición verbal y mental de esa instrucción al exhalar durante 2-3 minutos.

5. **Relajación diferencial:** consiste en la introducción de movimientos corporales y tareas rutinarias de complejidad creciente (inicialmente no estresantes), luego de haber practicado relajación condicionada. Su fin es que el paciente aprenda a permanecer relajado y a tensionar únicamente los músculos estrictamente necesarios para realizar la actividad en cuestión.

6. **Relajación rápida:** consiste en una versión abreviada de relajación condicionada de aproximadamente treinta segundos de duración. Se planifica con el paciente 15 a 20 repeticiones diarias de relajación rápida, inicialmente durante actividades no estresantes de su vida cotidiana.

Estrategias globales y formatos de la RA para el TAG

Existen distintas versiones de RA según su formato y contexto de implementación, pudiendo variar su duración entre una a dieciséis sesiones. Por ejemplo, la RA de Öst (1987, 2002, 2013) consta de once a doce sesiones, la de Borkovec y equipo (Bernstein et al., 2000; Borkovec y Costello, 1993; Borkovec y Sharpless, 2004) entre doce y catorce. También Etchebarne (2016) ha reportado versiones online de RA de una o dos sesiones de duración. Asimismo, Hayes-Skelton y equipo (2009) extendieron el protocolo de Borkovec y equipo (Bernstein et al., 2000; Borkovec y Costello, 1993; Borkovec y Sharpless, 2004) de catorce a dieciséis sesiones (incluyendo la fase de consolidación de logros y prevención de recaídas) para que coincidiera con la duración de su protocolo de terapia conductual basada en la aceptación (o "ABBT" por su sigla en inglés) y así realizar su RCT.

Como parte de su extensión de la RA, Hayes-Skelton y colegas (2009) prolongaron el entrenamiento en relajación muscular progresiva (o "RMP"), reduciendo gradualmente la cantidad de grupos musculares de dieciséis a cuatro grupos, postergando el entrenamiento en relajación directa hasta la octava sesión. También, adelantaron la fase aplicada de relajación a esa misma sesión. Por otra parte, como se mencionó anteriormente, Borkovec y equipo (Bernstein et al., 2000; Borkovec y Costello, 1993; Borkovec y Sharpless, 2004; Hayes-Skelton et al., 2013a) modificaron el protocolo original de Öst para intensificar la identificación de las señales tempranas de ansiedad y preocupación, introduciendo al paciente en su monitoreo desde la primera sesión (cambio que se mantuvo en el manual de RA de Hayes-Skelton et al., 2009).

Luego, desde el inicio del entrenamiento en relajación directa (octava sesión), Borkovec y equipo ampliado (Bernstein et al., 2000; Borkovec y Costello, 1993; Borkovec y Sharpless, 2004; Hayes-Skelton et al., 2013a), indicaron instruir explícitamente al paciente en la aplicación de las técnicas de relajación que aprendió hasta ese momento, no sólo durante situaciones ansiógenas de la vida diaria (en vivo), sino con especial énfasis durante las sesiones. De este modo, la relajación se aplica tanto a situaciones evocadas o imaginarias (es decir, pasadas o futuras), así como cada vez (y tantas veces como sea necesario) que se inicie en el paciente movimiento hacia la ansiedad a lo largo de la sesión. Por esta razón, la división secuencial en la RA de Öst (1987), entre la fase 1 (entrenamiento en relajación y percepción de señales tempranas de ansiedad) y la fase 2 (relajación aplicada en situaciones de ansiedad), se desdibuja en la RA de Borkovec y equipo, alternando entre entrenamiento y aplicación en forma circular y responsiva (Stiles, 2009) a lo que sucede momento a momento en la sesión y en la vida del paciente, tal como se ilustra en la Figura 2.

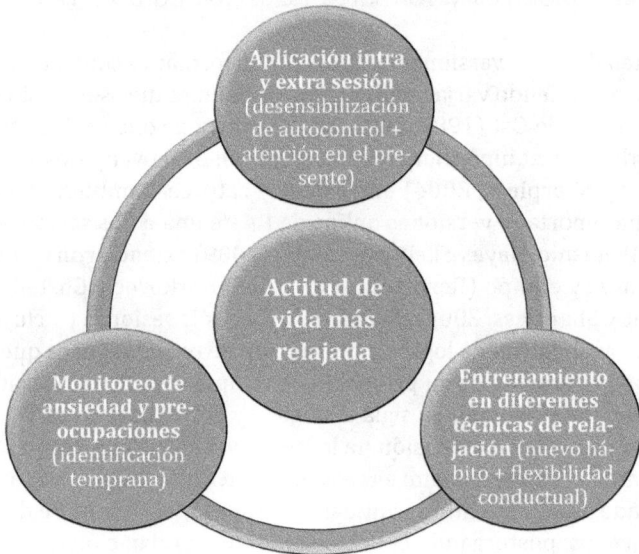

Figura 2. Pasos de la Relajación Aplicada (RA) desarrollada por Borkovec y equipo (Bernstein et al., 2000; Borkovec y Costello, 1993; Borkovec y Sharpless, 2004; Hayes-Skelton et al., 2013a)

Estructura y pasos de la RA para el TAG

Luego de la fase de evaluación, la RA se inicia con un módulo psicoeducativo donde se presenta al paciente la comprensión nomotética e ideográfica sobre el TAG y su vínculo, en casos de comorbilidad, con otras problemáticas psicológicas (trastorno de pánico, fobia social, depresión, acúfenos, etc.). Como parte de este módulo psicoeducativo, se introduce al paciente en el monitoreo de señales tempranas de ansiedad.

El módulo psicoeducativo en la RA no se limita a proveer información en forma declarativa o conceptual, sino que, desde la primera sesión, se busca que el consultante experimente e identifique en carne propia los contenidos presentados. De este modo, tras describirle los distintos sistemas involucrados en la experiencia de ansiedad e introducirlo en el automonitoreo de señales tempranas de ansiedad, se lo asiste tanto en la identificación de su ansiedad en ese momento, como en la evocación de señales tempranas de ansiedad durante momentos pasados de elevada preocupación y ansiedad. Para ello, se le solicita al paciente que cierre sus ojos y se tome un momento para evaluar cómo se siente en ese momento y puntúe su grado de ansiedad o tensión en una escala de 0 a 100. Luego, se le solicita que describa las señales internas de ansiedad identificadas, a partir de las cuales puntuó su ansiedad, preguntando, por ejemplo, "¿Por qué 40 y no 70? ¿En base a qué señales de ansiedad llegaste a ese número?".

Habiendo evaluado el estado emocional actual del consultante, se prosigue solicitándole que describa en detalle un evento reciente que le haya provocado moderada ansiedad. Para ello, el terapeuta debe trabajar con el paciente para obtener una descripción detallada de la situación que incluya elementos externos disparadores de ansiedad y la secuencia de eventos, de modo tal de poder armarse una clara imagen mental del acontecimiento.

Como paso siguiente, se prosigue solicitándole al paciente que vuelva a cerrar sus ojos y que imagine que esa situación está volviendo a ocurrir en ese momento, orientando su atención hacia todos los disparadores externos identificados para maximizar la vivacidad de la imagen mental. Luego se orienta su atención internamente, hacia las reacciones que va teniendo en respuesta a la imagen mental, intentando identificar las primeras señales de ansiedad y la secuencia de sus reacciones subsecuentes (secundarias) cognitivas, somáticas y emocionales que constituyen a la espiral de ansiedad. Finalmente, se le pide que vuelva a puntuar su grado de ansiedad/tensión y que describa las señales de ansiedad que logró identificar. Este procedimiento puede repetirse solicitando al paciente que evalúe si logra identificar alguna señal adicional, más tenue, que haya pasado desapercibida en la primera evaluación.

Habiendo concluido este monitoreo intrasesión, se le solicita al consultante que durante la semana monitoree su ansiedad, tal como acaba de hacerlo, durante cada hora de cada día de la semana. Además, se lo orienta en el uso de distintas técnicas que funcionen como recordatorios de realizar el monitoreo (ej., uso y recambio de notas de colores, alarmas, etc.). También, como cierre de la primera sesión, se lo instruye en la técnica de respiración diafragmática y en sus fundamentos neurofisiológicos (estimulación del sistema nervioso parasimpático), solicitándole que practique la misma, idealmente, dos veces por día en contextos no estresantes.

Hasta la introducción de la relajación directa (cuarta sesión en la RA de Öst, 1987); entre cuarta y sexta en la RA de Bernstein et al., 2000, Borkovec y Costello, 1993, y Borkovec y Sharpless, 2004; octava en la RA de Hayes-Skelton et al., 2009), todas las sesiones subsiguientes con el paciente poseen la siguiente estructura flexible:

1) *Revisión de la práctica de relajación:* Se revisa el formulario escrito de práctica de relajación, evaluando si el paciente logró disminuciones significativas de su ansiedad con cada práctica (típicamente, esto se refleja en reducciones de 20-30 puntos en una escala de 0 a 100 puntos de ansiedad). También se lo asiste en la resolución de obstáculos a la práctica diaria de relajación.

2) *Monitoreo de señales tempranas de ansiedad en la sesión y práctica de relajación:* Se le solicita al consultante que monitoree su ansiedad en ese momento, la puntúe de 0 a 100, y justifique su puntuación mencionando las señales que logró identificar, y asistiéndolo a que observe todos los sistemas de la ansiedad. Luego, se practica respiración diafragmática durante algunos minutos (o alguna técnica breve que se haya instruido previamente), y se vuelve a monitorear la ansiedad del paciente para evaluar la correcta implementación de la técnica.

3) *Revisión de monitoreo semanal y evocación imaginaria de episodios de ansiedad:* Se revisa el monitoreo escrito de señales tempranas de ansiedad realizado por el paciente durante la semana y se selecciona uno o más episodios de ansiedad moderada (dependiendo del tiempo disponible de sesión) para realizar la evocación imaginaria del episodio y potenciar la identificación de señales tempranas de ansiedad.

4) *Entrenamiento formal en relajación:* Se prosigue con el entrenamiento secuencial en técnicas de relajación cada vez más breves y portátiles, tal como se ilustra en la Figura 1, presentada en la sección anterior.

Durante estas sesiones de RA, el monitoreo de señales tempranas de ansiedad y el entrenamiento en relajación corren usualmente por separado. Por esta razón, es clave recordarle al consultante en cada sesión, el fundamento de estas prácticas y contextualizarlas dentro de la estrategia global de entrenamiento, por ejemplo, mostrándole la Figura 1 al inicio de cada sesión. A partir de la instrucción de la Relajación Directa, se volverá a modificar la estructura de las sesiones para introducir la práctica aplicada de relajación. Así, progresivamente, la RA aumentará el foco intrasesional en evocar (a partir del monitoreo semanal) o en anticipar imaginariamente situaciones estresantes para aplicar la relajación a modo de desensibilización de autocontrol. Por supuesto, como gran parte de la espiral de ansiedad es habitual y sucede inicialmente fuera de la consciencia de las personas con TAG, la responsabilidad de identificar señales tempranas de ansiedad durante las sesiones cae, inicialmente, sobre el terapeuta.

En fase aplicada, también se alienta aumentar gradualmente la exposición en vivo a situaciones estresantes, previamente evitadas sutilmente por el paciente, para aplicar la relajación como estrategia de afrontamiento activo. Dichas exposiciones suelen ser relativamente breves (10-15 minutos) ya que su objetivo no es extinguir la ansiedad o las preocupaciones, sino (a) que el paciente aprenda que es capaz de tolerar el distrés experimentado y (b) proveerle oportunidades realistas para que practique aplicar la relajación como respuesta de afrontamiento ante dichos estresores.

Por último, en la fase de mantenimiento y prevención de recaídas de la RA, se lo psicoeduca al paciente respecto a la diferencia entre recaída y reincidencia. También se lo instruye en una serie de estrategias orientadas a continuar desarrollando su habilidad para relajarse (en lugar de que la misma se "oxide" o se olvide), se normalizan reacciones de ansiedad y preocupación luego de períodos extendidos de calma, así como se lo asiste en la identificación de posibles disparadores de recaída, reencuadrándolos como oportunidades para practicar RA. Por último, se le presenta un plan de acción frente a recaídas (manejo de crisis) y se revén aspectos de la RA que el paciente quiera revisitar.

Implementación de la terapia de relajación aplicada con el caso "Darío"

Dada su elevada sintomatología de activación autonómica (extrema tensión muscular, mareos, sudoración, palpitaciones, garganta seca, etc.) y la presencia comórbida de acúfenos, el caso "Darío" parece ser un candidato ideal para la RA. Ello no sólo se debe a su foco original en modificar el canal o sistema fisiológico de la espiral de ansiedad, sino también a sus elevadas evidencias empíricas de eficacia para el tratamiento de los acúfenos (Andersson y Kaldo, 2006).

Durante el módulo psicoeducativo de la RA, se presentaría a Darío la comprensión nomotética e ideográfica sobre el TAG, su vínculo con los acúfenos, y los factores de mantenimiento de estos problemas, así como los procedimientos involucrados en la RA y sus fundamentos; es decir, por qué hacer RA lo ayudaría a Darío a recuperar su bienestar. De este modo, se detallarían los distintos sistemas interactuantes en la espiralización de la ansiedad (el cognitivo, el fisiológico, el conductual, etc.). También se discriminaría entre reacciones primarias ante estresores y reacciones secundarias a la primera respuesta emocional (la "máquina de ruedas de preocupaciones" de Darío). En este sentido, se encuadraría a los acúfenos como uno de los tantos estresores (en este caso, interno) frente a los cuales Darío está habituado a reaccionar primariamente con ansiedad y, secundariamente, con hipervigilancia, preocupación, evitación y demás reacciones secundarias que amplifican el sufrimiento ocasionado inicialmente por los estresores (en este caso, el zumbido en sus oídos). En este sentido, la conceptualización de los acúfenos desde la RA, es similar a la de los cuadros de dolor crónico (Andersson y Kaldo, 2006), o del síndrome de colon irritable (Hayes-Skelton et al., 2009).

Para aumentar la motivación al cambio y a la vez normalizar las conductas y experiencias de Darío, se destacarían tanto las consecuencias a corto plazo como a largo plazo de sus reacciones secundarias, encuadrándolas como típicas del TAG, en términos de modos reactivos ante experiencias internas, evitación experiencial y constricción conductual. Así, por ejemplo, podría señalársele que, por el sesgo cognitivo de confirmación y su efecto de evitación cognitiva, las preocupaciones disminuyen su ansiedad inicial y le dan sensación de ser útiles para salvarlo de catástrofes. Sin embargo, a la larga, este hábito se refuerza con cada repetición, cronificando y amplificando sus estados emocionales negativos, restringiendo sus elecciones (en el estudio, su trabajo, reuniones sociales, etc.) e incluso deteriorando su calidad de vida, impidiéndole disfrutar de los momentos positivos (lectura, su trabajo, reuniones con amigos, relación con su mujer e hijos, etc.). En este sentido, si bien Darío refiere no estar deprimido, sería importante destacarle que, sin tratamiento, el TAG suele también desembocar en depresión, y por eso estaría consultando justo a tiempo, antes de que eso suceda y comience a deteriorar aún más su calidad de vida.

Dada la naturaleza de las preocupaciones de Darío, es posible que, inicialmente, no logre percibir la utilidad de la RA (usual factor de desmotivación con la RA, tal como describió Etchebarne, 2016, en su revisión de limitaciones de la RA). Por esta razón, sería recomendable incluir la siguiente explicación durante la presentación del tratamiento:

Terapeuta: *"Puede ser que te preguntes, Darío, '¿Cómo relajarme de esta forma me va a ayudar con los problemas reales que tengo en mi vida?' A veces, este entrenamiento en relajación puede parecer como que te estoy sugiriendo que busques evitar o distraerte de tus problemas. Por eso quiero dejarte bien en claro que eso no es lo que te estoy sugiriendo. Mientras que la relajación aplicada no va a resolver directamente tus problemas laborales, de pareja, mejorar la salud de tu papá, ni disminuir tus acúfenos, sí podrá reducir enormemente el sufrimiento que estos problemas te generan, operando directamente sobre sus consecuencias. Esto es, el ciclo habitual de ansiedad y reacciones secundarias como la preocupación y tensión excesivas, que te fuerzan a tener que estar evitando cualquier estresor que vuelva a disparar la espiral de ansiedad. Entonces, la relajación aplicada busca romper este ciclo habitual evitativo, para que puedas responder más efectivamente a los estresores, re-*

cuperando tu libertad y calidad de vida. Por ejemplo, mientras que el ciclo de ansiedad y preocupaciones te llevó a faltar a la reunión con tus amigos, eso no sólo no resolvió el problema, sino que además te privó de disfrutar con tus amigos. En cambio, con el entrenamiento en relajación aplicada, te será más fácil pensar con claridad en estas situaciones, ya que la relajación interrumpirá la espiral de ansiedad y preocupación, liberando tus recursos cognitivos y energía para enfrentar y resolver de la mejor manera posible los problemas que te presente la vida diaria".

Dada la tendencia de Darío a sobreexigirse y preocuparse por tener una mala performance, es muy probable que estas dificultades surjan en sus primeras prácticas de relajación. Por ejemplo, es posible que intente aplicar la relajación precozmente durante situaciones de elevada ansiedad y preocupación, e interprete catastróficamente su fracaso en reducir la ansiedad. Para prevenir este escenario, sería recomendable darle a Darío la posibilidad de experimentar libremente con las técnicas de relajación que vaya aprendiendo, recordándole reiteradas veces que no es esperable que inicialmente logren relajarlo durante situaciones de elevada ansiedad. Asimismo, es posible que Darío se esfuerce tanto por relajarse que termine sintiendo incluso más ansiedad que la inicial. De suceder esto último, sería importante normalizar esa experiencia y recomendarle que piense en estos ejercicios como una invitación a estimular un cambio paulatino en la dirección de sus ciclos emocionales, transformando gradualmente sus reacciones de ansiedad en estados de mayor relajación y no como una lucha contra la ansiedad hasta lograr la "relajación total" (si es que eso existe...). También, podría utilizarse la metáfora de la "largada en una carrera", presentada por Andersson y Kaldo (2006: 97), para que Darío sostenga expectativas acordes al tipo de relajación que se busca promover con la RA:

Terapeuta: *"Darío, imaginemos lo que pasa cuando uno está a punto de correr una carrera en una competencia deportiva. Si uno está demasiado tenso, se adelantará al disparo de la largada, o bien, se tropezará; pero si uno está demasiado relajado, reaccionará demasiado lento y con menor potencia y aceleración. En otras palabras, contrariamente a lo que suele entenderse por 'relajarse', la relajación aplicada no es algo que uno hace mientras está recostado en el sofá de su casa. Si bien esa forma de relajación profunda también es útil, en este tratamiento buscamos que aprendas a eliminar reacciones excesivas o innecesarias –por ejemplo, tu extrema tensión muscular–, a la vez que te mantengas enfocado en la actividad que estás llevando adelante. Por ejemplo, al leer un libro, buscamos que puedas relajarte y disfrutar de esa actividad; pero que no estés tan relajado que termines quedándote dormido sin poder pasar de la primera página".*

Al introducir a Darío al monitoreo de señales tempranas de ansiedad, se le podría explicar lo siguiente:

Terapeuta: *"Una de las razones por las que el automonitoreo es importante, es que cuando estamos ansiosos, usualmente parece que la ansiedad y las preocupaciones intensas aparecieron de repente o que surgieron de la nada. Esto pasa porque sólo las notamos cuando ya han alcanzado una intensidad muy elevada. Entonces, con el monitoreo, descubrirás que estar ansioso es en realidad un proceso. Por ejemplo, podrás notar que algunas de tus intensas preocupaciones actuales empiezan con una pequeña preocupación, por ejemplo, a partir de una molestia en el oído, que te disparan preocupaciones de tener un nuevo episodio de acúfenos, de que no se te pase nunca y empeore cada vez más. Así, podés notar que eso es seguido de transpiración en tus manos y de tensión acumulándose en tu espalda que, a su vez, te disparan preocupaciones sobre tu salud, tu capacidad para trabajar sin cometer errores, tus finanzas, el sostén de tu familia y el amor de tu mujer. Con estas nuevas preocupaciones, podrías notar que tu corazón se acelera y aumenta aún más tu preocupación por tu salud y el futuro económico de tu familia. Fijate cómo en este ejemplo, cada nueva respuesta ante la experiencia de ansiedad crea sucesivamente cada vez más ansiedad. Como estas respuestas son hábitos automáticos, tienden a seguir una secuencia similar cada vez que sentís ansiedad. También, cada vez que ocurre esta secuencia de respuestas, se guarda en tu memoria, fortaleciendo su vínculo, tornándolas más habituales y fácilmente activables la próxima vez que sientas ansiedad. Por esta razón es clave que aprendas a identificar cómo se inician estas secuencias en el proceso de sentir ansiedad y preocupación".*

Por otra parte, se le anticiparía a Darío que, inicialmente, aumentar la consciencia sobre nuestra ansiedad podría intensificar transitoriamente su experiencia de ansiedad. Sin embargo, a la larga, el monitoreo de señales tempranas de ansiedad será un factor clave en la reducción de su sufrimiento, posibilitándole aplicar las técnicas de relajación que vaya aprendiendo a lo largo de la RA, en cuanto se inicien sus episodios de ansiedad y preocupación y, de esta forma, desarrollar un hábito más relajado de reacción ante los estresores habituales de la vida.

Para iniciar la exposición imaginaria y práctica de monitoreo de señales tempranas de ansiedad con Darío, podría solicitársele que intente identificar disparadores externos de ansiedad en la comida pasada con sus amigos. Por ejemplo, posibles disparadores externos serían cuando notó que su amigo no se rió de su chiste, la cara que puso su amigo en ese momento, cuando se percató de que se acercaba la nueva reunión con sus amigos, etc.

A partir de la instrucción de la relajación directa, se le podría introducir a Darío la práctica aplicada de relajación y la nueva estructura de las sesiones con la siguiente explicación:

Terapeuta: *"Hasta ahora estuvimos trabajando en desarrollar tu habilidad para relajarte y para detectar señales tempranas de ansiedad. Gracias a esto, estás listo para empezar a usar a la relajación como una estrategia de afrontamiento ante situaciones estresantes, y empezar a cambiar tu forma habitual de reaccionar en estas situaciones. Por ello, en la sesión de hoy, además de continuar enseñándote ejercicios de relajación más cortos y prácticos, vamos a empezar a aplicar esta habilidad de relajación cuando notes señales tempranas de ansiedad dentro de la sesión. Esto implica que, durante las sesiones, después de practicar la relajación corta que hacemos al principio, vas a tener que monitorear mentalmente cómo estás, y si en algún momento notás que aumenta o volvés a sentir ansiedad, por favor, hacémelo saber. Así, vamos a interrumpir lo que estábamos haciendo para que practiques relajarte y volver a soltar la tensión y disminuir la ansiedad. Como esto suele ser difícil al principio, si te parece bien, si yo noto o tengo la impresión de que tu ansiedad empieza a aumentar, te lo voy a señalar para aplicar relajación en ese momento. Repetiremos esto tantas veces como sea necesario y, con cada práctica, se fortalecerá cada vez más tu habilidad de responder a la ansiedad con relajación".*

Para aplicar la relajación con Darío por medio de la evocación intrasesional (a partir del monitoreo semanal) o de la anticipación imaginaria de situaciones estresantes, podría utilizarse algunas de las siguientes situaciones (a modo de desensibilización de autocontrol):

- Imaginar que asiste a la próxima reunión con sus amigos.
- Imaginar que confronta al amigo que no se rió cuando hizo el chiste.
- Imaginar que falla en alguna tarea laboral de baja importancia.
- Evocar preocupaciones tomando consciencia de que, mientras Darío está en la sesión con su terapeuta, su padre está al cuidado de su madre, quien podría no percatarse de sus problemas de salud.
- Evocar preocupaciones tomando consciencia de que, mientras Darío está en la sesión con su terapeuta, su mujer podría estar pensando en dejarlo.

También, los momentos en los que Darío podría –presuntivamente– continuar practicando el monitoreo de señales tempranas de ansiedad y, gradualmente, alguna forma de relajación aplicada, según prosiga su entrenamiento, serían algunos de los que siguen:

- Al cepillarse los dientes o desayunar antes de ir al trabajo.
- Al llegar a su lugar de trabajo.
- Antes de iniciar alguna tarea concreta en el trabajo.
- Antes de comenzar a interactuar con sus compañeros de trabajo.
- Antes de iniciar la lectura de algún texto.
- Al recordar los problemas de salud de su padre.
- En el ascensor de su edificio, al volver de su trabajo (es decir, antes de encontrarse con su familia).

- Al comer con sus amigos.
- Antes de realizar una tarea nueva o compleja en su trabajo.
- Al notar un zumbido en sus oídos.
- Frente a chequeos de salud de su padre.

Discusión

Tal como se detalló en el cuerpo de este capítulo, la RA es un abordaje con apoyo empírico para múltiples problemáticas y de primera línea para el tratamiento del TAG, especialmente en cuadros comórbidos con acúfenos (Andersson y Kaldo, 2006) y –aparentemente–, en casos crónicos (Newman y Fisher, 2013) y en pacientes con un perfil interpersonal excesivamente dominante e intrusivo (Newman et al., 2017). Su presentación e implementación es sencilla; pero evidencias empíricas recientes indican que opera bajo mecanismos sofisticados (además de la disminución del componente fisiológico de la ansiedad) que no estaban reflejados en su teorización original. Estos son: aumento de la descentración, consciencia plena, aceptación, supresión indirecta, exposición y/o reducción de la evitación experiencial y de las metapreocupaciones (Eustis et al., 2016; Hayes-Skelton et al., 2012, 2013b, 2015). Por estas razones, es posible encontrar muchos aspectos en común entre la RA y los abordajes basados en *mindfulness*. También, la revisión bibliográfica realizada en este capítulo deja en claro que la equiparación entre relajación y evitación experiencial (sutil o manifiesta) es una sobresimplificación que lleva a conclusiones erróneas.

Por otra parte, los programas de tratamiento cognitivo-conductual recientemente desarrollados para el tratamiento del TAG, son significativamente más complejos que la RA (Etchebarne, 2016; Hawkins, 2012) y no han superado sistemáticamente la eficacia de la RA (Cuijpers et al., 2014). En este sentido, Hawkins (2012, tercer párrafo) trazó un paralelo entre esta situación y la eficacia equivalente entre la terapia de activación conductual y la terapia cognitiva-conductual para la depresión, sugiriendo lo siguiente:

> En ambos casos hay un fuerte argumento a favor de entrenar a los terapeutas para que empleen hábilmente los abordajes más simples de relajación aplicada y activación conductual –posiblemente en formato grupal– y luego investigar si adicionar intervenciones más complejas de TCC aumenta la tasa de éxito para quienes no respondan por completo a las terapias iniciales más simples.

Por último, Hayes-Skelton y equipo (2013a) señalaron que en los últimos diez o quince años el interés por la RA ha sido sólo tangencial, empleándola únicamente como tratamiento de control para evaluar otros abordajes específicos del TAG. Por ello, se ha desatendido la posibilidad de potenciar a la RA por medio de la reevaluación de sus potenciales mecanismos de acción. Dicho en otras palabras, sacando una foto del estado actual de tratamientos sobre el TAG, Cuijpers y colegas (2014) han señalado una equivalencia a corto plazo entre la RA y las demás TCCs del TAG, y han sugerido, con adecuado resguardo, que los resultados de las TCCs podrían superar a los de la RA en el largo plazo. No obstante, se desconoce qué sucedería si, siguiendo las recomendaciones de Hayes-Skelton y otros (2013a), la RA volviera a incorporarse a la agenda de investigación sobre tratamientos eficaces para el TAG.

Referencias

Adler, C. M., Craske, M. G., y Barlow, D. H. (1987). Relaxation-induced panic (RIP): When resting isn't peaceful. *Integrative Psychiatry*, *5*, 94–112.

American Psychological Association. (2016). Cognitive and Behavioral Therapies for Generalized Anxiety Disorder | Society of Clinical Psychology. Retrieved November 28, 2017, from http://www.div12.org/psychological-treatments/treatments/cognitive-and-behavioral-therapies-for-generalized-anxiety-disorder/

Andersson, G., Holmes, E. A., y Carlbring, P. (2013). Lars-Göran Öst. *Cognitive Behaviour Therapy*, *42*(4), 260–264. https://doi.org/10.1080/16506073.2013.843581

Andersson, G., y Kaldo, V. (2006). Cognitive-Behavioral Therapy with Applied Relaxation. In R. S. Tyler (Ed.), *Tinnitus Treatment: Clinical Protocols* (pp. 96–115). New York, NY: Thieme Medical Publishers.

Applied Relaxation Training. (n.d.).

Arntz, A. (2003). Cognitive therapy versus applied relaxation as treatment of generalized anxiety disorder. *Behaviour Research and Therapy*, *41*(6), 633–646. https://doi.org/10.1016/S0005-7967(02)00045-1

Bernstein, D. A., Borkovec, T. D., y Hazlett-stevens, H. (2000). Applied Relaxation Training. In *New Directions in Progressive Relaxation Training. A Guidebook for Helping Professionals* (pp. 97–129). Westport: Paraeger. https://doi.org/10.1016/B0-12-343010-0/00011-8

Borkovec, T. D., y Costello, E. (1993). Efficacy of applied relaxation and cognitive-behavioral therapy in the treatment of generalized anxiety disorder. *Journal of Consulting and Clinical Psychology*, *61*(4), 611–619. Retrieved from http://www.ncbi.nlm.nih.gov/pubmed/8370856

Borkovec, T. D., y Sharpless, B. A. (2004). Generalized Anxiety Disorder: Bringing Cognitive-Behavioral Therapy into the Valued Present. In S. C. Hayes, V. M. Follette, y M. Linehan (Eds.), *Mindfulness and Acceptance: Expanding the Cognitive-Behavioral Tradition* (Vol. 85, pp. 209–242). New York, NY: Guilford. https://doi.org/10.1016/S0025-7125(05)70336-9

Carlbring, P., Björnstjerna, E., Bergström, A. F., Waara, J., y Andersson, G. (2007). Applied relaxation: an experimental analogue study of therapist vs. computer administration. *Computers in Human Behavior*, *23*(1), 2–10. https://doi.org/10.1016/j.chb.2004.03.032

Chang-Liang, R., y Denney, D. R. (1976). Applied relaxation as training in self-control. *Journal of Counseling Psychology*, *23*(3), 183–189. https://doi.org/10.1037//0022-0167.23.3.183

Cohen, A. S., Barlow, D. H., y Blanchard, E. B. (1985). Psychophysiology of relaxation-associated panic attacks. *Journal of Abnormal Psychology*, *94*(1), 96–101. https://doi.org/10.1037/0021-843X.94.1.96

Conrad, A., y Roth, W. T. (2007). Muscle relaxation therapy for anxiety disorders: It works but how? *Journal of Anxiety Disorders*, *21*(3), 243–264. https://doi.org/10.1016/j.janxdis.2006.08.001

Craske, M. G., y Barlow, D. H. (2008). Panic disorder and agoraphobia. In *Clinical handbook of psychological disorders: A step-by-step treatment manual* (pp. 1–64). New York, NY: Guilford.

Craske, M. G., y Simos, G. (2013). Panic disorder and agoraphobia. In G. Simos y S. G. Hofmann (Eds.), *CBT for Anxiety Disorders: A Practitioner Book* (pp. 3–24). JohnWileyySons. Retrieved from http://media.johnwiley.com.au/product_data/excerpt/39/04709755/0470975539-174.pdf

Craske, M. G., Treanor, M., Conway, C. C., Zbozinek, T., y Vervliet, B. (2014). Maximizing exposure therapy: An inhibitory learning approach. *Behaviour Research and Therapy*, *58*(310), 10–23. https://doi.org/10.1016/j.brat.2014.04.006

Cuijpers, P., Sijbrandij, M., Koole, S., Huibers, M., Berking, M., y Andersson, G. (2014). Psychological treatment of generalized anxiety disorder: A meta-analysis. *Clinical Psychology Review*. https://doi.org/10.1016/j.cpr.2014.01.002

Dahl, C. J., Lutz, A., y Davidson, R. J. (2015). Reconstructing and deconstructing the self: Cognitive mechanisms in meditation practice. *Trends in Cognitive Sciences*, *19*(9), 515–523. https://doi.org/10.1016/j.tics.2015.07.001

Dugas, M. J., Brillon, P., Savard, P., Turcotte, J., Gaudet, A., Ladouceur, R., … Gervais, N. J. (2010). A randomized clinical trial of cognitive-behavioral therapy and applied relaxation for adults with generalized anxiety disorder. *Behavior Therapy*, *41*(1), 46–58. https://doi.org/10.1016/j.beth.2008.12.004

Durham, R. C., Chambers, J. A., MacDonald, R. R., Power, K. G., y Major, K. (2003). Does cognitive-behavioural therapy influence the long-term outcome of generalized anxiety disorder? An 8-14 year follow-up of two clinical trials. *Psychological Medicine*, *33*(3), 499–509. Retrieved from http://www.ncbi.nlm.nih.gov/pubmed/12701670

Etchebarne, I. (2016). Reconceptualización de la Terapia de Relajación Aplicada. Retrieved November 28, 2017, from https://www.psyciencia.com/reconceptualizacion-de-la-terapia-de-relajacion-aplicada

Eustis, E. H., Hayes-Skelton, S. A., Roemer, L., y Orsillo, S. M. (2016). Reductions in experiential avoidance as a mediator of change in symptom outcome and quality of life in acceptance-based behavior therapy and applied relaxation for generalized anxiety disorder. *Behaviour Research and Therapy*, *87*(October), 188–195. https://doi.org/10.1016/j.brat.2016.09.012

Foa, E. B., Huppert, J. D., y Cahill, S. P. (2006). Emotional Processing Theory. An Update. In B. Olasov Rothbaum (Ed.), *Pathological Anxiety: Emotional Processing in Etiology and Treatment*. Guilford Publications.

Fresco, D. M., Mennin, D. S., Heimberg, R. G., y Ritter, M. (2013). Emotion Regulation Therapy for Generalized Anxiety Disorder. *Cognitive and Behavioral Practice*, *20*(3), 282–300. https://doi.org/10.1016/j.cbpra.2013.02.001

Gilbert, P. (2009). *The Compassionate Mind (Compassion Focused Therapy)* (Kindle ebo). London: Constable y Robinson.

Goldfried, M. R. (1971). Systematic desensitization as training in self-control. *Journal of Consulting and Clinical Psychology, 37*(2), 228–234. https://doi.org/10.1037/h0031974

Goldfried, M. R., y Trier, C. S. (1974). Effectiveness of relaxation as an active coping skill. *Journal of Abnormal Psychology, 83*(4), 348–355. https://doi.org/10.1037/h0036923

Grossman, P. (2011). Defining mindfulness by how poorly I think I pay attention during everyday awareness and other intractable problems for psychology's (re)invention of mindfulness: Comment on Brown et al. (2011). *Psychological Assessment, 23*(4), 1034–1040. https://doi.org/10.1037/a0022713

Hawkins, J. (2012). Generalized Anxiety Disorder: Should Applied Relaxation be the First Line Psychological Treatment? Retrieved March 20, 2017, from http://goodmedicine.org.uk/stressed-tozest/2010/04/generalized-anxiety-disorder-should-applied-relaxation-be-first-line-psycholo

Hayes-Skelton, S. A., Calloway, A., Roemer, L., y Orsillo, S. M. (2015). Decentering as a potential common mechanism across two therapies for generalized anxiety disorder. *Journal of Consulting and Clinical Psychology, 83*(2), 395–404. https://doi.org/10.1037/a0038305

Hayes-Skelton, S. A., Orsillo, S. M., y Roemer, L. (2013). An Acceptance-Based Behavioral Therapy for Individuals With Generalized Anxiety Disorder. *Cognitive and Behavioral Practice, 20*(3), 264–281. https://doi.org/10.1016/j.cbpra.2011.02.005

Hayes-Skelton, S. A., Roemer, L., y Orsillo, S. M. (2009). AR Therapist Manual for GAD Treatment Study (A work in progress).

Hayes-Skelton, S. A., Roemer, L., Orsillo, S. M., y Borkovec, T. D. (2013a). A contemporary view of applied relaxation for Generalized Anxiety Disorder. *Cognitive Behaviour Therapy, 42*(4), 1–11. https://doi.org/10.1080/16506073.2013.777106

Hayes-Skelton, S. A., Roemer, L., Orsillo, S. M., y Borkovec, T. D. (2013b). A Contemporary View of Applied Relaxation for Generalized Anxiety Disorder. *Cognitive Behaviour Therapy, 42*(4), 1–11. https://doi.org/10.1080/16506073.2013.777106

Hayes-Skelton, S. A., Usmani, A., Lee, J. K., Roemer, L., y Orsillo, S. M. (2012). A Fresh Look at Potential Mechanisms of Change in Applied Relaxation for Generalized Anxiety Disorder: A Case Series. *Cognitive and Behavioral Practice, 19*(3), 451–462. https://doi.org/10.1016/j.cbpra.2011.12.005

Kabat-Zinn, J. (2003). Mindfulness-based interventions in context: Past, present, and future. *Clinical Psychology: Science and Practice, 10*(2), 144–156. https://doi.org/10.1093/clipsy/bpg016

Keegan, E. (2009). Una Revisión Teórico-Clínica de las Medidas de Seguridad en Trastornos de Ansiedad. In *VII Seminario de la AATA*. Buenos Aires. https://doi.org/10.1016/S0211-3449(07)74670-2

Lilienfeld, S. O. (2007). Psychological Treatments That Cause Harm. *Perspectives on Psychological Science,* 53–70. Retrieved from http://pps.sagepub.com/content/2/1/53.short

Linehan, M. M. (1993). *Cognitive-behavioral treatment of borderline personality disorder. Cognitive-behavioral treatment of borderline personality disorder.* https://doi.org/10.1017/CBO9781107415324.004

Linehan, M. M. (2015). *DBT skills training manual. DBT skills training manual.* https://doi.org/10.1093/alcalc/agv004

Lumma, A. L., Kok, B. E., y Singer, T. (2015). Is meditation always relaxing? Investigating heart rate, heart rate variability, experienced effort and likeability during training of three types of meditation. *International Journal of Psychophysiology*, *97*, 38–45. https://doi.org/10.1016/j.ijpsycho.2017.02.014

Lumma, A. L., Kok, B. E., y Singer, T. (2017). Corrigendum: "Is meditation always relaxing? Investigating heart rate, heart rate variability, experienced effort and likeability during training of three types of meditation" [Int. J. Psychophysiol. 97/1 (2015) 38–45] (S0167876015001658)(10.1016/j.ijpsych. *International Journal of Psychophysiology*, *117*, 126–130. https://doi.org/10.1016/j.ijpsycho.2017.02.014

Martell, C. R., Dimidjian, S., y Herman-Dunn, R. (2010). *Behavioral Activation for Depression: A Clinician's Guide.* New York, NY: Guilford. https://doi.org/10.1002/9781118094754.ch4

Meuret, A. E., Wilhelm, F. H., Ritz, T., y Roth, W. T. (2003). Breathing Training for Treating Panic Disorder: Useful Intervention or Impediment? *Behavior Modification*, *27*(5), 731–754. https://doi.org/10.1177/0145445503256324

Newman, M. G., Castonguay, L. G., Borkovec, T. D., y Molnar, C. (2004). Integrative Psychotherapy. In R. G. Heimberg, C. L. Turk, y D. S. Mennin (Eds.), *Generalized Anxiety Disorder* (pp. 320–350). New York, NY: Guilford Press.

Newman, M. G., y Fisher, A. J. (2013). Mediated moderation in combined cognitive behavioral therapy versus component treatments for generalized anxiety disorder. *Journal of Consulting and Clinical Psychology*, *81*(3), 405–14. https://doi.org/10.1037/a0031690

Newman, M. G., Jacobson, N. C., Erickson, T. M., y Fisher, A. J. (2017). Interpersonal Problems Predict Differential Response to Cognitive Versus Behavioral Treatment in a Randomized Controlled Trial. *Behavior Therapy*, *48*(1), 56–68. https://doi.org/10.1016/j.beth.2016.05.005

Newman, M. G., Lafreniere, L. S., y Jacobson, N. C. (2016). Relaxation-induced anxiety: Effects of peak and trajectories of change on treatment outcome for generalized anxiety disorder. *Psychotherapy Research*, *0*(0), 1–14. https://doi.org/10.1080/10503307.2016.1253891

Orsillo, S. M., Roemer, L., y Barlow, D. H. (2003). Integrating Acceptance and Mindfulness into Existing Cognitive-Behavioral Treatment for GAD: A Case Study. *Cognitive and Behavioral Practice*, *10*(3), 222–230. https://doi.org/10.1016/S1077-7229(03)80034-2

Öst, L. G. (1987). Applied relaxation: Description of a coping technique and review of controlled studies. *Behaviour Research and Therapy*, *25*(5), 397–409. https://doi.org/10.1016/0005-7967(87)90017-9

Öst, L. G. (1988). Applied relaxation vs progressive relaxation in the treatment of panic disorder. *Behaviour Research and Therapy*, *26*(1), 13–22. https://doi.org/10.1016/0005-7967(88)90029-0

Öst, L. G. (2002). Applied Relaxation. In *Encyclopedia of Psychotherapy* (Vol. 1, pp. 95–102). USA: Elsevier Science. https://doi.org/10.1016/B0-12-343010-0/00011-8

Öst, L. G. (2012). *Intensive One-Session Treatment of Specific Phobias.* https://doi.org/10.1007/978-1-4614-3253-1

Öst, L. G. (2013). Relajación Aplicada: Manual de técnicas de afrontamiento en terapia conductual.

Öst, L. G., y Breitholtz, E. (2000). Applied relaxation vs. cognitive therapy in the treatment of generalized anxiety disorder. *Behaviour Research and Therapy*, *38*(8), 777–790. https://doi.org/10.1016/S0005-7967(99)00095-9

Öst, L. G., Sterner, U., y Fellenius, J. (1989). Applied tension, applied relaxation, and the combination in the treatment of blood phobia. *Behaviour Research and Therapy*, *27*(2), 109–121. https://doi.org/10.1016/0005-7967(89)90069-7

Payne, R. (2002). *Técnicas de relajación: Guía práctica* (3rd ed.). Barcelona: Paidotribo.

Ritz, T., Meuret, A. E., Bhaskara, L., y Petersen, S. (2013). Respiratory Muscle Tension as Symptom Generator in Individuals With High Anxiety Sensitivity. *Psychosomatic Medicine*, *75*(2), 187–195. https://doi.org/10.1097/PSY.0b013e31827d1072

Roemer, L., y Orsillo, S. M. (2002). Expanding Our Conceptualization of and Treatment for Generalized Anxiety Disorder: Integrating Mindfulness/Acceptance-Based Approaches With Existing Cognitive-Behavioral Models. *Clinical Psychology: Science and Practice*, *9*(1), 54–68. https://doi.org/10.1093/clipsy.9.1.54

Roemer, L., y Orsillo, S. M. (2009). *Mindfulness- and Acceptance-Based Behavioral Therapies in Practice. Guides to*

Individualized Evidence-Based Treatment (Kindle ebo). New York, NY: Guilford.

Stiles, W. B. (2009). Responsiveness as an Obstacle for Psychotherapy Outcome Research: It's Worse Than You Think. *Clinical Psychology: Science and Practice*, *16*(1), 86–91. https://doi.org/10.1111/j.1468-2850.2009.01148.x

Wegner, D. M. (2010). The Art and Science of Thought Suppression. In *ACBS World Conference VIII*. Reno, Nevada. Obtenida el 31 de octubre del 2015, de https://contextualscience.org/the_art_and_science_of_thought_suppression

Wegner, D. M., Broome, A., y Blumberg, S. J. (1997). Ironic effects of trying to relax under stress. *Behaviour Research and Therapy*, *35*(1), 11–21. https://doi.org/10.1016/S0005-7967(96)00078-2

Wells, A., Welford, M., King, P., Papageorgiou, C., Wisely, J., y Mendel, E. (2010). A pilot randomized trial of metacognitive therapy vs applied relaxation in the treatment of adults with generalized anxiety disorder. *Behaviour Research and Therapy*, *48*(5), 429–34. https://doi.org/10.1016/j.brat.2009.11.013

Yackle, K., Schwarz, L. A., Kam, K., Sorokin, J. M., Huguenard, J. R., Feldman, J. L., ... Krasnow, M. A. (2017). Breathing control center neurons that promote arousal in mice. *Science*, *355*(6332), 1411–1415. https://doi.org/10.1126/science.aai7984

Terapia de aceptación y compromiso (ACT) para el TAG: crear una vida significativa más allá de la preocupación y el miedo[1]

Lic. Manuela O'Connell
Universidad de Favaloro

Robyn D. Walser. Ph.D./TL Consultation Services
Universidad de California Berkeley

Resumen sobre Terapia de aceptación y compromiso

Hayes (2004) describe a la Terapia de aceptación y compromiso (ACT, por su sigla en inglés; véase Hayes, Strosahl y Wilson, 2012) como una de las "terapias de tercera ola". Al constituir una intervención de tercera generación, hace mayor hincapié en cambiar la función de los eventos privados (es decir, las experiencias internas como los pensamientos, los sentimientos y las sensaciones) y la relación que tiene el individuo con dichos eventos, utilizando procesos como la aceptación y el *mindfulness*. También se enfatizan las estrategias de cambio conductual. El enfoque de la tercera ola se define de la siguiente manera:

> Fundamentada en una aproximación empírica y enfocada en los principios del aprendizaje, la tercera ola de terapias cognitivo-conductuales es particularmente sensible al contexto y a las funciones de los fenómenos psicológicos, y no sólo a la forma, enfatizando el uso de estrategias de cambio basadas en la experiencia y en el contexto, así como también otras más directas y didácticas. Estos tratamientos tienden a buscar la construcción de repertorios amplios, flexibles y efectivos en lugar de tender a la eliminación de los problemas claramente definidos, resaltando cuestiones que son relevantes tanto para el clínico como para el paciente (Hayes, 2004: 658).

Esta definición sienta las bases para lograr una mayor comprensión del enfoque teórico, así como también de la intención clínica (la flexibilidad psicológica) de ACT y su aplicabilidad en el tema del presente capítulo: el Trastorno de Ansiedad Generalizada o TAG. Es fundamental la comprensión de los sustentos teóricos de ACT, ya que, de lo contrario, tanto el lector como

---

1   Traducción al castellano: Carina Terracina. Revisión de traducción: Lic. Manuela O´Connell.

el terapeuta correrán el riesgo de aplicar sólo una serie de técnicas sin cone-xión con un marco coherente que vincule la terapia y los trabajos dentro de la sesión de una manera útil y efectiva. El debate que surge con frecuencia acerca de los temas, ejercicios y metáforas en los diversos textos sobre ACT intenta avanzar en la comprensión de los procesos conductuales nucleares que han sido identificados como centrales para lograr la flexibilidad psico-lógica. Dichos procesos son los que constituyen el propósito de la terapia, y no los temas, ejercicios y metáforas en sí mismos. Resulta notable que, a pesar de que en casi todos los textos sobre ACT se hace mayor hincapié en los procesos que en la técnica, muchos terapeutas aún abordan la técnica de ACT como si se tratara de la terapia en sí. La teoría es la que conduce toda la intervención en ACT. Como claramente explica la Dra. Westrup (2014) en ACT, la teoría es la terapia.

Dado que existen estos fuertes vínculos teóricos en ACT, será importante analizar al comienzo del presente capítulo sus principios básicos y su enfo-que filosófico. Además, este esfuerzo de relacionar la intervención con sus supuestos básicos permite que exista diversidad de métodos, dando lugar a la creatividad clínica conectada a procesos centrales comunes que guíen al terapeuta en el tratamiento para TAG u otros trastornos. La información provista aquí no será exhaustiva, ya que un solo capítulo no sería suficiente. Sin embargo, esperamos que el lector se forme una idea sobre la base lógica y los procesos organizativos de ACT.

ACT, como terapia conductual, adopta la filosofía de la ciencia contex-tualista funcional (Biglan y Hayes, 1996; Hayes, 1993; Hayes y Brownstein, 1986; Hayes, Hayes y Reese, 1988), una teoría básica del lenguaje y la cog-nición, y una teoría aplicada de psicopatología y cambio psicológico. Se en-cuentra vinculada a un programa de investigación básica sobre la natura-leza del lenguaje y la cognición humana (teoría de los marcos relacionales o RFT por sus siglas en inglés; Hayes, Barnes-Holmes y Roche, 2001). En parte, esto surgió gracias al desafío por desarrollar una comprensión ana-lítica y conductual sobre la cognición, y de esta manera lograr que la tera-pia conductual y los tratamientos clínicos se basen de manera consciente en principios conductuales fundamentales mientras que al mismo tiempo pudieran abordar procesos que la primera ola de terapia de la conducta no hizo, como la cognición. El foco va a estar en comprender la función de la cognición en la vida del paciente y en la relación terapéutica en vez de en su contenido, ya que los terapeutas se enfocan en el contexto que rodea las acciones conductuales de los pacientes, y por esta razón, sólo pueden lograr un impacto en dichas acciones al manipular variables contextuales que en el caso de las cogniciones implicaría transformar sus funciones. Explicare-mos más en detalle esto en las siguientes secciones.

La ACT y sus raíces filosóficas

Una de las raíces de ACT es la filosofía pragmática del contextualismo funcional (Biglan y Hayes, 1996; Hayes, 1993; Hayes y Brownstein, 1986; Hayes et al., 1988), una variante específica del contextualismo que tiene como objetivo la predicción e influencia de eventos o conductas, con precisión, alcance y profundidad (Hayes, 1993). El contextualismo considera los eventos psicológicos como las acciones en curso de todo ser que interactúe con contextos definidos de manera situacional e histórica. Estas acciones constituyen eventos completos que sólo pueden separarse por razones pragmáticas, más no ontológicas. Por ello, ACT refleja su esencia filosófica de varias maneras. Enfatiza la funcionalidad (*workability*) como su criterio de verdad, y los valores constituyen el precursor necesario para evaluar dicha funcionalidad. Es decir, los valores definidos de manera personal especifican la funcionalidad de una acción, si funciona o no. También, sus análisis causales se limitan a eventos que son manipulables de manera directa; por lo tanto, los pensamientos y los sentimientos no causan otras acciones, a menos que se regulen por contexto (Biglan y Hayes, 1996). Desde esta perspectiva, es posible olvidar los intentos de cambio de pensamientos o sentimientos a fin de cambiar la conducta manifiesta; no hay una causalidad intrínseca sino que es el contexto el cual vincula de manera "causal" estos campos psicológicos, por lo cual los esfuerzos de cambio van a estar en el contexto.

La importancia clínica del criterio de verdad pragmática resulta a veces subestimada. Sostener esta postura filosófica significa que la agenda de tratamiento no se basa en la interpretación del terapeuta acerca de asuntos que no están bien y que se deben resolver en la terapia, sino que se basa en un enfoque pragmático definido por los valores del paciente, y en evaluar si su conducta resulta consistente con dichos valores. Demostraremos cómo esta postura es relevante para guiar el proceso terapéutico, analizando el caso de Darío.

Teoría del lenguaje y la cognición de la ACT: teoría del marco relacional (RFT)

De acuerdo con la RFT, la gran capacidad de los seres humanos es la aptitud de ser seres verbales. Es decir, nuestra capacidad para crear, planear, organizar, leer, escribir y hacer todas las cosas que forman parte del proceso de pensar, se basa en una conducta llamada relación verbal, la esencia del lenguaje humano y la cognición. Se trata de una conducta aprendida; es lo que denominamos "mente". La definición técnica puede resultar un tanto abrumadora: es la *capacidad aprendida y contextualmente controlada para relacionar de manera arbitraria eventos en combinación y en forma mutua, y para cambiar las funciones de eventos específicos basados en sus relaciones con otros.* Es entonces esta capacidad relacionar y de transformar funciones debido a estas relaciones la característica del lenguaje. No daremos una explicación más detallada de la RFT, pero no queremos socavar su importancia. Alentamos a los terapeutas que se encuentren aprendiendo sobre ACT a profundizar sobre RFT y a comprender su relevancia clínica[2]. Dicho esto, deseamos enfatizar tres características fundamentales de la RFT que tienen implicancias prácticas (Hayes, Luoma, Bond, Masuda y Lillis, 2006):

1) La cognición humana es una clase específica de conducta aprendida.
2) La cognición altera los efectos de otros procesos conductuales (Dymond y Barnes, 1995).
3) Las relaciones y funciones cognitivas son reguladas por las distintas variables contextuales de una situación (Wulfert y Hayes, 1988).

Las implicancias principales de estas tres características descriptas que se encuentran dentro del área de la psicopatología y de la psicoterapia (Hayes et al., 2001) son:

> (1) el razonamiento y la resolución de problemas en forma verbal se basan en los mismos procesos cognitivos que pueden llevar a la psicopatología, por lo que prácticamente no resulta viable eliminar dichos procesos; (2) extinguir inhibe pero no elimina las respuestas aprendidas; la idea común de que las cogniciones pueden limitarse o eliminarse por lo general no es psicológicamente válido, ya que estas constituyen el reflejo de procesos de aprendizaje históricos; (3) los intentos de cambio directo centrados en cogniciones especificas crean un contexto que tiende a elaborar el sistema de cogniciones que corresponde a esa área e incrementan la importancia funcional de dichas cogniciones; y (4) debido a que el contenido y el impacto de las cogniciones se encuentran controlados por variables contextuales, resulta posible reducir el impacto de las cogniciones negativas, ya sea que continúen ocurriendo de una forma particular o no (Hayes et al., 2006: 5).

Estas cuatro conclusiones significan que no es acertado ni necesario centrarse principalmente en el contenido de las cogniciones durante la intervención clínica. La teoría sugiere en cambio, que es posible enfocarse en las funciones de las mismas.

---

2   Para un análisis completo de la investigación sobre la RFT véase O'Connor, Farrell, Munnelly y McHugh (2017).

Modelo ACT/RFT de psicopatología

ACT constituye un enfoque transdiagnóstico. En este sentido, significa que está orientada hacia los procesos subyacentes, por detrás de lo que se denomina psicopatología.

Desde el punto de vista de ACT/RFT, una de las fuentes principales de la psicopatología es la forma en la que el lenguaje y la cognición interactúan con las contingencias directas produciendo incapacidad de persistir o cambiar la conducta al servicio de fines valorados de largo alcance (Hayes et al., 2006). Esta clase de inflexibilidad psicológica es la que argumentan ACT y RFT, y de este modo, el modelo de psicopatología y el análisis básico provisto por la RFT se vinculan punto a punto. Esto permite unir de manera efectiva una teoría de nivel medio que resulta accesible y clínicamente útil con principios básicos más abstractos. Una de las posibilidades de los términos de nivel medio que presentaremos en este capítulo es el modelo del hexaflex de ACT. Se trata de un modelo que describe los procesos que subyacen la flexibilidad psicológica en términos medios. También constituye un modelo unificado de psicopatología, conceptualización de caso e intervención. Se muestra un modelo general de psicopatología de ACT en la figura 1.

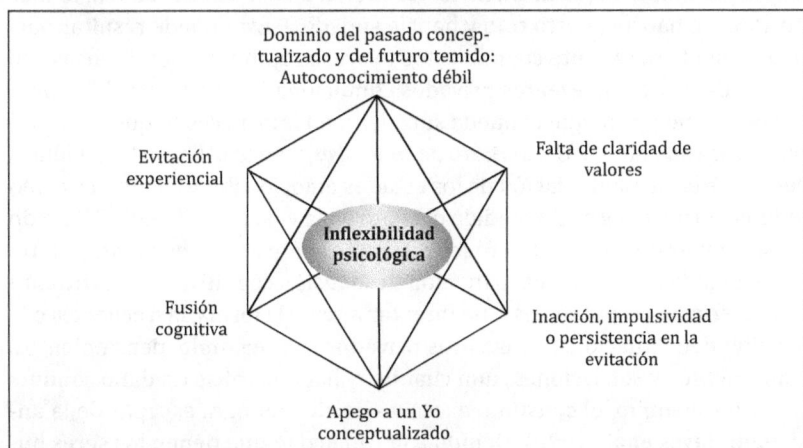

Figura 1. Psicopatología en ACT.

En términos generales, la **fusión cognitiva** ocurre cuando el individuo considera que él y sus pensamientos son lo mismo. En un sentido menos técnico, la patología ocurre cuando el individuo tiene un pensamiento desagradable y se identifica con él desde el lugar de "ser ese pensamiento". A través de los procesos del lenguaje se puede perder el contacto con la distinción entre pensamiento y pensador. Desde una perspectiva más técnica, cuando esto sucede, puede resultar en una excesiva o incorrecta regulación de la conducta por parte de los procesos verbales, como reglas, y redes relacionales derivadas que toman el control (para mayor detalle véase Hayes, Strosahl y Wilson, 1999). En contextos que favorecen dicha fusión, la conducta humana se guía más por procesos verbales relativamente inflexibles (por ejemplo, el pensamiento rígido) que por contingencias directas. Por lo tanto, los individuos pueden actuar de una manera que resulta inconsistente con lo que del entorno se desprende como relevante para sus valores y objetivos.

Desde el punto de vista de la ACT/RFT, la forma o contenido de la cognición no resultan problemáticos; es decir, no son disfuncionales en sí mismos, a menos que las características contextuales lleven a este contenido cognitivo a regular la acción del individuo en *formas inútiles* (en un sentido pragmático). Los contextos funcionales que tienden a tener esta clase de efectos se sostienen en gran parte por la comunidad social/verbal. Por ejemplo, en un *contexto de pensamientos literales*, "Mi ansiedad hace que yo sea desagradable" y sus referentes (en este caso "yo" y "mi") son lo mismo (es decir, yo soy literalmente desagradable). En un *contexto de dar razones*, el individuo basa su acción o inacción en "causas" construidas sobre su propia conducta (es decir, historias acerca de una conducta: "No lo hice porque me habría puesto rojo y habría sudado"). Esto puede resultar particularmente desafiante cuando estos procesos apuntan hacia "causas" no manipulables, como eventos privados condicionados (por ejemplo, "Como me preocupo por lo que le pueda suceder a mi hijo, necesito que me envíe mensajes cada hora"). Un *contexto de control experiencial* lleva al individuo a centrarse en la manipulación de los estados emocionales y cognitivos como objetivo principal y como medida de éxito en la vida (por ejemplo, "Cuando no sufra más de ansiedad, seré feliz"). Estos contextos se encuentran interrelacionados y mantienen la función de la fusión cognitiva en la **evitación experiencial**, la cual consiste en intentar alterar la forma, la frecuencia o la sensibilidad situacional de eventos privados (por ejemplo, pensamientos, sentimientos y sensaciones) aun cuando el hacerlo cause un daño conductual (por ejemplo, el consumo excesivo de alcohol para escapar de la ansiedad; Hayes et al., 1996). Debido a la capacidad que tienen los seres humanos para relacionar y para hacer comparaciones, estos procesos pueden predecir cuándo las llamadas emociones "negativas" podrían ocurrir y, así, tomar acción a fin de evitar estos estados internos. De este modo, la evitación experiencial se basa en este proceso de lenguaje natural que luego se ve amplificado por la cultura desde un enfoque general de "sentirse bien" y evitar el dolor (Hayes et al., 2006). Desafortunadamente, el intento de evitar eventos privados desagradables tiende a incrementar su importancia funcional, ya que estos se vuelven más prominentes. Además, el intento de control está en sí mismo vinculado de manera verbal a los resultados negativos conceptualizados, y por lo tanto, tiende a reducir la variedad de conductas posibles, debido a que varias conductas podrían evocar dichos eventos privados temidos.

El contacto con el momento presente disminuye, ya que el individuo comienza a vivir "en su cabeza" (Hayes, 2002). **El pasado y el futuro conceptualizados** (*"No puedo superar mi pasado"* o *"Me preocupa el futuro"*, respectivamente), y el **yo conceptualizado** (*mis historias acerca de quién soy – soy una persona ansiosa*), ganan más poder regulatorio sobre la conducta, contribuyendo a la inflexibilidad (Hayes et al., 2006). Además, como las emociones y los pensamientos por lo general se utilizan como razones para llevar a cabo otras acciones, dar razones tiende a provocar que la persona se enfoque más en "el mundo interno" como la fuente correcta de regulación conductual, exacerbando así los patrones de evitación experiencial. En el mundo de la conducta manifiesta, esto significa que las cualidades de vida deseadas a largo plazo (**valores**) pasan a segundo plano, detrás de los objetivos más inmediatos de encontrarse bien, verse bien, sentirse bien, defender un yo conceptualizado, etc. El individuo pierde contacto con lo que quiere en la vida, más allá del alivio frente al dolor psicológico (la ansiedad). Surgen los **patrones de acción evitativos**, los cuales se encuentran desconectados de las cualidades de vida deseadas por el individuo a largo plazo, y de forma gradual dominan su repertorio. Los repertorios conductuales se reducen y se vuelven menos conscientes del contexto actual que proporciona la posibilidad de acciones valiosas. La persistencia y el cambio al servicio de la efectividad se vuelven menos probables (Hayes et al., 2006). El resultado será la psicopatología.

Seis procesos centrales de ACT

ACT encara cada uno de estos problemas centrales con el objetivo general de incrementar la flexibilidad psicológica: la capacidad de estar en contacto con el momento presente más plenamente, como un ser humano consciente, y cambiar o persistir en la conducta cuando el hacerlo cumple con los fines valorados (Hayes et al., 2006). La flexibilidad psicológica se establece por medio de seis procesos centrales de ACT, como se muestra en la figura 2.

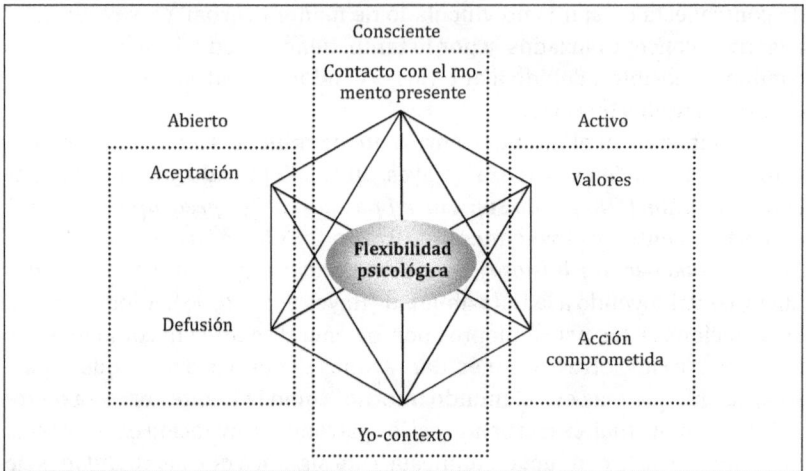

Figura 2. Hexaflex. Modelo de ACT.

Cada una de estas áreas está conceptualizada como una habilidad psicológica positiva, es decir, como los procesos subyacentes que apoyan la flexibilidad psicológica.

Aceptación

La aceptación se enseña como alternativa a la evitación experiencial. Implica aceptar de forma activa y consciente aquellos eventos privados causados por la propia historia, sin intentar cambiar en forma innecesaria su frecuencia o forma, en especial cuando el hacerlo causaría un daño psicológico (Hayes et al., 2006; Luoma, Hayes y Walser, 2007). La aceptación (y la defusión) en ACT no constituye un fin en sí mismo, sino que es adoptada como proceso para incrementar las acciones basadas en los valores.

Defusión cognitiva

ACT intenta cambiar la forma en que el individuo interactúa o se relaciona con los pensamientos, al crear contextos en los cuales se reducen las funciones inefectivas (Hayes et al., 1999). Esto es llevado a cabo a través de la defusión cognitiva. Dicho proceso busca reducir la literalidad del pensamiento, debilitando la tendencia a tratar al mismo como si fuera lo que refiere, en vez de lo que es directamente experimentado (es decir, un pensamiento). Lo que resulta de la defusión es, por lo general, una reducción de la creencia en la mente o el apego a ella. El foco no se centra tanto en el cambio inmediato de la forma o la frecuencia del pensamiento (Hayes et al., 2006).

Estar presente

ACT promueve el contacto sin juzgar con los eventos psicológicos y del entorno de la manera en que ocurren (Hayes et al., 1999). El objetivo es que el paciente experimente de una forma más directa, a fin de que su comportamiento sea más sensible y flexible. Las acciones serán más consistentes con los valores del individuo. Esto se logra permitiendo que la funcionalidad logre tener más control sobre la conducta, y utilizando el lenguaje como herramienta para notar y describir eventos, y no simplemente predecirlos y juzgarlos (Hayes et al., 2006). El *mindfulness* es también parte de la construcción de la habilidad en esta área.

Yo-contexto

Como resultado de los marcos relacionales como "yo" contra "tu", "ahora" contra "después", y "aquí" contra "allá" (véase McHugh y Stewart, 2012), el lenguaje lleva a un sentido del yo como si se tratara de un lugar o perspectiva, y proporciona un costado transcendente y espiritual a los seres humanos (Hayes, 1984). En resumen, la idea es que el "yo" surge de una amplia serie de ejemplos de relaciones de toma de perspectiva (lo que se denomina "relaciones deícticas" en la RFT). Sin embargo, debido a que este sentido del yo constituye un contexto para el conocimiento verbal, pero no es el contenido de dicho conocimiento, sus límites no pueden conocerse en forma consciente. El yo como contexto es importante desde este punto de vista, ya que el individuo puede ser consciente de sus propias experiencias (por ejemplo, el pensamiento es continuo y persistente, las emociones suben y bajan, las sensaciones van y vienen) sin quedarse amarrado a ellas: de esta manera se adoptan la defusión y la aceptación (Hayes et al., 2006).

Valores

Los valores son cualidades de acción elegidas para actuar con intención; no pueden obtenerse como objeto pero sí pueden desarrollarse momento a momento (Hayes et al., 1999). En ACT, la aceptación, la defusión, el estar presente, y el yo como contexto no constituyen objetivos en sí mismos, sino que allanan el camino para una vida más consistente con los valores (Hayes et al., 2006).

Acción comprometida

Por último, ACT fomenta el desarrollo de patrones de acción mucho más amplios vinculados a los valores (Hayes et al., 1999). Se trata de acciones concretas específicas que pueden clarificarse y asumirse como medio para dar vida a esos valores.

Los procesos centrales de ACT se superponen y se interrelacionan. En conjunto, cada uno apoya al otro y todos ellos apuntan hacia la flexibilidad psicológica, que se define como "estar en contacto con el momento presente plenamente y sin ninguna defensa innecesaria –como es, y no como lo que dice ser–, como ser humano consciente, y persistir en una conducta o cambiarla al servicio de los valores" (Hayes et al., 2012: 96-97). Los seis procesos pueden dividirse en dos grupos. Los procesos de *mindfulness* y aceptación abarcan la aceptación, la defusión, el contacto con el momento presente y el yo como contexto (Fletcher y Hayes, 2005). Los procesos de compromiso y cambio conductual abarcan el contacto con el momento presente, el yo como contexto, los valores y la acción comprometida (Hayes et al., 2006).

ACT y TAG: teoría subyacente

Si bien ACT tiene un enfoque transdiagnóstico y está reconocida como una terapia basada en la evidencia para un número de condiciones (American Psychological Association, APA, 2016), analizaremos la forma en que es utilizada específicamente para conceptualizar y tratar el TAG.

El enfoque teórico de ACT sostiene que el TAG se mantiene por medio de relaciones problemáticas y reactivas con las experiencias internas de ansiedad y con los pensamientos ansiosos. Otras experiencias internas (es decir, pensar cómo hacer que la ansiedad se vaya; preocuparse) y respuestas conductuales intentan evitar y disminuir el distrés que se encuentra relacionado a dichas experiencias (Hayes, Orsillo y Roemer, 2010). Sin embargo, los intentos de evitación en sí mismos también contribuyen al problema. De acuerdo con el modelo, la ansiedad se mantiene en parte por una relación reactiva y sobreidentificada con las experiencias internas (pensamientos, sentimientos, impulsos, imágenes, sensaciones corporales, etc.). Esta reacción se encuentra representada en la evaluación aparentemente inaceptable, intolerable y amenazante de los eventos. También, la reacción provoca la fuerte necesidad de escapar o evitar estas experiencias (Hayes et al., 2010). Por lo tanto, un problema central entre los individuos que sufren de TAG es la coordinación de la amenaza con las experiencias internas, provocando una reacción ante dichas experiencias e intentos subsecuentes de evitarlas o escapar de ellas. Los intentos del individuo de mantener la experiencia privada del TAG bajo control, en realidad, mantienen el trastorno.

Parte de este proceso paradójico puede verse en algunos de los hallazgos de las investigaciones específicas del TAG. Se han informado mayores niveles de evitación experiencial en individuos con TAG que en aquellos que no sufren de dicho trastorno (Lee et al., 2010). También existe evidencia de que la preocupación en sí misma tiene una función evitativa. La preocupación puede inicialmente reducir la agitación física asociada a la ansiedad (Borkovec y Hu, 1990), y los individuos diagnosticados con trastorno de ansiedad generalizada suelen indicar que se preocupan con el fin de distraerse de otros temas emocionales (Borkovec y Roemer, 1995). Asimismo, el rechazo a experimentar estos eventos privados suele provocar la evitación de situaciones que desencadenen emociones, pensamientos y sensaciones desagradables asociados a ellas. También, la teoría de que escapar de las emociones y pensamientos es parte del problema se ve apoyada por el hallazgo de que los individuos diagnosticados con TAG sostienen que viven menos consistentemente con lo que les importa que aquellos individuos que no están diagnosticados con este trastorno (Michelson et al., 2011). De hecho, los individuos con TAG suelen señalar que el intento de evitar eventos o situaciones que puedan provocarles ansiedad tiende a restringir el acceso a actividades agradables y gratificantes, impactando en la calidad de vida (Henning et al., 2007). Por último, la preocupación asociada a la reducción a corto plazo del distrés interno y al mantenimiento a largo plazo del problema, junto con las dificultades de responder de manera adaptativa al entorno, corresponde al modelo de evitación experiencial de ACT, como una dimensión funcional importante en la psicopatología (Hayes et al., 1999).

Tratamiento para el TAG: aceptación y valores

Considerando los enfoques basados en la aceptación para el tratamiento del TAG, y antes de que nos adentremos más profundamente en la intervención basada en ACT, es importante mencionar el trabajo realizado por Roemer y Orsillo (2005). Ellas han creado también una intervención para el TAG que cuenta con varias similitudes con ACT; cuya contribución es muy importante. Basándose en la teoría de que el TAG se mantiene por medio de una relación reactiva y fusionada con las experiencias internas, y de una tendencia a evitar dichas experiencias a través de la restricción conductual, Roemer y Orsillo (2005) desarrollaron un tratamiento que apunta en forma específica hacia estos elementos. Este tratamiento se denomina terapia conductual basada en la aceptación (ABBT, por sus siglas en inglés), e incorpora estrategias de aceptación y *mindfulness* junto con técnicas de terapia conductual más tradicionales, extraídas de manera explícita de las intervenciones cognitivas conductuales para el TAG (por ejemplo, Borkovec et al., 2002), así como también de la terapia de aceptación y compromiso (Hayes et al., 1999), de la terapia cognitiva basada en *mindfulness* (Segal, Williams y Teasdale, 2002) y de la terapia dialéctica conductual (Linehan, 1993). La ABBT, al igual que ACT, tiene como objetivo específico ayudar al paciente a lograr una mayor aceptación de sus experiencias internas, y a la vez, aumentar su compromiso para tomar acción en los asuntos importantes para su vida (Hayes-Skelton, Roemer y Orsillo, 2013). Por último, la divergencia en el enfoque de tratamiento entre las dos intervenciones basadas en la aceptación, ACT y ABBT, existe, en parte, en la conceptualización y en el resultado deseado. Si bien la ABBT se encuentra fuertemente conectada con el concepto de aceptación de ACT, no se ocupa de la construcción general de la flexibilidad psicológica y los seis procesos centrales subyacentes, de la manera en que se define en ACT. Por ejemplo, en la ABBT, el foco del tratamiento no se centra en eliminar la preocupación, sino en reducir el distrés y la interferencia asociada a esta actividad cognitiva. Desde un enfoque exclusivo de ACT, el foco del tratamiento no se encuentra necesariamente en la reducción de la experiencia que causa el distrés, sino que se centra más en promover la flexibilidad psicológica y las acciones basadas en los valores, aun en presencia del distrés.

Como se ha notado, el modelo de ACT para el TAG enfatiza la función principal de la evitación experiencial y la inflexibilidad psicológica en el desarrollo y mantenimiento del trastorno. Desde esta perspectiva, la falta de disposición a estar en contacto con el miedo y la ansiedad puede llevar a la utilización de la preocupación como estrategia de evitación experiencial. Dicha estrategia puede reforzarse en forma negativa, debido a la reducción a corto plazo del miedo y la ansiedad. Además, el individuo que experimenta el TAG puede reforzarse de manera positiva por seguir las reglas que enfatizan la necesidad de deshacerse de estas experiencias desagradables (Ruiz, 2014a). Con la práctica repetida, se conforma un patrón de preocupación en respuesta al miedo y se torna generalizado. Sin embargo, esta preocupación sólo es efectiva en el corto plazo. Debido a las características del lenguaje y la cognición (por ejemplo, la paradoja de intentar no pensar en algo trae a la mente el evento temido), el miedo regresa a largo plazo, provocando un mayor enredo con la preocupación y ocupando una mayor parte de la vida del individuo (Hayes et al., 1996). En este contexto, la preocupación en sí misma se convierte en una fuente de sufrimiento y en otra experiencia a evitar, aumentando la frecuencia de la preocupación y atrapando al individuo en un círculo de evitación experiencial y fracaso en evitar (Ruiz, 2014a).

Conceptualización del TAG desde la perspectiva de la ACT

Es posible conceptualizar el TAG a través de la utilización de los seis procesos centrales del hexaflex de ACT. Los procesos apoyan la utilización fluida del modelo de ACT, ayudando a los clínicos en la orientación hacia el objetivo de aumentar la flexibilidad psicológica. Así como se ha mencionado previamente, las técnicas y protocolos de ACT pueden integrarse a los procesos y a la conceptualización del caso. No obstante, no deberían reemplazar a la terapia. Los principios rectores para utilizar ACT en pacientes con TAG no se encuentran en las técnicas, sino en los propios procesos.

1) *Reducción de la conciencia del momento y foco en el futuro*: los individuos con TAG muestran un sesgo atencional hacia la información amenazante. La atención tiende a reducirse a las potenciales amenazas, incluyendo la amenaza aparente que implica la propia experiencia interna y las posibilidades de una futura amenaza en oposición a la realidad (Mennin y Fresco, 2009). Debido a este foco reducido, los individuos que sufren de TAG son propensos a no prestar atención a las posibilidades en curso que ofrece el entorno, que podrían facilitar la respuesta adaptativa. El momento presente o una conciencia interna y externa expandidas podría permitir a aquellos que sufren de TAG percibir de una mejor manera y utilizar en forma más efectiva la información que estas señales internas y externas ofrecen (Orsillo y Roemer, 2007).

2) *Fusión:* la fusión con la experiencia interna es uno de los procesos patológicos claves vinculados a las dificultades que conlleva el TAG. Como se ha mencionado, existe la tendencia de creer o sobreidentificarse con un pensamiento o sentimiento de una manera en que se inhibe la función adaptativa. Los individuos con TAG se fusionan con la idea de que las experiencias internas (como la ansiedad o el miedo) son peligrosas y con el contenido literal de los mismos. Es decir, creen que lo que esos pensamientos les dicen es. La defusión es poder tomar distancia de estos pensamientos y verlos como lo que son: solo contenidos verbales, lo que posibilita promover una relación más funcional con la experiencia interna, y una actitud más abierta con las emociones, los pensamientos y las sensaciones. Las investigaciones apoyan la conexión propuesta entre la evitación experiencial y el TAG, habiéndose encontrado una asociación de los niveles de evitación experiencial con la gravedad del TAG y el nivel de preocupación (Roemer et al., 2005).

3) *Evitación experiencial:* los individuos que sufren de TAG suelen esforzarse mucho por evitar la experiencia interna. La experiencia cognitiva de preocupación constituye uno de los intentos más prominentes (Borkovec y Roemer, 1995). La reducción de la evitación experiencial a través de la disposición (aceptación) para experimentar puede interrumpir la amplificación de los problemas asociados con la propia evitación y, como resultado, puede disminuir el sufrimiento. Relacionarse con las experiencias emocionales y de pensamientos desde una posición de aceptación libera al individuo para que logre invertir su tiempo en otras áreas importantes para su vida.

4) *Conducta rígida, repetida e ineficaz impulsada por la evitación:* además de la evitación experiencial, el compromiso con conductas rígidas, habituales e ineficaces llevan a escapar de la experiencia interna. Los individuos con TAG tienen conductas evitativas, aunque por lo general no presentan una evitación conductual focal marcada. La respuesta ansiosa habitual resulta en rigidez conductual (Borkovec, Alcaine y Behar, 2004) y en la falta de atención a las posibilidades del entorno, lo que interfiere con las respuestas adaptativas. Los repertorios conductuales restringidos e ineficaces, con frecuencia, reducen las oportunidades de comprometerse con actividades personales significativas y relevantes. De hecho, el individuo podría estar tan fusionado y su evitación ser tan habitual para él que pierde la oportunidad de ejercer una elección consciente y en ese contexto las conductas problemáticas parecen inevitables. Resulta particularmente importante apuntar hacia estas conductas de evitación tan sutiles y automáticas a fin de mejorar la vida basada en los valores.

5) *Falta de claridad en el rumbo basado en los valores:* los individuos con TAG suelen encontrarse bajo un control aversivo (las elecciones en la vida se centran en la reducción del distrés) y por lo tanto pueden perder el contacto con lo que más les importa debido a sus elecciones conductuales. Los pacientes con TAG suelen señalar que se sienten espectadores de sus propias vidas y que no eligen lo que les sucede. Parte del trabajo que se realiza en ACT consiste en clarificar los valores y reorientar al paciente hacia una vida basada en ellos.

6) *Yo como contexto*: el paciente no puede flexibilizar un cambio de perspectiva, ya que se encuentra fusionado con el contenido de la experiencia interna. Desde esta situación de fusión, pierde el contacto con los diversos aspectos de su vida, y con un sentido amplio del yo que resulta ser más que su preocupación o ansiedad. Tanto la preocupación como la ansiedad suelen reducir el sentido del yo a una sola perspectiva de amenaza (por ejemplo, me sucederán cosas malas; estoy en peligro; etc.). Se alienta al paciente a comenzar a ver sus pensamientos y emociones desde un contexto más amplio. Un sentido del yo que experimenta pensamientos y sentimientos, pero que no es los pensamientos y sentimientos en sí mismos. El yo es quien experimenta, el contexto en el que las experiencias internas ocurren.

Investigación de ACT en el TAG

Un creciente número de evidencias apoya la eficacia de ACT para muchos de los problemas psicológicos (véase A-Tjak et al., 2015 y Ruiz, 2010, 2012 para los análisis). Actualmente, se considera a ACT un tratamiento que cuenta con evidencia moderada para diversos trastornos de ansiedad (APA,

2016) y el análisis de A-Tjak y colegas (2015) reveló que ACT es tan efectiva como los tratamientos bien establecidos para los trastornos de ansiedad. Varios estudios han provisto evidencia empírica de que tanto ACT como otros tratamientos basados en la aceptación resultan prometedores para el tratamiento del TAG (Arch et al., 2012; Roemer y Orsillo, 2007; Roemer, Orsillo y Salters-Pedneault, 2008; Wetherell et al., 2011). Por ejemplo, los pacientes que se tratan con la ABBT (terapia muy cercana a ACT) muestran mejoras importantes en sus síntomas y en la calidad de vida, tanto en un reducido ensayo abierto (*open trial*; Roemer y Orsillo, 2007) como en una prueba controlada aleatorizada (RCT, por sus siglas en inglés; Hayes-Skelton et al., 2013).

Existen algunos estudios dedicados a investigar a ACT para el tratamiento del TAG. Avdagic, Morrissey y Boschen (2014), mediante una prueba controlada aleatorizada (RCT), descubrieron que ACT tiene tan buenos resultados como la terapia cognitiva conductual, que constituye el actual tratamiento de referencia para el TAG. Wetherall y sus colaboradores (2011) también descubrieron mejoras importantes respecto de la preocupación y la depresión en un estudio piloto llevado a cabo para investigar a ACT para el tratamiento del TAG en individuos mayores. Estos hallazgos son prometedores; no obstante, hasta la fecha no existe publicación de alguna prueba controlada aleatorizada sobre la ACT centrada de manera exclusiva en el TAG.

Mecanismo de cambio

Otros hallazgos de investigación apoyan a ACT como intervención para el tratamiento del TAG basado en su perspectiva teórica y sus mecanismos de cambio. Por ejemplo, los pacientes que se tratan mediante intervenciones basadas en la aceptación han demostrado un cambio significativo en la reducción de la evitación experiencial (Roemer et al., 2008), una mejora en las respuestas emocionales y en la intolerancia a la incertidumbre (Treanor et al., 2011), un aumento de la aceptación de las experiencias internas y un mayor compromiso en actividades valiosas (Hayes et al., 2010), y una mejora en la consistencia de las acciones del individuo con respecto a lo que es importante para él (Michelson et al., 2011).

A pesar de que los enfoques de *mindfulness* para TAG como la ABBT cuentan con una creciente serie de evidencias, aún no se conoce demasiado la naturaleza específica de la relación entre las habilidades del *mindfulness* y la preocupación patológica. Ruiz (2014a) analizó la función mediadora de la inflexibilidad psicológica (constructo central en el modelo de ACT) en el efecto de las habilidades de *mindfulness* en la preocupación patológica. Los análisis revelaron que la inflexibilidad psicológica influyó en los efectos de las habilidades de *mindfulness* como una característica fija de la preocupación patológica. Con respecto a las habilidades específicas de *mindfulness*, se demostró que la inflexibilidad psicológica constituye un mediador y un supresor, respectivamente, de la relación existente entre la aceptación sin juzgar y el actuar con consciencia con la preocupación. Niveles bajos de habilidades de *mindfulness* estuvieron relacionados de manera significativa con la preocupación patológica y con la inflexibilidad psicológica. La capacidad de estar consciente del momento presente sin juzgar (es decir, aceptar sin juzgar) es la habilidad de *mindfulness* asociada de manera más cercana a la carencia de preocupación patológica. De acuerdo con estos hallazgos, como indica Ruiz (2014a), los desarrolladores de las intervenciones basadas en *mindfulness* para el tratamiento de la preocupación patológica y el TAG podrían considerar: (a) mejorar la observación y la descripción; (b) vincular en forma explícita la acción con consciencia con la conducta en concordancia con los objetivos valorados, en lugar de utilizar la acción como una manera de evitar la preocupación y el miedo o de aumentar la utilización de la preocupación como estrategia evitativa; y (c) promover más activamente la aceptación sin juzgar como una forma de permitir al individuo tener contacto con los miedos y las preocupaciones que surgen en el momento presente, y reducir la necesidad de evitarlos. También, se anima a ajustar la conducta de acuerdo con las necesidades de la situación, con el fin de perseguir los objetivos (es decir, promover la flexibilidad psicológica). Las últimas dos sugerencias son consistentes con el modelo de ACT y apoyan la incorporación o combinación de terapias basadas en *mindfulness* con ACT.

Una investigación reciente también ha descubierto que bajos niveles de autoeficacia general (AEG: creencias acerca de la capacidad de manejar de manera apropiada un amplio rango de estresores) y altos niveles de sensibilidad a la ansiedad (SA: miedo a las consecuencias negativas de experimentar ansiedad) constituyen predictores relevantes de la preocupación patológica. El estudio de Ruiz (2014b) analizó la función de la inflexibilidad psicológica (IP: preponderancia de las experiencias privadas sobre los valores y las contingencias) en el efecto de las AEG y el SA sobre la preocupación. Sus hallazgos demostraron que tanto las AEG como el SA son predictores independientes de la preocupación patológica. Sin embargo, estudios de mediadores revelaron que la inflexibilidad psicológica medió completamente los efectos independientes de las AEG y el SA en la preocupación patológica. Si más estudios replican y extienden los presentes hallazgos, resultaría en un sólido apoyo al modelo de ACT para el TAG, ya que ACT enfatiza la función central de la evitación experiencial y la inflexibilidad psicológica en el desarrollo y mantenimiento del TAG. Es importante señalar que el modelo de ACT para el TAG no considera que niveles bajos de AEG y niveles altos de

SA provoquen niveles patológicos de preocupación en forma directa. Dicha hipótesis parece correcta, en vista de los resultados del presente estudio.

Por último, los estudios mencionados que evalúan resultados y mecanismos de cambio constituyen un comienzo prometedor para ACT como tratamiento para el TAG. Las futuras investigaciones significarán un esfuerzo importante y necesitarán continuar incluyendo medidas que evalúen la efectividad de ACT, así como también sus mecanismos de acción. De hecho, la evaluación de la calidad de vida y de la vida basada en los valores (véase como ejemplo Wilson et al., 2010) será útil en la evaluación de la efectividad de ACT, y el Cuestionario de Aceptación y Acción (AAQ-II, por sus siglas en inglés; Bond et al., 2011), creado para medir el constructo de evitación experiencial y la capacidad de tomar acciones concretas ante la experiencia interna negativa, será útil en la evaluación de los mecanismos de acción de ACT.

Modelo de tratamiento de ACT para el TAG

Un tratamiento estándar de ACT dependerá fuertemente de la capacidad de percibir los procesos en la sesión y de llevar a cabo un análisis funcional de la conducta de una manera fluida. El objetivo será la *flexibilidad psicológica* y la labor consistirá en el proceso orientado que integre los seis procesos centrales de ACT en la conceptualización del caso y en el plan de tratamiento. En un reciente estudio de ACT para el TAG, Avdagic y sus colegas (2014) confeccionaron una lista de algunos de los objetivos del tratamiento de ACT estándar: 1) desesperanza creativa, presentación de la naturaleza experiencial del tratamiento y la no funcionalidad de una agenda de control rígida; 2) el control es el problema y la presentación de los por qué y los cómo del *estar dispuesto a*; 3) la construcción de la aceptación al desactivar el apego literal al lenguaje e introducir los valores; 4) la construcción de la aceptación al desarrollar el yo como contexto y realizar la exposición guiada por los valores; 5) la conducta guiada por los valores en el mundo real; y 6) mantener en el tiempo el compromiso con la conducta guiada por los valores. Al analizar el caso Darío (véase a continuación), el terapeuta podrá identificar estos procesos, teniendo en cuenta el amplio enfoque de ACT.

Más específicamente, ACT se centra en ayudar al paciente a comprometerse con conductas consistentes con los valores en lugar de comprometerse con una conducta motivada por la evitación de la ansiedad. ACT busca alejarse de los aspectos de la psicoterapia que podrían resultar "demasiado" educativos y/o regidos por reglas, y elegir centrarse en el aprendizaje experiencial, guiando al paciente de una manera pragmática y sensible a las contingencias.

Ahora nos enfocaremos en la conceptualización del caso Darío desde la perspectiva de ACT. Cabe señalar que la información suministrada en la conceptualización constituye sólo una introducción a una formulación de tratamiento de ACT para un individuo con TAG. Es esencial comprender a fondo ACT a fin de implementarla de manera fluida y flexible. Al ver los casos desde una óptica analítica y funcional, se tomará un compromiso serio con el enfoque. Este esfuerzo se verá recompensado en la capacidad del terapeuta, no sólo para proveer una intervención más profunda y sutil, sino que, al comprometerse con este proceso, podrá trabajar más fácilmente en casos complejos, difíciles y multiproblemáticos, así como también seleccionar, modificar y adaptar las intervenciones de ACT a pacientes específicos. Por ejemplo, mientras desarrollamos el caso Darío, no sólo se tomará en cuenta su autoinforme del problema, sino también se considerarán las medidas de evaluación consistentes con los mecanismos de cambio en ACT, la entrevista clínica estándar y otras potenciales fuentes de información relacionadas con el estado mental, la salud física, el funcionamiento familiar y la historia de su desarrollo. La evaluación de la flexibilidad psicológica (véase AAQ-II, Bond et al., 2011) y el *mindfulness* (véase Baer, Smith y Allen, 2004) en el tiempo resultará también una fuente de información útil para ayudar al clínico a seguir el progreso del paciente y reformular el caso de ser necesario o indicado.

Además, el terapeuta considerará el tratamiento desde los tres pilares de ACT (*abierto, consciente y comprometido*) y los procesos patológicos asociados (rigidez y bloqueo, pérdida de contacto con el momento presente e identificación excesiva con el yo, e inactividad respecto de los valores). Los tres pilares de la ACT se explicitarán en la próxima sección.

Aplicación del modelo de tratamiento de ACT con el caso Darío TAG

ACT con Darío: confrontación con el sistema verbal

Cuando el terapeuta de ACT comienza a revisar el caso de Darío, se dedicará en primer lugar a comprender el problema desde el punto de vista del paciente. Darío señala que se encuentra preocupado al tener pensamientos acerca de la salud de su padre, sus interacciones sociales, su capacidad de concentración, su salud física, asuntos políticos y laborales, la felicidad de su esposa y el fracaso. Podría resultar fructífero llevar a cabo una serie de preguntas a fin de comenzar a conceptualizar el caso de Darío desde la perspectiva de la ACT. Por ejemplo, el terapeuta podría preguntar lo siguiente:

- ¿Cómo definirías tu problema en este momento?
- ¿Durante cuánto tiempo has estado experimentando dificultades debido a este problema?
- ¿Qué haría mejorar las cosas?
- ¿Qué te gustaría que pasara en la terapia? ¿Cuáles son tus objetivos en la vida?
- ¿Qué has hecho o intentado hacer para controlar este problema?

Ejemplo de diálogo entre Darío y su terapeuta para comenzar a detectar rigidez o intentos de control mal aplicados y valores:

Terapeuta[T]: ¿Qué te gustaría que pasara en la terapia?

Darío[D]: Bueno, quisiera poder dejar de preocuparme acerca de todas esas cosas y calmarme un poco.

T: Si pudieras lograr eso, ¿qué harías con tu vida? ¿Cómo cambiarían las cosas?

D: Estaría más relajado y podría conectar con mi esposa y colegas. No me centraría tanto en la idea de fracasar en mi trabajo. No sentiría esas cosas. Podría relajarme.

Al formular estas preguntas, el terapeuta puede comenzar a comprender la situación de Darío. Él espera poder controlar la preocupación y las emociones para lograr relajarse y vincularse: una vez que ya no tenga preocupaciones o ansiedad, podrá conectar. Desde la perspectiva de la ACT, ese intento de controlar se considera justamente parte del problema. Cuanto más intenta dejar de preocuparse, más preocupación experimentará. De hecho, Darío señala *"Siento que pienso todo el tiempo"* y *"Me preocupa lo que pienso"*. En cierto modo, a Darío le preocupa preocuparse. Tratar de controlar su preocupación, aparentemente, no la ha reducido. Todos los esfuerzos por controlar la experiencia interna, en este caso, sólo parecen haber aumentado el problema.

El terapeuta luego llevará a cabo un proceso denominado *desesperanza creativa*, en el que trabajará de manera deliberada para socavar las estrategias de control problemáticas, basadas en el lenguaje y aplicadas a la experiencia interna. Primero se analizarán junto a Darío las diferentes formas en que ha intentado eliminar o cambiar la preocupación, la ansiedad asociada y las sensaciones físicas. Durante esta labor, el terapeuta de ACT le informará a Darío que es normal emplear estas conductas. Como se ha señalado, el contexto cultural de los individuos apoya la noción de que los problemas psicológicos se pueden definir como la presencia de sentimientos, pensamientos, recuerdos y sensaciones desagradables. A la presencia de estas experiencias indeseadas se la suele ver como una señal de que algo está mal y necesita corregirse. Se presume que sólo se puede vivir de manera saludable cuando se eliminan o reducen dichas experiencias. Así, el intento de Darío de dejar de preocuparse tiene como objetivo lograr la calma, y una vez calmado, Darío podría comenzar a vivir bien de nuevo.

El terapeuta de ACT que se aboca al proceso de desesperanza creativa trabajará con Darío para detectar los intentos de control ineficaces. Se le pedirá a Darío analizar cuán exitosos fueron los intentos de controlar o eliminar estos contenidos "problemáticos", en particular respecto de los resultados a largo plazo. Durante esta fase, es probable que se descubra que las estrategias de Darío para controlar la experiencia interna en realidad no han funcionado en el largo plazo. El trabajo realizado durante la etapa de desesperanza creativa es parte de la construcción del camino hacia la apertura y la aceptación.

Es importante recordar que esta es una etapa creativa. El paciente "se abre" para intentar llevar a cabo algo diferente como alternativa del control. Durante esta etapa, es imprescindible comunicar que la estrategia –el control de las experiencias privadas– es inútil, pero que el paciente no lo es. De hecho, existe una gran esperanza para Darío. Al dejar los intentos de controlar la experiencia interna podrá comenzar a tomar el control de su vida. Es importante tener en cuenta la clase de desesperanza que se trabaja en esta parte de la terapia, y tener en claro que la desesperanza se encuentra vinculada al plan de sentirse bien, mientras que la esperanza será sostenida por Darío y su capacidad para hacer cambios positivos en su vida.

Aquí presentamos un diálogo a modo de ejemplo de la clase de intercambio que puede ocurrir en el trabajo de desesperanza creativa:

T: Noto que has estado trabajando mucho y que has hecho varias cosas en términos de intentar relajarte y librarte de los síntomas físicos... debe ser agotador... ¿Podemos analizar qué has hecho?

D: Bueno, he visitado a varios médicos y he probado con distinta medicación.

T: ¿Qué más has intentado?

D: Intenté librarme de esto y olvidarlo, e intenté distraerme pensando en positivo.

T: De acuerdo, veo que has intentado varias cosas. ¿Qué más?

D: Intenté ignorarlo, y hacer que otras personas piensen cosas positivas acerca de mí. Intenté miles de cosas para asegurarme de que mi esposa fuera feliz. La lista es interminable.

T: Esto está muy bueno. Realmente estoy entendiendo el esfuerzo que has puesto en hacer que la preocupación y la ansiedad desaparezcan. Está claro que has estado trabajando mucho al respecto. Y parece que has hecho cosas bastante razonables... cosas que cualquier persona razonable intentaría. De hecho, visitar al médico es lo que cualquier persona te diría que hicieras. Continuemos. ¿Qué más has intentado?

D: He intentado dormir hasta que se me pase y decirme que todo estará bien.

(En la misma línea, el terapeuta le solicitará a Darío que realice una lista exhaustiva y luego mencionará algo acerca de cómo le han funcionado las distintas estrategias):

T: Darío, has intentado muchas cosas (menciona todo lo que se encuentra en la lista). Y algunas de estas estrategias son muy buenas. Pero algo parece haber fallado. Has puesto mucho esfuerzo y lo has intentado todo, y sin embargo... aquí estás. Nada de eso funcionó.

D (desconcertado): Bueno, eso hace que me preocupe por algo más. No sólo soy incapaz de dejar de preocuparme, sino que fracaso en resolver cómo puedo hacer que se termine.

T (gentilmente y bromeando): No me sorprende que hayas dicho eso. Es parte de esto. Te preocupas, fracasas, te preocupas, fracasas, y así sigues. Entonces intentas más cosas para resolverlo. Estás acostumbrado a esto, y tiene sentido que en este momento tu mente te diga que fracasaste. Pero te pregunto, ¿no tiene que ver todo esto con resolverlo? ¿No tiene que ver con encontrar la solución para resolver el problema de la preocupación y la ansiedad?

D: Sí, tiene que ver con eso. Es por eso que estoy aquí.

T: Y quizás tu mente imagina que yo seré quien te ayude a resolver este problema y que tengo la respuesta de "oro".

D: Eso espero.

T: ¿Has tenido esperanza alguna vez?

D: Sí, he tenido la esperanza de deshacerme de este problema muchas veces.

T: Bueno, ni yo ni la esperanza vamos a resultar diferentes.

En este momento, es probable que Darío comience a experimentar algo de confusión. Si esto sucede, es en realidad un momento positivo en la terapia. Significa que su mente no está resolviendo el problema y podría estar abriéndose un camino distinto. Nótese que la desesperanza creativa debería realizarse desde una perspectiva humilde, ya que cada individuo tiene su propia medida del dolor y ha intentado de manera similar resolver el sufrimiento humano. La desesperanza creativa resulta mejor desde una actitud genuina y compasiva. Una vez que los intentos de Darío se logren ver como inviables, el terapeuta puede comenzar a analizar cuán atascado ha permanecido, seguido de la alternativa de estar dispuesto a estar con la experiencia interna:

T: Lo has intentado todo. El esfuerzo ha sido enorme. Has hecho las cosas razonables que se puedan hacer. No diré que no funciona porque no cuentas con la herramienta adecuada o la mejor estrategia para abordarlo, o porque no has puesto suficiente esfuerzo. Diré que no funciona porque no puede funcionar. La mente y las emociones no son como los problemas matemáticos, que esperan la solución... que esperan la mejor respuesta. No funciona de esa manera. La mente y las emociones se parecen más al atardecer. Están ahí para ser experimentadas. No te pido que me creas, sino que veas si tratar tus preocupaciones y ansiedad como problemas matemáticos que deben ser resueltos ha funcionado. Quizás no se trate de que no cuentas con la mejor estrategia, sino que las estrategias en sí mismas son el problema.

El proceso de la desesperanza creativa sirve en la terapia para establecer la no funcionalidad del control excesivo y mal aplicado a la experiencia interna. Con frecuencia, las reglas verbales aplicadas a la experiencia emocional son ineficaces. Todas las estrategias verbales y/o de resolución de problemas que Darío ha probado con el propósito de detener la preocupación y la ansiedad han fracasado. Darío no es el problema, sino el control de la experiencia privada. Intentar eliminar cierta clase de experiencias internas por medio de soluciones verbales es inútil, pero abrirse a la posibilidad de hacer algo diferente es creativo.

En el ejemplo anterior, hemos analizado cómo detectar la rigidez relacionada con la experiencia privada o la regla social de resolver cómo librarse de algo que no se desea y lograrlo. Sin embargo, el propio intento, en realidad, perpetúa el problema. Darío tiene una conducta de preocupación a fin de evitar la ansiedad. Está inundado de ideas sobre el fracaso, su capacidad para relacionarse y hacer felices a otros. Intenta controlar dichas experiencias y descubre que es incapaz de hacerlo.

Este tema del control total, así como su alternativa, se plasman en una metáfora que con frecuencia se utiliza en la ACT. La metáfora de la arena movediza (Zettle, 2007) es una forma ideal de informar al paciente sobre el proceso de que "el control es el problema", y sobre la posibilidad de una alternativa a dicho control, es decir, *el estar dispuesto a.*

T: ¿Qué dice tu mente que hagas cuando te encuentras sobre arena movediza? Sal de ahí ¿no? ¡Sal rápido! Pero ¿qué sucede cuando intentas salir de la arena movediza en forma muy rápida? Te hundes aún más. Cuanto más te mueves, más rápido te hundes. La manera de mantenerse a flote en la arena movediza es dejar de moverse: dispersarse sobre ella en forma muy lenta y así flotar. ¿Y si tu situación es así? En lugar de luchar para cambiar la emoción, necesitamos "dispersarnos" sobre ella. Tomar contacto total con ella, con eso contra lo que has estado luchando. Esto resultará difícil, ya que lo que tienes aprendido te dirá que salgas lo más rápido posible. Sin embargo, esa manera de salir puede resultar ser lo que causa el hundimiento. La forma de mantenerse a flote en la arena movediza es quedarse quieto. Dejar que la mayor superficie posible de tu cuerpo haga contacto con la arena movediza, dispersándote lentamente sobre ella.

Trabajo con Darío sobre la voluntad y la defusión: abrirse

Al trabajar en socavar el control excesivo y mal aplicado, el terapeuta de ACT conceptualizará y presentará la disposición (aceptación) y la defusión como las alternativas a esta clase de rigidez[3]. El objetivo será aumentar la disposición de Darío al ayudarlo a construir la aceptación de la emoción y a aprender cómo despegarse del lenguaje[4]. La disposición es la apertura hacia la experiencia y la defusión consiste en ver al lenguaje como un proceso. Se invitará a Darío a realizar una serie de ejercicios de disposición y defusión diseñados para crear una apertura hacia la experiencia. Este trabajo se lleva a cabo con el propósito de dejar la necesidad de mantener la preocupación y la ansiedad bajo control antes de que pueda tomar acciones basadas en los valores.

En este momento, al conceptualizar la lucha de Darío, parece no querer sentir ansiedad. Ofrecer como alternativa la disposición a vivenciar le proporciona la oportunidad de experimentar la ansiedad como lo que es, es decir, un conjunto de síntomas físicos acompañados por pensamientos de preocupación; y también la oportunidad de exponerse ante la emoción, es decir, aprender que no constituye algo intrínsecamente peligroso aunque resulte desagradable. El terapeuta trabajará junto con Darío en ejercicios de disposición, a fin de establecer una relación diferente con su experiencia emocional.

Disposición. El terapeuta podrá presentar a Darío el Ejercicio del Monstruo de Lata (Hayes et al., 2012): este ejercicio puede ayudar con la exposición interoceptiva a las sensaciones físicas de la ansiedad. Por ejemplo, Darío experimenta mareos, palpitaciones, sudor, sequedad bucal y tensión muscular debido a su ansiedad. Dichas experiencias, en conjunto, pueden parecer abrumadoras y aterradoras, como si un gran monstruo se lo tragara. Sin embargo, tomadas de manera individual, pueden experimentarse como lo que son (sudor, tensión, etc.). A continuación exponemos un diálogo como ejemplo de este ejercicio.

T: ¿Conoces los muñecos de lata?

D: No, ¿cómo son?

T: Son muñecos hechos de latas... la cabeza es una lata de café y los brazos y piernas están hechas de varias latitas de sopa unidas con una cuerda.

D: Ah, entiendo.

T: Puede ser ruidoso. Si lo mueves o sacudes puede ser bastante ruidoso. Me pregunto si tu ansiedad es así.

---

3 Para un mayor análisis de los ejercicios y metáforas de "el control es el problema", se sugiere al lector revisar Hayes et al. (2012) y Stoddard y Afari (2014).

4 Para información adicional véase Hayes et al. (1999) y Hayes et al. (2004).

D: Sí, se pone muy ruidosa. Me dice que algo está mal en mí... físicamente... que tengo problemas, que me voy a morir o algo así.

T: Cuando agitas el muñeco de lata es escalofriante. En la forma en que la describes tu ansiedad, no parece un muñeco sino más bien un monstruo de lata. Es enorme.

D: Es gigante.

T: Veamos a este monstruo de lata. Si lo vemos como al monstruo por completo parece bastante aterrador y ruidoso. Sin embargo, si vemos las latas por separado, no resultan tan aterradoras y se pueden experimentar como latas individuales, sensaciones individuales... por sí mismas no son tan "enormes". Las latas individuales no son tan amenazantes como el monstruo entero. ¿Harías un ejercicio conmigo para analizar esto con más detenimiento?

D: Sí, claro.

T (atento a Darío y con un ritmo adecuado): Te pido que cierres los ojos y recuerdes una situación difícil en particular. Nota qué fue lo que sentiste durante esa situación. Escoge una emoción o sensación que parezca aumentar hasta el tope, que parezca ser la más fuerte o la que está más presente. ¿Dónde experimentas esa emoción o sensación? (El terapeuta le da tiempo a Darío para responder, y este indica notar transpiración en su frente). Ahora quisiera que te centres en esa sensación como si sintieras curiosidad por ella o te interesara, tratándola como si fuera una lata... y no el monstruo de lata completo. Simplemente, céntrate en la experiencia en sí misma y nota sus cualidades e intensidad. Intenta ver si puedes dejarla ahí como lo que es. Experiméntala centrándote en una sola lata: en sólo esta sensación.

El terapeuta continúa con esta clase de intervención para varias emociones y sensaciones, siguiendo con la misma forma de hablar. Al terminar, el terapeuta hará volver gentilmente a Darío al momento presente y analizará el ejercicio. La clave en este momento es notar que las experiencias individuales de ansiedad u otras dificultades (las latas) son distintas a lo que sucede cuando Darío se centra en todo lo que experimenta, abrumado por el monstruo de lata. Se invitará a Darío a practicar el ejercicio del monstruo de lata por fuera de la sesión, en diferentes situaciones y por distintos períodos. Se le solicitará que realice un seguimiento de su experiencia, notando el flujo, o el ir y venir del sudor, de las palpitaciones, etc. Se lo invitará a estar dispuesto y abierto a estas experiencias a fin de lograr una conexión.

Darío queda atrapado en sus preocupaciones. Pasa bastante tiempo buscando resolver sus problemas y analizando de manera excesiva, a fin de escapar de los miedos acerca de su salud y sus relaciones. La ACT hace una distinción importante entre el producto del lenguaje (un pensamiento) y el proceso del mismo (pensar). De hecho, pensar es algo tan natural para los seres humanos que apenas lo notamos, apenas somos conscientes de que lo hacemos todo el tiempo. Sin la conciencia del pensar, "nos volvemos" el pensamiento en sí mismo. Nosotros y nuestras mentes somos lo mismo: existe una fusión. Al enseñar al paciente a observar el proceso, podremos también comenzar a señalar la tendencia humana normal de fusionarse con el contenido psicológico de los eventos verbales (es decir, con el producto). De acuerdo con Darío, sus análisis verbales (por ejemplo, "mi esposa es infeliz" o "soy un fracaso") tienen el mismo estatus que las descripciones o los atributos primarios (por ejemplo, "la manta es blanca" o "la mesa es de cristal"). Estas dos clases de eventos verbales parecen contar con el mismo peso; una evaluación subjetiva toma la misma forma que una descripción verificable y suena "real". En la terapia será útil ayudar a Darío a observar el flujo de pensamientos y a llevar a cabo la defusión del contenido literal de los pensamientos. Resulta primordial guiar a Darío en los ejercicios de *mindfulness*, a fin de ayudarlo a volverse consciente del pensar y de las sensaciones, así como también en otros ejercicios de defusión, para establecer una relación distinta con sus pensamientos. A continuación presentamos un ejemplo de ejercicio de defusión.

Defusión. El terapeuta presentará a Darío el Ejercicio de las Hojas en el Río (véase Hayes et al., 2012; Walser y Westrup, 2007): este es un ejercicio de *mindfulness* donde Darío será guiado para colocar los pensamientos en unas hojas que flotan en la suave corriente del río. Por lo general, es un ejercicio que se realiza con los ojos cerrados.

T: ¿Estás dispuesto a analizar el proceso del pensamiento?

D: ¿El proceso del pensamiento? No entiendo.

T: Sí, cuando "observamos" nuestros pensamientos, tendemos a ver los pensamientos en forma individual; por ejemplo, en tu caso, "soy un fracaso" o "esa persona está molesta conmigo". Nos atamos tanto a lo que pensamos que perdemos consciencia de la forma en que los pensamientos van y vienen, una y otra vez. Son como un tren en movimiento, vagón tras vagón. Pero la mayor parte del tiempo nos estancamos en un solo vagón: el vagón de "soy un fracaso".

D: Me estanco mucho en ese vagón.

T (con un ritmo adecuado para permitirle formar las imágenes): Bueno, veamos si podemos conectar con el tren en movimiento. Te voy a invitar a cerrar suavemente los ojos e imaginar que estás sentado junto a un río (se le da tiempo a Darío para crear la imagen). Nota que la corriente fluye gentilmente hacia ti; el agua burbujea y sigue su curso. Visualiza esa corriente y nota el flujo de agua. Ahora imagina una hoja flotando en la corriente. Obsérvala mientras pasa suavemente. Imagina que otra hoja pasa y luego otra más, hasta que veas flotar en la corriente una hoja detrás de la otra. Ahora imagina que puedes colocar un pensamiento detrás del otro sobre las hojas. Permite que cada pensamiento se coloque sobre una de las hojas y que floten suavemente. Nota que los pensamientos no pesan nada y pueden permanecer sobre las hojas que van pasando. Continúa con este proceso, observando el pensamiento al colocar cada uno de ellos sobre una hoja y observa cómo pasa. Si notas que la corriente de agua se detiene, observa dónde te ha llevado tu mente, coloca ese pensamiento sobre la hoja y míralo flotar.

Se invitará a Darío a realizar este ejercicio durante varios minutos y luego a volver al proceso de la experiencia. La clave aquí será observar el pensamiento. Al ayudar a Darío a observar el flujo de sus pensamientos, se lo libera para poder ver a la preocupación como lo que es: un pensamiento que viene tras otro, acerca de algo específico. Podrá aprender a observar sin tomar ninguna acción en particular con respecto a dichos pensamientos, incluso si son exigentes por naturaleza. Darío será alentado a practicar *mindfulness* y defusión por fuera de la sesión, a fin de que pueda llevar a cabo la defusión en el momento en que se encuentre estancado. Ello no significa que los pensamientos de preocupación desaparecerán, sino que continuarán ocurriendo sin influenciar la conducta de Darío del modo en que lo hacían antes.

Trabajo con Darío sobre el momento presente y el yo como contexto: estar consciente

Siguiendo con la conceptualización del caso Darío, el terapeuta de ACT querrá detectar la falta de sensibilidad hacia el momento presente y la toma de perspectiva limitada, lo que interfiere con la consciencia y, por lo tanto, con la capacidad de tomar decisiones que se encuentren en línea con los valores. Trabajar con Darío en conectar con el momento presente, así como también con un sentido más amplio de sí mismo (por ejemplo, el yo como contexto, o el yo como perspectiva) será de ayuda para aumentar su capacidad de permanecer en el aquí y ahora, y de observarse a sí mismo como algo más grande que su preocupación o sus sentimientos de ansiedad.

Otro aspecto del sufrimiento humano se vincula con quedar atrapado en lo que sucedió en el pasado o en lo que podría ocurrir en el futuro. Cuando el individuo se encuentra fusionado con la mente, pierde contacto con el presente. No es consciente de lo que está sintiendo, pensando o percibiendo en el momento. Esto lo hace menos sensible al entorno y a la oportunidad de aprender de la experiencia. Se encuentra menos flexible y receptivo. En el caso de Darío, él está tan atrapado en lo que podría suceder que permanece desconectado de lo que está ocurriendo. Se encuentra tan fusionado que tiende a repetir conductas del pasado, perdiéndose nuevas posibilidades. Cuando Darío logra estar en contacto con el momento presente, puede contar con la capacidad de ser más flexible y receptivo. El terapeuta de ACT trabajará con él a fin de aumentar su capacidad de estar más consciente del aquí y el ahora.

Momento presente. La reorientación hacia el ahora como rutina será útil para Darío, dado el foco que tiene ésta en la preocupación. Al ayudarlo a desarrollar la capacidad de poner atención en el momento presente, no sólo mejorará su flexibilidad y fluidez, sino que también lo ayudará a relacionarse con los demás en una forma más receptiva. Podrá prestar atención en lugar de quedar atrapado en la preocupación. Tener contacto con el momento presente resulta fácil y difícil a la vez. Por lo general, no es demasiado complicado prestar atención a un sonido, una sensación o un objeto; pero mantenerla es otra cuestión y requiere práctica. Al paciente tratado con ACT se le solicita llevar a cabo una serie de ejercicios de aceptación, defusión y *mindfulness*, con el objetivo de ayudarlo a permanecer en el presente durante períodos más extensos. A continuación se expone un ejemplo de este trabajo.

T: Darío, algo que sé que te ocurre es quedar atrapado en lo que podría suceder, aun cuando no haya sucedido todavía. ¿Tiene sentido?

D: Me preocupa enfermarme o que mi esposa no sea feliz.

T: Exacto. Te encuentras en un estado mental de "qué ocurriría si". Pero vale la pena notar que el futuro no ha sucedido aún; el pasado ya terminó; no podemos hacer nada al respecto. Sin embargo, la preocupación es interesante. Parece decirte que puedes hacer algo para detener los "qué ocurriría si" del futuro. Aunque, en realidad, no ha funcionado.

D: No importa si me preocupo por ello o no... aunque sí me preocupe. Parece que la preocupación no me da lo que quiero. Sólo me deprime más.

T: Tiene sentido. Si siempre te encuentras preocupándote acerca de lo que podría suceder, nunca experimentas lo que está sucediendo. Como una sonrisa de tu esposa.

D: Podría estar perdiéndome eso, seguramente. Ella dice que siempre estoy frunciendo el entrecejo. Ni siquiera lo noto (se ríe). Estoy demasiado ocupado preocupándome.

T: Trabajar en estar en el aquí y ahora puede ayudarte, pero lleva práctica. Probemos eso un poco, si te parece bien.

D: Sí, claro.

T (con ritmo adecuado): Te invito a cerrar los ojos y simplemente notarte sentado en la silla. Ahora pon la atención en tu respiración. Llévala a donde sientas más la respiración: en tu nariz, garganta, pecho o abdomen. Comienza a notar tu inhalación y exhalación. Nota su ritmo (El terapeuta guiará a Darío en un ejercicio de *mindfulness* del momento presente, pasando por todos los sentidos: oído, vista, gusto, tacto, olfato). Ahora, suavemente, vuelve a la habitación (Darío abre los ojos). ¿Qué notaste?

D: Que me distraje; me resultó difícil centrarme en esas cosas.

T: ¿Pudiste notar alguna de las cosas que percibías, sentías u oías?

Darío: Sí, oí un pájaro afuera. Pero sólo duró un segundo o dos, después volví a preocuparme.

T: Está bien. Es un buen primer paso. Oíste un pájaro en ese momento. Te distrajiste, como todo el mundo, pero fuiste capaz de estar allí. Ahora es sólo cuestión de práctica.

El terapeuta invitará a Darío a participar regularmente en ejercicios de *mindfulness* y en otras experiencias del momento presente. Se le hará notar que no siempre resultarán fáciles de realizar. Si se distrae cien veces, debería volver al momento presente cien veces. Con el tiempo, esto debería ayudarlo a estar presente para su esposa, sus amigos y su trabajo. Otro aspecto importante de trabajar en el momento presente, como se señaló en la investigación analizada anteriormente, es la consciencia sin juzgar, lo que ayudará a Darío a ser consciente del aquí y ahora sin atarse al contenido verbal. Este proceso también mejora la defusión. El trabajo del momento presente se encuentra vinculado a la toma de perspectiva o el yo como contexto. Es en este momento cuando se puede cambiar la perspectiva u "observarse" a uno mismo como algo más que los propios pensamientos, emociones, conceptualizaciones y recuerdos.

El yo observador está definido como un punto de vista, un lugar en donde se llevan a cabo las observaciones acerca de la experiencia[5]. Este sentido de uno mismo no tiene que ver con el contenido de la experiencia, sino con la parte de uno que la observa. El principal aspecto de esta parte de la conceptualización del caso y del tratamiento consiste en notar dónde Darío se encuentra atado a un concepto de sí mismo. El tratamiento implicará una observación de este contenido desde el sentido del yo que es más que todo el contenido de la propia vida. Darío no es su preocupación, sus miedos, ni sus recuerdos. Él es el lugar donde ocurren los eventos, pero no los eventos en sí mismos. El ejercicio denominado "El Observador" podrá utilizarse con el fin de ayudar a Darío a conectar con este sentido de un yo más amplio. En este ejercicio, el terapeuta guía al paciente a través de distintos aspectos del contenido del yo (por ejemplo, recuerdos específicos, pensamientos, roles, sensaciones corporales). El objetivo de dicho ejercicio no consiste en relatar las experiencias, sino en guiar al paciente para considerar el aspecto del yo que ha estado observando estas distintas experiencias a lo largo de la vida (Hayes et al., 2012). El trabajo con Darío consistirá en ayudarlo a ver estos distintos aspectos de sí mismo, reconociéndolos a todos, pero sin atarse a ninguno. Como en todos los procesos de la ACT, existen también varios ejercicios que el terapeuta puede realizar con el propósito de ayudar a Darío a conectar con el yo observador.

---

5   Véase Hayes (1995), y para más detalle sobre los sentidos del yo y la toma de perspectiva, véase McHugh y Stewart (2012).

Yo como contexto. La idea de un yo conceptualizado proviene, otra vez, de los procesos del lenguaje. Como se ha descripto, los individuos piensan en forma continua. Interpretan, construyen, relacionan y organizan sus experiencias de manera constante, a fin de hacerlas parte de una historia y que sean comprensibles para sí mismos y para otros. Se utiliza este mismo proceso al crear un concepto del yo. Los individuos formulan sus historias, definen su carácter, etc. Sin embargo, pierden contacto con el sentido del yo capaz de observar todas estas experiencias. A pesar de que las experiencias de Darío son reales, haciendo que sufra palpitaciones y que visite al médico, dichas experiencias no lo definen. Al trabajar para ayudar a Darío a contactar este sentido del yo más amplio, se logrará también aumentar la consciencia. A continuación, presentamos una metáfora estándar, que se le presentará a Darío con el objetivo de ayudarlo a conectar con esta perspectiva más amplia y continuar liberándolo de sus dificultades.

T: Mientras te escucho hablar sobre ti, Darío, da la impresión de que tú eres la preocupación. Es como si te hubieras vuelto una persona definida por la ansiedad; y como si intentaras ocultarles esa ansiedad a tu esposa e hijos para poder resolverla. Casi se podría decir que Darío el Ansioso es tu nombre.

D: Lo es en mi cabeza, pero los demás no saben que ese es mi nombre.

T: Sí, parece que, al menos para tu esposa y tus hijos, eres "perfecto" y así entras en un sentido distinto del yo, pero ese sentido del yo también está determinado por la ansiedad.

D: Seguramente dirás que no funciona, pero quizás necesite redefinirme.

T: No funciona (risas). Pero fíjate que estás considerando otra posibilidad. Redefinirte no te salvará; no hará que ya no tengas ansiedad. Pero podría ayudarte a adquirir otra habilidad.

D: ¿Cómo es eso?

T: ¿Has jugado al ajedrez alguna vez?

El terapeuta presenta la Metáfora del Tablero de Ajedrez (Hayes et al., 2012; se sugiere mostrar un tablero de ajedrez real como apoyo): describir el juego de ajedrez destacando la existencia de dos equipos. El equipo "bueno" (pensamientos y sentimientos positivos) y el equipo "malo" (pensamientos y sentimientos negativos). Darío describe cuáles son sus pensamientos y sentimientos positivos, y se representan dichas experiencias colocando las piezas de ajedrez sobre el tablero. Luego describe sus pensamientos y sentimientos negativos, que también serán representados mediante las piezas. En el ajedrez, estos dos equipos se encuentran enfrentados. Se analiza cómo se oponen las piezas: los buenos contra los malos. Eliminar ciertas piezas del tablero (pensamientos, sentimientos y recuerdos negativos) conlleva mucho esfuerzo. Esto significa que las piezas buenas intentan superar a las malas, sacándolas del tablero (por ejemplo, una autoestima alta deberá conquistar una autoestima baja). En el caso de que las piezas buenas estén perdiendo, se necesitará un mayor número de estrategias para intentar controlar el resultado (es decir, que ganen las piezas buenas). No obstante, se le explicará a Darío que el tablero parece extenderse en todas direcciones y no importa cuánto lo intente, ni cuántas estrategias aplique, no podrá eliminar las piezas del tablero, ya sean buenas o malas. Resulta imposible ganar este juego con las piezas. Por último, se le preguntará a Darío si existe algún otro lugar en donde él pueda situarse en esta metáfora del ajedrez. La respuesta final será "el tablero". El tablero contiene las piezas, se encuentra en contacto con ellas, es consciente de ellas, y aun así, el tablero no es sus piezas. El trabajo consistirá en conectar a Darío con la posibilidad de que él sea el tablero y que todas las piezas sean sus pensamientos, sentimientos, sensaciones y recuerdos. El tablero es el lugar donde se sienten y se experimentan dichas piezas, pero esas experiencias no son el tablero (los pacientes son el lugar donde ocurre la experiencia). Desde el punto de vista del tablero, no importa quién gana el juego. Las piezas se mueven y el tablero las contiene. El tablero constituye el contexto para las piezas; este yo es el contexto para el contenido experiencial. El tablero representa el yo como contexto: el observador.

T: Me gustaría guiarte en un ejercicio para ayudarte a contactar este sentido del yo (véase "Ejercicio del Observador", Hayes et al., 1999).

Luego de la presentación de esta metáfora, será útil para el terapeuta continuar ayudando a Darío a conectar con este sentido del yo más amplio que sus piezas, que sus conceptos sobre sí mismo. Darío es el lugar donde ocurren todas sus experiencias, pero no es la experiencia en sí misma. Hacer esta distinción puede ayudar a Darío a comprender que él es más amplio que su preocupación y su ansiedad, y que, junto con el trabajo del momento presente, la aceptación y la defusión, podrá vivir la experiencia como es, y tomar acción basada en los valores.

Trabajo con Darío sobre los valores y la acción comprometida (exposición): compromiso

Será útil para el terapeuta detectar la desconexión, para evaluar en qué área de su vida Darío tiene sus valores poco claros o para ayudarlo a encontrar dónde esos valores se encuentran mal definidos. También, el terapeuta podrá identificar en qué momento Darío dejó de realizar actividades valiosas para él. Se llevará a cabo la clarificación de los valores y un trabajo de acción comprometida, y se definirán conductas específicas. Por lo general, la conducta está formada por sus consecuencias, tanto por la experiencia directa de las consecuencias que han ocurrido en el pasado como de las relaciones derivadas verbalmente que crea el ser humano (es decir, "si..., entonces...”). Darío se encuentra construyendo consecuencias y respondió a dichas construcciones. Está siendo guiado por la consecuencia derivada verbalmente: “Si supero la preocupación y la ansiedad, estaré tranquilo y podré conectar con mi esposa, mis hijos y mis colegas”. Aunque ACT se centra en socavar las reglas verbales problemáticas, también procura construir un control verbal donde éste funcione: la valoración constituye una de esas áreas.

Valores. Los valores son consecuencias deseadas, globales y construidas en forma verbal. Otra característica importante de los valores es que no pueden ser complacidos por completo o alcanzados de manera permanente. El valor de Darío de conectar con otros no constituye un logro estático; debe comprometerse en forma constante, día a día, a lo largo de su vida. Darío nunca podrá lograr una conexión de la forma en la que puede lograr llegar a un destino, como el lugar en donde se encuentra su trabajo. Definir y analizar lo que da sentido a la vida de Darío será de ayuda para conceptualizar el caso y la intervención. A continuación, se presenta un diálogo entre Darío y su terapeuta sobre la definición de valores.

T: Hemos estado trabajando en abrirte a la experiencia y ser consciente de ella, pero me gustaría que nos enfoquemos más en los valores. No te pediría que observes la preocupación y que sientas tus emociones porque sí. Te invito a tener esas experiencias para crear sentido. Se trata de esto: “¿Estás dispuesto a ser consciente de tu preocupación y percibir tu experiencia de ansiedad, sin intentar eliminarlas si con ello lograras una conexión completa y comprometida con tu esposa, tus hijos y tus colegas?”.

Darío: Eh... sí. Supongo que sí. Haría lo que fuera por lograr eso.

T (con compasión): Antes de hablar sobre lo que debemos hacer, analicemos el sentido (El terapeuta dibuja dos lápidas sobre una hoja de papel). ¿Qué te gustaría que represente tu vida? Si tuvieras que elegir lo que va escrito en tu lápida, ¿qué diría?

D: Supongo que diría que me importaba la gente, que siempre estuve para ellos.

T (anota en una de las lápidas “A Darío le importaba la gente y estaba allí para ellos”): Estupendo. Ahora, vayamos más lento y detengámonos aquí. Si la otra lápida representa tu vida actual, ¿diría lo mismo, u otra cosa?

D: Diría que me importan y que intento estar allí para ellos.

T: Está bien. ¿Y lo estás haciendo?

D: No tanto como me gustaría.

T: Sí... estamos trabajando aquí porque algo más te está sucediendo. Es como si la otra lápida dijera “Darío deseaba no preocuparse y no sentirse ansioso”.

D (con un fuerte suspiro): Sí, supongo que es cierto.

T: Tengo mucha esperanza en esto. Tu lápida dice que a Darío le importa sus seres queridos y estar allí para ellos. Pero podría tener que llevar la preocupación y la ansiedad en el camino.

Este ejercicio, conocido como el Ejercicio de la Lápida (Hayes et al., 2012; Walser y Westrup, 2007; Zettle, 2007) se lleva a cabo con compasión y buen juicio. Se trata de clarificar el camino hacia los valores, identificando cuáles son los valores y analizando si se están viviendo en el aquí y ahora. Para la mayoría de los pacientes, la segunda lápida es la que corresponde a lo que está sucediendo. Se centran en liberarse de su interior para poder vivir sus valores, en lugar de comprometerse con sus valores en el presente, sea como sea que se encuentre su interior. Darío no debe deshacerse de su preocupación y su miedo para comenzar a comprometerse con los valores de la lápida número uno. Los valores se encuentran inmediatamente disponibles para ser vividos. Además, la cualidad abstracta y global de los valores los hace menos sujetos al cambio, y por lo tanto, tienden a ser más relevantes que las situaciones y los períodos de tiempo.

Acción comprometida. La acción comprometida implica el compromiso activo y significativo en actividades que se encuentren al servicio de los valores definidos en forma personal (véase Hayes et al., 2012). La formulación de los valores resulta esencial y las conductas concretas de Darío los traerán a su vida. Sólo a través de la acción comprometida el individuo puede pasar del conocimiento acerca de lo que quiere en la vida a encontrar lo que en verdad funciona para lograrlo. Técnicamente, la acción comprometida constituye el mecanismo por el cual Darío puede comenzar a desafiar las "reglas" basadas en el lenguaje, derivadas en forma verbal, que guían su conducta de manera inflexible. Al exponerse a estas actividades mediante el compromiso, ya no considerará funcionales a las viejas reglas y adoptará otras nuevas y más flexibles, así como también otras formas de comprometerse con el mundo. De esta manera, la acción comprometida puede ser una de las herramientas de cambio conductual más poderosas de ACT, y debería fomentarse siempre que resulte posible. En este último diálogo se demuestra el trabajo de la acción comprometida.

D: A veces me siento muy abrumado por la ansiedad. Me preocupa que esto no funcione.

T: Me encanta que digas eso, porque es lo que tu mente diría al empezar a hablar sobre tomar alguna clase de acción. "Me preocupa que no funcione". ¿Suena familiar?

D: Muy familiar (risas).

T: Si pudieras llevarte la preocupación y por hoy, sólo por hoy, hacer algo que demuestre que te importan los demás y que estás allí para ellos, ¿qué harías?

D: No me esforzaría demasiado. Es decir, estaría allí para ellos pero sin mucho entusiasmo, sin mucha energía.

T: Y si yo te viera actuar así, ¿qué vería?

D: Mmh… me verías cometiendo algún error frente a mi esposa.

T: Sé que trabajas con el propósito de ser perfecto para tu esposa, para que sea feliz. Entonces, ¿cometerías un error y luego querrías sentir lo que aparece sin repararlo?

D: Claro, algo así.

T: Definamos esto bien para que ambos sepamos qué es lo que haces que te diga que estás allí para ellos.

El terapeuta y Darío definirán en forma clara qué es lo que hará. Esto es un tanto complicado, ya que habrá que asegurarse de que el objetivo sea comprometido y vívido, y que no se trate de no hacer nada. En el caso de Darío, él se comporta de manera "perfecta" para su esposa. En lugar de elegir conductas de no-hacer, como por ejemplo no decirle lo maravillosa que es (un objetivo de muerto, ya que un muerto podría lograrlo), resultaría más vívido contarle a su esposa sobre su ansiedad y decirle que desea estar allí para ella de una manera más auténtica. Esta actividad tiene que ver con su valor de la conexión. Se pueden definir muchas de estas clases de acción para trabajar a lo largo de la terapia.

Resumen del caso. Además de las técnicas específicas y el contenido de las sesiones mencionadas anteriormente, la actitud del terapeuta en ACT es también un componente importante de la terapia. El terapeuta utiliza un lenguaje que acentúa la compasión, la aceptación y la defusión, y debe ser auténtico, genuino y debe poder hacer uso de ejemplos de su propia vida para demostrar conceptos. También deberá ejemplificar para Darío los conceptos enseñados. Por ejemplo, el terapeuta lo alentará a sentir su distrés, y al mismo tiempo ejemplificará la voluntad de abordar ese distrés en lugar de evitarlo, en el caso de que surja de alguna manera en la terapia (es decir, el terapeuta está dispuesto a sentir ansiedad por la falta de progreso y lo comparte con Darío). Por último, la ansiedad y la preocupación de Darío interfieren en su capacidad para conectar con los demás. El terapeuta, utilizando ACT, trabajará con él sobre la disposición a experimentar, a través de la aceptación/*mindfulness*, y los procesos de defusión y yo como contexto, a fin de ayudarlo a estar abierto, consciente y comprometido. Se lo apoyará para crear una vida significativa, y, a la vez, para estar abierto a toda experiencia, ya sea definida como positiva o negativa, placentera o dolorosa. La plenitud en la vida se compone de todo lo que contiene.

Resumen del capítulo

El propósito del presente capítulo fue dar a conocer el tratamiento del TAG con la ACT. Abordamos una forma de ayudar al paciente, quien lucha contra la preocupación y otros síntomas de ansiedad, a fin de crear una vida significativa en donde pueda abrirse, estar consciente y comprometido. La clave consiste en inculcar la flexibilidad psicológica, ayudando al paciente a ser receptivo hacia el contexto y a tomar acciones basadas en los valores personales. Estar consciente de la experiencia interna, reconociendo el flujo de la emoción, el pensamiento y la sensación, en lugar de luchar contra estas experiencias para eliminarlas, establece el contexto para la libertad de movimiento. El paciente se libera para poder comprometerse.

ACT se basa en principios derivados empíricamente de la tradición conductual y en el contextualismo funcional, lo que enfatiza que una conducta no puede ser abstraída del contexto ni de la historia de aprendizaje del individuo. Las conductas trabajadas en la terapia y las intervenciones seleccionadas de ACT están diseñadas para ayudar al paciente a comprometerse con conductas que resulten funcionales en distintas situaciones, y que se encuentren de acuerdo con sus valores. Dado el sustento filosófico y teórico, invitamos a aquellos interesados en aprender sobre ACT a confrontarse con sus principios básicos y su base teórica. Los procesos de ACT y su naturaleza entrelazada con la base conceptual, requieren un trabajo más allá de la simple aplicación de técnicas en la terapia. El trabajo realizado con el fin de comprender los principios básicos y los procesos ofrecerá al terapeuta una capacidad más flexible para implementar la terapia desde una perspectiva de análisis funcional, convirtiéndola en una experiencia terapéutica rica tanto para el terapeuta como para el paciente. Además, el conocimiento sobre la RFT ayudará al clínico a mejorar la precisión en la intervención y poder detectar sin inconvenientes los procesos que harán a la terapia experiencial en su totalidad, y no sólo en el momento de llevar a cabo los ejercicios experienciales (Villatte, Villatte y Hayes, 2016). La teoría de ACT constituye el tratamiento y vale la pena el análisis por parte de aquellos que buscan utilizar la ACT en su trabajo clínico.

Aunque ya se haya descripto el enfoque de la ACT para TAG en términos de sus fundamentos teóricos y la implementación específica del caso Darío, queremos destacar que resulta necesaria una investigación más amplia, a fin de establecer a ACT de un modo más completo como tratamiento para el TAG. Si bien ACT cuenta con una evidencia en aumento que apoya su tratamiento para la ansiedad y otros trastornos, será importante analizarla en forma específica para el TAG, tanto sus mecanismos de cambio como la comparación con otros tratamientos. Al considerar el análisis de ACT para el TAG, resultará importante recordar el foco del cambio. ACT trabaja ayudando al paciente a vivir una vida más significativa, y a la vez, a aceptar la experiencia interna (señalada por algunos como síntoma) de una manera abierta y compasiva. Por lo tanto, se recomienda añadir medidas de la calidad de vida y de la vida basada en los valores en los estudios de investigación y resultados clínicos, con el objetivo de determinar el impacto más amplio que tiene ACT como intervención. Será de importancia también continuar, al igual que Ruiz (2014a, b), con el análisis de los mecanismos de cambio propuestos vinculados al cambio en la flexibilidad psicológica, la evitación experiencial y la fusión cognitiva. Por último, esperamos que este capítulo logre inspirar a los investigadores y a los clínicos a expandir la aplicación de ACT para el tratamiento del TAG.

Referencias

A-Tjak, J. G. L., Davis, M. L., Morina, N., Powers, M. B., Smits, J. A. J. y Emmelkamp, P. M. G. (2015). A meta-analysis of the efficacy of acceptance and commitment therapy for clinically relevant mental and physical health problems. *Psychotherapy and Psychosomatics, 84*, 30-36

American Psychological Association (2016). *Treatments.* Recuperado de: https://www.div12.org/psychological-treatments/treatments/on

Arch, J.J., Eifert, G.H., Davies, C., Vilardaga, J.C.P., Rose, R.D. y Craske, M.G. (2012). Randomized clinical trial of cognitive behavioral therapy (CBT) versus acceptance and commitment therapy (ACT) for mixed anxiety disorders. *Journal of Consulting and Clinical Psychology, 80*, 750–765. doi:10.1037/a0028310

Avdagic, E., Morrissey, S. A. y Boschen, M. J. (2014). A randomised controlled trial of Acceptance and Commitment Therapy and Cognitive-Behaviour Therapy for generalised anxiety disorder. *Behaviour Change, 31*, 110-130.

Baer, R. A., Smith, G. T. y Allen, K. B. (2004). Mindfulness by self-report: the Kentucky inventory of mindfulness skills. *Assessment, 11*, 191-206.

Biglan, A. y Hayes, S. C. (1996). Should the behavioral sciences become more pragmatic? The case for functional contextualism in research on human behavior. *Applied and Preventive Psychology: Current Scientific Perspectives, 5*, 47-57.

Bond F. W., Hayes S. C., Baer R. A., Carpenter K. M., Guenole N., Orcutt H. K. y Zettle R. D. (2011). Preliminary psychometric properties of the Acceptance and Action Questionnaire - II: A revised measure of psychological inflexibility and experiential avoidance. *Behavior Therapy, 42*, 676–688.

Borkovec, T. D., Alcaine, O. M. y Behar, E. (2004). Avoidance Theory of Worry and Generalized Anxiety Disorder. En R. G. Heimberg, C. L. Turk y D. S. Mennin (Eds.), *Generalized anxiety disorder: Advances in research and practice* (pp. 77-108). New York, NY, US: Guilford Press.

Borkovec, T. D. y Hu, S. (1990). The effect of worry on cardiovascular response to phobic imagery. *Behaviour Research and Therapy, 28*, 69–73.

Borkovec, T. D., Newman, M. G., Lytle, R. y Pincus, A. L. (2002). A component analysis of cognitive-behavioral therapy for generalized anxiety disorder and the role of interpersonal problems. *Journal of Consulting and Clinical Psychology*, *70*, 288–298.

Borkovec, T. D. y Roemer, L. (1995). Perceived functions of worry among generalized anxiety disorder subjects: Distraction from more emotionally distressing topics. *Journal of Behavior Therapy and Experimental Psychiatry*, *26*, 25–30.

Dymond, S. y Barnes, D. (1995). A transformation of self-discrimination response functions in accordance with the arbitrarily applicable relations of sameness, more-than, and less-than. *Journal of the Experimental Analysis of Behavior*, *64*, 163-184.

Fletcher, L. y Hayes, S. C. (2005). Relational Frame Theory, Acceptance and Commitment Therapy, and a functional analytic definition of mindfulness. *Journal of Rational-Emotive and Cognitive-Behavioral Therapy*, *23*, 315-336

Hayes, S. C. (1984). Making sense of spirituality. *Behaviorism*, *12*, 99-110.

Hayes, S. C. (1993). Analytic goals and the varieties of scientific contextualism. En S. C. Hayes, L. J. Hayes, H. W. Reese y T. R. Sarbin (Eds.), *Varieties of scientific contextualism* (pp. 11-27). Reno, NV: Context Press.

Hayes, S. C. (1995). Why cognitions are not causes. *The Behavior Therapist*, *18*, 59-60.

Hayes, S. C. (2002). Acceptance, mindfulness, and science. *Clinical Psychology: Science and Practice*, *9*, 101-106.

Hayes, S.C. (2004). Acceptance and commitment therapy, relational frame theory, and the third wave of behavioral and cognitive therapies. *Behavior Therapy*, *35*, 639–665.

Hayes, S. C., Barnes-Holmes, D. y Roche, B. (2001). *Relational Frame Theory: A Post-Skinnerian account of human language and cognition*. New York: Plenum Press.

Hayes, S. C. y Brownstein, A. J. (1986). Mentalism, behavior-behavior relations, and a behavior-analytic view of the purposes of science. *The Behavior Analyst*, *9*, 175-190.

Hayes, S. C., Hayes, L. J. y Reese, H. W. (1988). Finding the philosophical core: A review of Stephen C. Pepper's World Hypotheses. *Journal of the Experimental Analysis of Behavior*, *50*, 97-111.

Hayes S. C., Luoma J. B., Bond F. W., Masuda A. y Lillis J. (2006). Acceptance and commitment therapy: Model, processes and outcomes. *Behaviour Research and Therapy*, *44*, 1–25.

Hayes, S. A., Orsillo, S. M. y Roemer, L. (2010). *Changes in proposed mechanisms of action during an acceptance based behavior therapy for generalized anxiety disorder*. Behaviour Research and Therapy, *48*, 238–245.

Hayes, S.C, Strosahl, K.D. y Wilson, K.G. (2012). *Acceptance and commitment therapy: The process and practice of mindful change (2nd edition)*. New York, NY: The Guilford Press.

Hayes, S.C., Strosahl, S. y Wilson, K. (1999). *Acceptance and commitment therapy: An experiential approach to behavioural change*. New York: Guilford Press.

Hayes, S.C., Strosahl, S., Wilson, K.G., Bissett, R.T., Pistorello, J., Toarmino, D., McCurry, S.M. (2004). Measuring experiential avoidance: A preliminary test of a working model. *The Psychological Record*, *54*, 553–578.

Hayes, S. C., Wilson, K. G., Gifford, E. V., Follette, V. M. y Strosahl, K. (1996). Experiential avoidance and behavioral disorders: A functional dimensional approach to diagnosis and treatment. *Journal of Consulting and Clini-*

cal Psychology, 64, 1152–1168. doi: 10.1037/0022-006X.64.6.1152

Hayes-Skelton, S.A., Roemer, L. y Orsillo, S.M. (2013). A randomized clinical trial comapring an acceptance-based behavior therapy to applied relaxation for generalized anxiety disorder. *Journal of Consulting and Clinical Psychology, 81*, 761–773. doi:10.1037/a0032871

Henning, E. R., Turk, C. L., Mennin, D. S., Fresco, D. M. y Heimberg, R. G. (2007). Impairment and quality of life in individuals with generalized anxiety disorder. *Journal of Anxiety Disorders, 24*, 342-349.

Lee, J. K., Orsillo, S. M., Roemer, L. y Allen, L. B. (2010). Distress and avoidance in generalized anxiety disorder: Exploring the relationships with intolerance of uncertainty and worry. *Cognitive Behaviour Therapy, 39*, 126-136.

Linehan, M. (1993). *Cognitive-behavioral treatment of borderline personality disorder.* New York: Guilford Press.

Luoma, J. B., Hayes, S. C. y Walser, R. D. (2007). *Learning ACT: An Acceptance & Commitment Therapy Skills-Training Manual for Therapists.* Oakland, CA: New Harbinger & Reno, NV: Context Press.

McHugh, L. y Stewart, I. (2012). *The self and perspective taking: Contributions and applications from modern behavioral science.* Oakland: New Harbinger Publications

Mennin, D. S. y Fresco, D. M. (2009). Emotion regulation as an integrative framework for understanding and treating psychopathology. En A. M. Kring y D. M. Sloan, *Emotion Regulation in Psychopathology: A Transdiagnostic Approach to Etiology and Treatment,* 356-379. New York: Guilford.

Michelson, S. E., Lee, J. K., Orsillo, S. M. y Roemer, L. (2011). The role of values-consistent behavior in generalized anxi-

ety disorder. *Depression and Anxiety, 28*, 358-366. doi: 10.1002/da.20793

O'Connor, M., Farrell, L., Munnelly, A. y McHugh, L. (2017). Citation analysis of relational frame theory: 2009–2016. *Journal of Contextual Behavioral Science, 6*, 152-158.

Orsillo, S. M., Roemer, L., Block, J. y Tull, M. T. (2004). Acceptance, Mindfulness, and Cognitive Behavioral Therapy: Comparisons, Contrasts and Application to Anxiety. In S.C. Hayes, V. M. Follette y M. M Linehan (Eds) *Mindfulness and acceptance: Expanding the cognitive-behavioral tradition.* New York: Guilford Press.

Roemer, L. y Orsillo, S.M. (2005). An acceptance-based behavior therapy for generalized anxiety disorder. En S.M. Orsillo y L. Roemer (Eds.), *Acceptance and mindfulness based approaches to anxiety: Conceptuallization and treatment* (pp. 213–240). New York: Springer Science and Business Media.

Roemer, L. y Orsillo, S. M. (2007). An open trial of an acceptance-- based behavior therapy for generalized anxiety disorder. *Behavior Therapy, 38*, 72–85.

Roemer, L. y Orsillo, S. M. (2009). *Mindfulness- and acceptance-based behavioral therapies in practice.* New York: Guilford Press.

Roemer, L., Orsillo, S. M. y Salters-Pedneault, K. (2008). *Efficacy of an acceptance-based behavior therapy for generalized anxiety disorder: Evaluation in a randomized controlled trial. Journal of Consulting and Clinical Psychology, 76*, 1083–1089.

Roemer L., Salters K., Raffa S. D. y Orsillo S. M. (2005). Fear and avoidance of internal experiences in GAD: Preliminary tests of a conceptual model. *Cognitive Therapy and Research, 29*, 71–88.

Ruiz F. J. (2010). A review of Acceptance and Commitment Therapy (ACT) empirical evidence: Correlational, experimental psychopathology, component and outcome studies. *International Journal of Psychology and Psychological Therapy, 10*, 125–162.

Ruiz F. J. (2012). Acceptance and commitment therapy versus traditional cognitive behavioral therapy: A systematic review and meta-analysis. *International Journal of Psychology and Psychological Therapy, 12*, 333-357.

Ruiz, F. J. (2014a). Psychological inflexibility mediates the effects of self-efficacy and anxiety sensitivity on worry. *Spanish Journal of Psychology, 17*, 1–8.

Ruiz, F. J. (2014b). The relationship between low levels of mindfulness skills and pathological worry: The mediating role of psychological inflexibility. *Anales de Psicología, 30*(3) (octubre), 887-897.

Segal, Z. V., Williams, J. M. G. y Teasdale, J. D. (2002). *Mindfulness-based cognitive therapy for depression: A new approach to preventing relapse.* New York: Guilford.

Stoddard, J. A. y Afari, N. (2014). *The Big Book of ACT Metaphors: A Practitioner's Guide to Experiential Exercises and Metaphors in Acceptance and Commitment Therapy.* Oakland, CA: New Harbinger Publications.

Treanor, M., Erisman, S. M., Salters-Pedneault, K., Roemer, L. y Orsillo, S. M. (2011). An acceptance-based behavioral therapy for GAD: Effects on outcomes from three theoretical models. *Depression and Anxiety, 28*, 127-136.

Villatte, M., Villatte, J. L. y Hayes, S. C. (2016). *Mastering the clinical conversation: Language as intervention.* New York: The Guilford Press.

Walser, R. y Westrup, D. (2009). *The Mindful Couple: How Acceptance and Mindfulness Can Lead You to the Love You Want.* Oakland, CA: New Harbinger Publications

Westrup, D. (2014). *Advanced acceptance and commitment therapy: the experienced practitioner's guide to optimizing delivery.* Oakland, CA: New Harbinger Publications, Inc.

Wetherell, J. L., Afari, N., Ayers, C. R., Stoddard, J.A., Ruberg, J., Sorrell, J. T., Liu, L., Petkus, A. J., Thorp, S. R., Kraft, A. y Patterson, T. L. (2011). Acceptance and Commitment Therapy for Generalized Anxiety Disorder in Older Adults: A Preliminary Report. *Behavior Therapy, 42*, 127–134.

Wilson, K.G., Sandoz, E. K., Kitchens, J. y Roberts, M. E. (2010). The Valued Living Questionnaire: Defining and measuring valued action within a behavioral framework. *The Psychological Record, 60*, 249-272.

Wulfert, E. y Hayes, S. C. (1988). Transfer of a conditional ordering response through conditional equivalence classes. *Journal of the Experimental Analysis of Behavior, 50*, 125-144.

Zettle, R. (2007). *ACT for Depression: A Clinician's Guide to Using Acceptance & Commitment Therapy in Treating Depression.* Oakland, CA: New Harbinger.

Modelos metacognitivo y de la intolerancia a la incertidumbre: integración clínica para el tratamiento del TAG

Dr. Daniel Bogiaizian
Asociación Civil Ayuda

Introducción general

En este capítulo se presentarán dos modelos de tratamiento cognitivo-conductual del TAG sumamente influyentes dentro del paradigma. En efecto, tanto la terapia metacognitiva del TAG de Adrian Wells (2009), como el modelo enfocado en la intolerancia a la incertidumbre de Michel Dugas y Melisa Robichaud (2007), son dos abordajes manualizados, basados en principios terapéuticos sólidos y con un cuerpo de investigación importante que viene acumulándose con los años.

Más allá de la elección que cada uno de nosotros puede realizar como terapeuta, por la afinidad que nos genere un modelo u otro, hay sobrados motivos empíricos para tenerlos en cuenta. En efecto, un estudio realizado en los Países Bajos (van der Heiden et al., 2010) exploró mediante un modelo jerárquico la relación entre los factores de vulnerabilidad y el TAG, hallando que el vínculo entre el neuroticismo (una dimensión de personalidad básica asociada a la tendencia a experimentar emociones negativas) y el TAG estaba mediado por dos factores específicos de vulnerabilidad: la intolerancia a la incertidumbre y las metacreencias negativas acerca de la preocupación. Cada uno de estos factores representa el núcleo de los modelos de tratamiento de Dugas y Wells, respectivamente. Por este motivo, y por su grado de influencia en la conceptualización y tratamiento del TAG, pasamos a detallarlos.

La terapia metacognitiva para el TAG

La terapia metacognitiva

¿Qué es la metacognición y por qué es importante? *Metacognición* se refiere a los procesos, estrategias y creencias involucradas en la regulación y evaluación del pensamiento en sí mismo (Flavell, 1979; Wells, 2000). Dicho de manera más sencilla, metacognición es pensar sobre lo que pensamos. En la teoría metacognitiva de los trastornos emocionales (Wells, 2009; Wells 2000), el funcionamiento metacognitivo es central en el mantenimiento y control de los estilos de pensamiento negativo. De acuerdo con esta perspectiva, la mayoría de las personas experimentan pensamientos y creencias negativas (por ejemplo, de tipo catastrófico), pero este fenómeno es transitorio. Los pensamientos y creencias negativas se transforman en un problema debido a la forma en que las personas responden o reaccionan ante ellos. En resumen, son los *procesos metacognitivos* los que mantienen y hacen perseverar el pensamiento negativo (Hjemdal et al., 2013).

Revisando los antecedentes del modelo encontramos las investigaciones de Flavell (1979), que establece que la metacognición se refiere de manera general al conocimiento que los sujetos poseen de sus propios procesos cognitivos. Este monitoreo involucra una amplia variedad de tareas cognitivas a través de la interacción de cuatro clases de fenómenos: (a) el conocimiento metacognitivo (es decir, el conocimiento sobre los propios procesos cognitivos, por ejemplo "soy lento para sacar cuentas"), (b) las experiencias metacognitivas (el correlato consciente y afectivo que acompaña las tareas mentales, por ejemplo, "se me prendió la lamparita"), (c) las metas o tareas metacognitivas (son el propósito de un determinado proceso mental, por ejemplo, llegar a un resultado aritmético), y (d) las acciones o estrategias metacognitivas (son el conjunto de cogniciones que se implementan para alcanzar una meta, por ejemplo, sumar mentalmente). Los procesos metacognitivos están relacionados con la recursividad natural del funcionamiento mental que se encuentra presente en una gran variedad de tareas, como por ejemplo, en el fenómeno de la calibración o ajuste entre la estimación subjetiva de éxito y su correlato objetivo frente a una tarea. Particularmente, en sujetos ansiosos se han hallado diferencias en este proceso metacognitivo comparados con un grupo control en una prueba de aptitud verbal (Macbeth y Bogiaizian, 2007). Cabe aclarar que estos procesos pueden ser conscientes u ocurrir fuera del campo consciente. Cuando acceden a la consciencia, Flavell las denomina "experiencias metacognitivas" (Flavell, 1979).

Tanto en la terapia cognitiva tradicional como en la terapia metacognitiva, el contenido de las creencias y pensamientos determinan el tipo de trastorno experimentado (Beck y Emery, 1985). Los pensamientos acerca de amenazas dan lugar a la ansiedad, los pensamientos acerca de la pérdida y la falta de valor personal resultan en tristeza. No obstante, la terapia metacognitiva se diferencia de la terapia cognitiva tradicional ya que postula que no es el contenido el que causa el desorden, debido a que la mayoría de las personas tienen cogniciones y emociones negativas pero de manera transitoria. En contraste, un trastorno emocional involucra estar atrapado en un estado de malestar psicológico persistente. En esencia, la terapia metacognitiva se interesa por los factores que conducen al pensamiento perseverante negativo y al afrontamiento desadaptativo.

Un principio fundamental de la terapia metacognitiva es que los trastornos psicológicos están vinculados a un estilo tóxico de pensamiento que denominan CAS ("*cognitive attentional syndrome*" por sus siglas en inglés, o "síndrome cognitivo-atencional"). El CAS consiste en un estilo de pensamiento perseverativo que se manifiesta en forma de preocupación, rumiación, foco atencional en la amenaza y una serie de intentos de solución fallidos, tales como la supresión del pensamiento, la evitación u otras formas de reaseguro. Este estilo deja al individuo con la sensación de amenaza permanente.

Wells (2009) resume los principios básicos del enfoque metacognitivo de la siguiente manera:

1. Las emociones como la ansiedad y la depresión son señales internas básicas que comunican una discrepancia en la autorregulación o una amenaza al bienestar.
2. Estas emociones normalmente tienen una duración limitada debido a que la persona activa estrategias de afrontamiento que reducen la amenaza y controlan la cognición.
3. Los trastornos psicológicos resultan del mantenimiento de estas respuestas emocionales.
4. Su mantenimiento se debe al estilo de pensamiento y las propias estrategias del sujeto.
5. Este estilo desadaptativo (en referencia al CAS) se encuentra en todos los trastornos, y consiste en la preocupación, la rumiación, el monitoreo de la amenaza, estrategias de control fallidas, y otras formas conductuales (por ejemplo, la evitación) que impiden el aprendizaje adaptativo.
6. El CAS es el resultado de creencias metacognitivas erróneas que controlan e interpretan el pensamiento y los estados afectivos.
7. El CAS prolonga e intensifica la experiencia emocional negativa a través de patrones y mecanismos específicos.

Preocupación excesiva y TAG

La preocupación es un proceso normal y estratégico que está presente en mayor o menor grado en todas las personas; su función es anticipar y preparar al individuo ante posibles situaciones problemáticas o intentar prevenirlas. Por lo tanto, no es posible diagnosticar a una persona sólo por el hecho de atravesar un proceso de preocupación. Tal es así, que Ruscio y Borkovec (2004) han diferenciado incluso personas que se preocupan mucho pero que no califican para un diagnóstico de TAG, en contraste con los que sí lo padecen; encontrando que la experiencia de la preocupación en el TAG es distinta: perciben menos control sobre las intrusiones después de preocuparse, mayor activación ansiosa y mayor adherencia a creencias negativas acerca de la preocupación.

Davey y Wells (2006) señalan tres criterios para considerar la preocupación como patológica: (1) la preocupación se transforma en una actividad crónica que no sólo está dirigida a temas importantes de la vida (la salud, la economía personal, las relaciones, el trabajo, etc.) sino también a cuestiones del día a día y dificultades cotidianas que otros no percibirían como amenazantes; (2) la preocupación es percibida como incontrolable, es decir, el individuo siente que no tiene control sobre el inicio o terminación de un episodio de preocupación; y (3) la preocupación está estrechamente relacionada con el pensamiento catastrófico, resultando en niveles aumentados de ansiedad y malestar, empeorando los problemas, en lugar de darles solución.

El modelo metacognitivo del TAG

Si bien en todos los trastornos de ansiedad la preocupación juega un rol central, es en el TAG donde la ansiedad y su contenido mental aparecen como más difusos y extendidos. La definición del trastorno implica la vivencia de la preocupación como excesiva y difícil de controlar (American Psychiatric Association, 2013). Es en el TAG donde Wells ha planteado como su gran aporte teórico al identificar a la metapreocupación como el núcleo patológico del trastorno. El modelo metacognitivo de Wells del TAG se inspira en los postulados de Flavell para explicar la experiencia de la preocupación por la preocupación.

Wells (1995) señala distintos momentos en su modelo: un primer momento en el que la preocupación es utilizada como un proceso cognitivo de afrontamiento en un intento de abordaje de la amenaza identificada. Pero es en el segundo momento cuando Wells sintetiza que la preocupación se transforma en problemática para el individuo al desarrollar creencias negativas acerca de la misma, connotándola como peligrosa e incontrolable, algo que ha sido confirmado en la literatura empírica (Ruscio y Borkovec 2004; Penney, Mazmanian y Rudanycz, 2013). Este proceso termina de configurarse en un modo de funcionamiento que incluye consecuencias emocionales, cognitivas y conductuales que conforman lo que posteriormente Wells llamó el CAS (Wells, 2009).

Preocupación de tipo 1 y tipo 2

La naturaleza estratégica y consciente de la preocupación debería significar que es maleable al control voluntario, incluso si la consciencia sobre ese control es mínima o inexistente. Sin embargo, es importante distinguir entre los *pensamientos intrusivos* que pueden ser más automáticos e involuntarios y que actúan como disparadores, y la *preocupación*, que representa una respuesta conceptual y sostenida en el tiempo a estas intrusiones. Un objetivo en la terapia metacognitiva es limitar o detener esta clase de procesamiento. Este es el tipo de control que buscan el terapeuta y el paciente, y no el control o supresión de los pensamientos intrusivos que gatillan la preocupación (Wells, 2009).

En este modelo, dos tipos de preocupación son diferenciados. La **preocupación de tipo 1** se refiere a preocupaciones acerca de eventos externos (por ejemplo, "me va a ir mal en el examen") o eventos internos no-cognitivos ("no me para este dolor de cabeza"). En tanto que la **preocupación de tipo 2** tiene por objeto la cognición en sí misma, en particular, la preocupación por la preocupación ("si no paro de preocuparme, me voy a volver loco"). Esto alienta el monitoreo de los pensamientos indeseados, el intento de controlar el pensamiento y la evitación de los disparadores de la preocupación (Wells, 1997, 2004).

Este modelo es presentado en la figura 1. El modelo se inicia con un primer disparador, que corresponde a alguna experiencia interna o externa que resulta amenazante. Estos **disparadores** pueden ser sensaciones, emociones, cogniciones o información externa (por ejemplo, una noticia en la TV, un pensamiento intrusivo con una imagen catastrófica, o simplemente una situación asociada a un posible peligro). La interpretación inicial del disparador generalmente ocurre bajo la forma de la pregunta "¿y si pasa...?" con algún contenido catastrófico (Wells, 2004). De esta manera se activan las **preocupaciones de tipo 1**, que consisten en una secuencia de preocupaciones que operan como estrategia para lidiar con la amenaza (por ejemplo, "con esta lluvia mi marido se va a accidentar en la ruta"). Cabe aclarar que esta clase de preocupaciones son comunes, y no son distintivas de un individuo con TAG (Ruscio y Borkovec, 2004).

La preocupación de tipo 1 se asocia con **metacreencias positivas** acerca de la utilidad de preocuparse (por ejemplo, "si me preocupo puedo prevenir que cosas malas ocurran", "Si me preocupo estoy siempre alerta y preparado"), motivando al sujeto a preocuparse (como se puede observar en la figura 1, las metacreencias positivas anteceden a las preocupaciones de tipo 1).

Figura 1. Síntesis del modelo metacognitivo del TAG.

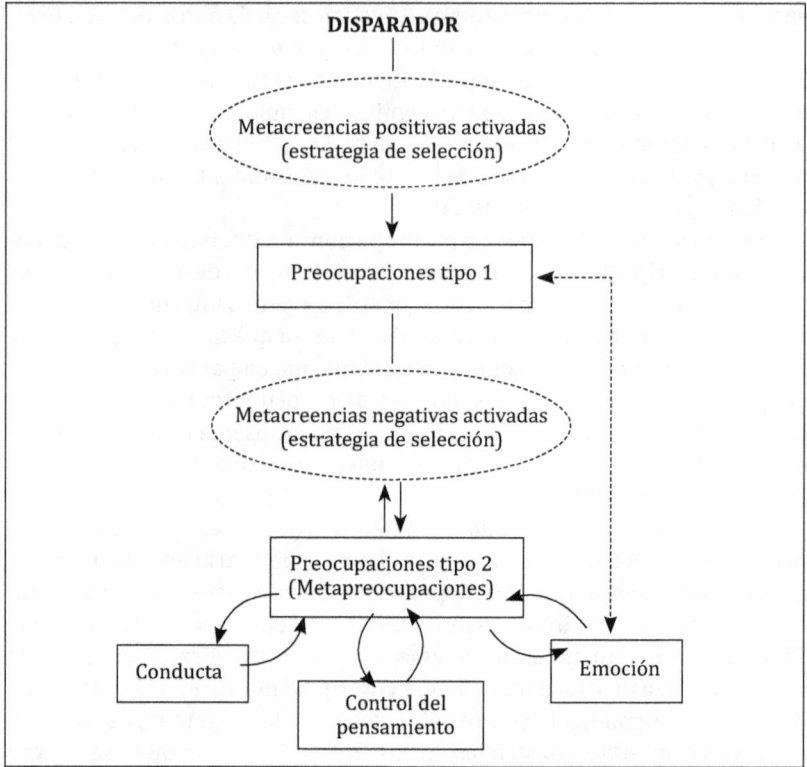

El modelo metacognitivo propone que el TAG se desarrolla cuando se activan en el individuo **metacreencias negativas** acerca de la preocupación y sus consecuencias. Estas creencias involucran dos categorías generales: la preocupación como *incontrolable* (por ejemplo, "no puedo parar de preocuparme") y la preocupación como *peligrosa* para el bienestar físico o psicológico (por ejemplo, "mi preocupación me va a terminar volviendo loco"). Cuando estas metacreencias son activadas el sujeto empieza a preocuparse por la preocupación (**preocupación de tipo 2** o metapreocupación; Hjemdal et al., 2013). Es decir que la preocupación de tipo 2 es la evaluación consciente y situacional del proceso de preocupación, que en el TAG son el reflejo de las metacreencias negativas. Iniciado este proceso, las evaluaciones de amenaza se acentúan haciendo escalar la ansiedad tal como se ilustra en la figura, generando un círculo vicioso entre las preocupaciones de tipo 2 y las emociones. Por ello, si un individuo experimenta su preocupación o sus síntomas ansiosos como una señal de pérdida de control o de colapso mental puede ocurrir que aparezcan ataques de pánico (Wells, 2004). A propósito, algo que observamos con frecuencia en la práctica clínica es que pacientes que vienen padeciendo TAG por varios años sólo inician una consulta cuando aparecen ataques de pánico.

Como se puede observar en la figura 1 (la flecha de línea punteada), el componente emocional (en general, ansiedad) es frecuentemente interpretado como un fracaso de los intentos de afrontamiento y esto también contribuye a la reactivación de las preocupaciones de tipo 1, ya que el mantenimiento de la ansiedad es interpretado como el fracaso del objetivo interno de neutralizar la amenaza, lo que impide interrumpir el proceso de la preocupación (Wells, 2004). A su vez, el desarrollo de las preocupaciones de tipo 2 y las metacreencias negativas prolongan la preocupación e interfieren en la habilidad del individuo para obtener la señal de que se cumplió con el objetivo y que se puede finalizar la preocupación.

La preocupación de tipo 2 se asocia a tres niveles de respuesta: (a) conductual, (b) control del pensamiento y (c) respuesta emocional. Como se ve en la figura 1, muchas de estas respuestas tienen efectos paradójicos e interfieren con el control mental efectivo, retroalimentando el círculo de la preocupación de tipo 2. A continuación se detallan estos niveles de respuesta.

a. Respuesta conductual. A nivel conductual tenemos las respuestas típicas del espectro ansioso: la evitación propiamente dicha y las búsquedas de reaseguro. Desde la perspectiva metacognitiva, la evitación puede referirse a peligros externos relacionados con las preocupaciones de tipo 1 (por ejemplo, no salir a la calle por temor a ser robado) o a preocupaciones de tipo 2 para prevenir la preocupación en sí misma (por ejemplo, no mirar el noticiero para no empezar a preocuparse). Las conductas de reaseguro implican la búsqueda de seguridad a través de chequeos (por ejemplo, búsquedas en internet, distraerse, el uso del alcohol, llamados telefónicos). Estos dos tipos de conductas resultan contraproducentes ya que, por un lado mantienen la preocupación y, además, no permiten la desconfirmación de las creencias negativas (Salkovskis, 1996).

b. Control del pensamiento. Las personas con TAG al tener creencias positivas y negativas acerca de sus preocupaciones intentan por un lado explotar los beneficios de preocuparse pero al mismo tiempo evitando sus peligros. De ahí que por momentos la preocupación sea una estrategia rumiativa usada para generar respuestas de afrontamiento (preocupación de tipo 1) y por otro lado se utilicen estrategias para tratar de suprimir la preocupación, tratando de evitar así sus consecuencias negativas (preocupación de tipo 2) (Wells, 1997).

Las estrategias de control del pensamiento se refieren a las distintas formas en las que el individuo intenta suprimir o evitar preocuparse. En algunos casos a través de la distracción, por ejemplo, concentrándose en el trabajo, realizando un hobbie de manera compulsiva. Estas maniobras están asociadas comúnmente a las creencias negativas sobre la preocupación.

Por otro lado, una perspectiva diferente del control del pensamiento es presentada cuando la preocupación en sí misma puede tener una función evitativa. En este punto Wells se refiere al postulado de Borkovec y equipo (Borkovec e Inz, 1990; Borkovec, Alcaine y Behar, 2004), según el cual algunos individuos usan la preocupación o rumiación para bloquear otros tipos de pensamientos más perturbadores, interrumpiendo de esta manera el procesamiento emocional sobre contenidos perturbadores. Sin embargo, como se ha mencionado, los efectos del control del pensamiento pueden ser el incremento paradojal de los disparadores de la preocupación.

c. Emoción. La preocupación excesiva encuentra en la ansiedad, la frustración y el enojo su correlato emocional más frecuente.

Las preocupaciones de tipo 1 ejercen un efecto directo sobre la respuesta emocional de acuerdo a si la persona tiene la sensación de lidiar o no con la amenaza. Esto se ilustra en la figura 1 en la relación bidireccional entre la preocupación de tipo 1 y la respuesta emocional. En efecto, la preocupación puede inicialmente disparar una respuesta de ansiedad, pero esta desaparece en la medida en que la preocupación alcanza su objetivo, que en general es obtener el sentimiento de que uno es capaz de afrontar la amenaza y que las posibilidades de peligro han sido cubiertas (Wells, 2009). Esta sensación puede ser descripta como de "cierre" o de haberle "encontrado la vuelta". Esto clausura el proceso de preocupación.

Sin embargo, si la respuesta emocional en sí misma es interpretada negativamente (por ejemplo, como una señal de que no se está pudiendo afrontar la situación), esto puede alimentar aún más el proceso de preocupación. El modelo también propone que la preocupación de tipo 1 tiene otros efectos en la esfera emocional. En particular, dada su naturaleza verbal, la preocupación puede interferir con el procesamiento emocional de cierta clase de eventos cognitivos (por ejemplo, imágenes). En estas circunstancias, la preocupación puede perpetuar a largo plazo los síntomas de ansiedad, como una consecuencia de interrumpir el proceso de habituación o procesamiento emocional. Estos efectos negativos de la preocupación pueden también contribuir con las metacreencias negativas sobre la preocupación y la propia habilidad de afrontamiento, exacerbando aún más el cuadro (Wells, 2004).

El modelo de intolerancia a la incertidumbre de Dugas

En las últimas décadas una serie de grupos de investigación han dedicado su atención y esfuerzos a elaborar nuevos modelos explicativos y de tratamiento del TAG. Entre ellos, el protocolo cognitivo-conductual para el

TAG de Michel Dugas y colaboradores (Dugas y Robichaud, 2007) ha ido ganando el interés de investigadores y terapeutas, debido a su solidez empírica y un diseño de tratamiento elegante basado en principios claros y ajustados para la problemática de la ansiedad generalizada.

Este modelo representa más de una década de trabajo empírico y etapas en el desarrollo de tratamiento, empezando por la publicación en 1998 de una prueba preliminar de este modelo conceptual (Dugas et al., 1998), y, casi una década después, con la publicación de un manual de tratamiento completo para el TAG basado en los postulados del modelo (Dugas y Robichaud, 2007). Dugas y colaboradores (1998) habían documentado que la intolerancia a la incertidumbre (1) estaba altamente relacionada con la preocupación, (2) permitía distinguir aquellos que cumplían criterios clínicos para el TAG de aquellos que no. El grupo involucra muchos investigadores de origen canadiense, con Michel Dugas como líder, pero también vale mencionar a Robert Ladouceur, Mark Freeston, Melisa Robichaud, entre otros.

El protocolo de Dugas tiene como constructo nuclear del TAG a la **intolerancia a la incertidumbre** (II). La idea básica detrás del modelo es que la II es el motor de la preocupación excesiva, y si las personas aprenden a tolerar mejor la incertidumbre, tendrán menos motivos para preocuparse (Dugas y Robichaud, 2007). Esto se debe al hecho de que la preocupación puede conceptualizarse como un esfuerzo mental por considerar todas las eventualidades posibles de una situación futura incierta. En otras palabras, la preocupación misma es un intento por reducir la incertidumbre acerca del futuro. En cambio, si la persona disminuye su necesidad de garantías y certidumbre sobre el futuro, la preocupación pierde sentido, y ya no es necesario que el individuo se involucre en este tipo de actividad mental prolongada y que termina convirtiéndose en ansiógena.

El modelo cognitivo-conductual completo de Michel Dugas involucra cuatro componentes de mantenimiento del TAG: (1) la intolerancia a la incertidumbre, (2) las creencias positivas acerca de la preocupación, (3) la orientación negativa hacia los problemas, y (4) la evitación cognitiva. Estos cuatro componentes se articulan y convergen en la preocupación, tal como se ilustra en la figura 2, siendo la II el constructo principal. El modelo comenzó a ser testeado en un formato de dieciséis sesiones en el año 2000, demostrando ser efectivo en el tratamiento del TAG (Ladouceur et al., 2000).

Cada uno de estos componentes será explicado a continuación en mayor detalle, ya que de acuerdo con esta perspectiva son los principales puntos de apoyo del TAG, y los *blancos de tratamiento* del modelo.

Figura 2. Síntesis del modelo de intolerancia a la incertidumbre.

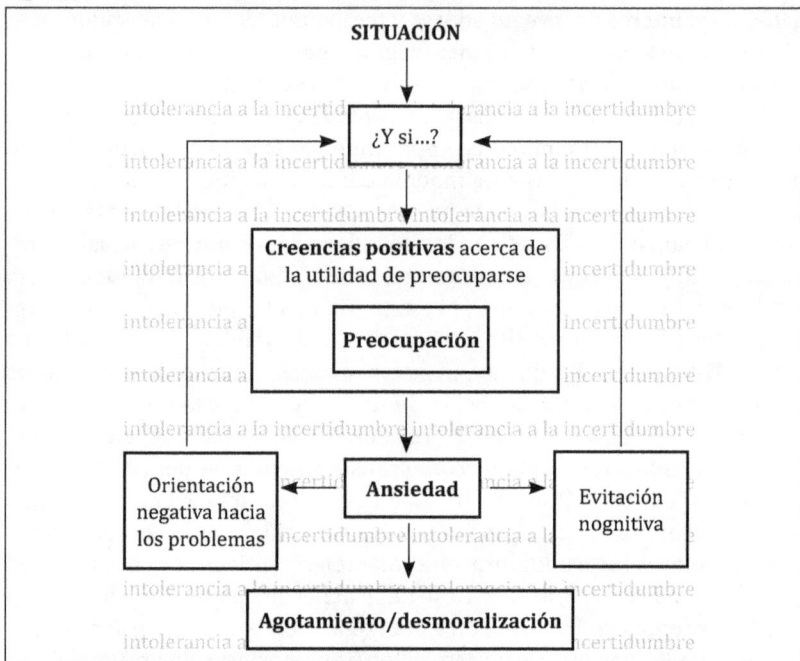

Intolerancia a la incertidumbre

Como se mencionó más arriba, el concepto central del modelo es la II. Esta puede ser definida como una *característica disposicional que resulta de un conjunto de creencias negativas acerca de la incertidumbre y sus consecuencias* (Dugas y Robichaud, 2007). Por ejemplo, muchos pacientes intolerantes a la incertidumbre consideran que los escenarios inciertos son estresantes o perturbadores, que no es justo que uno deba lidiar con incertidumbre sobre el futuro, que los eventos inesperados son negativos y deberían ser evitados y que en general la incertidumbre impide a las personas funcionar adecuadamente.

Dugas, al realizar una revisión del origen del constructo (Dugas y Robichaud, 2007), sostiene que la observación clínica lo llevó a formular la II. En la práctica, él y su equipo notaron que las técnicas tradicionales de reestructuración cognitiva no parecían dar resultado con los pacientes con TAG. Es decir, a pesar de que se reevaluaba junto con el paciente la probabilidad y costo de las catástrofes imaginadas, su preocupación y ansiedad no disminuían. Los pacientes invariablemente contestaban que sí, que comprendían que las probabilidades eran bajas, pero que no podían soportar la idea de que, de todas maneras, lo temido pudiera suceder por más improbable que fuera. Esto alimentaba entonces su estado de preocupación. Dugas subraya que esta es una de las características centrales de los pacientes con TAG: la única forma de no seguir preocupándose es si encuentran la certeza de que lo temido no va a suceder o de que van a ser capaces de afrontarlo. Esta línea de razonamiento llevó a su equipo a formular a la II como el constructo explicativo del TAG e inició una línea de investigación que se cristalizó tiempo después en el protocolo de tratamiento que estamos presentando.

Todos tenemos una vivencia con relación a la sensación de incertidumbre. La evolución del ser humano ha implicado la necesidad de predecir, eso hace que difícilmente podamos asociar a la incertidumbre con la comodidad. Esta experiencia está exacerbada en el TAG, razón por la cual hemos llegado a escuchar de pacientes frases extremas, describiendo su II como "prefiero que me digan que tengo cáncer a no saber qué tengo", o no poder tolerar la espera a la respuesta de una invitación por mensaje de texto y bloquear el contacto, para dar por finalizada la espera.

Desarrollos más recientes (Birrell et al., 2011) han buscado precisar aún más sobre la naturaleza exacta de la II, para evitar definiciones demasiado amplias o inespecíficas, ya que a lo largo de los años, las definiciones han ido variando, algunas subrayando más la reacción a la información que el sujeto evalúa como insuficiente (Ladouceur et al., 1998), y otras más centradas en el hecho de que el individuo considera inaceptable que un evento negativo pueda ocurrir por más improbable que sea (Dugas, Gosselin y Ladouceur, 2001). En 2011, Birrell y equipo realizaron una revisión de los análisis factoriales de la Escala de Intolerancia a la Incertidumbre para así determinar sus variables fundamentales. Hallaron dos factores: en primer lugar, el deseo por la predictibilidad y una búsqueda activa por la certidumbre, y en segundo lugar, una "parálisis" de la cognición y la conducta al enfrentar la incertidumbre.

Este segundo factor, que también ha sido denominado "parálisis de incertidumbre" (Berenbaum et al., 2008), refleja los síntomas fisiológicos de ansiedad (una respuesta más similar al "freezing" frente al peligro) cuando se confronta con incertidumbre, pero también incluye los aspectos de evitación cognitiva y las respuestas desadaptativas para resolver problemas. Estos dos factores representan las estrategias de afrontamiento o evitación que llevan adelante los individuos que son intolerantes a la incertidumbre cuando están frente a situaciones ambiguas (Birrel et al., 2011).

La relación entre la preocupación excesiva y la II, está en el núcleo del desarrollo y mantenimiento del TAG. Adicionalmente, explica por qué las preocupaciones de los pacientes a menudo parecen infinitas, solucionada una preocupación pronto aparece otra, algo que puede parecer desconcertante desde el punto de vista clínico. No obstante, si consideramos que la II conduce a la preocupación excesiva, el mecanismo queda ahora explícito. Dado que la vida cotidiana contiene siempre elementos de incertidumbre, los individuos con TAG siempre encuentran algún motivo para estar preocupados. En consecuencia, es esperable que el contenido de la preocupación pueda cambiar día a día, de acuerdo con los escenarios que la persona debe enfrentar (Robichaud, 2013).

Dentro de este modelo, la II no sólo se manifiesta en la preocupación excesiva y la ansiedad típicas del TAG, sino también en un número de conductas disfuncionales. En particular, los individuos con TAG suelen llevar adelante reaseguros diseñados para reducir o evitar la incertidumbre, como por ejemplo las búsquedas de información excesivas o la postergación de situaciones novedosas. Esta clase de conductas alivian la ansiedad de manera pasajera, pero alientan su repetición por reforzamiento negativo y la creencia de que la incertidumbre es indeseable y debería ser evitada a cualquier precio.

Creencias positivas acerca de la preocupación

Un área de investigación en las personas con TAG ha sido el de las creencias que los pacientes tienen acerca de la preocupación. En particular, el modelo de Dugas hace foco en las creencias positivas que los individuos tienen acerca de este proceso mental, es decir, ¿para qué preocuparse? Por ejemplo, muchos pacientes con TAG tienen la idea de que preocuparse es útil para resolver problemas, o que es una forma de "cuidar" a los seres queridos. Estas creencias no sólo mantienen a la preocupación como una estrategia útil frente a la incertidumbre sino que además crean el problema adicional de que el paciente esté ambivalente respecto a reducir su preocupación (Robichaud, 2013). No obstante, Dugas y Robichaud (2007) aclaran que las creencias positivas sobre la preocupación no siempre son erróneas. De hecho, la preocupación puede ser útil por una variedad de razones. A lo que se refieren es a que la preocupación en sí misma pierde su utilidad a medida que se convierte en excesiva. En otras palabras, lo que sugiere Dugas es que el paciente pueda aprender a seleccionar cuándo tiene sentido preocuparse y cuándo no, de manera de utilizar a la preocupación de un modo más estratégico. O más aún, poder ayudar a los pacientes a experimentar emocionalmente, en esta fase del tratamiento, cómo sería su vida preocupándose menos.

Conviene aclarar que de acuerdo al momento del tratamiento, el paciente puede presentarse más o menos accesible para reevaluar la utilidad de las creencias positivas. En algunos momentos conviene ser cauteloso para hacer intervenciones de cuestionamiento, ya que el paciente puede sentirse amenazado por el tratamiento interpretándolo como un camino al descontrol o a la irresponsabilidad.

El modelo también coincide con la perspectiva metacognitiva al otorgarle a las creencias positivas una participación activa en el fenómeno de la preocupación patológica (aunque los momentos de intervención para cada modelo difieran).

Para Dugas es importante la identificación temprana por parte del paciente de las creencias positivas que lo motivan a preocuparse (Ver tabla 1).

Tabla 1. Creencias positivas acerca de la utilidad de preocuparse

---
1. La preocupación ayuda a encontrar soluciones a los problemas.

2. La preocupación sirve para mantenerse motivado y asegura que las cosas serán hechas.

3. La preocupación puede proteger a una persona de consecuencias emocionales negativas.

4. La preocupación en sí misma puede prevenir eventos negativos.

5. La preocupación representa un rasgo positivo de la personalidad.

Orientación negativa hacia los problemas

Consiste en la tendencia a interpretar de manera negativa a los problemas y a la propia habilidad para resolverlos. De acuerdo con este modelo, los individuos con TAG tienden a dudar de sus habilidades para resolver problemas y connotan a los problemas como una grave amenaza. Teniendo en cuenta esta disposición cognitiva, es más probable que los individuos eviten resolver problemas, los interpreten catastróficamente (es decir, los "catastroficen"), y elijan preocuparse en lugar de resolver las situaciones problemáticas. Todo lo cual mantiene la preocupación excesiva. Como consecuencia, los problemas de la vida cotidiana se convierten en un tema frecuente de preocupación, y, de quedar irresueltos, pueden convertirse en problemas más graves o generar problemas adicionales (Robichaud, 2013).

Evitación cognitiva

Por último, siguiendo los hallazgos de Borkovec y colaboradores (2004), el modelo de Dugas sostiene que la evitación cognitiva, explícita o implícita, es un factor de mantenimiento de la preocupación excesiva. En efecto, la naturaleza verbal de la preocupación tiende a disminuir la activación ansiosa originada en el disparador de la preocupación. Esta reducción de la ansiedad no hace más que reforzar negativamente la preocupación. Por otro lado, los pacientes también evitan cognitivamente de manera explícita, mediante estrategias como la distracción, la supresión de pensamientos, el reemplazo de pensamientos preocupantes por positivos o neutrales, y la evitación de situaciones que puedan activar preocupaciones (por ejemplo, no mirar noticieros). Estas estrategias tienen un éxito limitado, alivian temporalmente la ansiedad, pero la mantienen a largo plazo. Se ha señalado que las estrategias de supresión tienen un efecto paradójico, aumentando la frecuencia de aquellos pensamientos indeseados (Wegner y Zanakos, 1994). No obstante, una revisión de la literatura posterior de Najmi y Wegner (2009) señala que en el caso del TAG, estos individuos pueden estar muy motivados para suprimir pensamientos o imágenes aversivas, y hacerlo exitosamente, con lo cual las consecuencias de la supresión para este grupo aún no son del todo claras.

Con respecto a estas estrategias, Dugas y Robichaud (2007) señalan que las mismas contribuyen al desarrollo y mantenimiento del TAG a través de una serie de vías, de las cuales resaltan dos. La primera tiene que ver con la necesidad de aplacar la activación emocional displacentera tratando de remover el pensamiento preocupante. La segunda implica la utilización de estrategias activas de evitación que pueden conducir a la consolidación de creencias negativas sobre la ansiedad, lo que impediría la experiencia de que pueden lidiar con la ansiedad.

El modelo en acción

En la ya citada figura 2 puede verse una representación del modelo explicativo de Dugas. El papel central está dado a la II, que opera como el telón de fondo de todo el proceso de preocupación excesiva y ansiedad. De acuerdo con este modelo, si el individuo no fuera intolerante a la incertidumbre, las situaciones no servirían de disparadores para el proceso de preocupación. Cuando este rasgo está presente, como en el TAG, el resultado es exacerbar la generación de imágenes y preguntas "y si...", incluso en la ausencia de un estímulo disparador inmediato. Esto lleva al individuo a preocuparse excesivamente, no obstante, como puede verse en la figura, la preocupación también tiene un punto de apoyo en las creencias positivas acerca de la preocupación (por ejemplo, "preocupándome evito que las cosas salgan mal", "preocuparme me ayuda a resolver los problemas). Obviamente, estas creencias son mantenidas por la no-ocurrencia de lo temido, lo que refuerza la idea de que preocuparse es útil. El resultado más saliente de este proceso de preocupación es la ansiedad prolongada y persistente que reportan los pacientes. No obstante, el modelo también subraya dos factores contribuyentes a la ansiedad y la preocupación: la orientación negativa hacia los problemas y la evitación cognitiva.

Instrumentos de evaluación del TAG propios de los modelos o abordajes

Cuestionarios de autorreporte

Los cuestionarios de autorreporte son una modalidad de evaluación muy útil, ya que son muy informativos y prácticos a la vez. Son de fácil administración y brindan información de utilidad para el tratamiento. A continuación se selecciona los principales cuestionarios de autorreporte para la evaluación de constructos relacionados al TAG de acuerdo a los modelos ya expuestos.

La evaluación tiene cuatro objetivos principales: (1) establecer un diagnóstico adecuado, (2) obtener información acerca de la severidad, historia y evolución de un trastorno, (3) obtener información para formular adecuadamente el caso, y (4) evaluar el progreso del tratamiento en relación con las variables mensuradas (Wells, 2009).

Los dos grupos de trabajo, tanto el canadiense como el inglés, han generado sus propios instrumentos de evaluación, como una forma de operacionalizar aquellos constructos que cada modelo teórico ha privilegiado a la hora de abordar el TAG.

Escala de intolerancia a la incertidumbre. La escala de intolerancia a la incertidumbre (Freeston et al., 1994; Buhr y Dugas, 2002) consiste de veintisiete ítems relacionados con la idea de que la incertidumbre es inaceptable, es un problema para la persona, y conduce a la frustración, al estrés y a la incapacidad para tomar acciones. Los ítems se clasifican en una escala Likert de cinco puntos desde "nada característico de mí" hasta "totalmente característico de mí". Los ítems de la escala incluyen, por ejemplo, afirmaciones tales como "Es injusto no tener garantía en la vida" y "Cuando es tiempo de actuar, la incertidumbre me paraliza". Como la versión original francesa, la traducción inglesa de la escala muestra excelentes niveles de consistencia interna ($\alpha= 0.94$), buena fiabilidad test-retest a un periodo de cinco semanas ($r = 0.74$) y adecuada validez convergente y discriminante cuando se evalúa con escalas de preocupación, depresión y ansiedad.

La escala de intolerancia a la incertidumbre ha superado en su especificidad a otros constructos relacionados con la ansiedad, tales como el perfeccionismo y la necesidad de control. En síntesis, la principal ventaja de la escala reside en su sensibilidad y especificidad para la preocupación excesiva, así como para evaluar la presencia y la gravedad del TAG (Dugas y Robichaud, 2007).

Una de las mayores críticas que recibió la versión original de la escala de intolerancia a la incertidumbre en su versión de veintisiete ítems, es que hay poco consenso acerca de su estructura factorial. Algunos investigadores han reportado soluciones de cuatro (Buhr y Dugas, 2002) y de cinco factores (Freeston et al., 1994). Por este motivo, Carleton, Norton y Asmundson (2007) desarrollaron una versión breve de la escala, a partir de la versión inglesa: la Escala de Intolerancia a la Incertidumbre de doce ítems. Este instrumento cuenta con dos factores: (1) ansiedad prospectiva, que evalúa el deseo del individuo por la predictibilidad, la búsqueda activa de información y la necesidad de saber qué depara el futuro; y (2) ansiedad inhibitoria, que refleja las respuestas de evitación frente a la incertidumbre, tales como la reticencia a involucrarse con situaciones de incertidumbre y su consecuente parálisis. Recientemente se han revisado sus propiedades psicométricas hallando evidencia de que este modelo bifactorial es el que mejor se ajusta a los datos, y brindando además evidencia de un factor general robusto detrás de todos los ítems (Hale et al., 2016).

De amplio uso, la Escala de Intolerancia a la Incertidumbre en su versión de veintisiete ítems ha sido traducida y adaptada en nuestro medio al español, demostrando adecuadas propiedades psicométricas en su versión local (Rodriguez de Behrends y Brenlla, 2015).

"¿Por qué preocuparse II?" es el único cuestionario enteramente dedicado a la evaluación de creencias acerca de la utilidad de preocuparse (creencias positivas sobre la preocupación). El instrumento está compuesto por veinticinco ítems revisados de la versión inglesa del cuestionario "Why Worry", diseñado para evaluar creencias positivas acerca de la función de preocuparse (Gosselin et al., 2003; Holowka et al., 2000). Los ítems se clasifican en una escala Likert de cinco puntos, de "no del todo verdadero" a "absolutamente verdadero". Su diseño incorpora cinco subescalas que reflejan diferentes dimensiones de creencias acerca de la preocupación. Estas cinco subescalas incluyen creencias de que: 1) preocuparse ayuda en la resolución de problemas (ejemplo, "El hecho de preocuparme me ayuda a planear mis acciones para resolver un problema"); 2) preocuparse ayuda a estar motivado (ejemplo, "El hecho de preocuparme me motiva a realizar cosas que debo hacer"); 3) preocuparse protege al individuo de emociones difíciles en caso de un resultado negativo (ejemplo, "Si me preocupo, voy a estar menos triste cuando ocurra un evento negativo); 4) el acto en sí de preocuparse previene resultados negativos (ejemplo, "Mis preocupaciones pueden por sí solas, reducir el riesgo de peligro"); y 5) la preocupación es un rasgo de personalidad positiva (ejemplo, "El hecho de preocuparme demuestra que soy una buena persona"). La versión inglesa de "¿Por qué preocuparse II?" ha mostrado una adecuada consistencia interna ($\alpha = 0.93$), alta confiabilidad test-retest a seis semanas ($r = 0.80$), y una buena validez convergente y discriminante con otras escalas de creencias positivas y negativas acerca de la preocupación.

En 2014, se revisaron sus propiedades psicométricas, incluyendo su estructura factorial. En conjunto, los resultados indicaron que el modelo de cinco factores se ajusta adecuadamente a los datos, y que el instrumento presenta una excelente consistencia interna, confiabilidad test-retest y evidencias de validez convergente y discriminante (Herbert et al., 2014). La principal desventaja de este instrumento es que el formato de autorreporte puede no ser la manera más óptima para identificar las creencias positivas. Se encontraron muchos pacientes que no son totalmente conscientes de sus creencias acerca de la preocupación, y aquellos que sí lo son no desean tener estas creencias ya que representan una forma secundaria de estar padeciendo TAG.

Este cuestionario ha sido traducido al español por Gonzalez et al. (2006).

Cuestionario de orientación negativa a los problemas. El cuestionario de orientación negativa a los problemas está compuesto por doce ítems que evalúan el conjunto cognitivo disfuncional de la orientación negativa a los problemas (Gosselin et al., 2001; Robichaud y Dugas, 2005). Los participantes valoran cada ítem en una escala Likert de cinco puntos desde "no del todo verdadero" hasta "totalmente verdadero", en función de cómo reaccionan o piensan al enfrentarse a un problema. Algunos ejemplos incluyen afirmaciones como "Percibo los problemas como una amenaza para mi bienestar" y "A menudo veo mis problemas más grandes de lo que realmente son". Este cuestionario tiene una estructura interna unifactorial, con adecuada consistencia interna (α= 0.92), alta confiabilidad test-retest a cinco semanas (r= 0.80) y buena validez convergente y divergente. Una de las grandes ventajas del cuestionario es que es breve y de fácil administración. Su principal desventaja, sin embargo, es que los datos de validación utilizando muestras clínicas no han sido aún recolectados. No obstante, el instrumento puede ser usado clínicamente para mostrarle al paciente la evolución de su tratamiento.

Cuestionario de evitación cognitiva. Compuesto por veinticinco ítems que evalúan la tendencia a utilizar cinco tipos de estrategias de evitación cognitiva (Gosselin et al., 2002; Sexton y Dugas, 2004). Estas son: 1) supresión de pensamientos (ejemplo, "Hay cosas en las que trato de no pensar"), 2) sustitución de pensamientos (ejemplo, "Pienso acerca de detalles triviales para no pensar en temas que realmente me preocupan"), 3) usar la distracción como una manera de interrumpir mis preocupaciones (ejemplo, "A menudo realizo cosas que me distraigan de mis pensamientos"), 4) evitación de acciones/situaciones que conduzcan a preocuparme (ejemplo, "Evito acciones que me recuerdan cosas en las que no quiero pensar"), y 5) transformación de imágenes en pensamientos (ejemplo, "Cuando tengo imágenes mentales que son tristes, me digo cosas a mí mismo para reemplazar esas imágenes"). Los ítems se clasifican en una escala Likert de cinco puntos desde "nada característico de mí" hasta "totalmente característico de mí". El cuestionario tiene una excelente consistencia interna (α= 0.95), alta confiabilidad test re-test de a cuatro a seis semanas (r= 0.85), y muestra buena validez convergente y discriminante cuando se utiliza con escalas de preocupaciones, supresión de pensamientos y estilos de afrontamiento.

Su principal ventaja es que cubre una amplia gama de estrategias de evitación cognitiva. Sin embargo, al igual que el cuestionario de orientación negativa a los problemas, sus propiedades psicométricas aún no se han explorado adecuadamente en muestras clínicas de individuos con TAG o trastornos del ánimo.

Sexton y Dugas (2004) examinaron el papel de las creencias negativas acerca de la preocupación, incluyendo la idea de que la preocupación es incontrolable y por tanto peligrosa, y que impide el desempeño, exagera los problemas y causa malestar emocional. Estos autores hallaron que las creencias negativas acerca de preocuparse predecían la utilización de las cinco estrategias de evitación cognitiva, tal como son mensuradas en el cuestionario de evitación cognitiva.

Por su parte, Wells (2009) promueve el uso de cuatro cuestionarios: el primero y más característico de su modelo, el Cuestionario de metacogniciones (MCQ), el Cuestionario de control del pensamiento (TCQ), el Inventario de pensamientos ansiosos (ATI), el Cuestionario de metapreocupación y el Instrumento de pensamiento fusión. Describimos a continuación aquellos que más utilidad clínica poseen.

Cuestionario de metacogniciones. El instrumento original de autorreporte está compuesto por 65 ítems (MCQ-65; Cartwright-Hatton y Wells, 1997). Debido a la extensión y tiempo que requería, se desarrolló posteriormente una versión abreviada de treinta ítems (MCQ-30; Wells y Cartwright-Hatton, 2004) con similares propiedades psicométricas, utilizando una escala Likert de cuatro puntos desde "en desacuerdo" hasta "totalmente de acuerdo".

El cuestionario evalúa cinco subescalas: 1) creencias positivas acerca de la preocupación (ejemplo, "La preocupación me ayuda a afrontar"); 2) creencias negativas acerca de la preocupación (ejemplo, "Cuando comienzo a preocuparme no puedo parar"); 3) baja confianza cognitiva (ejemplo, "Tengo poca memoria"); 4) necesidad de controlar los pensamientos (ejemplo, "No ser capaz de controlar mis pensamientos es un signo de debilidad"); y 5) autoconciencia cognitiva (ejemplo, "Presto atención a la manera en que mi mente trabaja").

Las propiedades psicométricas de la versión de treinta ítems del cuestionario conservan la estructura factorial del cuestionario de 65 ítems. El coeficiente alfa de Cronbach para las subescalas individuales oscila desde

0.72 hasta 0.93. Las correlaciones test-retest fueron adecuadas para cada una de las dimensiones (Wells y Cartwright-Hatton, 2004).

La principal ventaja del MCQ-30 es su brevedad y la facilidad para ser administrado. Su versión original ha sido ampliamente utilizada en investigación para examinar fenómenos metacognitivos en la preocupación, los síntomas obsesivo-compulsivos y psicóticos.

De amplio uso, este instrumento ha sido traducido y adaptado a varios idiomas, incluyendo el español (Ramos-Cejudo, Salguero y Cano-Vindel, 2013).

El Cuestionario de control del pensamiento. Fue desarrollado para medir las diferencias individuales en el uso de estrategias para controlar pensamientos intrusivos e indeseados. Los autores entienden a la supresión de pensamiento como un objetivo que puede ser alcanzado mediante diferentes estrategias, muchas de ellas contraproducentes, de acuerdo con la teoría metacognitiva. Las cinco subescalas son: (1) distracción (por ejemplo, "hago algo que disfruto"), (2) control social (por ejemplo, "Le pregunto a mis amigos si tienen pensamientos similares"), (3) preocupación (por ejemplo, "Me focalizo en diferentes pensamientos negativos), (4) castigo (por ejemplo, "Me castigo por pensar una idea"), (5) reevaluación cognitiva (por ejemplo, "Trato de reinterpretar el pensamiento").

En una revisión del instrumento con una muestra clínica, Ree (2010) halló adecuadas propiedades psicométricas del instrumento, apoyando la noción de que el uso de ciertas estrategias de control del pensamiento puede contribuir al mantenimiento del trastorno, mientras que otras pueden favorecer los resultados terapéuticos.

Inventario de pensamientos ansiosos. Diseñado como un instrumento multidimensional, enfocado en capturar el contenido de las preocupaciones y la distinción entre la preocupación de tipo 1, con contenidos generales, y las preocupaciones de tipo 2, referidas a la preocupación por la preocupación y sus consecuencias. El inventario de veintidós ítems contiene tres subescalas: (1) contenidos vinculados al área social, (2) contenidos vinculados a la salud, y (3) metapreocupaciones.

El inventario cuenta con propiedades psicométricas adecuadas y tiene la habilidad de discriminar entre grupos diagnósticos (Wells y Carter, 2001).

En conjunto, todos estos instrumentos capturan dimensiones del trastorno que pueden ser relevantes en la arquitectura del problema de las personas que nos consultan y pueden aportar información relevante para el tratamiento y su evolución. En síntesis, los instrumentos nos permiten evaluar contenidos de las preocupaciones, qué tipo de situaciones los disparan, en qué secuencia aparecen, qué consecuencias tienen a nivel emocional, qué tipo de estrategias (conductuales y cognitivas) utilizan para lidiar con la ansiedad y cuáles son las motivaciones que tienen para continuar preocupándose los pacientes.

Eficacia y efectividad de los modelos de tratamiento

Efectos de la terapia metacognitiva

En primer lugar, diferentes estudios han examinado empíricamente la eficacia de la terapia metacognitiva (MCT), al respecto se han evaluado los efectos de esta modalidad de tratamiento en todo un espectro de desórdenes que incluyen al TAG, el trastorno de ansiedad social, el trastorno de estrés postraumático, el TOC, el trastorno depresivo mayor y psicosis (Schneider et al., 2016).

En el metaanálisis más exhaustivo a la fecha, Normann, van Emmerik y Morina (2014) hallaron a la MCT altamente efectiva para los trastornos de ansiedad y la depresión. Se hallaron tamaños de efecto grandes para los dieciséis estudios randomizados que fueron evaluados (involucrando una muestra total de 384 pacientes). Estos resultados terapéuticos fueron superiores comparados con el grupo control (lista de espera). La MCT también demostró tener efectos significativamente superiores a la TCC tradicional, si bien los investigadores advierten que se deben interpretar estos resultados con cautela, ya que los análisis sólo involucran algunos pocos estudios con muestras reducidas. Adicionalmente, la MCT parece mostrar buena tolerabilidad y aceptación por parte de los pacientes. Las tasas de atrición en los estudios de este metaanálisis oscilaron entre un 0 y un 28,5%. Los investigadores hipotetizan que las estrategias propias del modelo en general son bien aceptadas y manejables para pacientes con ansiedad y depresión, y creen que esto se debe posiblemente al hecho de que la MCT no se fundamenta en la exposición, en contraste con lo que ocurre con la TCC clásica. En resumen, el metaanálisis demuestra que la MCT alivia efectivamente los síntomas de ansiedad y depresión.

Específicamente en relación con el TAG, hemos elegido para comentar los resultados de dos estudios, uno grupal y otro individual. Wells y equipo (2010) publicaron un estudio clínico randomizado de la MCT aplicada al TAG, en comparación con la relajación aplicada, con una muestra pequeña de veinte pacientes. Los resultados demostraron una superioridad significativa de la MCT en los logros terapéuticos, en contraste con la relajación aplicada. Algo que replica hallazgos previos en la aplicación de este modelo al TAG (Wells y King, 2006). Vale mencionar que en el grupo de MCT la tasa de atrición fue del 0%.

Con respecto a la aplicación de este modelo en un formato grupal, van der Heiden, Melchior y Sigter (2013) publicaron un estudio piloto con una muestra de treinta y tres pacientes. En contraste con los resultados de tratamientos individuales, se hallaron tasas de recuperación del 47%, con una tasa de abandono del 27%. De los pacientes que completaron el tratamiento, la MCT demostró ser efectiva. El contraste obtenido comparado con la terapia individual fue, según los autores, atribuido al formato grupal mismo y al tamaño de conformación de los grupos.

En conclusión, se puede decir que si bien el valor terapéutico de la MCT es un hecho, es aún temprano para determinar el nivel de efectividad de esta modalidad para el TAG, siendo necesario a futuro estudios que tengan en cuenta muestras más grandes de pacientes y terapeutas que la aplican.

Efectos de la TCC basada en el modelo de intolerancia a la incertidumbre

Con respecto a la TCC basada en el modelo de intolerancia a la incertidumbre de Michel Dugas, se ha publicado un número de estudios clínicos randomizados.

El tratamiento ha sido evaluado tanto en formato individual como grupal, exhibiendo significativas reducciones en los síntomas del TAG al finalizar el tratamiento y en los seguimientos (Robichaud, 2013).

En el formato individual, se han hallado tasas de remisión del 70%, cambios terapéuticos que se mantienen en el tiempo e incluso mejoran al año (Ladouceur et al., 2000). En formato grupal, los resultados terapéuticos alcanzan un 60% de remisión. Al igual que el estudio anterior, los pacientes mostraron un mantenimiento y mejorías en los seguimientos a un año, algo distintivo en la investigación acumulada sobre este modelo (Dugas et al., 2003).

Un estudio más reciente publicado por Dugas y colegas (2010) halló que la TCC basada en el modelo de la intolerancia a la incertidumbre fue significativamente superior a la relajación aplicada y el grupo control (lista de espera). Los autores también notaron el progreso en los indicadores de mejoría terapéutica durante los seguimientos, algo que atribuyen al proceso gradual de cambio que hace el paciente en su mayor tolerancia a la incertidumbre.

El equipo de van der Heiden (2013) publicó un estudio randomizado comparando la MCT y la TCC basada en la intolerancia a la incerticumbre, junto con un grupo control (lista de espera). Los resultados del estudio indicaron que tanto la MCT como la TCC basada en la intolerancia a la incertidumbre son tratamientos efectivos para el TAG. Ambos tratamientos produjeron significativos cambios terapéuticos al finalizar el tratamiento y en los seguimientos. No obstante, los autores señalaron una ligera superioridad en casi todos los indicadores de mejoría terapéutica para el caso de la MCT.

Tratamientos derivados de los modelos para el TAG

Lineamientos generales

Los tratamientos basados en el modelo de Dugas y Robichaud (2007) y de Wells (2009) están centrados en disminuir la preocupación patológica, y no establecen intervenciones para los síntomas físicos propios del TAG (por ejemplo, la relajación aplicada para los síntomas tensionales). De esta manera, los dos modelos apuestan a que las intervenciones sobre la preocupación van a reducir los síntomas somáticos asociados.

Otra diferencia importante entre las intervenciones del modelo de Dugas y los protocolos tradicionales de la TCC es el blanco de tratamiento. Las intervenciones cognitivas clásicas abordan el contenido problemático de las preocupaciones alentando a los pacientes a reevaluar la probabilidad y gravedad de los escenarios temidos. En cambio, el modelo de Dugas no se centra en los síntomas problemáticos del TAG sino en los mecanismos subyacentes a su presentación. Dada la dinámica siempre cambiante de los temas de preocupación, así como la cronicidad del TAG, Dugas y equipo dan forma a un paquete de tratamiento que persigue a un objetivo "siempre en movimiento".

Algo similar ocurre con el tratamiento metacognitivo de Wells. En la TCC tradicional, el trabajo se enfoca en rebatir o reestructurar creencias como "el mundo es peligroso". Desde la perspectiva de Wells estas cogniciones pueden ser vistas como productos de metacogniciones que dan lugar a patrones de atención y pensamiento que fijan estas ideas en la mente del individuo de manera crónica y persistente. En consecuencia, en lugar de tratar de modificar las cogniciones comunes, las intervenciones están dirigidas a modificar estos procesos metacognitivos ya que son en realidad aquello que mantiene el trastorno (Wells, 2009).

Los dos modelos coinciden en la orientación general del tratamiento. El paciente debe comprender qué es lo que se espera de él, y los objetivos del tratamiento. En el caso del modelo de Dugas los componentes del tratamiento van a estar puestos al servicio de desarrollar la habilidad para tolerar la incertidumbre. En efecto, si el individuo logra tolerar, afrontar e incluso aceptar la incertidumbre, esto desvitaliza la incontrolabilidad y excesividad de la preocupación típica del TAG. En el caso del modelo de Wells, la orientación general del tratamiento está puesta en examinar modos más efectivos de responder a los pensamientos que disparan la preocupación, de manera tal de poder descubrir que la preocupación no es incontrolable. Así, en este abordaje, en un comienzo se trabaja con las metacreencias negativas y posteriormente con las metacreencias positivas, buscando nuevas maneras para responder a los pensamientos negativos.

La estructura del tratamiento está pensada en forma de módulos en el caso de Dugas, poniendo más énfasis en determinado módulo de acuerdo con el perfil del paciente. En el caso de Wells, su modelo plantea una secuencia de pasos en la reestructuración metacognitiva. En la Tabla 2 se presenta una síntesis y comparación de la estructura de los dos modelos.

Intervenciones

Psicoeducación. Al igual que en todos los tratamientos cognitivo-conductuales, la primera etapa consiste en una psicoeducación del paciente. Con matices diferentes, los dos autores abordan el proceso psicoeducativo introduciendo los conceptos centrales de sus respectivos modelos. Los componentes psicoeducativos en estos tratamientos están a lo largo de todas las sesiones, pero es al comienzo donde más énfasis hay que poner en la comprensión del paciente bajo la óptica del modelo explicativo que se eligió.

En el modelo de Wells, el inicio del tratamiento consiste en introducir rápidamente al paciente al modelo metacognitivo a través de la revisión de un episodio de preocupación reciente. Con esta información, el terapeuta debe generar una versión idiosincrática o personalizada de este modelo, de este modo el paciente va tomando nota de los disparadores de su preocupación (el primer pensamiento de tipo "Y si...") y de la incontrolabilidad de sus preocupaciones y su impacto.

Tabla 2. Síntesis y comparación de la estructura de los tratamientos basados en los desarrollos de Wells y Dugas.

WELLS (2009)	DUGAS y ROBICHAUD (2007)
1. Conceptualización del caso.	1. Psicoeducación y entrenamiento en toma de consciencia de la preocupación.
2. Socialización del modelo.	2. Reconocimiento de la incertidumbre y exposición conductual.
3. Inducción al modo metacognitivo.	3. Reevaluación de la utilidad de preocuparse.
4. Desafiando las metacreencias negativas acerca de la incontrolabilidad de la preocupación.	4. Entrenamiento en resolución de problemas.
5. Desafiando las metacreencias acerca de los peligros de preocuparse.	5. Exposición imaginaria.
6. Desafiando las metacreencias positivas acerca de la preocupación.	6. Prevención de recaídas.
7. Reforzar nuevos planes para el procesamiento de la preocupación.	
8. Prevención de recaídas.	
Duración: 5-10 sesiones.	**Duración**: 12-16 sesiones.

En ambos casos, la duración del tratamiento depende del nivel de entrenamiento del terapeuta y el grado de dificultad del caso.

Socialización del modelo. El siguiente paso en el modelo de Wells comienza explicando al paciente la Figura 1 en su caso particular, describiendo los componentes y el modo en que el sujeto afronta la preocupación resultando en un incremento de su ansiedad. Wells sugiere la utilización de preguntas para que el paciente comprenda cómo las metacreencias contribuyen al problema (¿si de repente descubrieses que la preocupación no puede dañar ni tu cuerpo ni tu mente, continuaría la preocupación siendo un problema para vos?). A su vez, el terapeuta debe subrayar la *disonancia* entre sus metacreencias positivas y negativas ("por un lado parece que la preocupación te ayuda, pero al mismo tiempo me decís que es incontrolable y te debilita"), marcándole al paciente que dentro de este dilema es imposible salir ganando. Durante todo el proceso el terapeuta psicoeduca acerca de ciertos mecanismos inefectivos para manejar la preocupación, tales como la supresión de pensamiento.

En el modelo de Dugas, la psicoeducación consiste en los lineamientos tradicionales de la TCC, poniendo énfasis en la relación entre pensamientos, emociones y conductas; provee una explicación de su problema, información sobre el TAG, y el concepto del "Y si..." como disparador de las preocupaciones y cómo se define una preocupación. En este punto, se clasifica a la preocupación en dos categorías: (1) preocupaciones acerca de problemas actuales; (2) preocupaciones acerca de situaciones hipotéticas. Esto se enmarca en el entrenamiento en la toma de conciencia del acto de preocuparse. Para ello, se introduce el concepto de los autoinformes. El objetivo es que el paciente pueda empezar a diferenciar a qué atender y a qué no, esto va a ayudarlo a desarrollar una mayor tolerancia a la incertidumbre.

Modificación de las metacreencias negativas acerca de la preocupación. Desde la perspectiva de Wells, el blanco de tratamiento fundamental son las metacreencias negativas que mantienen la preocupación. Al modo de un *diálogo socrático*, el terapeuta examina junto con el paciente la evidencia y credibilidad de sus metacreencias. En el caso de las metacreencias de incontrolabilidad, el terapeuta pregunta por ejemplo "¿cuán incontrolable te parece la preocupación?", "si la preocupación de verdad fuera incontrolable ¿cómo es que a veces se detiene?". Adicionalmente, Wells sugiere la utilización de estrategias de *mindfulness* (por ej., "quiero que traigas a tu mente el último disparador de preocupación y lo trates sólo como un evento mental pasajero, no reacciones frente a él, no hagas nada") y de *posposición de la preocupación* (seleccionar un momento específico del día para preocuparse). Estas distintas estrategias buscan debilitar la creencia de que la preocupación es incontrolable. Con respecto a las metacreencias de peligro acerca de la preocupación, Wells sugiere utilizar métodos verbales de *reestructuración*, por ejemplo, cuestionar la evidencia, brindar nueva información y subrayar la disonancia.

Reconocimiento de la II y exposición conductual. Desde la perspectiva de Dugas, el blanco de tratamiento fundamental es la intolerancia a la incertidumbre. En esta etapa se ayuda a los pacientes a que comprendan la relación entre la intolerancia a la incertidumbre y su tendencia a preocuparse excesivamente. Se explica que la preocupación puede ser considerada como un intento de solución mental para abordar todas las eventualidades posibles de una situación futura, en la ilusión de que puede garantizarse un resultado. A continuación el paciente es confrontado con la idea de que la certidumbre absoluta es imposible de alcanzar. El terapeuta debe subrayar la inutilidad de persistir en esta búsqueda de certidumbre como un objetivo. Junto con el paciente, se empiezan a identificar sus manifestaciones particulares de esta intolerancia a la incertidumbre, que se vale de dos vías: estrategias de aproximación (por ejemplo, buscar mucha información para tratar de tomar una decisión, algo que finalmente no logra por excederse en la cantidad de información que puede procesar) y estrategias de evitación (por ejemplo, rechazar la novedad *per se*). El último paso consiste en una serie de ejercicios conductuales de exposición, para que el individuo pueda gradualmente tolerar mayor incertidumbre (por ejemplo, de manera gradual se le pide al paciente que vaya disminuyendo determinados chequeos y otras búsquedas de reaseguro, para así confirmar que lo temido no sucede).

Modificación de las creencias positivas acerca de la preocupación. Ambos modelos comparten la necesidad de cuestionar la utilidad de las creencias positivas acerca de la preocupación (en el modelo de Wells se denominan "metacreencias"). El primer paso es identificar estas creencias que motivan al sujeto a sostener el proceso de la preocupación. A través de estrategias cognitivas estándar se desafían creencias como "la preocupación me ayuda a resolver problemas", "la preocupación me permite estar preparado frente a eventualidades", "la preocupación es una forma de cariño hacia los otros", etc. Cabe destacar que para Wells las metacreencias positivas se trabajan luego de las metacreencias negativas.

Entrenamiento en resolución de problemas. Específicamente Dugas sugiere utilizar la técnica de resolución de problemas, en particular para los problemas actuales. La técnica requiere de un paso muy importante para el tratamiento de la preocupación que es la definición del problema. Junto a este primer paso, es preciso definir el objetivo de resolución. En el segundo paso, el individuo debe generar soluciones alternativas. En el tercer paso, se debe elegir una solución a implementar. Y por último, ponerla en práctica evaluando los resultados. Una de las ventajas principales de la utilización de la técnica es que promueve el pasaje a la acción y disminuye la orientación negativa hacia los problemas, típica en estos pacientes.

Exposición imaginaria. Dugas también establece como blanco de tratamiento la evitación cognitiva, en base a la división de preocupaciones reales e hipotéticas. El autor sugiere que las preocupaciones hipotéticas (que por definición no pueden ser tratadas con la técnica de resolución de problemas, ya que son escenarios que no sucedieron y quizás nunca ocurran) sean abordadas con la exposición imaginaria. Esta técnica involucra exponer al paciente a aquellas imágenes mentales temidas (por ejemplo, recibir un diagnóstico de una enfermedad terminal, quedarse sin trabajo, que a la familia le ocurra un accidente), siguiendo los principios de habituación, es decir, mediante la exposición prolongada y repetida, la imagen pierde su carga afectiva y deja de motivar al paciente a preocuparse. Este tipo de intervención puede ser difícil de llevar adelante ya que involucra tocar temáticas sensibles para el paciente, imágenes o ideas que lleva años intentando evitar de manera explícita o implícita. Por este motivo, es importante que el terapeuta se tome el trabajo de explicar los fundamentos de la técnica, antes de solicitarle al paciente que haga alguna exposición, es decir, el paciente debe comprender la inutilidad de seguir evitando cognitivamente ciertas imágenes y pensamientos ya que sólo mantienen el miedo y estimulan la preocupación. En su implementación, paciente y terapeuta construyen un "guión", una descripción detallada de la escena temida (por escrito), para que luego el paciente gradualmente se exponga a este estímulo y pueda "digerir" el temor. Una alternativa es grabar al paciente diciendo en primera persona la escena temida, en tiempo presente como si estuviera sucediendo, y después escucharlo repetidas veces, monitoreando sus niveles de ansiedad, y favoreciendo el procesamiento emocional exitoso. Durante la técnica, el paciente debe ir tomando nota de sus niveles de ansiedad previos y posteriores con alguna escala subjetiva de malestar.

El modelo de Wells también alienta a los pacientes a llevar adelante experimentos para aumentar la preocupación. Ya en 1997, Wells proponía establecer períodos de preocupación donde trataba de recrear la sensación de pérdida de control, paradójicamente, en esta búsqueda de llevar la preocupación al límite el paciente descubre que sus temores originales no se cumplen. Otro modo de llevar a cabo estos experimentos incluye llevar los escenarios temidos hacia las últimas consecuencias. El objetivo es desconfirmar las metacreencias negativas de que la preocupación puede volver loco al paciente o descontrolarlo.

Nuevos planes de procesamiento metacognitivo. Las intervenciones estrictamente metacognitivas del modelo de Wells terminan con lo que él denomina "Nuevos planes de procesamiento". Una vez reestructuradas las metacreencias positivas y negativas propias del TAG, es fundamental que el terapeuta refuerce estos nuevos planes de procesamiento, es decir, que el paciente dé continuidad a esta nueva forma de responder a los pensamientos negativos que antes, en virtud de las metacreencias, eran el inicio de un proceso perseverativo y desadaptativo de preocupación. Estos planes deben ser formulados a la manera de nuevas reglas de pensamiento o nuevas formas de "usar la mente". Wells subraya que el terapeuta debe estar atento a reforzar estos nuevos planes de procesamiento, ya que como las preocupaciones son siempre cambiantes esto puede distraer al paciente a volver a sus "viejos hábitos".

Para ello es útil que el paciente haga un cuadro contrastando sus diferentes estilos de pensamiento (Ver ejemplos en Tabla 3).

Tabla 3. Ejemplo de cuadro de contraste de diferentes estilos de pensamiento

VIEJO PLAN	NUEVO PLAN
"Si tengo un pensamiento negativo, entonces voy a preocuparme para cubrir todas las posibilidades y que nada me tome por sorpresa".	"Si tengo un pensamiento negativo lo mejor es dejarlo ahí, esperar y ver qué sucede".
"Si estoy muy preocupado voy a preguntarle a un ser querido para que me tranquilice".	"Si me empiezo a preocupar no voy a buscar reaseguro en otros".
"Si estoy muy preocupado, voy a enfocarme en buscar evidencia que contradiga mis preocupaciones".	"Voy a tratar de hacer cosas más novedosas, romper con la rutina, sin pensarlo demasiado".

El cambio metacognitivo se logra a través de una combinación de estrategias verbales y conductuales específicas que apuntan a debilitar las creencias metacognitivas existentes y a construir creencias alternativas acerca de que la preocupación es un proceso controlable, benigno y no es necesario para el afrontamiento (Wells, 2006).

Prevención de recaídas. En ambos modelos la prevención de recaídas tiene una doble finalidad, por un lado, asegurar al terapeuta sobre el final del tratamiento si en efecto los blancos de tratamientos fueron modificados, dejando así sin puntos de apoyo al trastorno, y por otra parte reforzar en el paciente las habilidades, nuevos puntos de vista y estrategias que aprendió durante el tratamiento y que pueden garantizar el mantenimiento de los logros.

En el caso de las metacreencias, Wells (2009) recomienda que el terapeuta chequee que el nivel de credibilidad esté lo más cercano al cero, y que la evitación y otros reaseguros dependientes de la preocupación hayan sido eliminados. Por su parte, Dugas subraya la consolidación de las habilidades adquiridas, se sugiere un repaso de las intervenciones principales y se alienta al paciente a la práctica continua de lo aprendido en sesión. Tal como dijimos al principio, la psicoeducación también tiene en esta etapa un rol importante, se advierte al paciente que los cambios en el estado de ánimo o las situaciones estresantes de la vida cotidiana (por ejemplo, exámenes), pueden provocar la reaparición de ansiedad y preocupaciones que no necesariamente implican una recaída.

Ilustración de la implementación de los modelos en el caso "Darío"

Entendemos que, en la práctica, la idea es aprovechar todos los recursos disponibles de los dos modelos vistos hasta acá, buscando seleccionar los ejercicios que mejor se aplican a la problemática presentada por el paciente, o asegurar una mejor adherencia.

En el caso de Darío, uno de los problemas a tener en cuenta reside en que llega a la consulta derivado por un médico. Por este motivo, la psicoeducación en el inicio del tratamiento debe orientarse a relacionar los síntomas físicos con el proceso de la preocupación. Durante esta etapa, sería adecuado explicarle a Darío que si bien él cumple con los criterios clínicos para el Trastorno de Ansiedad Generalizada, se encuentra en un estadio inicial. Al tratarse de un paciente joven, el nivel de interferencia de la preocupación en su vida recién se está manifestando, pero con el tiempo, de no tratarse, corre el riesgo de aumentar la severidad del trastorno y experimentar la preocupación como cada vez más incapacitante.

El abordaje del caso se lleva a cabo ajustado a las características individuales de este paciente.

Consideramos conveniente empezar la socialización del modelo con el marco explicativo que brinda Wells (ver Figura 3 para una ejemplificación del modelo aplicado al caso).

Figura 3. Ejemplo de conceptualización del caso "Darío" desde la perspectiva metacognitiva

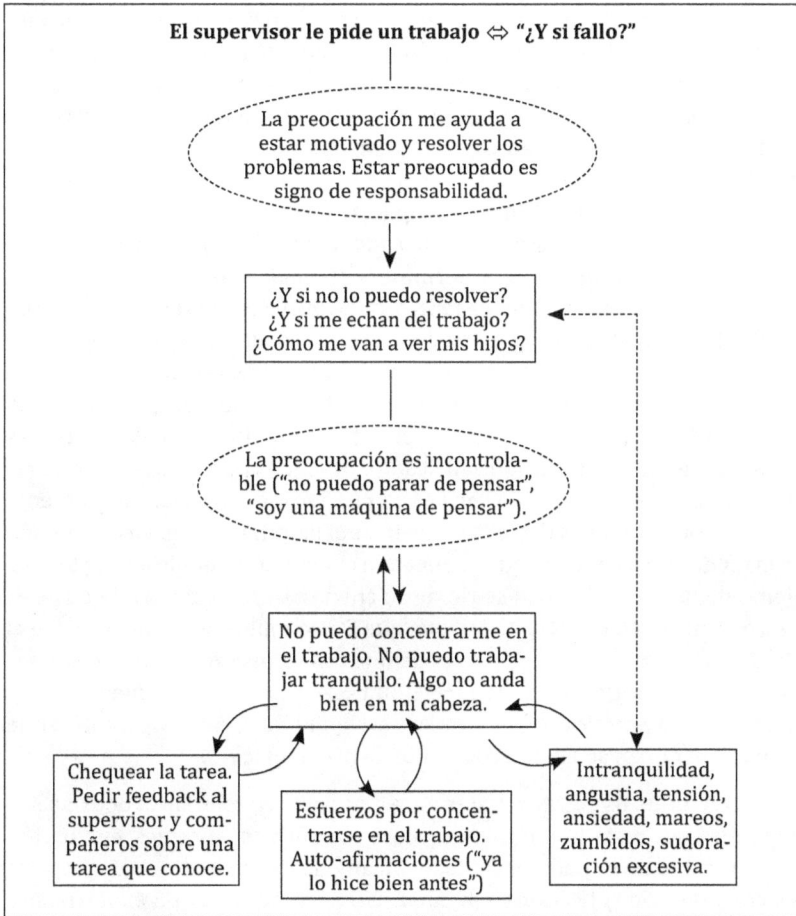

El paciente reconoce que puede haber algún vínculo entre sus síntomas, su intranquilidad y la preocupación: "yo estoy todo el tiempo preocupado"; esto se observa en la frase "yo creo que estar tranquilo debe ser no pensar". Además relaciona sus pensamientos catastróficos con el proceso del miedo. En este caso, las **preocupaciones de tipo 1** (temor a ser un mal padre, que no le alcance el dinero, quedar como un tonto) son el resultado del proceso que él llama "la máquina de pensar". Este funcionamiento que "no puede parar" termina dando lugar a la activación de **metacreencias negativas** sobre la preocupación, a la que connota como un proceso sin control y que cada vez crece más. No obstante, si bien la preocupación es vista como incontrolable, en el sujeto no se terminan de configurar claramente las **preocupaciones de tipo 2** por las cuales los pacientes con TAG tienen la creencia de que la preocupación les va causar un daño específico. Sin embargo, empieza a haber un atisbo del fenómeno de la preocupación por la preocupación ya que por ejemplo, si bien puede solucionar los problemas, la preocupación empieza a configurarse como una amenaza para su rendimiento laboral ("no me siento de lleno concentrado"). Desde la perspectiva de Dugas, ocurre algo similar, si bien no hay conductas francas de evitación correspondientes a la **orientación negativa hacia los problemas**, sí aparecen en un grado leve. En efecto, la cadena de preocupaciones le genera interferencia pero Darío logra "terminar con un laburo".

El tema de la **intolerancia a la incertidumbre** se puede abordar desde la mirada de Dugas. Darío manifiesta esto con claridad en varios pasajes de su relato, por ejemplo, cuando habla de la salud de su padre; los estudios médicos son alentadores, pero él no puede dejar de pensar que el próximo puede darle mal, o duda si su padre se está cuidando adecuadamente. Las temáticas de su preocupación van desde contenidos personales como su relación de pareja y su relación con sus compañeros de trabajo, hasta escenarios macroeconómicos como la situación del país. La II se observa también en la tendencia a ver como una amenaza a cualquier estímulo ambiguo (por ejemplo, un compañero no se rió de su chiste). Desde esta perspectiva, es conveniente que el terapeuta busque que Darío tome consciencia de que el hilo temático de todas sus preocupaciones es su baja tolerancia a escenarios con algún ingrediente de incertidumbre. Ya que esta es inevitable, la alternativa es practicar disminuir su necesidad de certeza y garantías que se manifiestan en su estado constante de preocupación.

Experimentos conductuales para aumentar su tolerancia podrían ser, por ejemplo, no buscar reaseguro sobre sus rutinas laborales, evitar chequear la salud de su padre cuando médicamente se encuentra bien y realiza los controles de rutina. Se lo puede invitar a realizar algún experimento para entrenar la tolerancia a la incertidumbre, entendiendo que la ansiedad o incomodidad frente a lo incierto es algo esperable y si logra abstenerse de chequear, por ejemplo, le va a dar tiempo a que la ansiedad baje por sí sola.

En relación con la **reevaluación de la utilidad de preocuparse**, que ya haya algunos signos de malestar asociados a la preocupación puede ser un punto de apoyo para cuestionar la credibilidad de sus creencias positivas. Una pregunta que el terapeuta podría hacer es en qué cree que lo beneficia a él y a su padre pensar que éste se va a enfermar. Es recomendable que se tome alguna preocupación en particular para debatirla, por ejemplo, ¿qué ventaja supone pensar en las consecuencias de que lo echen, mientras realiza una tarea rutinaria de su trabajo?

Respecto a las **metacreencias negativas**, en el caso de Darío se puede identificar la idea de que la preocupación es incontrolable. La primera pregunta sería: ¿cuán incontrolable crees que es tu preocupación? Es probable que en este caso el paciente considere que es muy alto el grado de incontrolabilidad ("soy una máquina de pensar", "no las puedo parar", "es un bombardeo de ideas, de preocupaciones"). En este punto es conveniente utilizar estrategias que cuestionen la credibilidad de que la preocupación es incontrolable. Desde la perspectiva de Wells, dos técnicas pueden ser particularmente útiles para el caso de Darío. Por un lado, **la posposición de la preocupación**, es decir, pedirle que asigne media hora del día en determinado momento para preocuparse (por ejemplo, 19hs), para así liberar su energía y su mente para atender lo que debe en el aquí y ahora. Si la preocupación puede posponerse, entonces no es incontrolable.

Por otra parte, las estrategias de **mindfulness**, en este caso, aprovechando la metáfora de "la máquina de pensar", pueden permitir construir con el paciente la idea de que él no *es* una máquina de pensar, sino que *tiene* una máquina de pensar, y ver si es posible dejar que la máquina se apague, o si es posible que la máquina trabaje pero él no le preste atención. Dentro de este contexto, entrenar al paciente a que desatienda algunos pensamientos, de modo que pueda ver algunas de sus preocupaciones como simples eventos mentales pasajeros a los que no es obligatorio reaccionar o dar elaboración.

En este caso en particular, no parecería ser necesario utilizar la **exposición imaginaria**; el mismo Dugas advierte que la técnica es difícil de implementar (Dugas y Robichaud, 2007). Respecto al módulo de **orientación negativa hacia los problemas**, Darío reconoce que si surge un problema lo resuelve, no es postergador ni indeciso. En el único punto en que se ve una orientación negativa es acerca de sus capacidades, si bien reconoce que en definitiva resuelve. En el caso del paciente, estos dos últimos módulos no serían imprescindibles para el tratamiento de su preocupación excesiva.

En relación con el trabajo metacognitivo, a modo de resumen se podría elaborar con el paciente sus "**nuevos planes de procesamiento**" (ver ejemplo en Tabla 4).

Tabla 4. Ejemplo de elaboración de nuevos vs. viejos planes de procesamiento

VIEJO PLAN	NUEVO PLAN
"A mi padre le puede pasar algo por más que los estudios médicos le den bien".	"Si algo se complica lo atenderemos en su momento, ahora está bien".
"Si me asignan una tarea laboral, tengo que estar alerta porque puedo cometer un error, fallar".	"Si me asignan una tarea, ¿en qué me va a ayudar a resolver un problema preocuparme por si fallo'".

Por último, se realiza la **prevención de recaídas**, buscando asegurar los aprendizajes hechos, y advertir al paciente que sostener los logros requiere práctica continuada e identificar por adelantado escenarios que pueden llegar a ser una invitación para activar la preocupación excesiva, teniendo en cuenta qué estrategias son contraproducentes y con detalle en la reaparición de creencias positivas acerca de la utilidad de preocuparse. Adicionalmente, consideramos que es importante remarcar el riesgo de volver a utilizar conductas de chequeo, búsqueda de reaseguros y evitación.

Comentarios finales

De la presentación, se desprende que los dos modelos son de gran utilidad clínica y, de acuerdo al caso, pueden explicar mejor el modo en que se estructura al trastorno. Es posible que el modelo de Michel Dugas pueda resultar más accesible y más fácil de comprender para los pacientes, ya que encuentran en la intolerancia a la incertidumbre un concepto que los identifica. Una posible crítica a este modelo es que soslaya la problemática del control, basado en la idea de que la necesidad de control tiene un rol secundario en la arquitectura del TAG (Buhr y Dugas, 2006), lo que, a nuestro entender, se traduce en un déficit de intervenciones específicas. Recordemos que Barlow (2002) subraya que el alerta aumentado, la atención restringida sobre el foco de preocupación y otras distorsiones en el procesamiento de la información son la consecuencia fundamental de la percepción de pérdida de control sobre las amenazas. Y señala al proceso de la preocupación en el TAG como un intento de control desadaptativo. El deseo exacerbado por el control que tienen los pacientes con TAG se constituye en una de las principales motivaciones en la búsqueda de reaseguros y su fracaso realimenta los ciclos de preocupación (Bogiaizian, 2009; Bogiaizian, 2014). De hecho, los primeros desarrollos de la Terapia de Aceptación y Compromiso dirigida a las problemáticas de ansiedad señalan específicamente cómo las estrategias orientadas a la búsqueda de control fracasan en el largo plazo, subrayando que el control es el problema, no la solución (Eifert, Forsyth y Haynes, 2005).

Desde el punto de vista clínico, el modelo metacognitivo de Adrian Wells puede demandar más esfuerzo inicialmente pero explica de manera clara modos de conceptualizar el problema que otros abordajes no hacen, captando aspectos de la problemática del TAG específicos y su dinámica termina de plasmarse en el Síndrome Cognitivo-Atencional, denominado "CAS". En particular, en relación al control, Wells no sólo desde el punto de vista teórico les otorga un rol central (ver Wells 2000), sino también con intervenciones que apuntan a desconfirmar los temores sobre la pérdida de control, y fortalecen el control ejecutivo de la cognición. Para concluir, el gran valor que tienen los dos modelos es que nos ofrecen un modo sintético de comprensión de una problemática que es muy compleja y que puede ser traducida a través de los mismos al momento de la psicoeducación. En particular, los pacientes con TAG suelen estar muy interesados en entender su problemática, y ese primer paso psicoeducativo es central, teniendo en cuenta que es un trastorno con alto nivel de egosintonía. La psicoeducación opera como una llave para el cambio. Ya hemos señalado que trabajar muy prematuramente con las creencias positivas acerca de la preocupación puede "asustar" a los pacientes, por ello recomendamos empezar a focalizarse en los aspectos más claramente ligados al sufrimiento (por ejemplo, consecuencias físicas de la tensión). El terapeuta debe asignarle un rol importante a la construcción de la preocupación excesiva como un problema en sí mismo, a diferencia de los pacientes que en general se centran en los síntomas ya que, como vimos en la viñeta clínica del caso "Darío", el paciente consulta al psicólogo derivado por un médico, algo que ocurre frecuentemente en la práctica clínica. Establecida la preocupación inadecuada como un objetivo común de trabajo, el terapeuta puede avanzar con el paquete de intervenciones correspondiente a cada modelo, de acuerdo al caso.

Referencias

American Psychiatric Association. (2013). *Diagnostic and Statistical Manual of Mental Disorders. Fifth Edition. DSM-5*. Arlington, VA: American Psychiatric Association.

Barlow, D. H. (2002) *Anxiety and it´s disorders. The nature and treatment of anxiety and panic*. Second Edition. The Guilford Press: New York.

Beck, A. T. y Emery, G. (1985) *Anxiety disorders and phobias: A cognitive perspective*. New York: Basic Books.

Berenbaum, H., Bredemeier, K., Thompson, R. J. (2008) Intolerance of uncertainty: Exploring its dimensionality and associations with need for cognitive closure, psychopathology, and personality. *Journal of anxiety disorders, 22*, 117-125.

Birrell, J., Meares, K., Wilkinson, A. y Freeston, M. (2011). Toward a definition of intolerance of uncertainty. *Clinical Psychology Review, 31*, 1198-1208.

Bogiaizian, D. (2009) Sobreestimación del control y Trastornos de Ansiedad. *Revista Anxia, Anuario 2009*, 56-71.

Bogiaizian, D. (2014) *Preocuparse de más*. Editorial Lumen: Buenos Aires.

Borkovec, T. D., Alcaine, O. M. y Behar, E. (2004). Avoidance theory of worry and generalized anxiety disorder. En: R. G. Heimberg, C. Turk y D. Mennin (Eds.), *Generalized anxiety disorder: advances in research and* practice (pp. 77–108). New York, NY, US: Guilford Press.

Borkovec, T. D. e Inz, J. (1990). The nature of worry in Generalised Anxiety Disorder: A predominance of thought activity. *Behaviour Research and Therapy, 28*, 153-158.

Buhr, K. y Dugas, M. J. (2002). The intolerance of uncertainty scale: psychometric properties of the English version. *Behaviour Research and Therapy, 40*, 931–945.

Buhr, K. y Dugas, M. (2006). Investigating the construct validity of intolerance of uncertainty and its unique relationship with worry. *Journal of Anxiety Disorders*, 20, 222-236

Carleton, N., Norton, P. J. y Asmundson, G. J. G. (2007). Fearing the unknown:

A short version the intolerance of Uncertainty Scale. *Journal of anxiety disorders, 21*(1), 105-117.

Cartwright-Hatton, S. y Wells, A. (1997). Beliefs about worry and intrusions: the metacognitions questionnaire and its correlates. *Journal of Anxiety Disorders, 11*, 279–296.

Davey, G. C. y Wells, A. (2006). *Worry and its Psychological Disorders: Theory, Assessment and Treatment.* Chichester, UK: Wiley y Sons.

Dugas, M. J., Brillon, P., Savard, P., Turcotte, J., Gaudet, A., Ladouceur, R., Leblanc, R. y Gervais, N. J. (2010). A randomized clinical trial of cognitive-behavioral therapy and applied relaxation for adults with generalized anxiety disorder. *Behavior Therapy, 41*, 46–58.

Dugas, M. J., Gagnon, F., Ladouceur, R., Freeston, M. H. (1998). Generalized anxiety disorder: a preliminary test of a conceptual model. *Behaviour research and therapy, 36*, 215-226.

Dugas, M. J., Gosselin, P. y Ladouceur, R. (2001). Intolerance of uncertainty and worry: Investigating specificity in a nonclinical sample. *Cognitive Therapy and research, 25*, 551-558.

Dugas, M. J., Ladouceur, R., Léger, E., Freeston, M. H., Langlois, F., Provencher, M. D. y Boisvert, J.M. (2003). Group cognitive-behavioral therapy for generalized anxiety disorder: Treatment outcome and long term follow-up. *Journal of Consulting and Clinical Psychology, 71*, 821-825.

Dugas, M. J. y Robichaud, M. (2007). *Cognitive-behavioral treatment for generalized anxiety disorder: from science to practice.* New York: Routledge.

Eifert, G., Forsyth, J. y Hayes, S. (2005) *Acceptance and Commitment Therapy for Anxiety Disorders.* New Harbinger: Oakland.

Flavell, J. H. (1979). Metacognition and cognitive monitoring: A new area of cognitive developmental inquiry. *American Psychologist, 34*, 906–911.

Freeston, M. H., Rhéaume, J., Letarte, H., Dugas, M. J. y Ladouceur, R. (1994). Why do people worry? *Personality and individual differences, 17*, 405-415.

González, M., Bethencourt, J. M., Fumero, A. y Fernández, A. (2006). Adaptación española del cuestionario ¿Por qué preocuparse? *Psicothema, 18(2)*, 313-318.

Gosselin, P., Ladouceur, R., Langlois, F., Freeston, M. H., Dugas, M. J. y Bertrand, J. (2003). Développement et validation d'un nouvel instrument évaluant les croyances erronées a l'égard des inquietudes. *European Review of applied psychology, 53*, 199-211.

Gosselin, P., Ladouceur, R. y Pelletier, O. (2001). Évaluation de l' attitude d' un individu face aux différents problemes de vie: Le Questionnaire d' Attitude face aux Problemes (QAP). *Journal de Therapie Comportamentale et cognitive, 15*, 141-153.

Gosselin, P., Langlois, F., Freeston, M. H., Ladouceur, R., Dugas, M. J. y Pelletier, O. (2002). Le Questionnaire d'évitement cognitif (QEC): Développpment et validation aupres d' adultes et d' adolescents. *Journal de Thérapie Comportamentale et Cognitive, 12*, 24-37.

Hale, W., Richmond, M., Bennett, J., Berzins, T., Fields, A., Weber, D., Beck, M. y Osman, A. (2016). Resolving Uncertainty About the Intolerance of Uncertainty Scale–12: Application of Modern Psychometric Strategies. *Journal of Personality Assessment, 98*, 200-208.

Herbert, E. A., Dugas, M. J., Tulloch, T. G. y Holowka, D. W. (2014). Positive beliefs about worry: A psychometric evaluation of the Why Worry-II. *Personality and individual differences, 56*, 3-8.

Hjemdal, O., Hagen, R., Nordahl, H. M. y Wells, A. (2013). Metacognitive therapy for generalized anxiety disorder: Nature, evidence and an individual case illustration. *Cognitive and behavioral practice, 20*, 301-313.

Holowka, D. W., Dugas, M. J., Francis, K. y Laugesen, N. (2000). *Measuring beliefs about worry: A psychometric evaluation of the Why Worry-II questionnaire.* Poster presented at the Annual Convention of the Association for Advancement of Behaviour Therapy, New Orleans, LA.

Ladouceur, R., Blais, F., Freeston, M. H. y Dugas, M. J. (1998). Problem solving and problem orientation in generalized anxiety disorder. *Journal of Anxiety Disorders, 12*, 139-152.

Ladouceur, R., Dugas, M. J., Freeston, M. H., Leger, E., Gagnon, F. y Thibodeau, N. (2000). Efficacy of cognitive-behavioral treatment for generalized anxiety disorder: evaluation in a controlled clinical trial. *Journal of Consulting and Clinical Psychology, 68*, 957–964.

Ladouceur, R., Gosselin, P. y Dugas, M. J. (2000). Experimental manipulation of intolerance of uncertainty: a study of a theoretical model of worry. *Behaviour Research and Therapy, 38*, 933–941.

Macbeth, G. y Bogiaizian, D. (2007). La estimacion subjetiva de éxito en los trastornos de ansiedad. *Revista Argentina de Clinica Psicologica, 16*, 143-150.

Najmi, S. y Wegner, D. (2009) Hidden complications of thought suppression. *International Journal of Cognitive Therapy, 2*, 210-223

Normann, N., van Emmerik, A. A. P. y Morina, N. (2014). The Efficacy of Metacognitive Therapy for Anxiety and Depression: A Meta-Analytic Review. Depression and Anxiety (Hoboken), 31, 402-411.

Penney, A. M., Mazmanian, D. y Rudanycz, C. 2013). Comparing positive and negative beliefs about worry in predicting generalized anxiety disorder symptoms. *Canadian Journal of Behavioural Science, 45*, 34-41.

Ramos-Cejudo, J. Salguero, J. M. y Cano-Vindel, A. (2013). Spanish versión of the meta-cognitions questionnaire 30 (MCQ-30). *The Spanish journal of psychology, 16*, 1-8.

Ree, M. J (2010). The thought control questionnaire in an impatient psychiatric setting: psychometric properties and predictive capacity. *Behaviour change, 27*, 212-226.

Robichaud, M. (2013). Cognitive behavior therapy targeting intolerance of uncertainty: application to a clinical case of generalized anxiety disorder. *Cognitive and behavioral practice, 20*, 251-263.

Robichaud, M. y Dugas, M. J. (2005). Negative problem orientation (Part II): construct validity and specificity to worry. *Behaviour Research and Therapy, 43*, 403–412.

Rodriguez de Behrends, M. y Brenlla, M. E. (2015). Adaptación para Buenos Aires de la Escala de Intolerancia a la Incertidumbre. *Interdisciplinaria, 32*, 261-274.

Ruscio, A. M. y Borkovec, T. D. (2004). Experience and appraisal of worry among high worriers with and without generalized anxiety disorder. *Behaviour Research and Therapy, 42*, 1469–1482.

Salkovskis, P M. (1996). The cognitive approach to anxiety: Threat beliefs, safety-seeking behavior, and the special case of health anxiety and obsessions. En P. M. Salkovskis (Ed.), *Frontiers of cognitive therapy* (pp. 48-74). Nueva York: The Guilford Press.

Schneider, B. C., Brüne, M., Bohn, F., Veckenstedt, R., Kolbeck, K., Krieger, E., ... Moritz, S. (2016) Investigating the efficacy of an individualized meta-cognitive therapy program (MCT+) for psychosis: study protocol of a multi-center randomized controlled trial. *BMC Psychiatry*, 1-14.

Sexton, K. A. y Dugas, M. J. (2004). *An investigation of the factors leading to cognitive avoidance in worry.* Poster presented at the Annual Convention of the Association for Advancement of Behaviour Therapy, New Orleans, LA.

van der Heiden, C., Melchior, K., Muris, P., Bouwmeester, S., Bos, A. E. R. y Van der Molen, H. T. (2010). A hierarchical model for the relationships between general and specific vulnerability factors and symptom levels of generalized anxiety disorder. *Journal of Anxiety Disorders, 24*, 284–289.

van der Heiden, C., Melchior, K. y Sigter, E. (2013) The effectiveness of group metacognitive therapy for generalized anxiety disorder: A pilot study. *Journal of contemporary psychotherapy, 43*, 151-157.

Wegner, D. M. y Zanakos, S. (1994). Chronic thought suppression. *Journal of Personality, 62,* 615–640.

Wells, A. (1997). *Cognitive therapy of anxiety disorders: A practice manual and conceptual guide.* Chichester, UK: Wiley.

Wells, A. (2000). *Emotional disorders and metacognition: Innovative cognitive therapy.* Chichester, UK: Wiley.

Wells, A. (2004). A cognitive model of GAD: Metacognition and pathological worry. En R.G. Heimberg, C. L. Turk y D. S. Mennin (Eds.), *Generalized anxiety disorder: Advances in research and practice* (pp. 164-186). New York: Guildford Press.

Wells, A. (2006). Metacognitive Therapy for Worry and Generalised Anxiety Disorder. In Davey, G. C. L. y A. Wells (Eds.), *Worry and its psychological disorders* (pp. 259-272). UK: Wiley series

Wells, A. (2009). *Metacognitive therapy for anxiety and depression.* New York: Guilford Press.

Wells, A. y Carter, K. (2001). Further tests of a cognitive model of generalized anxiety disorder: metacognitions and worry in GAD, panic disorder, social phobia, depression, and nonpatients. *Behavior Therapy, 32*, 85–102.

Wells, A. y Cartwright- Hatton, S. (2004). A short form of the metacognitions questionnaire: properties of the MCQ-30. *Behaviour research and therapy, 42*, 385-396.

Wells, A. y King, P. (2006). Metacognitive therapy for generalized anxiety disorder: an open trial. *Journal of Behavior Therapy and Experimental Psychiatry, 37*, 206–212.

Wells, A., Welford, M., King, P., Papageorgiou, C., Wisely, J. y Mendel E. (2010). A pilot randomized trial of metacognitive therapy vs applied relaxation in the treatment of adults with generalized anxiety disorder. *Behavior Research and Therapy, 48,* 429-434.

Comprensión y abordajes psicoanalítico-psicodinámicos del Trastorno de Ansiedad Generalizada

Dr. Santiago Juan
Universidad de Buenos Aires

Dr. Juan Martín Gómez Penedo
Universidad de Buenos Aires y CONICET

Dr. Andrés Roussos
Universidad de Buenos Aires y CONICET

Objetivos y estructura del capítulo

Este capítulo focaliza en el aporte psicoanalítico para la comprensión y el tratamiento del trastorno de ansiedad generalizada (TAG). Se recorren, así, antecedentes de la noción de TAG en la obra freudiana y se describe el lugar del TAG en actuales sistemas de diagnóstico psicoanalítico. Una vez analizada la comprensión psicoanalítica del TAG, se detallan propuestas formalizadas para su tratamiento, originadas desde el campo de las terapias psicodinámicas. El proceso diagnóstico y el plan de tratamiento es luego ilustrado mediante el caso Darío. Finalmente, se discuten las implicancias para la práctica clínica en nuestro contexto.

Los siguientes trabajos previos han sido la base fundamental para la elaboración del presente capítulo: a) la revisión de Juan, Etchebarne, Gómez Penedo y Roussos (2010) sobre la perspectiva psicoanalítica del TAG; b) la investigación de Gómez Penedo, Etchebarne, Juan y Roussos (2013) sobre la conceptualización del TAG hecha por psicoanalistas expertos; y c) la investigación de Juan (2014) sobre inferencias pronósticas e intervenciones propuestas por terapeutas psicoanalíticos y cognitivos para un caso de TAG.

La comprensión psicoanalítica del Trastorno de Ansiedad Generalizada

Aclaración sobre el uso del término "ansiedad" en este capítulo

El *Diccionario de uso de Español* de Moliner (1998: 190) define ansiedad como una preocupación e impaciencia por algo que ha de ocurrir. A su vez, conecta el término "ansiedad" con las nociones de: angustia, carácter ansioso, afán, cuidado y/o meticulosidad. Otras definiciones similares

(Hanns, 1996/2001) plantean que la ansiedad se refiere a la expectativa, más precisamente, a una expectativa inquieta por algo que ocurrirá. En este sentido, palabras como "desear" o "anhelar" son frecuentemente utilizadas para definir el sentimiento de ansiedad.

Paradigmáticamente, la palabra "angustia" es utilizada en nuestro medio como sinónimo y hasta reemplazo de la palabra "ansiedad". Incluso en la definición de Moliner antes citada se realiza dicha equiparación. En este sentido, Moliner (1998, Tomo 1: 183) refiere que la angustia alude a una intranquilidad con padecimiento intenso, por ejemplo por la presencia de un gran peligro o la amenaza de una desgracia. Hanns (1996/2001) explica que "angustia" se refiere a algo más próximo a una condición existencial, se trata de un sufrimiento, de algo volcado hacia el propio sujeto. Las palabras que definen la angustia se centran en el sufrimiento del sujeto y lo describen.

El contexto hispanoamericano hizo un uso predominante del término "angustia" por sobre el término "ansiedad", en lo referente a caracterizaciones clínicas. Así, muchos fenómenos psicopatológicos descritos en otros contextos (por ejemplo, el medio anglosajón) como manifestaciones de ansiedad, fueron tradicionalmente vinculados a la experiencia de angustia. Esto tiene una explicación (al menos parcial) en la hegemonía del psicoanálisis en nuestra región, con traducciones al castellano de la bibliografía psicoanalítica que han correspondido el término freudiano *angst* con el castellano "angustia". Sin embargo, diccionarios especializados en la terminología alemana de Freud (Hanns, 1996/2001) afirman que el vocablo *angst* es compatible tanto con la noción de "angustia" como con la de "ansiedad". Hanns (1996/2001) concluye en que ambos vocablos se vinculan con un miedo vago y anticipatorio, donde el sujeto está preparado para reaccionar rápidamente. Connotan un estado visceral, intenso, vinculado con la sensación de peligro, y muchas veces próximo a la fobia y al terror, arraigado originariamente en el proceso primario e inscrito en el cuerpo.

La hegemonía psicoanalítica en nuestro contexto determinó que sólo a partir de las últimas décadas se utilizara sistemáticamente el término "ansiedad". Así, por ejemplo, la comunidad psicoanalítica continuó priorizando el término de "neurosis", mientras que tradiciones psicoterapéuticas más recientes (en especial, el marco cognitivo) migraron hacia nociones como las de "trastornos de ansiedad". Este tipo de fenómenos resalta lo señalado por Sarudiansky (2012) sobre el papel del término "neurosis" como antecesor directo del grupo diagnóstico "trastornos de ansiedad", descrito actualmente en la quinta versión del Manual Diagnóstico y Estadístico de Trastornos Mentales [DSM-5, American Psychiatric Association (APA), 2013].

Estos fenómenos de carácter histórico tal vez contribuyan a explicar por qué el medio psicoanalítico continúa con reticencias a la mera denominación "trastornos de ansiedad", y por qué el uso sistemático y progresivo del término surgió de la mano del marco cognitivo-conductual, anglosajón de origen, y con modelos de tratamiento compatibles con los sistemas diagnósticos descriptivos.

A los fines de unificar un criterio de análisis sobre un fenómeno, en el siguiente trabajo se utilizará el término "ansiedad" como opción de traducción del término freudiano *angst*. Con esto no se pretende tomar partido en sí por dicho vocablo, a la espera de una resolución superadora de un debate terminológico que excede a nuestra intención. Emplear la noción "ansiedad" es útil, al mismo tiempo, en tanto los esfuerzos de investigación, clasificación diagnóstica y tratamiento de la ansiedad generalizada pertenecen en su amplia mayoría a clínicos e investigadores psicoanalíticos anglosajones, que tradicionalmente han preferido dicho vocablo para traducir el término freudiano *angst*. Por otra parte, es este papel de la expectativa, característico del término "ansiedad", el que puede intuirse en la noción freudiana de "angustia libremente flotante" –síntoma nuclear en las "neurosis de angustia"–, tal como se lo traduce al castellano en la bibliografía freudiana (Freud, 1895/2001). En el presente artículo, a esta condición se la denominará "neurosis de ansiedad", cuadro que históricamente es uno de los puntos de partida para la actual noción de Trastorno de Ansiedad Generalizada, dentro de una perspectiva psicoanalítica.

Antecedentes de la noción de TAG en la obra freudiana

Como ya se mencionó, la noción freudiana de "neurosis de ansiedad" puede considerarse el antecedente más claro en la teoría psicoanalítica de lo que hoy se conoce como TAG. Desde un punto de vista histórico, el concepto de lo que hoy el DSM-5 (APA, 2013) tipifica como TAG remite, en parte, al viejo concepto de Freud (1895/2001) de "neurosis actual" y, más específicamente, a su concepto de "neurosis de ansiedad".

Freud (1895/2001) ubicó dos ejes de la neurosis de ansiedad: la activación neurovegetativa y la ansiedad libremente flotante. En la Tabla 1 se presenta la sintomatología que identificó Freud en la descripción de este cuadro.

Tabla 1. Sintomatología prototípica de la neurosis de ansiedad (Freud, 1895/2001)

- La expectativa ansiosa: síntoma nuclear del cuadro, "inclinación a una concepción pesimista de las cosas" (Freud, 1895/ 2001: 93).
- Irritabilidad.
- Crisis de angustia.
- Perturbaciones digestivas (vómitos, diarrea y nauseas).
- Presencia de vértigo.
- Fobias propias de la neurosis de ansiedad: se caracterizaban por un afecto monótono (ansiedad) que no provenía de un contenido inconsciente reprimido.

Siguiendo la Tabla 1, la presencia de la "expectativa ansiosa", síntoma fundamental de la patología y producto de la ansiedad libremente flotante, se podía observar, según Freud, en constantes preocupaciones sobre diversas áreas de la vida del paciente, donde parecía que cada nueva situación era utilizada como depositaria de una ansiedad no ligada a ninguna representación. Fue definida por Freud (1895/2001: 93) como la "inclinación a una concepción pesimista de las cosas". En este sentido, la expectativa ansiosa podría pensarse como equivalente conceptual de la preocupación patológica.

La Tabla 1 también permite observar que Freud (1895/2001) conceptualizó de manera "actual" esta psicopatología, es decir que planteó una ausencia de mecanismos psíquicos conflictivos que produjeran dichos síntomas, a modo de formaciones de compromiso entre impulsos y defensas. En otras palabras, para el fundador del psicoanálisis no se trataba de cuadros neuróticos tradicionales, lo que podía observarse, por ejemplo, en fobias de afecto monótono, cuya ansiedad no se explicaba por el efecto de la represión.

Si bien estos planteos hoy ameritan numerosas revisiones, que se vinculan incluso con el modelo metapsicológico de Freud y la discusión sobre su vigencia (ver, por ejemplo, Bucci, 2001), es de notar que ya desde la obra freudiana los fenómenos compatibles con el TAG constituyeron una clase particular de cuadros clínicos, lo que hoy también persiste, desde otros ángulos, cuando autores cognitivos como Barlow (2002/2004) o psicodinámicos como McWilliams y equipo (2006) afirman un lugar especial del TAG dentro de los actuales trastornos de ansiedad.

A modo de reflexión a posteriori, también podemos plantear que Freud (1895/2001) influyó con su concepto de neurosis de ansiedad sobre dos síndromes psicopatológicos hoy diferenciables, aunque altamente comórbidos: la psicopatología propia del pánico y la psicopatología propia de la ansiedad generalizada. Incluso, la distinción entre dichos síndromes se describía en el DSM II (APA, 1968) en los cuadros de "Neurosis de Ansiedad" y "Estados de Ansiedad", ambos herederos del concepto freudiano de neurosis actual.

Más allá de recorridos históricos o discusiones terminológicas, es innegable que el estudio de este conjunto de fenómenos, para los cuales Freud (1895/2001) utilizó el vocablo *angst*, estuvo presente desde los inicios de la producción freudiana. En este punto es importante aclarar que, tanto para Freud como para el corpus psicoanalítico posterior, la concepción sobre la ansiedad en general quedó como un punto de partida obligado a la hora de conceptualizar un cuadro donde ésta fuese el denominador común de los síntomas y la experiencia del paciente. Así, en el presente, una formulación psicoanalítica de un caso de TAG debería tomar en cuenta, al menos parcialmente, las ideas básicas que Freud dejó sobre la ansiedad en sentido amplio.

Dentro de este marco, y aunque Freud (1909/2001) continuó elaborando sus teorías sobre la ansiedad, donde propuso cambios importantes de enfoque, persistió en su obra el conceptualizar la ansiedad como aquel afecto desorganizador y displacentero, que surgía producto de fallas en la descarga y procesamiento afectivos, ya estuvieran éstas vinculadas con actuales tensiones acumuladas o con mociones infantiles reprimidas. Más aún, en la parte final de su teoría, Freud (1926/2001) retomó parcialmente sus previas hipótesis sobre las neurosis actuales, bajo el concepto de "ansiedad automática", y las integró con su nueva teoría de la ansiedad y su concepción estructural del aparato psíquico. En este contexto, entonces, siguió presente la idea de una ansiedad desbordante y paralizante, con síntomas compatibles a lo que hoy puede considerarse como ansiedad generalizada.

Analizado en retrospectiva, quizás el punto de vigencia más fuerte de las originales ideas freudianas sobre la ansiedad radique en considerarla como protagonista obligada en la operatoria clínica y en gran parte de la sintomatología. Tanto los modelos de ansiedad tóxica y ansiedad señal de Freud (1909/2001; 1926/2001), como la distinción entre diversos tipos de ansiedades, siguen presentes como contexto global de la aproximación psicoanalítica al tema de la ansiedad (Gabbard, 2000/2002; Thomä y Kächele, 1985/1989; Zerbe, 1990). En especial, las últimas ideas de Freud (1926/2001) respecto de la ansiedad señal como motivadora de defensas, y la experiencia de ansiedad automática como falla defensiva, permiten pensar hoy en la posibilidad de que los síntomas del TAG sean emergentes de conflictos dinámicos. Estos planteos son compatibles, por ejemplo, con esfuerzos de investigación y abordaje del TAG que consideran la preocupación patológica como una defensa frente a temores más profundos y/o situaciones traumáticas (Crits-Christoph, 2002), punto que será descrito en la segunda parte de este capítulo. También funcionan como antecedente de actuales sistemas diagnósticos psicodinámicos, como se verá a continuación.

Aportes psicoanalíticos contemporáneos a la comprensión del TAG

Teniendo como punto de partida los antecedentes de la noción de TAG en la obra freudiana, y antes de pasar a describir propuestas formalizadas de tratamiento para el cuadro, resulta necesario sintetizar cómo los actuales manuales diagnósticos conceptualizan la ansiedad generalizada dentro de una formulación psicoanalítica del caso. Se focalizará en los dos manuales más recientemente publicados: el Manual Diagnóstico Psicodinámico (PDM Task Force, 2006) y el Diagnóstico Psicodinámico Operacionalizado 2 (Grupo de Trabajo OPD, 2006/2008). Así, estos sistemas ofrecen la última generación disponible de conceptualizaciones psicoanalíticas sobre el TAG. Para un desarrollo detallado sobre la formulación psicoanalítica de casos en sentido amplio, se recomienda la lectura del trabajo realizado por Bernardi et al. (2016).

La ansiedad generalizada en el Manual Diagnóstico Psicodinámico. El Manual Diagnóstico Psicodinámico (PDM por su sigla en inglés; PDM Task Force, 2006) es el resultado de un trabajo conjunto de organizaciones psicoanalíticas, orientado a ofrecer un complemento psicodinámico a los diagnósticos descriptivos del DSM-IV-TR (APA, 2001), basándose en la teoría del psicoanálisis pero también en la investigación empírica. En términos generales, la estructura multidimensional del PDM busca evaluar los trastornos y patrones de personalidad (eje P); el perfil del funcionamiento mental (eje M); y la experiencia subjetiva de los patrones sintomáticos (eje S), donde se ubican los trastornos tipificados por el DSM-IV TR.

De todos los trastornos de ansiedad tipificados en el DSM-IV-TR, el TAG es el único que el grupo de trabajo del PDM ha decidido incorporar como patrón de personalidad (es decir, ubicarlo en el eje P) más que como un patrón sintomático (eje S), en el que sí se ubican los restantes trastornos de ansiedad. El eje P del PDM define "personalidad" como la manera, relativamente estable, de pensar, sentir y actuar, incluyendo los propios sistemas de creencias y valores, y el modo de relacionarse con los otros. La personalidad daría cuenta de cómo un sujeto entiende y procesa la propia experiencia, mediante procesos conscientes e inconscientes. Ferrari (2008) explica que el eje P, ubicado en el primer lugar de la evaluación multiaxial PDM, refleja el principio psicoanalítico de comprender individualmente a la persona y a su desarrollo, lo cual puede ser más importante para su tratamiento que comprender o enfocar síntomas aislados.

De acuerdo con estas ideas, en el PDM se establece una clase de trastornos de la personalidad, denominada "Trastornos de Personalidad Ansiosa" (*Anxious Personality Disorders*), dentro de los cuales se incluyen a los pacientes que cumplen criterios diagnósticos de TAG según el sistema DSM. Para justificar dicha inclusión, McWilliams y colaboradores (2006) explican que muchos pacientes actualmente diagnosticados con TAG serían mejor conceptualizados como presentando un trastorno de personalidad en el cual la ansiedad opera como la experiencia psicológicamente organizadora. Según dichos autores, lo que distingue al TAG de otras estructuras clásicamente estudiadas por el psicoanálisis es, por una parte, la falla en el intento del desalojo de la conciencia de la ansiedad (tarea parcialmente lograda en estructuras obsesivas e histéricas) y, por otra parte, la experiencia de "ansiedad flotante", no ubicada en algún objeto o situación particular, como sí es característico en las personalidades fóbicas.

McWilliams y colaboradores (2006) reconocen que la ansiedad como rasgo caracterológico se extiende desde los rangos neuróticos (patología de conflicto) hasta los rangos fronterizos (patología deficitaria). En la misma línea, plantean que, en pacientes con un Trastorno de Personalidad Ansiosa, pueden identificarse diferentes modos de ansiedad, tales como ansiedad señal, moral, de separación y de aniquilamiento. Cuanto más se incline la personalidad del paciente hacia una estructura deficitaria, de bajo nivel de organización, más probable será que ansiedades de aniquilamiento predominen en el cuadro clínico. Aquí se hace notar el principio psicoanalítico de que un mismo modo de formación de síntoma pueda responder a un rango de funcionamientos de personalidad.

Según el PDM, las creencias centrales patológicas propias del Trastorno de Personalidad Ansiosa se focalizan en el sentimiento de estar en constante peligro por fuerzas desconocidas, y en que los otros puedan funcionar como fuentes de peligro o de protección (en un sentido contrafóbico). Como hipótesis general, el PDM plantea desregulaciones afectivas y fallas en el establecimiento de estrategias defensivas para mitigar el natural desarrollo del miedo. Dicha configuración de personalidad es habitualmente reconducible a una historia vital con cuidadores que, por propia ansiedad, no fueron capaces de lograr y transmitir un sentido de calma y seguridad, ni de sostener estados de desorganización durante el desarrollo. Esta tesis se corresponde con formulaciones psicoanalíticas, ubicables por ejemplo en Bowlby (1989), Kernberg (1984/1999) y Kohut (1982).

En el PDM también se menciona la hipótesis referida a la presencia de la ansiedad constante como defensa para enmascarar ansiedades más profundas. De esta forma, las fallas en las defensas contra la ansiedad podrían serlo sólo en forma aparente, ya que, por debajo de la ansiedad y preocupación excesivas, se esconderían temores más desorganizantes. Como se verá más adelante, algunos de estos planteos también son compatibles con modelos de tratamiento psicodinámico específico para el TAG. A modo de síntesis, la Tabla 2 resume la conceptualización descrita por el PDM.

Tabla 2. Conceptualización del TAG según criterios PDM (McWilliams et al., 2006)

- Patrón de personalidad (ansiedad como experiencia psicológicamente organizadora).
- Fallas en estrategias defensivas para mitigar el natural desarrollo del miedo.
- Funcionamiento distinguible de estructuras obsesivas, histéricas y fóbicas.
- Pueden predominar diferentes tipos de ansiedades (desde neuróticas hacia más primitivas).
- Probable naturaleza defensiva de preocupación (distancia al paciente de temores profundos).
- Origen del TAG vinculado a estilos de apego inseguro y fallas ambientales.

El TAG en el Diagnóstico Psicodinámico Operacionalizado 2. Otro de los esfuerzos psicoanalíticos actuales de sistematización del proceso diagnóstico se encuentra en el Diagnóstico Psicodinámico Operacionalizado

2 (OPD-2 por su sigla en alemán), elaborado por el Grupo de Trabajo OPD (2006/2008). Surgido en Alemania, el OPD-2 responde al mismo espíritu del PDM de complementar los diagnósticos descriptivos con una conceptualización psicodinámica, basada en la investigación empírica. A diferencia del PDM, sin embargo, el OPD-2 no sólo propone ejes diagnósticos, sino también una metodología para formular focos y evaluar su cambio a lo largo de procesos psicoterapéuticos de orientación psicoanalítica (para una síntesis, ver De la Parra y equipo, 2010; Juan y Pozzi, 2016).

La estructura del OPD-2 consta de cinco ejes, a saber: eje 1 "vivencia de la enfermedad y prerrequisitos para el tratamiento", eje 2 "relación", eje 3 "conflicto", eje 4 "estructura" y eje 5 "criterios diagnósticos DSM". Compartiendo un principio fundamental con el PDM, la relación entre los primeros cuatro ejes y los diagnósticos descriptivos es entendida como los medios de formación de síntomas de una configuración psicodinámica determinada. Así, el TAG es incluido en el eje 5 de la evaluación multiaxial OPD-2, junto con los restantes trastornos mentales tipificados en el sistema DSM. Por "trastorno", el OPD-2 entiende el perfil que resulta de la evaluación multiaxial como un todo, donde los síntomas de TAG serían una manera de expresión de las dinámicas descritas en los primeros cuatro ejes. Esta lógica será ejemplificada más adelante con el caso Darío.

A diferencia del PDM, la estructura del OPD-2 no está orientada hacia una correspondencia directa entre los diagnósticos descriptivos y su conceptualización psicodinámica. De esta forma, un potencial perfil OPD-2 de un caso de TAG es algo que puede reconstruirse a partir de la lectura del manual y sus sucesivos casos clínicos, pero no existe un capítulo o sección específicamente dedicada al tema. Este hecho limita, hasta cierto punto, el pensar *a priori* una conceptualización OPD-2 del TAG, si bien el manual permite realizar un perfil psicodinámico de un caso que, eventualmente, cumpla los criterios diagnósticos del cuadro.

Tomando en cuenta los diferentes casos clínicos que se exponen como ejemplos, una sintomatología compatible con los criterios diagnósticos de TAG representaría, dentro de un perfil OPD-2, una estructura psicodinámica de nivel alto a medio de integración (nivel de conflicto neurótico). Los pacientes que se presentan con criterios diagnósticos de TAG estarían dando cuenta, entonces, de una personalidad condicionada por el conflicto entre tensiones motivacionales internas y externas, mucho más relacionada con el espectro neurótico de psicopatología que con el campo de las vulnerabilidades estructurales (espectro limítrofe). Aquí vuelve la relación histórica, mencionada al introducir el capítulo, entre el concepto de neurosis y el de trastornos de ansiedad para la comunidad psicoanalítica.

En consonancia con su visión de un potencial TAG como un cuadro de nivel medio a alto de funcionamiento estructural, el OPD-2 no incluye directamente ansiedades más primitivas (como las de aniquilamiento o desinte-gración) en el centro del cuadro de la ansiedad generalizada. Sin embargo, al no ofrecer el OPD-2 una correspondencia directa con los trastornos de ansiedad según el sistema DSM, queda un debate abierto sobre si las manifestaciones compatibles con un TAG podrían corresponderse con niveles de integración inferiores, excediendo el campo neurótico (posibilidad que explícitamente se encuentra en el PDM). Aquí se haría posible pensar en el TAG como una expresión de combinaciones entre conflictos neuróticos y vulnerabilidades estructurales, sobre todo teniendo en cuenta lo descrito en el PDM sobre la multiplicidad de ansiedades presentes en el trastorno y la desregulación afectiva predominante.

En nuestro medio, Juan et al. (2013) realizaron una investigación sobre quince terapeutas psicoanalíticos que escucharon el mismo material estímulo de un caso ilustrativo que cumplía criterios diagnósticos de TAG. Se utilizó la estructura multiaxial del OPD-2 para categorizar cualitativamente la conceptualización del caso hecha por cada participante. Entre muchos resultados, se observó que los ejes OPD-2 III y IV (conflicto y estructura) predominaron en la identificación del problema principal del paciente, los ejes IV y V (estructura y diagnóstico DSM) en su diagnóstico tentativo, y el eje II (relación) en las expectativas inferidas en el paciente respecto del tratamiento. Una conclusión general de los autores radicó en que la estructura multiaxial del OPD-2 resultó útil para la clasificación de elementos claves del proceso de conceptualización del caso TAG. Más específicamente, el TAG resultó ser, para los participantes del estudio, una situación clínica en donde es prioritario evaluar la participación de conflicto y vulnerabilidades estructurales, y donde las expectativas de tratamiento del paciente se focalizan en el aspecto relacional.

Tomando la información analizada, la Tabla 3 resume los criterios OPD-2 descritos para una conceptualización de un caso de TAG.

Tabla 3. Conceptualización OPD-2 de un caso de TAG (Grupo de Trabajo OPD, 2006/2008)

- No se ofrece, *a priori*, conceptualización psicodinámica específica de la ansiedad generalizada.
- Sí es posible construir *a posteriori* perfil psicodinámico de un paciente con TAG.
- Criterios TAG como modos de formación de síntomas de perfil psicodinámico del paciente.
- Predominio de nivel neurótico de funcionamiento, condicionado por el conflicto.
- También puede expresar combinaciones entre conflictos neuróticos y daños estructurales.*
- Posible rol fundamental de expectativas relacionales del paciente para el tratamiento.*

* Criterios sugeridos por estudio de Juan et al. (2013).

Actualmente, Juan, Gómez Penedo y Roussos (2017) lideran un proyecto de investigación de caso único, orientado a utilizar criterios del OPD-2 para el diagnóstico y la medición del cambio al interior de una psicoterapia psicoanalítica para trastornos emocionales. Dicho proyecto está aún en planificación. De verificarse, una vez convocado, que el paciente cumple criterios diagnósticos de ansiedad generalizada, este estudio podría brindar evidencia sobre las características de un perfil OPD-2 de un caso de TAG, y sobre los mecanismos de cambio involucrados en el tratamiento del cuadro, complementando la información descrita en este apartado y resumida en la Tabla 3.

Abordajes psicodinámicos basados en la evidencia para la ansiedad generalizada

Una vez que se ha consensuado que el diagnóstico descriptivo "TAG" puede actuar como un organizador del material y orientar, en este sentido, las intervenciones clínicas, es necesario formalizar la propuesta de tratamiento para dicho trastorno. Esta segunda parte del capítulo se centrará en describir líneas de abordaje terapéutico sobre una situación de ansiedad generalizada, recogiendo aportes de tratamientos estructurados de orientación psicodinámica. Así, los esfuerzos de conceptualización descritos en la sección anterior funcionan como contexto a partir del cual planificar un tratamiento específico para el TAG.

Como señala Gabbard (2000/2002), actualmente en la literatura y la investigación psicoanalítica el término "psicodinámico" se toma como un sinónimo de "psicoanalítico". Sin embargo, "psicodinámico" alude a un planteo más global y abarcativo que la inicial teoría psicoanalítica. Los tratamientos psicodinámicos pueden distinguirse del modelo clásico psicoanalítico al incluir terapias focales, de tiempo limitado y/o de objetivos delimitables (Kächele, 2010; Lewis, Dennerstein y Gibbs, 2008). Su carácter de psicodinámicos refiere a que aplican una serie de principios extraídos de la teoría psicoanalítica como base de las técnicas psicoterapéuticas, bajo el modelo del juego de fuerzas psicodinámico que Freud postuló como motor del conflicto psíquico (Freud, 1940/2001). El supuesto sobre procesos mentales inconscientes permanece en los tratamientos psicodinámicos como el principio subyacente fundamental. Así, el término "psicodinámico" ha sido progresivamente utilizado para incluir un numeroso y heterogéneo grupo de psicoterapias que se basan, con grados variables de adherencia, en los postulados psicoanalíticos (para una revisión ver: Wallerstein, 1989, 2006).

Dentro de este panorama, la psicoterapia psicodinámica contemporánea apunta a elucidar los conflictos inconscientes de un paciente, alentar la expresión y resolución de estados emocionales patológicos, crear condiciones en las cuales el paciente gane insight, y explorar los factores de predisposición que emergen de la historia evolutiva. Al mismo tiempo, todos estos objetivos suscriben como mecanismo de cambio fundamental el efecto curativo de la relación paciente-terapeuta (para una síntesis, ver Gabbard, 2000/2002).

A pesar de que, en el presente capítulo, hasta este punto se ha decidido utilizar la denominación "psicoanalítico", al momento de abordar tratamientos específicos para el TAG resulta ineludible la utilización del término "psicodinámico". Esta diferencia no es meramente terminológica, sino que puede ser interpretada como un cambio evolutivo desde la original teoría psicoanalítica hacia aproximaciones terapéuticas contemporáneas, basadas en el psicoanálisis, pero que transcienden el punto de vista clásico en varias direcciones.

Es importante aclarar que estas aproximaciones sólo tienen sentido una vez que se ha optado por un diálogo con los sistemas diagnósticos oficiales y se han aceptado los estándares internacionales de investigación empírica como apoyo para la psicoterapia. Así, los tratamientos que serán descritos a continuación emergen de un contexto en donde se acepta como válida la idea de un tratamiento específico para un trastorno específico, en línea con las exigencias internacionales que hoy recaen sobre nuestra disciplina (ver, por ejemplo: Barber y Crits-Christoph, 1995; Shedler, 2009). Sin embargo, todos implican una propuesta genérica de tratamiento que es luego readecuada hacia la situación de ansiedad generalizada, brindando una flexibilidad mayor que un manual estricto de procedimientos clínicos.

Psicoterapia psicodinámica de apoyo-expresiva para el TAG (PPAET)

El primer modelo de tratamiento sistematizado para situaciones clínicas de ansiedad generalizada surgió en 1995, en Estados Unidos. Paul Crits-Christoph y colaboradores desarrollaron una terapia psicodinámica manualizada específica para el tratamiento del TAG denominada "Psicoterapia psicodinámica breve de apoyo-expresiva para el TAG" ([Brief Supportive-Expressive Psychodynamic Therapy of GAD] Crits-Chirstoph, 2002; Crits-Christoph et al., 1995; Present et al., 2008). En aras de una mayor claridad, de ahora en adelante se utilizará la sigla PPAET para nombrar este tratamiento.

La PPAET está basada en el trabajo de Luborsky (1984), el cual diseñó la psicoterapia de apoyo-expresiva como una modalidad de tratamiento psicodinámico, e incluyó el registro de conflictos nucleares relacionales (CCRT por su sigla en inglés) como aspecto técnico fundamental para una aproximación psicoanalítica, operacionalizando los conceptos de transferencia y contratransferencia. Tanto el eje "de apoyo-expresivo" como la identificación de los CCRTs, son elementos fundamentales de la PPAET, razón por la cual es necesaria una breve descripción de estos conceptos antes de ahondar en el tratamiento propiamente dicho.

El continuo "de apoyo-expresivo" constituye un eje ordenador para gran parte del psicoanálisis contemporáneo. En términos muy amplios, Luborsky (1984) planteó una complementariedad entre estrategias orientadas al apoyo y sostén del paciente y aquellas orientadas hacia la expresión de sus contenidos y conflictos inconcientes. De esta forma, una psicoterapia psicodinámica puede, alternadamente, servir de apoyo de aquellos aspectos más dañados y desorganizados del paciente, y servir como espacio de generación de insight para sus aspectos más desarrollados. Obviamente, determinadas psicopatologías inclinarán más el eje hacia uno u otro polo del continuo. A modo de ejemplo, la psicoterapia psicodinámica para pacientes limítrofes de Kernberg (1984/1999) está mucho más vinculada al polo de apoyo, mientras que los abordajes de pacientes con crisis vitales, depresiones leves o trastornos de personalidad dependientes y evitativos, están mucho más vinculados al polo expresivo (ver, por ejemplo, Fiorini, 1993; Sifneos, 1987). Como se describirá más adelante, Crits-Christoph y su equipo (1995, 2005) plantean el TAG como un cuadro que puede abordarse mediante una combinación de estrategias de apoyo y expresivas.

El otro aspecto fundamental que Luborsky (1984) aportó a la terapéutica psicoanalítica fue su modelo de identificación, evaluación e interpretación del CCRT. El objetivo fundamental de la utilización del CCRT es poder operacionalizar, tanto para la clínica como para la investigación en psicoanálisis, la dinámica transferencia-contratransferencia. A tales fines, es necesario identificar los "episodios relacionales" a partir del discurso del paciente. Dichos episodios se componen, según el CCRT, de tres elementos, a saber: 1) el deseo del self (DS), 2) la respuesta de los otros (RO) y 3) la respuesta del self (RS). Es en este sentido que los conflictos relacionales recurrentes de un paciente se estructuran con una dinámica que incluye cómo se acerca el paciente a los otros (por ejemplo, con el deseo de ser cuidado), cómo reaccionan sus otros significativos a este deseo (por ejemplo, rechazando el pedido de cuidado, retirándose) y, finalmente, cómo reacciona el paciente a la reacción de sus otros significativos (por ejemplo, sintiendo ansiedad). La identificación y formulación de los CCRTs más característicos de un paciente puede cristalizar en interpretaciones o señalamientos que apunten al foco central de su problemática, del tipo: "tus deseos de ser cuidado por los demás terminan generándote frustración y ansiedad". Este modelo descansa en una perspectiva psicoanalítica en tanto lo más importante es poder hacer conscientes las ofertas relacionales inconscientes (por ejemplo, cómo el paciente, al mismo tiempo que sufre la retirada de sus otros significativos, no es consciente de su propia participación en el rechazo que genera, con actitudes soberbias y descalificadoras hacia los demás). En otras palabras, de lo que se trata es de que el paciente gane conciencia y elaboración sobre los efectos que produce en sus relaciones, que le son inconscientes, y que forman los problemas de los cuales usualmente se queja (para un detalle del modelo CCRT ver: Luborsky y Crits-Christoph, 1990). Es en este sentido que, por ejemplo, herramientas ya mencionadas como el OPD-2 plantean un eje diagnóstico "Relación".

Teniendo en cuenta lo antes descrito, se abordarán tres ejes para comprender la estructura de la PPAET: 1) la conceptualización dinámica del TAG que propone (ver Tabla 4), 2) la teoría general del cambio y los objetivos fundamentales del tratamiento (ver Tabla 5), y 3) los recursos técnicos fundamentales a emplear con este tipo de pacientes (ver Tabla 6). Es importante aclarar, a su vez, que se trata de una terapia de corto plazo, entre 12 y 20 sesiones, orientada a pacientes con TAG sin comorbilidad con otros trastornos. En la discusión de este capítulo, se analizará cómo estas propuestas pueden extenderse a la atención de otro tipo de casos con TAG y a la práctica clínica en general.

Conceptualización dinámica del TAG propuesta por la PPAET. Siguiendo la Tabla 4, el TAG puede ser entendido como un cuadro con una etiología (al menos parcial) en estilos de apego inseguros y eventos traumáticos en la historia vital del paciente. El estilo inseguro de apego implica la incorporación de creencias patológicas acerca del sí-mismo como vulnerable y acerca del entorno como potencial peligro. Tomando estudios no psicoanalíticos como el de Borkovec (1994), Crits-Christoph et al. (1996) consideran que el contacto con los eventos traumáticos es defendido mediante una preocupación constante por temas cotidianos. Nótese la coherencia entre estos planteos y lo propuesto por el PDM ya descrito en la sección anterior.

Tabla 4. Conceptualización dinámica del TAG (Crits-Christoph y equipo, 1995)

- Base de apego ansioso o inseguro.
- Probable historia de eventos traumáticos.
- Vulnerabilidad de autoestima.
- Falta de habilidades interpersonales.
- Preocupación que funciona como mecanismo de defensa.
- TAG distancia de temores profundos (perder amor, seguridad y protección de los demás).
- TAG mantiene "vivos" dichos temores (conciente e inconcientemente).

La Tabla 4 también permite apreciar que la ansiedad generalizada se asocia con una vulnerabilidad en la autoestima y cierta falta de habilidades interpersonales. En este sentido, el trabajo de Borkovec et al. (1983) muestra cómo aquellos sujetos con TAG presentan una mayor tendencia a la inversión de roles (niños o adolescentes que toman una postura de cuidado respecto de sus padres) y al sostenimiento de relaciones interpersonales disfuncionales. Reprocesando estos resultados, el equipo de Crits-Christoph (2005) plantea la posibilidad de que estos individuos hayan tenido que hacerse cargo, prematuramente, de actividades de cuidados y planificación, para las que no estaban preparados. Ante la escasez de los recursos y la maduración necesarios para tales responsabilidades, el sujeto desarrolla una preocupación patológica en esencia defensiva. De hecho, la idea de preocupación defensiva es el elemento dinámico fundamental del tratamiento: al tiempo que distancia al paciente de temores más profundos, los mantiene "vivos", tanto consciente como inconscientemente.

Teoría general del cambio y objetivos de la PPAET. Suscribiendo el modelo genérico de terapia de apoyo-expresiva (Luborsky, 1984), la Tabla 5 ilustra cómo el foco básico de la PPAET es el trabajo sobre los CCRTs del paciente TAG. Se postula que dicho trabajo irá permitiendo una mayor conciencia sobre: a) el sentido de los síntomas ansiosos del paciente y b) el lugar en el que éste se ubica frente a los otros en el marco de sus relaciones interpersonales significativas. A su vez, el trabajo sobre los deseos del self (DS), las respuestas de los otros (RO) y las respuestas del self (RS) irán ayudando al paciente a concientizar aquellos temores más profundos que el modelo PPAET supone tras la preocupación defensiva en la ansiedad generalizada. Por último, el papel curativo de la relación paciente-terapeuta tendrá un lugar protagónico, en tanto será esencial que el paciente pueda ir incorporando sus logros, interiorizando funciones del terapeuta. En términos más específicos, el terapeuta ofrecerá respuestas de los otros (RO) y generará consecuentes respuestas del self (RS) cualitativamente diferentes a las que el paciente experimenta en sus CCRTs disfuncionales repetitivos. En tal sentido es que este tipo de psicoterapia se considera a sí misma como una experiencia emocional correctiva (Alexander y French, 1956; Castonguay y Hill, 2012).

Tabla 5. Teoría general del cambio y objetivos de la PPAET (Crits-Christoph et al., 1995)

A. Comprensión CCRTs contextualiza síntomas y concientiza temores profundos del paciente.

B. Concientizar temores profundos torna preocupación TAG menos necesaria para el paciente.

C. Trabajo en CCRTs re-significa ansiedad e incrementa habilidades interpersonales

D. Progresos ayudan al paciente a interiorizar funciones del terapeuta (experiencia correctiva).

E. Alivio de síntomas complementa trabajo en CCRTs para lograr cambios sostenibles.

Recursos técnicos fundamentales del modelo. Yendo al plano específicamente técnico, la Tabla 6 ilustra cómo la PPAET se aproxima a los síntomas ansiosos del paciente TAG en el contexto de conflictos interpersonales, formulados por el terapeuta usando el método CCRT. Como explican Barber, y colaboradores (2000), en este tipo de psicoterapia psicodinámica los terapeutas proveen un ambiente de sostén en el cual se hace posible explorar los pensamientos y sensaciones del paciente. En el momento indicado, el terapeuta identifica e interpreta el tema relacional central del paciente y examina la participación de esos temas en la sintomatología. El hecho de que la PPAET fue concebida como una terapia breve implica, por último, trabajar el foco de separación hacia la finalización del tratamiento. En este punto, y como será desarrollado en la última parte del capítulo, creemos necesario tomar estas sistematizaciones existentes para el tratamiento del TAG como una base sobre la cual operar en la práctica clínica habitual, donde el tratamiento puede ser de mediano o largo plazo.

Tabla 6. Secuencia de estrategias en el tratamiento del TAG (Crits-Christoph et al., 1995)

1. Intercalar fases de apoyo con fases expresivas como marco general de tratamiento.
2. Identificar el/los CCRTs foco de la terapia.
3. Dirigir las intervenciones hacia dicho/s CCRT/s.
4. Fomentar mayor conciencia y manejo de los CCRTs en el paciente.
5. Trabajar el foco de separación al final del tratamiento.

Teniendo en cuenta la tabla 6, revisiones posteriores como las de Leichsenring y equipo (2009) consideran que el trabajo sobre el CCRT lleva implícita una tarea de exposición a situaciones temidas, en un sentido similar a como es entendida la exposición en los abordajes cognitivo-conductuales. Así, dichos autores explican que los pacientes con TAG pueden trabajar sobre sus temas relacionales, modificando las expectativas que tienen respecto de la reacción de los otros, en la medida que se conectan con situaciones temidas. En este sentido, aunque los abordajes cognitivo-conductuales y psicodinámicos son diferentes en términos de los procedimientos terapéuticos utilizados, Leichsenring y equipo (2009) consideran que el paciente es alentado, en ambas formas de terapia, a exponerse a situaciones ansiógenas, aunque por diferentes razones: en el primer caso para modificar la anticipación catastrófica, y en el segundo caso para modificar el CCRT. En otro trabajo, Abbass y equipo (2014) sostienen la misma postura. Como se verá en el capítulo "El Trastorno de Ansiedad Generalizada: evolución histórica y debates actuales", esta relativa "superposición" de técnicas, que puede observarse en el abordaje del TAG al comparar diferentes modelos terapéuticos, constituye un eje de análisis para la discusión del presente libro.

Otras alternativas psicodinámicas para el abordaje del TAG. Aunque la PPAET constituye el modelo de tratamiento más difundido y estudiado para el TAG desde el campo psicodinámico, existen algunas alternativas de menor impacto y difusión generadas también desde una perspectiva psicoanalítica, y que poseen cierto apoyo empírico.

Una primera alternativa se observa en la Psicoterapia Psicodinámica Adleriana Breve (PPAB), desarrollada en Italia por Fassino y equipo (2005) como un abordaje genérico para distintas patologías, que luego fue aplicado hacia el TAG por Ferrero y colaboradores (2007). El tratamiento, basado en la obra de Adler, da una importancia central al vínculo entre el paciente y terapeuta, planteando distintas fases de interacción a lo largo del tratamiento. Al comienzo de la terapia, el terapeuta debe establecer una alianza terapéutica sólida, de naturaleza dialogal, que abra un espacio de interacción en el que el paciente, mediante sus intercambios con el terapeuta, pueda tramitar y elaborar sus experiencias íntimas y personales asociadas a la problemática. Superada esta fase, el tratamiento buscará el establecimiento de un foco de tratamiento y la delimitación de campos posibles de cambio en la situación clínica del que consulta. Del mismo modo, ambos elementos cumplen un rol fundamental para respetar la naturaleza breve del tratamiento, pensado para un máximo de 15 sesiones (Ferrero et al., 2007).

Una vez cumplidos estos requisitos terapéuticos, el tratamiento estará orientado a incrementar la autoeficacia del paciente y su autoestima. Subyace a este objetivo la idea de que al aumentar la autoeficacia y autoestima del paciente, esto operará como un mecanismo de cambio terapéutico para la reducción de la ansiedad generalizada del cuadro. Desde el punto de vista técnico, la PPAB prescribe el uso de señalamientos, confrontaciones e interpretaciones, como intervenciones terapéuticas nucleares, pero no recomienda utilizar interpretaciones transferenciales como recurso, a pesar de que la transferencia debe ser monitoreada a lo largo de todo el tratamiento. La flexibilidad técnica del abordaje plantea a su vez la posibilidad de incluir intervenciones de otros marcos teóricos, tales como intervenciones cognitivas, conductuales, existenciales, entre otras, según el criterio clínico del terapeuta (Fassino et al., 2005).

Una segunda alternativa de tratamiento se encuentra en el trabajo de Andersson y equipo (2012), quienes desarrollaron una terapia psicodinámica de autoayuda online para la ansiedad generalizada (IPDT por su sigla en inglés). Este equipo de trabajo, con sede en los Países Bajos, Suecia y Estados Unidos, adaptó el modelo genérico de terapia psicodinámica de autoayuda online, elaborado por Silverberg (2005), hacia pacientes con ansiedad generalizada. Según el metaanálisis de Richards et al. (2015), la IPDT es el único modelo publicado de tratamiento psicodinámico para el TAG con formato de autoayuda vía internet.

La IPDT contempla cuatro estrategias fundamentales de autoayuda a desarrollar en cada consultante: 1) identificar los patrones inconscientes que contribuyen a las dificultades emocionales; 2) entender dichos patrones; 3) quebrar esos círculos viciosos; y 4) prevenir recaídas. Mediante un software online, el paciente recibe ocho módulos de texto con una frecuencia semanal. Dichos módulos contemplan: 1) introducción; 2) práctica sistemática en el descubrimiento de los propios patrones inconscientes; 3) comprensión de estos patrones desde una perspectiva autobiográfica; 4) diferentes métodos para romper con los patrones identificados; 5) reducción del riesgo de recaídas, 6) aplicación del conocimiento obtenido con foco en la resolución de situaciones problemáticas de la vida diaria; 7) aplicación de la identificación de patrones hacia el mejoramiento de las relaciones interpersonales; y 8) relaciones entre los patrones identificados, la preocupación y la ansiedad.

Cada uno de los módulos descritos culmina con una serie de temas a discutir por el paciente, con la consigna de escribir estas discusiones y enviarlas al terapeuta. El rol fundamental del terapeuta es ofrecer feedback y apoyar las comunicaciones semanales enviadas por el paciente. Además, recibe supervisión vía videoconferencia por parte de un psicoanalista didacta certificado. Cabe señalar que la IPDT basa el modelo psicodinámico de tratamiento en los trabajos ya mencionados de Crits-Chirstoph y equipo (1995, 2005). En este sentido, puede considerarse una adaptación al formato autoayuda online de la PPAET ya descrita en este capítulo.

Otra alternativa para el tratamiento del TAG ha surgido recientemente, mediante la creación de un tratamiento psicodinámico unificado para trastornos emocionales (categoría que incluye a los trastornos de ansiedad y del estado de ánimo) desarrollado por Leichsenring y Steinert (2018). Para diseñar este abordaje, denominado Protocolo Psicodinámico Unificado para los Trastornos Emocionales (*Unified Psychodynamic Protocol for Emotional Disorders*, UPP-EMO), los autores realizaron una revisión sistemática de todos los ensayos clínicos de tratamientos psicodinámicos para trastornos de ansiedad y trastornos depresivos, identificando principios comunes entre los abordajes que mostraron eficacia en estas patologías. Mediante esa síntesis, los autores diseñaron siete módulos de tratamiento para pacientes con trastornos emocionales, que pudieran aplicarse flexiblemente en base a la presentación del caso y las necesidades específicas de los pacientes. Entre los módulos propuestos se encuentran: (i) evaluación diagnóstica del paciente; (ii) socialización del paciente en la psicoterapia; (iii) motivación del paciente, trabajo sobre la ambivalencia y establecimiento de objetivos; (iv) educación y empoderamiento del paciente; (v) utilización de intervenciones de apoyo orientadas a establecer una sólida alianza terapéutica; (vi) identificación y trabajo sobre los conflictos principales del paciente, en término de deseos, relaciones objetales y defensas; y (vii) terminación y prevención de recaídas. Cabe destacar que si bien este tratamiento fue creado a partir de una revisión exhaustiva de las investigaciones empíricas sobre la eficacia de tratamientos para disfunciones de la emoción, el abordaje derivado no ha sido aún estudiado mediante una aproximación empírica que aporte evidencias respecto de su eficacia.

Eficacia y efectividad del tratamiento psicodinámico para el TAG

Se ha encontrado apoyo empírico para la eficacia del tratamiento psicodinámico de apoyo-expresivo, en términos de reducción de la sintomatología ansiosa y su posterior mantenimiento, en pacientes con TAG, con niveles cercanos a la eficacia de terapias cognitivo-conductuales, o niveles superiores respecto de la fármacoterapia, en ensayos controlados al azar (Abbass et al., 2014; Leichsenring et al., 2009; Salzer et al., 2011). Por su parte, Ferrero et al. (2007) sumaron evidencia en favor de la efectividad de la terapia adleriana breve para el TAG, al compararla con otros tratamientos en un estudio longitudinal de tipo naturalista. Desde otro ángulo, Present y equipo (2008) observaron curvas de "mejorías súbitas" (*sudden gains*) en el curso del tratamiento psicodinámico del TAG comparables con las curvas de mejorías súbitas observadas en investigaciones cognitivo-conductuales para el tratamiento de la depresión. También el ensayo clínico controlado de Andersson y equipo (2012) mostró que la terapia psicodinámica de auto-ayuda vía internet para el TAG presentaba niveles similares de eficacia que su par cognitivo-conductual, al tiempo que ambos modelos de tratamiento eran superiores a la lista de espera.

Siguiendo revisiones como las de Portman (2009), estos resultados necesitan ser replicados y, en consecuencia, deben ser interpretados cautelosamente. De todas formas, conservan su valor en tanto aportan un paquete conceptual y clínico alternativo a los modelos y abordajes ya existentes para el TAG, fuertemente dominados por los tratamientos cognitivo-conductuales, al tiempo que presentan evidencias preliminares de su eficacia y efectividad en pacientes con esta patología. Una vez más, aquí es necesario aclarar que, a excepción del trabajo de Ferrero y colaboradores (2007), el tratamiento comparado en todos los demás estudios citados se basa en el modelo de Crits-Christoph y equipo (1995, 1996, 2005).

Propuesta de tratamiento psicodinámico para el caso "Darío"

Al igual que en el resto de los capítulos del libro, la implementación del tratamiento psicodinámico para el TAG se ilustrará a partir del caso "Darío". Se hará foco en la psicoterapia psicodinámica de apoyo expresiva para el TAG (PPAET) por tratarse del modelo más difundido y estudiado hasta el momento. Se ensayará, además, una potencial conceptualización del caso según criterios OPD-2, con el fin de ilustrar algunos de los puntos desarrollados en el capítulo respecto de los usos y aplicaciones de este tipo de herramientas.

Conceptualización del caso mediante OPD-2

Eje 1: Vivencia de la enfermedad y prerrequisitos para el tratamiento. Darío impresiona como un paciente de buen funcionamiento, a pesar de sus áreas problemáticas circunscriptas a la ansiedad generalizada. Se observa conciencia de enfermedad y motivación para el tratamiento. Algunos puntos de la entrevista muestran capacidad de insight y recursos para el cambio. Como contrapartida, falta una mayor construcción de su problema como psicológico (refiere que lo mandó el médico y por eso consulta). Además, es plausible que los síntomas TAG se estén usando como escudo frente a temores más profundos y desafíos del ciclo vital, planteando un obstáculo interno en Darío para beneficiarse del tratamiento.

Eje 2: Patrones relaciones disfuncionales. Presuntivamente, se infieren circuitos relacionales que sostienen la ansiedad, por ejemplo: el paciente se acerca a los otros con miedo al rechazo, pero se ofrece con una tendencia a armonizar y a adaptarse. Los otros no perciben el temor al rechazo del paciente, encubierto en su actitud amable, "canchera" y tendiente a que "todo esté en armonía". El silencio de sus otros significativos es interpretado como rechazo (ejemplo del amigo del grupo), lo que vuelve a retroalimentar sus temores, su sobreadaptación y sus síntomas de ansiedad.

Eje 3: Conflictos activados. En primer lugar podemos plantear un *conflicto de sumisión versus control*, evidenciado por los propios síntomas de ansiedad generalizada, tendientes a reducir a cero la incertidumbre, intentando un control destinado al fracaso. En segundo lugar, cabe la posibilidad de un *conflicto de autovaloración*, reflejado en sus variadas preocupaciones por ser un buen padre, buen hijo, buen compañero. Finalmente, aparece un *conflicto de roles normativos*, evidenciado por las dificultades excesivas que menciona Darío al tener que afrontar cambios vitales como el casarse, tener hijos, recibirse.

Eje 4: Funcionamiento estructural. Tanto su vivencia de la enfermedad (eje 1) como la presencia de conflictos (eje 3) permiten pensar que su nivel de integración estructural es medio-alto. Sin embargo, podemos inferir fallas en la *autorregulación* de la ansiedad y de aspectos de su estado anímico. También la dimensión estructural de *comunicación hacia adentro* parece un punto débil en el paciente. Darío parece necesitar un mayor desarrollo de su capacidad para mentalizar la ansiedad y conectarla, por ejemplo, con perturbaciones médicas como el acúfeno. Finalmente, el que

Darío perciba su mundo crónicamente amenazante, permite pensar en *fallas parciales en sus vínculos con objetos internos*.

Plan de tratamiento. Tomando en cuenta el perfil OPD-2 del caso, se considera que el trabajo sobre Darío tendría que estar fundado en una combinación de estrategias tanto de apoyo como expresivas, eje central del tratamiento PPAET para el TAG.

Por una parte, hay aspectos menos integrados de su funcionamiento estructural (autorregulación, comunicación hacia adentro y vínculos con objetos internos) que justificarían intervenciones de apoyo, tendientes a validar la experiencia de ansiedad, reconocer y revisar la intolerancia a la incertidumbre, señalar el uso problemático de la preocupación y analizar la visión de sí mismo y del mundo que todos estos elementos generan.

Por otra parte, al relevar su vivencia de la enfermedad se pueden inferir recursos para el insight (por ejemplo, cuando asocia la eclosión de sus síntomas con el infarto de su padre), junto con un buen nivel de adaptabilidad (el paciente trabaja, ha podido formar una familia, tiene un red vincular estable). A su vez, que la consulta esté focalizada por el paciente en los síntomas de TAG mostraría que sus áreas de conflicto están, de algún modo, circunscriptas. De hecho, el paciente se encarga de aclarar que su problema, de todas formas, lo deja trabajar, que se considera una persona feliz, que ama a su mujer y sus hijos. Toda esta serie de elementos hablaría en favor de un paciente con capacidad para beneficiarse de interpretaciones, en especial respecto del sentido defensivo de su preocupación, lo que marcaría la línea expresiva del tratamiento. Aquí serían relevantes los conflictos diagnosticados según OPD-2, referidos al control, la autovaloración y los roles normativos, como contenido posible de las interpretaciones, junto con los patrones relacionales disfuncionales que pueden identificarse en el caso, y que tienen la ansiedad como eje ordenador. De hecho, el trabajo sobre los CCRTs que propone la PPAET es en todo coherente con el diagnóstico relacional según OPD-2.

En este sentido, será importante para el tratamiento focalizar en el aspecto relacional de las preocupaciones del paciente. En efecto, a Darío le preocupa que algunas personas se enojen con él, que su mujer no esté contenta y lo abandone. Se siente preocupado por la forma en que lo ven los hijos y la posibilidad de ser un mal padre. Y también que en el trabajo lo vean como una persona poco inteligente. Sus principales fuentes de preocupación se asocian a la forma en que lo ven los otros y sus eventuales consecuencias.

Dentro de este marco, y según el modelo PPAET, se deberían analizar cómo se componen cada uno de estos episodios de preocupación en base al CCRT. Es decir, evaluando de qué manera en cada uno de ellos se involucra un deseo del paciente, una respuesta de los otros (ya sea real o fantaseada) y, finalmente, una respuesta del paciente frente a las reacciones de los otros. Así, se buscaría hacer conscientes las ofertas relacionales inconscientes del paciente. Con "ofertas de rol inconscientes" se quiere aludir, por ejemplo, al hecho de que su temor al fracaso puede inducir respuestas de retirada en sus otros significativos, reforzando su preocupación, aunque el paciente busque conscientemente ser aceptado en sus relaciones. Siguiendo la línea expresiva del tratamiento, serían necesarias interpretaciones que permitan a Darío ganar conciencia sobre estos sentidos latentes de sus ofertas de rol.

La interpretación del CCRT también ayudaría a la elaboración de los temores profundos que subyacen a sus preocupaciones, por ejemplo conectando que sus diversos temores a "quedar mal" o "ser visto de manera desfavorable" implican, a un nivel inconsciente, su temor a la pérdida de amor del objeto, lo que a su vez implicaría quedar desamparado frente al manejo de la ansiedad. Como se planteó al armar el perfil OPD-2 del caso, la relación del paciente con el control parece altamente conflictiva. En este punto, el análisis de las expectativas relaciones de control también permitiría concientizar al paciente sobre sus profundos temores al descontrol, encubiertos por su constante actividad de preocuparse. Así, el tratamiento abriría la posibilidad a que, por ejemplo, el conflicto del paciente con el control sea entendido como un intento de compensar temores inconscientes al descontrol emocional.

Otro punto fundamental del trabajo en los CCRTs alude al papel curativo de la alianza terapéutica. La postura del terapeuta, como alternativa a la postura de los otros usualmente percibida por el paciente, favorecería el surgimiento de una experiencia emocional correctiva, permitiendo que Darío internalice nuevas formas de relacionarse y de experimentar dichas relaciones. Una vez más aquí, debería estar en el centro de la atención terapéutica el registrar las ofertas de rol inconscientes del paciente y devolver respuestas correctivas. Por ejemplo, el terapeuta podría reconocer el temor al rechazo en Darío, mientras brinda un marco global de aceptación del paciente, clarificando e interpretando sus temores más profundos. La misma actitud de aceptación podría ser correctiva respecto del temor al enojo y abandono por parte del otro que invade al paciente.

Dentro de estas coordenadas, la propuesta global de tratamiento suscribe la hipótesis de que, a medida que se trabaje sobre los CCRTs, la preocupación se tornará menos necesaria para el paciente con TAG y se reducirá. Al mismo tiempo, el trabajo con los CCRTs ayudaría a resignificar la ansiedad e incrementar las habilidades interpersonales del paciente, para que sea más asertivo con los otros. Así, se estaría trabajando no solo en un alivio sintomático, sino también en una perdurabilidad de esos cambios, alcanzando logros terapéuticos sostenidos en el tiempo, en los términos en que el psicoanálisis entiende el "cambio estructural" (ver, por ejemplo:

Grande et al., 2009). En este sentido, el perfil OPD-2 también puede utilizarse como criterio para evaluar si se modifican o no los puntos problemáticos señalados en cada eje (ver: Grande et al., 2012; Juan, Gómez Penedo y Roussos, 2017; Juan y Pozzi, 2016).

Una vez que este trabajo con los CCRTs se haya profundizado, la etapa final del tratamiento podría ir vinculando la preocupación patológica con experiencias pasadas del paciente, en donde éste hubiera tenido que anticipar situaciones y hacerse cargo, prematuramente, de otros significativos. De esta forma, se estaría volviendo sobre el foco psicodinámico del tratamiento –la preocupación como defensa– desde el ángulo de experiencias pasadas de tipo traumático y/o figuras de apego inseguro, tomando la conceptualización que el modelo PPAET hace del TAG (ver Tabla 4). Se trabajaría, entonces, sobre el sentido inicial de una defensa (en este caso la preocupación), sobre el contexto histórico en donde surge, y sobre cómo luego el paciente hipertrofia el uso de un mismo mecanismo, aún en ausencia de las circunstancias que lo motivaron en un primer momento. Este trabajo instaría a Darío a una conexión entre su "aquí y ahora" y su "allá y entonces", con el fin de comprender desde una nueva perspectiva su actividad de preocuparse. Esta última etapa del tratamiento, junto con el foco de finalización, cerraría y profundizaría la línea expresiva de abordaje, con vistas a consolidar un cambio estructural, en el sentido que ya fue mencionado.

Síntesis y discusión

En este capítulo quedó ilustrada la complejidad y variedad de los desarrollos psicoanalíticos vinculados con el Trastorno de Ansiedad Generalizada. Se buscó generar una visión de conjunto describiendo los antecedentes del concepto de TAG en la obra freudiana, para luego reseñar propuestas diagnósticas psicoanalíticas sistematizadas para el cuadro. Finalmente se ofreció una síntesis sobre propuestas formalizadas de tratamiento psicodinámico diseñadas para la ansiedad generalizada.

Si se tiene en cuenta que el TAG es uno de los trastornos de ansiedad más prevalentes (Barlow, 2002/2004), es innegable que los psicoanalistas han operado y operan clínicamente sobre fenómenos de ansiedad generalizada en su práctica cotidiana, entiendan o no la presentación sintomática como un trastorno; reduzcan o no la concepción de un trastorno a manifestaciones sintomáticas. Sin embargo, aunque pueden rastrearse raíces históricas del concepto de TAG en la obra de Freud (1895/2001), sólo una relativa minoría de la comunidad psicoanalítica internacional otorga hoy a este síndrome psicopatológico una entidad nosológica válida.

Es difícil, entonces, encontrar en la literatura psicoanalítica actual consideraciones teórico-técnicas centradas en el diagnóstico de TAG. Tal vez una de las razones para este fenómeno radica en que la ansiedad tradicionalmente ha sido considerada un síntoma presente en diversas estructuras de la psicopatología psicoanalítica. El TAG, dentro de este contexto, podría estar expresando organizaciones de personalidad subyacentes muy distintas, y la mera manifestación de los síntomas de ansiedad no constituiría un cuadro nosológico propio dentro de una mirada psicoanalítica. Algunos estudios realizados por nuestro equipo de investigación apoyan la existencia de esta zona de discusión y debate respecto de la conceptualización psicoanalítica del TAG (ver, por ejemplo: Etchebarne et al., 2016; Gómez Penedo et al., 2015; Juan et al., 2013).

Dentro de este marco, el recorrido del capítulo permite establecer una divergencia central intrapsicoanálisis, entre aquellos que consideran el TAG como un mero síntoma multideterminado, y aquellos que toman el TAG como un cuadro susceptible de establecer puentes entre la nosología psicoanalítica y los diagnósticos descriptivos. La teoría clásica freudiana se orienta hacia la primera opción. A favor de la segunda alternativa, algunas propuestas psicoanalíticas más actuales plantean un diálogo necesario entre sistemas diagnósticos descriptivos y el psicoanálisis. El TAG adquiere, así, cierta entidad nosológica, como una situación clínica que organiza el material del paciente y orienta el tratamiento.

Es en este punto donde puede ubicarse la contribución fundamental del psicoanálisis contemporáneo a la noción y comprensión de la ansiedad generalizada, de la mano de manuales diagnósticos como el PDM y el OPD-2. Ambas herramientas brindan cierto estatuto nosológico a manifestaciones clínicas compatibles con un TAG, vinculando el cuadro clínico con un patrón de personalidad que implica dinamismos inconscientes, el pasado del paciente, la conflictiva neurótica y los déficits estructurales. Esta visión más contemporánea del TAG trasciende, en muchos sentidos, el concepto freudiano de "neurosis de ansiedad", pero, a la vez, también trasciende el diagnóstico "TAG" tal como lo presentan los manuales estandarizados no psicoanalíticos. Los manuales diagnósticos psicodinánicos generan, entonces, una instancia de comprensión psicopatológica más sofisticada que las bases sobre las cuales organizan su conocimiento. Ambas herramientas pueden ser muy útiles para conceptualizar un caso puntual de TAG, tomando en cuenta dimensiones psicoanalíticas de diagnóstico, tal como ha sido ejemplificado con el caso Darío. De hecho, el OPD-2 se ha empleado numerosas veces como instrumento para establecer perfiles psicodinámicos de los pacientes en el campo de la investigación empírica psicoanalítica (ver Juan, Pescio y Roussos, 2014).

Las propuestas PDM y OPD-2 para comprender el TAG también plantean divergencias y desafíos pendientes. Por ejemplo, en ambos manuales no se llega a consensuar la estructura psicopatológica psicoanalítica en la base del cuadro. Por un lado, el TAG puede comprenderse como una manifestación propiamente neurótica, en donde faltan mecanismos típicos de la histeria y la neurosis obsesiva, y la ansiedad no está ligada a un objeto como en los cuadros fóbicos. Por otro lado, se plantea la idea de una desregulación afectiva básica en el TAG, que podría abarcar funcionamientos no neuróticos, yendo hacia ansiedades más primitivas, conectando la ansiedad generalizada con la patología narcisista y el trastorno límite de la personalidad. Este debate muestra tanto la profundidad que una mirada psicoanalítica puede darle al TAG, como así también las ambigüedades que resultan para su conceptualización.

Creemos que estos esfuerzos actuales pueden ayudar a un consenso entre clínicos psicoanalíticos a la hora de conceptualizar un caso, generando un necesario "terreno común" (Wallerstein, 2006) respecto de la comprensión de la ansiedad generalizada. A su vez, un diagnóstico más sistemático y consensuado puede ser el punto de partida para luego pensar en propuestas específicas de tratamiento para trastornos específicos.

En este sentido, el segundo eje del capítulo giró en torno a los tratamientos psicodinámicos específicos para la ansiedad generalizada, con foco en la Psicoterapia Psicodinámica Breve de Apoyo-Expresiva para el TAG (PPAET), elaborada por Crits-Christoph y equipo (1995, 2005). Nos parece útil, para el clínico y el investigador de orientación psicoanalítica, el interiorizarse sobre estas propuestas formalizadas de abordaje. No sólo son modelos de tratamiento que establecen claros puentes entre los síntomas descriptivos y la nosología psicoanalítica, sino que además ofrecen pautas sistemáticas de tratamiento psicodinámico para el TAG. Dichas pautas pueden tomarse incluso en el entrenamiento de futuros terapeutas, como un modelo genérico de abordaje que podría adaptarse a otro tipo de situaciones clínicas. De hecho, y como fue analizado, gran parte de los modelos descritos en este capítulo se basan en la propuesta genérica de tratamiento de apoyo-expresivo elaborada por Luborsky (1984). Cabe destacar aquí que el modelo CCRT constituye uno de los instrumentos más utilizados para la investigación empírica de procesos y resultados en psicoanálisis y psicoterapia psicodinámica a nivel internacional (ver, por ejemplo: Leuzinger-Bohleber y Kächele, 2015). Así, confiamos en que la lectura de este capítulo sea útil para abordar la ansiedad generalizada, pero también para enriquecer la mirada sobre los aportes de la terapia psicodinámica en sentido amplio hacia el psicoanálisis de nuestro medio.

La descripción detallada del modelo de tratamiento PPAET, y su ejemplificación en el caso Darío, brindan una breve visión de conjunto sobre modelos de tratamiento específicos con apoyo empírico, utilizados a nivel internacional. Independientemente de su utilidad para situaciones de ansiedad generalizada, este tipo de modelos también ilustran cierta evolución que el psicoanálisis ha sufrido en otros contextos.

Por supuesto que la sistematización del abordaje que se describió también abre una serie de debates e interrogantes en torno a cómo integrar estos principios y herramientas en el psicoanálisis de nuestro medio. De esta manera, el presente capítulo se propone enriquecer la mirada de los clínicos psicoanalíticos locales, con vistas a que se puedan incluir estrategias formalizadas de tratamiento en el trabajo habitual con los pacientes. Por ejemplo, aun cuando el protocolo no se aplique de manera estricta, se trate de un tratamiento de largo plazo, o incluso el diagnóstico no sea ansiedad generalizada, que el terapeuta pueda registrar los CCRTs del paciente y utilizarlos a lo largo de toda la terapia nos parece un elemento valioso que sumaría calidad internacional a la oferta terapéutica psicoanalítica de nuestra región. Lo mismo vale para el considerar una psicoterapia psicoanalítica dentro del continuo "de apoyo-expresivo", o el combinar un perfil diagnóstico sistematizado según OPD-2 o PDM con principios de tratamiento específico para un trastorno específico, como los analizados durante este capítulo.

En este marco, es importante tener en cuenta que el TAG es un cuadro difícil de delimitar, y que ha sido considerado desde varios puntos de vista (Barlow, 2000/2002; McWilliams et al., 2006) un denominador común de la experiencia de ansiedad. Analizando estos aspectos, Juan (2014) plantea que el profundizar en el abordaje del TAG puede aportar hacia el tratamiento psicoanalítico de la ansiedad en sentido amplio. Asimismo, estudios a gran escala (ver: Knekt y equipo, 2015) han brindado apoyo empírico para el abordaje psicodinámico transdiagnóstico de los trastornos de ansiedad.

Por último, la descripción global ofrecida en este capítulo abre un campo de posibilidades para el desarrollo estudios que den cuenta de la eficacia y la efectividad de estos abordajes psicodinámicos en nuestro medio (Juan, Gómez Penedo y Roussos, 2017). Buscamos, así, sentar las bases para una alternativa empíricamente válida a otros tratamientos disponibles para el TAG, muchos de ellos incluso descritos en este mismo libro, enriqueciendo la variedad de tratamientos basados en la evidencia para el abordaje del cuadro y la calidad del entrenamiento de nuestros terapeutas.

Referencias

Abbass, A.A., Kisely, S.R., Town, J.M., Leichsenring, F., Driessen, E., De Maat, S., Gerber, A., Dekker, J, Rabung, S., Rusalovska, S., y Crowe, E. (2014). *Short-term psychodynamic psychotherapies for common mental disorders* (Review). *The Cochrane Collaboration.* John Wiley & Sons, Ltd.

Alexander, F. y French, T. (1956). *Terapéutica psicoanalítica. Principios y aplicación.* Buenos Aires, Paidós.

Almlöv, J., Georén, L., Breitholtz, E., Dahlin, M., Cuijpers, P., Carlbring, P. y Silverberg, F. (2012). Internet-Based Psychodynamic versus Cognitive Behavioral Guided Self-Help for Generalized Anxiety Disorder: A Randomized Controlled Trial. *Psychother Psychosom*, 81:344–355. DOI: 10.1159/000339371

American Psychiatric Association. (1968). *DSM-II. Manual diagnóstico y estadístico de los trastornos mentales*. Masson, S. A. Barcelona.

American Psychiatric Association. (2001). *DSM-IV TR. Manual diagnóstico y estadístico de los trastornos mentales - IV - Texto revisado*. Masson, S. A. Barcelona.

American Psychiatric Association (2013). *Diagnostic and Statistical Manual of Mental Disorders, Fifth Edition*. Arlington, VA.

Andersson, G., Paxling, B., Roch-Norlund, P., Östman,G., Norgren, A.,

Barber, J.; Connolly, M.; Crits-Christoph, P.; Gladis L. y Siqueland L. (2000) Alliance Predicts Patients' Outcome Beyond In-Treatment Change in Symptoms. *Journal of Consulting and Clinical Psychology*, Vol. 68, No. 6, 1027-1032.

Barber, J.P, y Crits-Christoph, P. (1995). *Dynamic Therapies for Psychiatric Disorders (Axis I)*. New York, Basic Books.

Barlow, D. (2002/2004). *Anxiety and its disorders. The nature and treatment of anxiety and panic*. New York, London: The Guilford Press.

Bernardi, R., Varela, B., Miller, D., Zytner, R., de Souza, L., y Oyenard, R. (2016). *La formulación psicodinámica del caso: su valor para la práctica clínica*. Montevideo, Grupo Magro Editores.

Borkovec, T. (1994). The nature, functions and origins of worry. In G. Davey y F. Tallis (Eds.), *Worrying: Perspectives on theory, assessment and treatment*, Sussex, UK, 5-33.

Borkovec, T.; Robinson, E.; Pruzinsky, T. y De Press, J. (1983). Preliminary exploration of worry: Some 39 characteristics and processes. *Behavior Research and Therapy*, 21, 9-16.

Bowlby, J. (1989). Una base segura: aplicaciones clínicas de una teoría del apego. Buenos Aires, Paidós.

Bucci, W. (2001). En apoyo de la inferencia psicoanalítica: el rol de los modelos psicológicos. *Subjetividad y Procesos Cognitivos*, 1, 20-33

Castonguay, L. G. y Hill, C. E. (2012). *Transformation in psychotherapy: Corrective experiences across cognitive behavioral, humanistic, and psychodynamic approaches*. Washington, DC, US: American Psychological Association.

Crits-Christoph, P. (2002). Psychodynamic-interpersonal treatment of generalized anxiety disorder. *Clinical Psychology: Science and practice*, Vol. 9, N. 1.

Crits-Christoph, P.; Connolly, M.; Azarian, K.; Crits-Christoph, K. y Shappel, S. (1996). An open trial of brief supportive-expressive psychotherapy in the treatment of generalized anxiety disorder. *Psychotherapy: Theory, Research, Practice, Training* Vol. 33, 3.

Crits-Christoph, P.; Connoly Gibbons, M.; Narducci, J.; Schamberger, M. y Gallop, R. (2005). Interpersonal problems and the outcome of interpersonally oriented psychodynamic treatment of GAD. *Psychotherapy: Theory, Research, Practice, Training*, Vol. 42, No. 2, 211–224.

Crits-Christoph, P.; Crits-Christoph, K., Wolf-Palacio, D.; Ficher, M. y Rudick, D. (1995). Brief supportive-expressive psychodynamic therapy for generalized anxiety disorder. In: *Dynamic Thera-*

pies for Psychiatric Disorders (Axis I). Edited by Barber JP, Crits-Christoph P. New York, Basic Books, pp 43–83.

De la Parra, G.; Pinedo Palacios, J.; Plaza Stuardo, V. y Alvarado Paiva, L. (2010). Diagnóstico operacionalizado: indicación y planificación estratégica en psicoterapia psicodinámica. Psiquiatría Universitaria 6(3): 364-371.

Etchebarne, I., Juan, S., Gomez-Penedo, J. M. y Roussos, A. J. (2016). Theoretical and Clinical Considerations of Psychoanalysts and Cognitive Behavioral Therapists Regarding Generalized Anxiety Disorder in Argentina: A Qualitative Study of the Research-Practice Gap. *Brazilian Journal of Psychotherapy, 18(2), 92-114.*

Fassino, S., Abbate-Daga, G., Delsedime, N., Busso, F., Piero, A. y Rovera, G.G. (2005) Baseline personality characteristics of responders to 6-month psychotherapy in eating disorders: preliminary data. *Eat Weight Disord,10*(1), 40-50.

Ferrari, H. (2008). Un nuevo instrumento de diagnóstico: El Manual de Diagnóstico Psicodinámico, Psychodynamic Diagnostic Manual PDM. En: Ferrari, H.; Lancelle, G.; Pereira, A.; Roussos, A. y Weinstein, L. (2008). *El Manual Diagnóstico Psicoanalítico. Discusiones sobre su estructura, su utilidad y viabilidad.* Reporte Investigación N.1, Universidad de Belgrano. En: http://www.ub.edu.ar/investigaciones/ri_nuevos/1_roussos.pdf

Ferrero, A., Piero, A., Fassina, S., Massola, T., Lanteri, A., Abbate Daga, G. y Fassino, S. (2007). A 12-month comparison of brief psychodynamic psychotherapy and pharmacotherapy treatment in subjects with generalized anxiety disorder in a community setting. *European Psychiatry,* 22, 530-539.

Fiorini, H. (1993). *Estructuras y abordajes en psicoterapias psicoanalíticas.* Buenos Aires, Nueva Visión.

Freud, S. (1895/2001). Sobre la justificación de separar de la neurastenia un determinado síndrome en calidad de neurosis de angustia. *Obras Completas,* Buenos Aires, Amorrortu Editores, Vol. III, 85-116.

Freud, S. (1909/2001). Análisis de la fobia de un niño de cinco años (el pequeño Hans). *Obras Completas,* Buenos Aires, Amorrortu Editores, Vol. X, 1-118.

Freud, S. (1926/2001).Inhibición, síntoma y angustia. *Obras Completas,* Buenos Aires, Amorrortu Editores, Vol. XX, 71-164.

Freud, S. (1940/2001). Esquema del psicoanálisis. *Obras Completas,* Buenos Aires, Amorrorty Editores, Vol. XXIII, 133-210.

Gabbard, G. (2000/2002). *Psiquiatría psicodinámica en la práctica clínica,* 3ra edición. Buenos Aires, Editorial Médica Panamericana.

Gómez Penedo, J. M.; Etchebarne, I.; Juan, S. y Roussos, A. (2013). Um olhar ao transtorno de ansiedade generalizada desde a psicanalise: uma aproximação empírica sobre sua conceptualização [Una mirada al Trastorno de Ansiedad Generalizada desde el psicoanálisis: aproximación empírica acerca de su conceptualización]. Psicanálise: Revista da Sociedade Brasileira de Psicanálise de Porto Alegre.15(2), 331-356.

Gómez Penedo, J. M.; Etchebarne, I.; Juan, S. y Roussos, A. (2015). What does Generalized Anxiety Disorder mean for psychoanalysts? An empirical qualitative approach about its conceptualization in the psychoanalytic framework. En: Leuzinger-Bohleber, M. y Kächele, H. (Eds). *An Open Door Review of Outcome and Process Studies in Psychoanalysis. Third Edition.*

London: International Psychoanalytical Association, 315-316. Disponible en: https://www.ipa.world/ipa/IPA_Docs/Open%20Door%20Review%20III.pdf

Grande, T., Dilg, R., Jakobsen, T., Keller, W., Krawietz, B., Langer, M. y Rudolf, G. (2009). Structural change as a predictor of long-term follow-up outcome. *Psychotherapy Research*, *19*(3), 344–57.

Grande, T., Keller, W., y Rudolf, G. (2012). What Happens After Treatment:

Can Structural Change be a Predictor of Long-Term Outcome? In: Levy, R. A., Ablon, J. S., y Kächele, H. (Eds): *Psychodynamic Psychotherapy Research. Evidence-Based Practice and Practice-Based Evidence*. New York, Humana Press, Springer.

Grupo de trabajo OPD (2006/2008). *Diagnóstico psicodinámico operacionalizado (OPD-2). Manual para el diagnóstico, indicación y planificación de la psicoterapia*. Herder, Barcelona.

Hanns, L. (1996/2001). *Diccionario de términos alemanes de Freud*. Buenos Aires, Lohlé-Lumen.

Juan, S. (2014). Inferencias pronósticas e intervenciones en el Trastorno de Ansiedad Generalizada. Tesis doctoral defendida y aprobada. Universidad de Buenos Aires. DOI: http://dx.doi.org/10.13140/RG.2.2.33588.45442

Juan, S., Etchebarne, I., Gómez Penedo, M., y Roussos, A. (2010). Una perspectiva psicoanalítica sobre el Trastorno de Ansiedad Generalizada: Raíces históricas y tendencias actuales. *Revista de la Sociedad Argentina de Psicoanálisis*, *14*, 197-219.

Juan, S., Gómez Penedo, J.M., y Roussos, A. (2017). Proyecto de investigación: Foco terapéutico y mecanismos de cambio en un caso único de psicoterapia psicoanalítica. *Revista Diagnosis*,

14(1). Disponible en: http://www.revistadiagnosis.org.ar/14.1

Juan, S., Pescio, N., Gómez Penedo, J.M., y Roussos, A. (2013). La conceptualización de un caso de Trastorno de Ansiedad Generalizada (TAG) propuesta por terapeutas psicoanalíticos. Análisis mediante los criterios del Diagnóstico Psicodinámico Operacionalizado 2 (OPD-2): Resultados preliminares. Anuario de Investigaciones, Vol. XX, Tomo I, 65-74. ISSN 0329-5885, Ediciones de la Facultad de Psicología, Universidad de Buenos Aires.

Juan, S., Pescio, N. y Roussos, A. (2014) Diagnóstico Psicodinámico Operacionalizado 2 (OPD-2): una revisión bibliográfica sobre su uso en investigación empírica psicoanalítica. *Memorias del VI Congreso Internacional de Investigación y Práctica Profesional en Psicología, Facultad de Psicología. Tomo Psicología Clínica y Psicopatología*, 187-188, ISSN 1667-6750. Ediciones de la Facultad de Psicología, UBA.

Juan, S. y Pozzi, A. (2016). La importancia de la noción de "proceso" para la práctica clínica y la investigación en psicoterapia psicoanalítica. *Aperturas Psicoanalíticas*, N 53. En: http://www.aperturas.org/articulos.php?id=0000943&a=La-importancia-de-la-nocion-de-%93proceso%94-para-la-practica-clinica-y-la-investigacion-en-psicoterapia-psicoanalitica

Kächele, H. (2010). Distinguishing Psychoanalysis from Psychotherapy. *The International Journal of Psychoanalysis*, *91*(1), 35–43; discussion 51–4; discussion 59–61. doi:10.1111/j.1745-8315.2009.00232.x

Kernberg, O. (1984/1999). *Trastornos graves de la personalidad*. Buenos Aires, Manual Moderno.

Knekt, P. et al. (2015). Helsinki Psychotherapy Study. En: Leuzinger-Bohleber, M. y Kächele, H. (Eds). *An Open Door*

Review of Outcome and Process Studies in Psychoanalysis. Third Edition. London: International Psychoanalytical Association, 133-135. Disponible en: https://www.ipa.world/ipa/IPA_Docs/Open%20Door%20Review%20III.pdf

Kohut, H. (1984/1986). ¿Cómo Cura el Análisis? Buenos Aires, Paidós.

Leichsenring, F.; Salzer, S.; Jaeger, U.; Kächele, H.; Kreische, R.; Leweke, F.; Rüger, U.; Winkelbach, C. y Leibing, E. (2009). Short-Term Psychodynamic Psychotherapy and Cognitive-Behavioral Therapy in Generalized Anxiety Disorder: A Randomized, Controlled Trial. American Journal of Psychiatry; 166:875-881.

Leichsenring, F., & Steinert, C. (2018). Towards an evidence-based unified psychodynamic protocol for emotional disorders. Journal of Affective Disorders, 232, 400–416. http://doi.org/10.1016/j.jad.2017.11.036

Leuzinger-Bohleber, M. y Kächele, H. (2015). An Open Door Review of Outcome and Process Studies in Psychoanalysis. Third Edition. London: International Psychoanalytical Association. Disponible en: https://www.ipa.world/ipa/IPA_Docs/Open%20Door%20Review%20III.pdf

Lewis, A.; Dennerstein, M. y Gibbs, P. (2008). Short-term psychodynamic psychotherapy: Review of recent process and outcome studies. Australian and New Zealand Journal of Psychiatry; 42:445-455.

Luborsky, L. (1984). Principles of psychoanalytic psychotherapy: A manual of supportive-expressive treatment. New York, Basic Books.

Luborsky, L. y Crits-Christoph, P. (1990). Understanding transference: The Core Conflictual Relationship Theme method. New York: Basic Books.

McWilliams, N., Caligor, E., Herzig, A. Kernberg, O., Shedler, J. y Westen, D. (2006). Personality Patterns and Disorders P Axis. In: PDM Task Force (Eds.), Psychodynamic diagnostic manual. Silver Spring, MD: Alliance of Psychoanalytic Organizations.

Moliner, M. (1998). Diccionario de uso del español. Madrid, Gredos.

PDM Task Force. (2006). Psichodynamic Diagnostic Manual. Silver Spring, MD: Alliance of Psychoanalytic Organizations.

Portman, M. (2009). Generalized Anxiety Disorder across the lifespan: An Integrative Approach. New York: Springer.

Present, J.; Crits-Christoph, P.; Connolly Gibbons, M.; Hearon, B.; Ring-Kurtz, S.; Worley, M. y Gallop. R. (2008). Sudden gains in the treatment of generalized anxiety disorder. Journal of Clinical Psychology, Vol. 64(1), 119—126

Richards, D., Richardson, T., Timulak, L. y McElvaney, J. (2015). The efficacy of internet-delivered treatment for generalized anxiety disorder: A systematic review and meta-analysis. Internet Interventions, Volume 2, Issue 3, 272-282. DOI: http://dx.doi.org/10.1016/j.invent.2015.07.003

Salzer, S., Winkelbach, C., Leweke, F., Leibing, E. y Leichsenring, F. (2011). Long-term effects of short-term psychodynamic psychotherapy and cognitive-behavioural therapy in generalized anxiety disorder: 12-month follow-up. Canadian Journal of Psychiatry, 56(8), 503-508.

Sarudiansky, M. (2012). Neurosis y Ansiedad: antecedentes conceptuales de una categoría actual. Memorias del IV Congreso Internacional de Investigación y Práctica Profesional en Psicología XIX Jornadas de Investigación VIII Encuentro de Investigadores en Psicología del MERCOSUR. Facultad *de Psicología - Universidad de Buenos Aires, Buenos Aires*, Tomo Psicología Clínica y Psicopatología, 257-261

Shedler, J. (2009).The Efficacy of Psychodynamic Psychotherapy. American

Psychologist, American Psychological Association.

Sifneos, P. E. (1987). *Short-Term Dynamic Psychotherapy. Evaluation and Technique*. New York: Plenum Publishing Corporation.

Silverberg, F. (2005). *Make the Leap. A Practical Guide to Breaking the Patterns That Hold You Back*. New York, Marlowe and Company.

Thomä, H. y Kächele, H. (1985/1989). *Teoría y práctica del psicoanálisis.*

Tomo 1: Fundamentos. Herder, Barcelona.

Wallerstein, R. (1989). Psicoanálisis y psicoterapia: una perspectiva histórica. *Libro Anual de Psicoanálisis*, 299-326, Londres-Lima, Ediciones Psicoanalíticas Imago.

Wallerstein, R. S. (2006). Psychoanalytically Based Nosology: Historic Origins. In: PDM Task Force.(Eds). *Psychodynamic Diagnostic Manual*. Silver Spring, MD: Alliance of Psychoanalytic Organizations.

Zerbe, K. (1990). Through the storm: Psychoanalytic theory in the psychotherapy of the anxiety disorders. *Bulletin of the Menninger Clinic*, Vol. 54 Issue 2, 171-184.

Trastorno de Ansiedad Generalizada en niños y adolescentes[1]

Taylor N. Stephens. B.A.
Palo Alto University (EE.UU.)

Gordon Hunt. M.A. & M.S.
Palo Alto University (EE.UU.)

Shweta Gosh. M.S.
Palo Alto University (EE.UU.)

Danielle Nelson. M.S.
Palo Alto University (EE.UU.)

Lic. Javier Mandil
Fundación Equipo de Terapia Cognitiva Infantojuvenil (Argentina)

Dr. Eduardo L. Bunge
Palo Alto University (EE.UU.)

Los trastornos de ansiedad son una de las problemáticas más frecuentes en la salud mental de niños y adolescentes (Cartwright-Hatton, McNicol, y Doubleday, 2006; Connolly, Suarez y Sylvester, 2011; Higa-McMillan et al., 2015; Merikangas et al., 2010), específicamente el trastorno de ansiedad generalizada (TAG) (American Psychological Association, 2013; Huberty, 2012). El TAG ha sido desarrollado y formulado en base a investigaciones realizadas acerca del Trastorno de Ansiedad Excesiva, tal como se lo denominaba anteriormente (Hudson, Hughes y Kendall, 2004). El presente capitulo revisará los aspectos psicopatológicos, etiológicos del TAG, junto a los modelos explicativos, de evaluación y tratamiento del TAG en población infanto-juvenil.

Aspectos psicopatológicos del TAG en niños y adolescentes

De acuerdo a la última versión del Manual Diagnóstico y Estadístico de Trastornos Mentales (DSM-V), la tasa de prevalencia de doce meses del TAG en adolescentes de Estados Unidos es de aproximadamente un 0.9%, comparada con el 2.9% en adultos (American Psychological Association, 2013; Kessler et al., 2012). Comparativamente, la tasa de prevalencia de riesgo

---

1 Traducción al castellano: Lic. Florencia Vernavá. Revisión de traducción: Dr. Eduardo L. Bunge.

mórbido durante la vida se ha reportado en un 9.0% (American Psychological Association, 2013). Las investigaciones señalan una disparidad en la tasa de prevalencia del TAG según un componente hereditario individual y el estado de desarrollo de los países, de modo que los individuos de ascendencia europea y aquellos de países más desarrollados serán más propensos a padecer síntomas de ansiedad y TAG (American Psychological Association, 2013; Lee et al., 2009; Lewis-Fernández et al., 2010).

El TAG generalmente se desarrolla durante la infancia, la adolescencia y principios de la edad adulta (Hale, Engels y Meeus, 2006). La edad de inicio suele ser entre los 8.8 y 10 años de edad, manifestando un incremento en los índices de prevalencia y síntomas con la edad (Ellis y Hudson, 2010; Keller et al., 1992; Last et al., 1992; Strauss et al., 1988). En los niños las preocupaciones tienden a ser mas variadas con el aumento de la edad (Vasey, Crnic y Carter, 1994) y los niños mayores pueden describir sus preocupaciones de forma más detallada (Henker, Whalen, y O'Neil, 1995). Además, la literatura señala un curso crónico para la mayoría de los sujetos que desarrollan TAG durante la infancia, prolongándose hacia la adultez (Dugas, 2000; Hale et al., 2006; Hunt y Singh, 1991).

En el núcleo del TAG reside una preocupación persistente, excesiva e incontrolable acerca de una variedad de cuestiones (Hale et al., 2006; Hudson et al., 2004; Masi et al., 2004). Los niños y adolescentes que padecen TAG suelen ser caracterizados como "pequeños adultos" (Layne et al., 2009). El contenido y el foco de sus preocupaciones excesivas pueden variar desde el perfeccionismo, salud y seguridad, eventos mundiales/desastres y otras preocupaciones concernientes a la edad como la escolaridad, sus calificaciones y el grupo de pares (Layne et al., 2009). Las preocupaciones típicas que experimentan los jóvenes con TAG incluyen la escuela, familia, amigos, salud, desempeño y eventos del mundo/globales (Hudson et al., 2004). Los sujetos que padecen TAG suelen tener en común su preocupación y el foco en relación con los conflictos interpersonales, entre otros (Borkovec, Alcaine y Behar, 2004; Hale et al., 2006). Más específicamente, suelen preocuparse por la escuela y las calificaciones, los desastres naturales (ej: huracanes), conflictos sociales (ej: pares), posibilidades de sufrir un ataque físico, situaciones poco familiares y el futuro (Hudson et al., 2004; Layne et al., 2009; Weems, Silverman y Greca, 2000). Mientras que los niños manifiestan más preocupaciones con relación a su separación de los padres/ cuidadores, la escuela y los desastres naturales (Hudson et al., 2004), los adolescentes tienden a preocuparse más por sus relaciones interpersonales y de carácter social (Hale et al., 2006).

Aunque no se encuentren explicitados dentro de los criterios diagnósticos, hay una serie de síntomas físicos experimentados por niños y adolescentes que incluyen cefaleas y dolores estomacales (Hudson et al., 2004).

Curiosamente, algunos investigadores encontraron que los padres de niños y adolescentes con TAG han detectado mayor cantidad de síntomas físicos/ somáticos en sus hijos, comparado con los reportados por los niños (Kendall y Pimentel, 2003; Hudson et al., 2004). Los síntomas físicos relacionados a los trastornos de ansiedad pueden variar, pero las quejas más comunes incluyen inquietud, trastornos del sueño, tensión muscular, fatiga, irritabilidad y dificultades en la concentración (Kendall y Pimentel, 2003; Layne et al., 2009; Tracey et al., 1997). Además, los niños entre 11 y 13 años tienden a manifestar mayores niveles de síntomas físicos/somáticos, que los niños entre 9 y 11 años (Hudson et al., 2004; Kendall y Pimentel, 2003). Junto con los síntomas físicos los niños y adolescentes también manifiestan preocupaciones incesantes (Kendall y Pimentel, 2003; Layne et al., 2009; Tracey et al., 1997).

El DSM-5 postula que los individuos que experimentan síntomas de TAG a edad temprana, presentan niveles mayores de comorbilidad (American Psychiatric Association, 2013). En relación con la comorbilidad y la manifestación global del TAG se observan diferencias según la edad (Hudson et al., 2004). Los niños más pequeños son más propensos a tener un diagnóstico adicional de trastorno de ansiedad por separación o trastorno por déficit de atención, en comparación a los jóvenes de mayor edad quienes suelen presentar depresión o fobia específica comorbida (Hudson et al., 2004). Más precisamente, los jóvenes con TAG tienden a presentar altos niveles de comorbilidad con trastornos depresivos y una baja comorbilidad con trastornos adaptativos (62% y 9%, respectivamente) (Hudson et al., 2004; Masi et al., 1999).

Etiología del TAG en niños y adolescentes

Los trastornos de ansiedad mantienen una etiología y evolución compleja y diversa a lo largo de la infancia y adolescencia e implican vías genéticas y ambientales (Drake y Ginsburg, 2012). Los componentes etiológicos del TAG incluyen: neurobiología, regulación emocional, neuroticismo, personalidad, factores psicosociales y familiares. Hay numerosos factores familiares que contribuyen en el desarrollo y mantenimiento de los síntomas de ansiedad (Bögels y Brechman-Toussaint, 2006), tales como los aspectos genéticos, estilo de apego, temperamento, comportamiento parental (como excesivo control y rechazo) y factores del ambiente familiar.

Neurobiológicamente, los jóvenes con TAG presentan mayor sustancia blanca total, así como más materia gris y sustancia blanca en el giro temporal superior y otras anormalidades de simetría que sugieren una vulnerabilidad biológica al TAG (Sallee et al., 2000).

En cuanto a la regulación emocional, se observaron déficits significativos en la vivencia y regulación emocional en los jóvenes con TAG, con relación a cuatro componentes del funcionamiento emocional: intensidad elevada, comprensión disminuida, reactividad por negatividad cognitiva y conductas desadaptativas (Mennin et al., 2005; Mennin, McLaughlin y Flanagan, 2009). Asimismo, este modelo sugiere que estas estrategias desadaptativas de manejo de las emociones empleadas en el TAG pueden ser categorizadas como intentos disfuncionales de controlar/suprimir las experiencias emocionales o dificultades en la modulación de las mismas (Mennin et al., 2005, 2009).

Hale y sus colegas sugieren que la personalidad puede estar asociada al TAG (Hale, Klimstra y Meeus, 2010; Hettema, Prescott y Kendler, 2004). Específicamente, el neuroticismo podría ser un factor de riesgo significativo para el desarrollo del TAG (Hale et al., 2010; Hettema et al., 2006; Kendler et al., 2007). El TAG y el neuroticismo podrían compartir un genotipo común (Hale et al., 2010; Hettema et al., 2004). Hale et al. (2010) reportaron que en los adolescentes, la preocupación del TAG y el neuroticismo se presentaban como dos constructos diferenciados pero fuertemente correlacionados, y que la preocupación del TAG era un factor de riesgo mayor para el neuroticismo, que el neuroticismo para el TAG. Estos resultados sugieren un potencial ajuste en la definición diagnóstica del TAG y en sus intervenciones terapéuticas (Hale et al., 2010).

Los jóvenes con TAG pueden manifestar niveles elevados de rasgos de ansiedad, depresión, preocupación y neuroticismo (Ollendick y March, 2004). Estos factores, acompañados del temperamento y la ansiedad, pueden predisponer en la juventud al TAG (Sadock, Sadock y Kaplan, 2009). El desarrollo del TAG se relaciona con niños tímidos que suelen experimentar una ansiedad elevada en situaciones novedosas (Sadock et al., 2009). La reiterada exposición a vivencias tempranas "incontrolables" pueden volver a un niño vulnerable al TAG (Wodarski y Feit, 2009). Estas experiencias tempranas pueden incluir problemas familiares, dificultades de apego o trauma (Wodarski y Feit, 2009), sumado a creencias negativas e incertidumbre sobre el futuro, los jóvenes pueden volverse más ansiosos afectando así su entorno social (Hunsley y Mash, 2008).

Factores familiares en el desarrollo del TAG en niños y adolescentes

A pesar de que la etiología es aun indefinida y compleja, gran parte de la literatura indica que existe un componente genético en los trastornos de ansiedad (Hudson et al., 2004). La investigación en relación con los componentes genéticos específicos del TAG ha arrojado resultados variados, indicando que los factores hereditarios podrían estar presentes en ansiedad y depresión en general, pero no específicamente en el diagnóstico de TAG (Hudson et al., 2004). Sin embargo, un estudio ha arrojado resultados que demuestran un incremento en el riesgo de desarrollar TAG entre familiares de primer grado en individuos con TAG, sugiriendo que los factores etiologicos del TAG podrían incluir una transmisión familiar específica (Hudson et al., 2004; Noyes et al., 1987).

La teoría del apego sugiere que existe una tendencia específica y evolutiva en los niños, que provoca un comportamiento dirigido a orientar y fomentar su acercamiento/proximidad al cuidador (Bögels y Brechman-Toussaint, 2006). Proponen que aquellos que presentan un estilo de apego inseguro-ambivalente tienen un riesgo elevado de desarrollar síntomas y trastornos de ansiedad (Bögels y Brechman-Toussaint, 2006; Drake y Gins-burg, 2012; Hudson et al., 2004; Ollendick, Costa y Benoit, 2010). El apego ambivalente se caracteriza por una dificultad extrema al separarse de los padres/cuidador, también al reunirse con los mismos y la habilidad para ser calmado (Hudson et al., 2004).

La inhibición comportamental (IC) es un rasgo particular del temperamento que ha sido asociado con los trastornos de ansiedad (ej., la presencia de inhibición o vacilación frente a situaciones poco familiares o inciertas, generalmente desplegando una conducta de evitación o huída) (Hudson et al., 2011; Hudson et al., 2004). Se considera que aproximadamente el 15% de los niños dentro de la población general tienen un tipo de temperamento de IC (Hudson et al., 2011). Un modelo evolutivo de la ansiedad desarrollado por Manassis y Bradley (1994) sugiere que el temperamento y las características del apego generan el mismo riesgo, pero los niños con apego inseguro e IC presentan un riesgo mayor (Drake y Ginsburg, 2012; Manassis y Bradley, 1994). Más aún, recientes investigaciones indican que en relación con el tipo de apego, la IC podría ser un predictor más certero de la ansiedad (Drake y Ginsburg, 2012; Hudson, Dodd, y Bovopoulos, 2011).

Por otra parte, ha sido propuesto un modelo transaccional del desarrollo conforme al cual existe una relación bidireccional entre padres e hijos (Fanti, Panayiotou y Fanti, 2011). De acuerdo a este modelo, el desarrollo y/o mantenimiento de problemas internalizanates (ej. ansiedad) de un niño o adolescente, podría ser parcialmente atribuido a la naturaleza recíproca de las interacciones entre padre-hijo (Fanti et al., 2011; Sameroff y Macken-zie, 2003). Por lo tanto, esta noción del modelo transaccional presta soporte a la posibilidad de que existan componentes de apego o parentales dentro del desarrollo y mantenimiento del TAG en los jóvenes.

Además, la percepción de los adolescentes acerca de su relación de apego con sus padres ha mostrado estar asociada con el desarrollo de síntomas y la recurrencia de preocupaciones o temores del TAG (Hale et al.,

2006). Específicamente, los estudios sugieren que un apego inseguro percibido en la primera infancia podría contribuir a la subsiguiente aparición de temores y síntomas generales de ansiedad en la adolescencia (Dugas, Buhr y Ladouceur, 2004; Hale et al., 2006).

El rechazo parental y el control parental excesivo (Hale et al., 2006; Rapee, 1997) fueron particularmente relacionados con los síntomas del TAG durante la adolescencia. Las esferas de control excesivo y rechazo parental fueron definidas y examinadas a través de los niveles del control psicológico de los padres y el sobre involucramiento, en comparación con el concepto del apego parental percibido, que fue definido y evaluado por la alienación, confianza y comunicación (Hale et al., 2006). Para los adolescentes, el rechazo parental, el control parental psicológico y la alienación parental se asociaron a los síntomas el TAG; la confianza parental correlacionó negativamente a los síntomas del TAG; y no se observó relación entre comunicación parental percibida y los síntomas del TAG (Hale et al., 2006).

Finalmente, los componentes hereditarios y temperamentales del TAG se asociaron a numerosos factores ambientales que influyen y moldean el temperamento y el desarrollo de la ansiedad en los jóvenes (Hudson et al., 2004). Específicamente, el refuerzo de la evitación y retraimiento, el modelado parental, la ansiedad parental, los eventos vitales estresantes, la falta de apoyo y otros factores ambientales han sido vinculados al moldeado de un temperamento ansioso y evitativo (Hudson et al., 2004).

Modelos de trastorno de ansiedad generalizada para los jóvenes

Modelo metacognitivo

El modelo metacognitivo (pensamientos sobre el pensamiento) abarca los distintos modos en que las creencias acerca de los pensamientos influyen en el desarrollo y mantenimiento del TAG.

Creencias positivas acerca de la preocupación. Tal como ocurre en los adultos, los niños y adolescentes con creencias positivas acerca de la preocupación tenderían a padecer mayores niveles de preocupación y ansiedad (Barahmand, 2008; Gosselin et al., 2007a, 2007b; Ellis y Hudson, 2010). De todos modos, la evidencia sobre el impacto de las creencias positivas en el TAG en niños y adolescentes no es consistente (Ellis y Hudson, 2010). Según Muris et al. (1998), los niños y adolescentes entre 8 y 13 años de edad con TAG, no reportaron ningún aspecto positivo de las preocupaciones, en comparación con el grupo control (no cumplían con criterios diagnósticos) (Ellis y Hudson, 2010; Muris et al., 1998). Asimismo, Cartwrite-Hatton et al. (2004) tampoco hallaron diferencias significativas entre los niños con TAG y el grupo control de jóvenes en términos de identificar aspectos positivos de la preocupación/temores.

Creencias negativas acerca de la preocupación. Según Wells (1995, 2009) la preocupación patológica en el TAG es específicamente promovida y sostenida por una activación de pensamientos negativos acerca del peligro y la incapacidad de controlar la preocupación (Ellis y Hudson, 2010; Wells, 1995, 2009). Tanto Cartwright-Hatton (2004) como Muris et al. (1998) hallaron que los niños y adolescentes con TAG tienen un mayor número de creencias negativas respecto a sus preocupaciones.

Ciclo de retroalimentación del comportamiento. Los niños y adolescentes pueden reforzar su metapreocupación, a través de conductas tales como la búsqueda de reaseguro y la evitación de situaciones que provoquen preocupación (Ellis y Hudson, 2010).

Ciclo de retroalimentación del control del pensamiento. Los jóvenes con TAG suelen utilizar técnicas de control del pensamiento con el objetivo de lidiar con las preocupaciones. Una de las técnicas de control del pensamiento utilizada por quienes padecen TAG, que ha resultado ser ineficaz y a menudo reforzante, es la de supresión del pensamiento. De todos modos, en contraste con la población adulta, la evidencia del control del pensamiento en jóvenes es mixta, lo cual podría deberse a la variedad de mediciones utilizadas en los estudios (Ellis y Hudson, 2010). Esto deja dudas respecto al impacto de la supresión del pensamiento en las preocupaciones en jóvenes. Igualmente, de acuerdo a Farrell y Barrett (2016) los niños presentan menor supresión del pensamiento que los adultos, pero no se ha encontrado diferencia entre los niños y adolescentes.

Ciclo de retroalimentación emocional. Wells (1995, 2009) plantea que las emociones negativas vinculadas a las metapreocupaciones dificultan a los individuos el proceso de darse cuenta de que es seguro abandonar la preocupación excesiva (Ellis y Hudson, 2010; Wells, 1995, 2009). Para los jóvenes entre 7 y 17 años de edad, las emociones negativas asociadas a las preocupaciones podrían reforzar las creencias negativas acerca de la preocupación, la ansiedad, la depresión y las obsesiones (Ellis y Hudson, 2010). En consecuencia, los jóvenes con más creencias negativas sobre la preocupación podrían vivenciar mayores emociones negativas, que podrían, a su vez, reforzar sus creencias negativas acerca de la preocupación, alimentando continuamente este ciclo (Ellis y Hudson, 2010). Además, la noción mencionada anteriormente de que la interrupción de la preocupación es poco segura, refuerza la creencia positiva asociada a los beneficios de la preocupación, sosteniendo el ciclo de retroalimentación emocional (Ellis y Hudson, 2010).

Modelo de Intolerancia a la Incertidumbre (MII). La intolerancia a la incertidumbre (II) contribuye y sostiene la etiología de los trastornos de ansiedad, incluyendo el TAG (Read, Comer y Kendall, 2013). La intolerancia a la incertidumbre ha sido definida como la tendencia a reaccionar negativamente de forma emocional, cognitiva y conductual a la incertidumbre (Read et al., 2013). Aquellos con niveles elevados de intolerancia a la incertidumbre generalmente se ven involucrados en conductas características de los trastornos de ansiedad, como las conductas de reaseguro y la evitación (Read et al., 2013). Comer y colegas (2009) describieron la II como un sesgo cognitivo que influye en la forma de percibir el ambiente en términos de una baja tolerancia a la incertidumbre sobre el futuro (Comer et al., 2009; Read et al., 2013). Read y colaboradores (2013) sugieren que la correlación entre el MII y el TAG es elevada, según lo evaluado en adultos; y los niveles de II se asociaron a un riesgo mayor de padecer TAG que al Trastorno de Ansiedad por Separación o Ansiedad Social (Read et al., 2013). De todos modos, postularon que los puntajes del MII estaban vinculados a una ansiedad severa presente en todos los trastornos de ansiedad en los jóvenes y no únicamente en aquellos con diagnóstico de TAG. No obstante, según Read et al. (2013) los participantes de mayor edad manifestaron mayor intolerancia a la incertidumbre (II) que los más pequeños, lo cual puede deberse al baja fiabilidad de sus reportes (Read et al., 2013). Los autores proponen que los participantes más pequeños podrían sentirse molestos o retraerse frente a una dificultad, no siendo capaces de registrar en estas circunstancias, su estado emocional (Read et al., 2013).

Evaluación de la ansiedad en los jóvenes

Al evaluar aspectos psicológicos y comportamentales en niños y adolescentes, es crucial implementar un enfoque multidimensional para obtener un diagnóstico completo y preciso. Un análisis de estas características en niños y adolescentes generalmente requiere de información adicional de padres y docentes, pero también podría incluir otras figuras importantes de la vida del niño.

Escalas de evaluación. Hay una gran variedad de herramientas de medición que los clínicos pueden utilizar para medir la ansiedad infantil, desde aquellas que miden los síntomas de ansiedad generales hasta los trastornos de ansiedad más específicos. Algunos ejemplos de estas mediciones son: el Inventario de Ansiedad Estado-Rasgo para niños (STAIC - Spielberger, 1973), la Observación de la Ansiedad Infantil ligada a Trastornos Emocionales (SCARED - Birmaher et al., 1997) y la Entrevista estructurada para los Trastornos de Ansiedad (ADIS - Silverman y Nelles, 1996) (descripta a continuación). Las limitaciones de algunas de estas escalas es que en la evaluación abarcan preguntas consideradas para trastornos comórbidos, tales como la depresión, debilitando así las conclusiones diagnósticas sobre ansiedad. Las escalas más apropiadas para la evaluación y medición del TAG en niños y adolescentes son descriptas a continuación.

Evaluaciones estructuradas. Existen algunas herramientas estructuradas de evaluación utilizadas para la ansiedad infantil, tales como la Entrevista estructurada para los Trastornos de Ansiedad (ADIS; Silverman y Nelles, 1996). El diseño del modelo de entrevista ADIS se basa en los criterios diagnósticos del trastorno de ansiedad según el DSM-IV, por lo tanto, ha sido utilizado habitualmente en la literatura reciente. Uno de los beneficios más importantes de utilizar herramientas de medición estructuradas es el aumento en la confiabilidad del diagnóstico, debido a que la estructura del formato limita las variaciones en la administración (Connolly et al., 2011).

Mediciones de autorregistro. Existe una multitud de cuestionarios diseñados para evaluar los trastornos de ansiedad en niños y adolescentes, incluyendo la Escala de Ansiedad Manifiesta en Niños Revisada (RCMAS; Reynolds y Richmond, 1987), el Inventario de Ansiedad Estado-Rasgo para Niños (STAI-C; Spielberger, 1973), la Escala de Ansiedad Infantil de Spence (SCAS; Spence, 1998), la Escala Multidimensional de Ansiedad para Niños (MASC; March, Parker, Sullivan, Stallings, y Conners, 1997), el Cuestionario de Preocupación de Penn State para Niños (PSWQ-C; Chorpita et al., 1997), y la Observación de la Ansiedad Infantil ligada a Trastornos Emocionales (SCARED; Birmaher et al., 1997).

La investigación sugiere que las escalas del STAI-C y el RCMAS pueden no estar adecuadamente diseñadas para diferenciar entre los niños que padecen trastornos de ansiedad de los que padecen trastornos de internalización y externalización (Hudson et al., 2004). Sin embargo, otros instrumentos como SCAS, MASC, SCARED y PSWQ-C aún ofrecen medidas de evaluación viables para la ansiedad infantil. Varias de estas medidas (ej. SCAS, MASC y SCARED) fueron desarrolladas en respuesta a las críticas realizadas al STAI-C y RCMAS (Hudson et al., 2004). No obstante, a pesar de los beneficios de cada una de las distintas técnicas evaluativas, se ha demostrado que los niños que padecen TAG manifiestan un nivel de preocupación significativamente mayor en el PSWQ-C comparado a otros trastornos de ansiedad, indicando que el PSWQ-C podría ser la mejor opción para evaluar el TAG en la infancia (Hudson et al., 2004). El dispositivo de medición PSWQ-C fue especialmente creado y diseñado para evaluar y medir la tendencia infantil a involucrarse en la incesante, excesiva e incontrolable preocupación propia de la ansiedad generalizada (Hudson et al., 2004). En un estudio, los puntajes del PSWQ-C fueron fuertemente vinculados a todos los síntomas de los distintos trastornos de ansiedad, pero particularmente a los síntomas del TAG (Hudson et al., 2004; Muris, Meesters y Gobel, 2001).

Tratamiento del TAG en los jóvenes. Tratamientos basados en evidencia

Durante las últimas décadas, ha habido un cambio de foco dentro de los estudios de tratamientos para la ansiedad en los jóvenes. Inicialmente se intentó identificar procedimientos específicos o protocolos de tratamientos específicos para un trastorno, luego se examinaron categorías más amplias de tratamiento identificadas como "familias de tratamiento" (Chorpita et al., 2011; Higa-McMillan et al., 2015). La evidencia sugiere que el tratamiento para el TAG en los jóvenes debería tomar en cuenta determinadas variables, como el registro del diálogo interno disfuncional, la autopercepción de los síntomas físicos, la autoevaluación de las capacidades de afrontamiento, entre otras (Barrett y Ollendick, 2004). La terapia cognitiva-conductual (TCC) cuenta con un fuerte apoyo empírico (Alfano y Beidel, 2014; Connolly et al., 2011; Higa-McMillan et al., 2015) y se la considera un tratamiento "bien establecido" para los trastornos de ansiedad en los jóvenes (Barrett y Ollendick, 2004; Chambless y Hollon, 1998; Higa-McMillan et al., 2015; Kazdin y Weisz, 1998; Ollendick, King, y Chorpita, 2006; Ollendick y King, 1998). En relación con el TAG, las investigaciones muestran que dos tercios de la población de niños y adolescentes con TAG tienen una respuesta positiva y se ven beneficiados con la TCC (Barrett y Ollendick, 2004).

Un metaanálisis que incluye la investigación realizada en los últimos cincuenta años sostiene que el 95% de los artículos sobre TCC muestran una mejoría post tratamiento del 46% al 79% de los participantes con trastornos de ansiedad (Higa-McMillan et al., 2015). Dicho estudio evalúa el nivel de apoyo empírico de la TCC y otros tratamientos para la ansiedad como la terapia psicodinámica, la psicoeducación familiar, los tratamientos farmacológicos, el manejo de las contingencias, el control de la atención y las técnicas de relajación, entre otras (Connolly et al., 2011; Higa-McMillan et al., 2015). Higa-McMillan et al. (2015) reportaron que la TCC cuenta con la evidencia más robusta y consideran su eficacia como bien establecida bajo el Nivel 1 (Higa-McMillan et al., 2015), junto a las técnicas de exposición, el modelado, TCC con los padres, la educación y un tratamiento combinado de TCC y medicación (Higa-McMillan et al., 2015). La psicoeducación familiar y la TCC para el niño y sus padres, fueron ambas calificadas en el Nivel 2: "Bien avaladas/Tratamientos probablemente eficaces". El tratamiento psicodinámico, la terapia de juego, biofeedback, habilidades sociales y la TCC realizada solo con los padres del niño ansioso fueron ubicados en el Nivel 4: "Mínimo aval/Tratamiento en fase experimental" (Higa-McMillan et al., 2015). Los tratamientos menos respaldados (Nivel 5: No avalados o de eficacia cuestionada) incluyen la terapia de apego, la recreación con pares y la desensibilización y reprocesamiento por movimientos oculares (EMDR) (Higa-McMillan et al., 2015).

Individual vs. grupal. También se han investigado las diferencias entre un formato de terapia individual y grupal para los jóvenes con ansiedad. Los resultados muestran que ambos formatos terapéuticos de TCC son eficaces en el tratamiento de la ansiedad en los jóvenes, y han demostrado tasas de recuperación similares (62% y 59%, respectivamente) (Higa-McMillan et al., 2015; Silverman, Pina y Viswesvaran, 2008). Las mejorías registradas en los síntomas de ansiedad fueron similares al comparar las muestras que recibieron TCC individual y las que recibieron TCC grupal (Cohen's d = 0.41 and 0.46, respectivamente) (Higa-McMillan et al., 2015; Silverman et al., 2008).

Integración de los padres al tratamiento

Los padres y cuidadores tendrán, generalmente, un rol en el tratamiento del niño, incluyendo al inicio o contacto inicial para la terapia, el traslado, el pago y la asistencia en las tareas intersesión (Morris y Kratochwill, 1998; Thulin et al., 2014). Como la ansiedad tiene un componente genético y puede estar presente en la familia (Thulin et al., 2014), se puede suponer que cuando un niño padece de un trastorno de ansiedad, las interacciones entre padre-hijo están caracterizadas o moldeadas por el trastorno de ansiedad presente en el niño, lo cual puede pensarse como un factor de mantenimiento de las conductas de ansiedad (Thulin et al., 2014). Además, se ha señalado que una razón por la cual es importante incluir a los padres en el tratamiento es que los mismos deben aprender técnicas conductuales orientadas a reforzar la eficacia del tratamiento (Breinholst et al., 2012; Thulin et al., 2014). Consecuentemente, la inclusión de los padres en el tratamiento de la ansiedad en niños aparece como un beneficio adicional, de todos modos, algunas investigaciones indican que esta conclusión podría ser discutida.

La literatura actual sobre los beneficios de la inclusión parental en el tratamiento de la ansiedad en niños muestra hallazgos mixtos. En un metaanálisis que compara los tratamientos centrados en el niño y los orientados a la familia, In-Albon y Schneider (2007), encontraron un efecto mayor, aunque no significativo, en el tratamiento centrado en el niño (d = 0,91) comparado con el tratamiento orientado a la familia (d = 0,83) (In-Albon y Schneider, 2007; Thulin et al., 2014). De todos modos, los autores notaron que el porcentaje total de niños calificados como "recuperados" era levemente superior en el grupo familiar (77%), comparado con el grupo focalizado en el niño (64%) (In-Albon y Schneider, 2007; Thulin et al., 2014). Otro metaanálisis que estudió los efectos de la participación de los padres en la psicoterapia, indica que el involucramiento de los padres en el tratamiento muestra mejores resultados comparado al tratamiento individual con el niño (Dowell y Ogles, 2010). Thulin y colegas (2014) llevaron a cabo un metaanálisis que arrojó un tamaño de efecto negativo (ES; Hedges' g = -0,10), sugiriendo que la inclusión de los padres en el tratamiento no agregaba ningún beneficio extra al tratamiento individual con el niño, y que habría una diferencia (aunque no significativa) que favorecía al tratamiento individual (Thulin et al., 2014). Estos resultados coinciden con los reportados por Silverman et al. (2009), Barmish y Kendall (2005) y Reynolds et al. (2012). El metaanálisis realizado por Higa-McMillan et al. (2015) reportó que los porcentajes de recuperación eran similares en los tratamientos que incluían o no incluían a los padres (68% vs. 64%, respectivamente). Aunque la evidencia es variada en relación con los beneficios de la inclusión de los padres, este factor ha demostrado ser crucial cuando tanto el niño como el/los padres son ansiosos (Cobham, Dadds y Spence, 1998; Connolly et al., 2011).

Obstáculos para el tratamiento

A pesar de la fuerte evidencia de la eficacia de la TCC para el tratamiento de la ansiedad en niños y adolescentes, solo un 20% de los niños que padecen algún trastorno de ansiedad se encuentran bajo tratamiento en Estados Unidos (Merikangas et al., 2011; Salloum et al., 2016; Silverman et al., 2008). Hay una amplia variedad de obstáculos para la búsqueda de tratamiento, que pueden ser clasificados como razones tangibles e intangibles (Kazdin et al., 1997; Kazdin, 2000; Salloum et al., 2016). Dentro de las barreras tangibles podemos nombrar el costo de la terapia, la elección de un servicio adecuado, conseguir un terapeuta que acepte el seguro médico y otros problemas de logística tales como el traslado (Salloum et al., 2016). Los obstáculos intangibles para el tratamiento incluyen el nivel de motivación, el estigma y los prejuicios asociados a recibir tratamiento, el nivel de urgencia, entre otros (Salloum et al., 2016). Los obstáculos que los padres suelen afrontar son: la sensación de que el problema del niño no es grave, los intentos de solucionar el problema ellos mismos, el desconocimiento de los servicios que podían utilizar, la falta de confianza en los proveedores de la salud mental o la reticencia de los niños (Salloum et al., 2016). Aun cuando los niños y sus familias acceden a un tratamiento persisten dichas barreras y pueden afectar su participación en el mismo, o el grado de adherencia al tratamiento (Kazdin, 2000; Salloum et al., 2016).

Tecnologías de intervención comportamental (TICs)

Una posible solución para las barreras previamente mencionadas podría ser los beneficios que ofrece la tecnología, en relación con estos obstáculos tangibles e intangibles. El uso de la tecnología para mejorar los tratamientos podría resultar beneficioso tanto para el paciente como para el terapeuta, al optimizar el tiempo invertido en el proceso. Las tecnologías de intervención comportamental (TICs) son un modo de aplicación tecnológica de módulos de intervención conductual y psicológica para abordar y asistir a la salud en general (ej. mental, comportamental y física) (Mohr et al., 2013). Las TICs abarcan un amplio rango de medios tecnológicos, incluyendo el uso de internet, videoconferencia, dispositivos móviles (mensajería y aplicaciones), videojuegos y plataformas de realidad virtual, entre otros (Mohr et al., 2013). Estos medios tecnológicos varían en sus niveles de uso en la clínica, desde los tratamientos integralmente impulsados por la tecnología, los dirigidos en la clínica pero con soporte tecnológico, o los parcialmente respaldados por TICs (Mohr et al., 2013).

El manual de la TCC denominado "Coping Cat" (Gato Valiente; Kendall y Hedtke, 2006a, 2006b) ofrece versiones específicas para niños y adolescentes: el *Camp Cope-A-Lot: The Coping Cat* (Kendall y Khanna, 2008a, 2008b) y *Cool Teens* (Cunningham, Rapee y Lyneham, 2006) basadas en CD-ROMs con programas digitalizados (Khanna y Kendall, 2008). Estos programas de tratamiento están centrados en el desarrollo de habilidades como: educación efectiva, resolución de problemas, tareas de afrontamiento, entrenamiento en relajación, identificación/formulación de los pensamientos ansiógenos, juego de roles y otras técnicas basadas en la TCC (Kendall y Suveg, 2006; Khanna y Kendall, 2008). Estas aplicaciones en CD-ROM se denominan "terapias asistidas por ordenador", en las que el profesional tiene una intervención mínima y se lo considera un "coach" (Khanna y Kendall, 2008).

Un metaanálisis reciente ha revelado que tanto las intervenciones terapéuticas cara a cara (ej. TCC) como las TICs son efectivas para el tratamiento de los trastornos de ansiedad juvenil (Jones et al., en prensa). Sin embargo, a pesar de que las TICs utilizadas como única intervención no arrojaron resultados significativos, la combinación de tratamiento cognitivo comportamental junto con TICs, sí arrojó resultados significativos (aunque con un tamaño de efecto menor al de la TCC sin TICs). Un posible beneficio de la combinación de TCC y TICs es que podría reducir el efecto de algunas de las barreras para el tratamiento (Jones et al., en prensa). Cabe notar que los estudios incluidos en dicho metaanálisis no utilizaban tecnologías actuales (ej. teléfonos inteligentes) y es probable que en un futuro cercano dichas tecnologías sean un elemento indispensable en los tratamientos. Las mismas posibilitarán intervenciones ecológicas e inmediatas, aumentando la adherencia de los consultantes. En este sentido, podrían proveer un abanico de nuevas intervenciones que aumenten la adherencia al tratamiento y el nivel de motivación.

Abordaje integral de la ansiedad en jóvenes

El protocolo terapéutico llamado "Coping Cat" (Kendall, 1994) consiste en un manual para el terapeuta y un libro de técnicas terapéuticas dirigido a niños de 7 a 12 años de edad. El mismo ha sido traducido y adaptado culturalmente a los contextos latinoamericanos –"El Gato Valiente"– (Kendall y Kosovsky, 2010a; 2010b). También existe una versión para adolescentes que recurre a imágenes y formas lingüísticas adaptadas a edades de 13 a 17 años llamado "The C.A.T. Project". Dicho manual se utiliza para tratar el Trastorno de Ansiedad por Separación, el Trastorno de Ansiedad Generalizada y la Ansiedad Social indistintamente. El objetivo general de estos programas es enseñar a los jóvenes afectados a reconocer tempranamente los signos de ansiedad y a utilizar estas señales como claves para el uso de estrategias adaptativas de afrontamiento. El programa consiste en dieciséis entrevistas divididas en dos segmentos: en las primeras ocho sesiones se entrenan habilidades para el manejo de la ansiedad. En las siguientes ocho se ponen en práctica y se realiza la exposición gradual a las situaciones temidas. A continuación describiremos las habilidades y procesos desarrollados en el tratamiento.

Primera parte del tratamiento: trabajo con cogniciones y entrenamiento de habilidades

Educación emocional. Durante esta primera fase se realiza una educación emocional del niño. La mayoría de los niños carecen de recursos verbales para describir sus estados emocionales, refiriéndose habitualmente a los mismos a partir de la dicotomía: "me siento bien/me siento mal". El terapeuta aborda esta situación psicoeducando y reflexionando de manera lúdica respecto a los diversos estados emocionales y sus características. Frecuentemente se recurre a historietas o recortes de revistas con personajes famosos y se realizan juegos de adivinanza para que el niño relacione expresiones faciales con signos de activación somática que indican la presencia de ansiedad. "¿Qué emoción siente este actor? ¿Qué sensaciones físicas puede estar teniendo?". La identificación de emociones suele referirse inicialmente a terceras personas ("¿Qué puede estar sintiendo este niño al entrar en esta fiesta de cumpleaños?") y luego se pasa a las experiencias personales del niño.

Este incremento del conocimiento del niño de sus propias manifestaciones somáticas de ansiedad le permiten utilizarlas como una "señal de advertencia" (Kendall et al., 2012) que le darían la posibilidad de implementar técnicas de relajación y otras estrategias de afrontamiento.

Relajación. A continuación el terapeuta entrena al niño en técnicas de relajación. Básicamente se trata de adaptaciones lúdicas y sensibles a la etapa evolutiva de las técnicas de relajación muscular progresiva y respiración diafragmática. Para la relajación muscular progresiva el terapeuta recurre a las metáforas del "robot" y el "muñeco de trapo" (Kendall, 1994). A partir de las mismas se asiste al niño a practicar la tensión y distensión progresiva de los grupos musculares mayores. Para la respiración diafragmática el terapeuta instruye al niño a respirar profundamente llevando el aire al abdomen. A medida que aprenda a notar cómo "su estómago se hincha como un globo mientras su pecho se queda quieto", el niño va adquiriendo la destreza. Es frecuente colocar un juguete en el abdomen del niño para que éste observe cómo sube y baja rítmicamente a medida que respira. Asimismo, suele ser útil asociar una palabra clave como "calma" a cada exhalación.

Construcción de un patrón cognitivo de afrontamiento. Las estrategias cognitivas del tratamiento consisten en enseñar al niño a reconocer las autoverbalizaciones e imágenes disfuncionales asociadas a los estados de ansiedad para luego reestructurarlas. De acuerdo a la edad y recursos verbales del niño, se utilizarán estrategias para discutir la lógica distorsiva de las autoverbalizaciones y generar alternativas más constructivas de pensamiento. Con este fin se le enseña al niño la relación entre los pensamientos, las emociones y las conductas. Asimismo, se fomenta el registro de las situaciones, los pensamientos y sus consecuencias en registros simples y divertidos, frecuentemente utilizando un formato de viñetas o comics. Las autoverbalizaciones e imágenes disfuncionales se registran en los "globitos de pensamiento" de los personajes y es frecuente que el terapeuta se refiera a los pensamientos automáticos disfuncionales en el diálogo clínico recurriendo a esa analogía: "¿Qué te están diciendo tus globitos de pensamiento en este momento?" (Kendall, 2000).

Una vez que el niño adquiere destreza en las técnicas de automonitoreo se implementan el diálogo socrático y la reestructuración cognitiva respecto a los pensamientos automáticos registrados. Es frecuente que el terapeuta opere como un modelo de afrontamiento, expresando sus posibles pensamientos automáticos en situaciones de la entrevista que le pudiesen generar ansiedad y demostrando su forma de afrontarlos. Las preguntas que testean la evidencia y la lógica interna de las cogniciones se enmarcan en el "jugar a ser detectives y científicos" (Kendall, 2000).

De esta forma se suele abordar y contrarrestar especialmente los sesgos cognitivos más frecuentes en estos trastornos: la magnificación de probabilidades de que ocurra el peligro, el catastrofismo y la subestimación de los propios recursos. Kendall et al. (2012) enfatizan la importancia de cuestionar la lógica interna y reducir los pensamientos automáticos negativos, antes que fomentar de manera acrítica el desarrollo de pensamientos positivos. En este sentido, en coherencia con la estrategia de tratamiento general de la TCC, se intenta promover una orientación científica y realista en el niño en pos de desarrollar mayor flexibilidad cognitiva.

Resolución de problemas. El estilo evitativo de los niños con trastornos de ansiedad determina que, frecuentemente, tengan una forma rígida y poco proactiva de afrontar las situaciones desafiantes. Con el propósito de facilitar la toma de decisiones y la puesta en práctica en forma autónoma de repertorios conductuales adaptativos, el programa incluye un módulo de entrenamiento en resolución de problemas.

En el transcurso del mismo, se entrena al niño en la práctica de una secuencia de cinco etapas: a) orientación general: se psicoeduca al niño respecto a la importancia de considerar a los problemas como parte de la vida, bloquear la tendencia general a evitarlos y promover su afrontamiento activo; b) definición del problema: se asiste al niño en definir las dificultades en forma concreta y tangible y a definir metas para su resolución; c) generación de alternativas: se promueve en el niño la práctica de una "tormenta de ideas", a partir de la cual se buscan alternativas de resolución prescindiendo de juicios y críticas; d) toma de decisiones: en esta etapa el joven evalúa las ventajas y beneficios de las alternativas generadas en la etapa anterior; y e) verificación de resultados: en esta etapa pone en práctica la alternativa seleccionada y evalúa los resultados alcanzados por medio de la misma.

Es importante que el terapeuta modele de manera lúdica, simple y atractiva esta herramienta originariamente abstracta. Analogías como "tener una caja de herramientas grande y de contenido diverso" o "tener diferentes rutas para llegar a destino" (Bunge, Gomar y Mandil, 2008) suelen ser de utilidad para aumentar la participación activa del niño al incorporar esta estrategia. Asimismo, es importante inculcar una perspectiva pragmática respecto al hecho de que, en numerosas ocasiones, la alternativa ideal no será viable y que la mejor alternativa a aplicar es la mejor posible o la que presenta menores desventajas.

Programación de contingencias y autorrefuerzo. Abandonar los patrones de evitación requiere esfuerzo por parte del niño. Es por eso que el moldeado implementado por padres y docentes puede aumentar su motivación. Asimismo, el uso de la extinción de las estrategias evitativas y los pedidos de reaseguro favorece que el niño opte por alternativas más funcionales. Es importante que el niño aprenda a reconocer y autorreforzar los pequeños logros. Tal como señalan Kendall et al. (2012): "algunos niños diagnosticados con trastornos de ansiedad presentan una focalización en sí mismos excesiva y negativa, caracterizada por pensamientos autodespreciativos y poca confianza en sus propias capacidades. Otros niños ansiosos pueden colocarse estándares excesivamente altos para evaluar sus propios logros". Para contrarrestar este estilo cognitivo rígido, el terapeuta discute con el niño la utilidad de reconocer y reforzar los esfuerzos y los logros parciales.

Modelado. El terapeuta, los padres y otros adultos significativos pueden modelar el afrontamiento activo de las situaciones atemorizantes. Las variaciones implementadas son el modelado simbólico (es decir, mediante filmaciones donde el joven puede observar a un modelo ejecutando los comportamientos adaptativos), en vivo y participante. Frecuente feedback correctivo, el refuerzo de los intentos y logros parciales, suelen ser necesarios para que el niño alcance una ejecución similar a la del modelo. Con el mismo propósito, pueden ser útiles en ciertas ocasiones las autorrevelaciones cuidadosas por parte del terapeuta o de los familiares cercanos, referentes a desafíos similares que hayan afrontado en la niñez. Estas suelen favorecer la sensación del niño de sentirse comprendido e incrementar su motivación.

Segunda parte del tratamiento: exposición gradual

Preparación del afrontamiento. Una vez que el niño es capaz de monitorear los pensamientos automáticos disfuncionales y reestructurarlos y que incorpora habilidades para la autorregulación emocional y el afrontamiento, pueden ser implementadas las estrategias de exposición. La exposición a las situaciones temidas tiene tres fines: que el usuario pueda refutar sus expectativas catastróficas, que practique sus estrategias de afrontamiento y disminuya la activación emocional. Antes de proceder a la exposición propiamente dicha es importante psicoeducar al niño respecto a la importancia de la exposición y a la naturaleza gradual de la misma.

Respecto a los niños, es útil utilizar analogías y soportes gráficos para que puedan reflexionar respecto a las ventajas de la exposición. Por ejemplo, graficar cómo al exponerse la ansiedad aumenta y luego disminuye paulatinamente puede ser beneficioso (Bunge, Gomar y Mandil, 2008). Al mismo propósito pueden servir analogías fácilmente comprensibles como "el aclimatamiento del cuerpo en una pileta".

El plan F.E.A.R. y los ejercicios S.T.I.C.K. Se pueden realizar dos tipos de exposición: imaginaria y en vivo. La primera suele utilizase inicialmente con los pacientes más afectados, antes de participar en cada grado de la jerarquía de exposición en vivo. Esta última consiste en enfrentar la situación atemorizante en el contexto natural, tolerando la ansiedad y bloqueando las conductas de evitación disfuncionales.

Para confeccionar una jerarquía de exposiciones pedimos al joven que gradúe sus temores en Unidades Subjetivas de Ansiedad (U.S.A.), por ejemplo del 1 al 8. Se le puede preguntar cuál sería la situación más temida y se le otorga el máximo puntaje. A continuación se le pregunta cuál sería una situación "un poquito temida, pero que con cierto esfuerzo podría enfrentarla" y se le otorga el puntaje mínimo. Finalmente se detallan las situaciones intermedias del 2 al 7. La utilización de un termómetro gráfico y la analogía entre el incremento de la ansiedad y un aumento en la temperatura suele ser habitual en la clínica (Kendall, 1994). Luego se pueden emparejar las situaciones descriptas con los peldaños de una escalera. Bunge, Gomar y Mandil (2008), por ejemplo, proponen utilizar con niños en edad escolar la metáfora "la escalera del valiente".

La manera en que se orienta al niño en la graduación de las situaciones temidas dependerá del trastorno específico. Respecto a la ansiedad por separación, las tareas se complejizan a medida que aumenta la distancia y el tiempo de separación de las figuras de apego y que se abandonan las medidas de reaseguro. Respecto a la ansiedad social se gradúa en base a qué posibilidad de evaluación negativa o dificultad en el desempeño social anticipa el niño para cada situación. En el caso de la ansiedad generalizada, el gradiente de exposición aumenta a medida que la incertidumbre a la que se expone el niño es mayor: generalmente ante tareas más desafiantes y al abandono progresivo de estrategias de control y maniobras de seguridad. Kendall (1994) propone que, cuando sea necesario, los padres pueden programar refuerzos en distintos momentos cruciales de la jerarquía. El tipo de reforzador utilizado puede variar de acuerdo a los intereses del niño.

La duración de la exposición idealmente depende de dos variables: que el niño haya flexibilizado sus creencias disfuncionales respecto a lo temido y que el grado de ansiedad haya bajado al menos en un 50% (Benjamin et al., 2016).

Kendall et al. (2012) sugieren que el terapeuta sea sensible a que el niño tolere los gradientes acordados y que esté abierto a modificarlos en caso de dificultades. Si el niño es expuesto a niveles de activación inmanejables, esto puede dar lugar a una experiencia aversiva que conduzca a un incremento del temor. Asimismo se resalta la importancia de repetir los ejercicios en pos de disminuir la activación emocional.

En el libro de recursos para niños "The Coping Cat", Kendall (1994) propone la utilización de acrónimos y ayudamemorias de características lúdicas y motivantes. El plan de acción es denominado F.E.A.R. (Temor):

F: refiere al término inglés "Feeling", dirigida a que el niño reconozca tempranamente los síntomas físicos de la ansiedad.

E: "Expecting", dirigida a reconocer los pensamientos automáticos disfuncionales, imágenes y preocupaciones.

A: "Actions" dirigida a identificar, a partir de la resolución de problemas, alternativas y recursos útiles para el afrontamiento.

R: "Results" y "Rewards" dirigida a que el niño evalúe su desempeño y se autorrefuerce.

Asimismo, las tareas de exposición son denominadas "S.T.I.C.K.s", debido a que es la abreviatura de stickers, frecuentemente utilizados como reforzadores simbólicos durante el tratamiento. El acrónimo refiere a la frase "Show That I Can" (mostrar que puedo). Es notable en estos procedimientos el rol motivador que Kendall (2000) recomienda a los terapeutas, a los que compara, frecuentemente, con los entrenadores deportivos.

El trabajo con familiares y otros adultos significativos

El principal objetivo de las entrevistas con los adultos significativos es asistirlos en la identificación de estresores, vulnerabilidades, antecedentes y consecuencias comportamentales que pudiesen incidir en el mantenimiento del motivo de consulta; y en la necesidad de moldear el afrontamiento activo. Se psicoeduca respecto a las interacciones típicas que pudiesen reforzar la evitación y el reaseguro, y se evalúan alternativas para favorecer su extinción gradual y el refuerzo de comportamientos alternativos. La información provista por los padres (y/o docentes) sobre la evolución del caso y la respuesta del niño a las intervenciones, enriquecen la conceptualización del caso y por lo tanto nos orienta en la optimización de las estrategias de tratamiento.

Finalización y prevención de recaídas

El tratamiento puede finalizarse cuando los jóvenes, a partir de los ejercicios de exposición, se acostumbran al estímulo temido y reportan una sensación de dominio de las situaciones previamente temidas. Es común en la clínica de niños diseñar la última entrevista como "fiestas de graduación" (Kendall et al., 2012), en las que se entregan diplomas e incluso se realizan videos conmemorativos. Los diplomas suelen integrar listados con las habilidades aprendidas que el joven debe seguir implementando para afrontar la ansiedad. Se promueve que el niño adopte "la exposición como estilo de vida", tomando en cuenta que diversas situaciones vitales pueden generar ansiedad y lo ventajoso de afrontarlas utilizando las estrategias incorporadas. Asimismo, es importante que aprendan a diferenciar un retroceso de una recaída. Los retrocesos son más comunes durante periodos de estrés donde es normal que la ansiedad reaparezca. Una recaída, sin embargo, es la reaparición de un problema mayor. Estas pueden suceder cuando el joven deja de practicar o cuando el temor se retroalimenta durante un retroceso. Sin embargo, los jóvenes generalmente se recuperan con relativa rapidez volviendo a aplicar las habilidades incorporadas en el tratamiento y concurriendo, si es necesario, a entrevistas de seguimiento.

Aportes de modelos recientes a los tratamientos

En los casos en los que el protocolo con mayor grado de evidencia no resulta suficiente, pueden integrarse alternativas terapéuticas que cuenten con un grado menor de evidencia, tales como las terapias de tercera generación (Hayes y Greco, 2008) o la terapia metacognitiva para niños ansiosos (Simons, 2012).

Las terapias de tercera generación reportaron resultados prometedores y se basan en la aceptación de las experiencias privadas indeseadas (pensamientos, emociones), la implementación de la meditación con conciencia plena y otras prácticas que favorecen el distanciamiento y la toma de perspectiva cognitiva. Investigaciones en desarrollo respecto a los resultados del tratamiento grupal de niños en edad escolar a partir del Programa de Reducción del Estrés y la terapia cognitiva basada en meditación con conciencia plena, así como la implementación de la terapia de aceptación y compromiso (ACT) con adolescentes ansiosos (Coyne, 2011), alientan la integración de estos desarrollos por parte de los terapeutas cognitivo comportamentales en manera creciente.

Por otra parte, la terapia metacognitiva para niños ansiosos (Simons, 2012) se orienta al cambio de las creencias positivas y negativas sobre las propias cogniciones (metacogniciones) y las estrategias de gestión disfuncionales de las mismas. Aunque estos enfoques cuentan con una evidencia aún más modesta, su inserción en los enfoques centrados en el abordaje de la preocupación (Borkovec, 2004) que tan buenos resultados han dado en adultos afectados por la ansiedad generalizada, invita a que sean considerados en su aplicación complementaria con jóvenes afectados por la misma.

Para una aplicación criteriosa de estos desarrollos recientes es importante recordar que la TCC es un eclecticismo técnico (Clark y Beck, 2007): siempre que una diversidad de herramientas sean orientadas por una conceptualización cognitiva del caso y que el objetivo de su implementación sea consistente con la estrategia general de flexibilizar cogniciones y estrategias de afrontamiento disfuncionales, podrían enriquecer la efectividad en el tratamiento de casos complejos o con características particulares.

Referencias

Alfano, C. A. y Beidel, D. C. (Eds.). (2014). *Comprehensive Evidence Based Interventions for Children and Adolescents*. Somerset, US: Wiley.

Association, A. P. (2013). *Diagnostic and Statistical Manual of Mental Disorders* (5th ed.). Arlington, VA: American Psychiatric Association. http://doi.org/10.5555/appi.books.9780890425596.x00pre

Barahmand, U. (2008). Age and gender differences in adolescent worry. *Personality and Individual Differences, 45*(8),

778–783. http://doi.org/10.1016/j.paid.2008.08.006

Barrett, P. M. y Ollendick, T. H. (Eds.). (2004). *Handbook of Interventions that Work with Children and Adolescents: Prevention and Treatment*. Hoboken, GB: John Wiley & Sons.

Barrett, P. M., Dadds, M. R. & Rapee, R. M. (1996). Family treatment of childhood anxiety: A controlled trial. *Journal of Consulting Clinical Psychology, 64,* 333-334.

Benjamin, C., Podell, J., Mychailyszyn, M., Puleo, C., Tiwari, S. y Kendall, P. (2016). Terapia Cognitiva Comportamental para Niños Ansiosos: Componentes Clave. En M. Gomar, J. Mandil y E. Bunge (comps.). *Manual de Terapia Cognitiva Comportamental con Niños y Adolescentes*. Buenos Aires: Akadia.

Beidel, D. C. y Alfano, C. A. (2011). *Child Anxiety Disorders: A Guide to Research and Treatment* (2nd ed.). New York, NY, US: Taylor & Francis Group.

Birmaher, B., Brent, D. A., Chiappetta, L., Bridge, J., Monga, S. y Baugher, M. (1999). Psychometric properties of the screen for child anxiety related emotional disorders scale (SCARED): A replication study. *Journal of the American Academy of Child and Adolescent Psychiatry, 38,* 1230–1236. http://doi.org/10.1097/00004583-199910000-00011

Bögels, S. M. y Brechman-Toussaint, M. L. (2006). Family issues in child anxiety: Attachment, family functioning, parental rearing and beliefs. *Clinical Psychology Review, 26*(7), 834–856. http://doi.org/10.1016/j.cpr.2005.08.001

Borkovec, T. D., Alcaine, O. M. y Behar, E. (2004). Avoidance Theory of Worry and Generalized Anxiety Disorder. In R. G. Heimberg, C. L. Turk y D. S. Mennin (Eds.), *Generalized anxiety disorder: Advances in research and practice* (pp. 77–108). New York, NY, US: Guilford Press.

Breinholst, S., Esbjørn, B. H., Reinholdt-Dunne, M. L. y Stallard, P. (2012). CBT for the treatment of child anxiety disorders: a review of why parental involvement has not enhanced outcomes. *Journal of Anxiety Disorders, 26*(3), 416–24. http://doi.org/10.1016/j.janxdis.2011.12.014

Bunge, E., Gomar, M. y Mandil, J. (2008). *Terapia Cognitiva con Niños y Adolescentes. Aportes Técnicos*. Buenos Aires: Akadia.

Cartwright-Hatton, S., Mather, A., Illingworth, V., Brocki, J., Harrington, R. y Wells, A. (2004). Development and preliminary validation of the Meta-Cognitions Questionnaire-Adolescent version. *Journal of Anxiety Disorders, 18,* 411–422.

Cartwright-Hatton, S., McNicol, K. y Doubleday, E. (2006). Anxiety in a neglected population: prevalence of anxiety disorders in pre-adolescent children. *Clinical Psychology Review, 26*(7), 817–33. http://doi.org/10.1016/j.cpr.2005.12.002

Chambless, D. L. y Hollon, S. D. (1998). Defining empirically supported therapies. *Journal of Consulting and Clinical Psychology, 66*(1), 7–18.

Chorpita, B. F., Daleiden, E. L., Ebesutani, C., Young, J., Becker, K. D., Nakamura, B. J., … Starace, N. (2011). Evidence-Based Treatments for Children and Adolescents: An Updated Review of Indicators of Efficacy and Effectiveness. *Clinical Psychology: Science and Practice, 18*(2), 154–172. http://doi.org/10.1111/j.1468-2850.2011.01247.x

Cobham, V. E., Dadds, M. R. y Spence, S. H. (1998). The role of parental anxiety in the treatment of childhood anxiety. *Journal of Consulting and Clinical Psychology, 66*(6), 893–905. Retrieved from http://www.ncbi.nlm.nih.gov/pubmed/9874902

Comer, J. S., Roy, A. K., Furr, J. M., Gotimer, K., Beidas, R. S., Dugas, M. J. y Kendall, P. C. (2009). The Intolerance of Uncertainty Scale for Children: A psychometric evaluation. *Psychological Assessment, 21*, 402–411. doi:10.1037/a0016719

Connolly, S. D., Suarez, L. y Sylvester, C. (2011). Assessment and treatment of anxiety disorders in children and adolescents. *Current Psychiatry Reports, 13*(2), 99–110. http://doi.org/10.1007/s11920-010-0173-z

Coyne, L., McHugh, L. y Martinez, E. (2011). Acceptance and Commitment Therapy (ACT): Advances and Applications with Children, Adolescents, and Families. *Child and Adolescents Psychiatric Clinic of North America, 20.* 379–399.

Cunningham, M., Rapee, R. y Lyneham, H. (2006). The Cool Teens CD-ROM: A Multimedia Self-help Program for Adolescents with Anxiety. *Youth Studies Australia, 25*(1), 50. Retrieved from http://search.informit.com.au/documentSummary;dn=136001464426767;res=IELHSS

Dowell, K. A. y Ogles, B. M. (2010). The effects of parent participation on child psychotherapy outcome: a meta-analytic review. *Journal of Clinical Child and Adolescent Psychology : The Official Journal for the Society of Clinical Child and Adolescent Psychology, American Psychological Association, Division 53, 39*(2), 151–62. http://doi.org/10.1080/15374410903532585

Drake, K. L. y Ginsburg, G. S. (2012). Family factors in the development, treatment, and prevention of childhood anxiety disorders. *Clinical Child and Family Psychology Review, 15*(2), 144–62. http://doi.org/10.1007/s10567-011-0109-0

Dugas, M. J. (2000). Generalized Anxiety Disorder Publications: So Where Do We Stand? *Journal of Anxiety Disorders, 14*(1), 31–40. http://doi.org/10.1016/S0887-6185(99)00034-1

Dugas, M. J., Buhr, K. y Ladouceur, R. (2004). The Role of Intolerance of Uncertainty in Etiology and Maintenance. In R. G. Heimberg, C. L. Turk y D. S. Mennin (Eds.), *Generalized anxiety disorder: Advances in research and practice* (pp. 143–163). New York, NY: Guilford Press.

Elkins, R. M., Carpenter, A. L., Pincus, D. B. y Comer, J. S. (2014). Inattention symptoms and the diagnosis of comorbid attention-deficit/hyperactivity disorder among youth with generalized anxiety disorder. *Journal of Anxiety Disorders, 28*(8), 754–760. http://doi.org/10.1016/j.janxdis.2014.09.003

Ellis, D. M. y Hudson, J. L. (2010). The metacognitive model of generalized anxiety disorder in children and adolescents. *Clinical Child and Family Psychology Review, 13*(2), 151–163. http://doi.org/10.1007/s10567-010-0065-0

Fanti, K. A., Panayiotou, G. y Fanti, S. (2011). Associating parental to child psychological symptoms: Investigating a transactional model of development. *Journal of Emotional and Behavioral Disorders, 21*(3), 193–210. http://doi.org/10.1177/1063426611432171

Farrell, L. y Barrett, P. (2006). Obsessive-compulsive disorder across developmental trajectory: Cognitive processing of threat in children, adolescents and adults. *British Journal of Psychology, 97*, 95–114.

Gosselin, P., Ladouceur, R., Langlois, F., Freeston, M. H., Dugas, M. y Bertrand, J. (2007a). Development and validation of a new instrument to evaluate erroneous beliefs about worries. *European*

Review of Applied Psychology, 53, 199–211.

Gosselin, P., Langlois, F., Freeston, M. H., Ladouceur, R., Laberge, M. y Lemay, D. (2007b). Cognitive variables related to worry among adolescents: Avoidance strategies and faulty beliefs about worry. *Behaviour Research and Therapy, 45*, 225–233.

Hale, W. W., Engels, R. y Meeus, W. (2006). Adolescent's perceptions of parenting behaviours and its relationship to adolescent Generalized Anxiety Disorder symptoms. *Journal of Adolescence, 29*(3), 407–17. http://doi.org/10.1016/j.adolescence.2005.08.002

Hale, W. W., Klimstra, T. A. y Meeus, W. H. J. (2010). Is the generalized anxiety disorder symptom of worry just another form of neuroticism? a 5-year longitudinal study of adolescents from the general population. *The Journal of Clinical Psychiatry, 71*(7), 942–8. http://doi.org/10.4088/JCP.09m05506blu

Hayes, S. y Greco, L. (2008). Acceptance and mindfulness for youth: it`s time. In S. Hayes y L. Greco (comps.). *Acceptance & Mindfulness Treatments for Children & Adolescents. A Practicioner`s Guide.* Oakland: New Harbinger Publications Inc.

Henker, B., Whalen, C. K. y O'Neil, R. (1995). Worldly and workaday worries: Contemporary concerns of children and young adolescents. *Journal of Abnormal Child Psychology, 23*(6), 685–702. http://doi.org/10.1007/BF01447472

Hettema, J. M., Prescott, C. A. y Kendler, K. S. (2004). Genetic and Environmental Sources of Covariation Between Generalized Anxiety Disorder and Neuroticism. *http://dx.doi.org/10.1176/appi.ajp.161.9.1581.*

Hettema, J. M., Neale, M. C., Myers, J. M., Prescott, C. A. y Kendler, K. S. (2006). A population-based twin study of the relationship between neuroticism and internalizing disorders. *The American Journal of Psychiatry, 163*(5), 857–64. http://doi.org/10.1176/ajp.2006.163.5.857

Higa-McMillan, C. K., Francis, S. E., Rith-Najarian, L. y Chorpita, B. F. (2015). Evidence Base Update: 50 Years of Research on Treatment for Child and Adolescent Anxiety. *Journal of Clinical Child and Adolescent Psychology : The Official Journal for the Society of Clinical Child and Adolescent Psychology, American Psychological Association, Division 53*, 1–23. http://doi.org/10.1080/15374416.2015.1046177

Huberty, T. J. (2012). *Anxiety and Depression in Children and Adolescents.* New York, NY: Springer New York. http://doi.org/10.1007/978-1-4614-3110-7

Hudson, J. L., Dodd, H. F. y Bovopoulos, N. (2011). Temperament, family environment and anxiety in preschool children. *Journal of Abnormal Child Psychology, 39*(7), 939–51. http://doi.org/10.1007/s10802-011-9502-x

Hudson, J. L., Dodd, H. F., Lyneham, H. J. y Bovopoulous, N. (2011). Temperament and family environment in the development of anxiety disorder: Two-year follow-up. *Journal of the American Academy of Child and Adolescent Psychiatry, 50*(12), 1255–1264. http://doi.org/10.1016/j.jaac.2011.09.009

Hudson, J. L., Hughes, A. A. y Kendall, P. (2004). Treatment of generalized anxiety disorder in children and adolescents. In P. M. Barrett & T. H. Ollendick (Eds.), *Handbook of Interventions that Work with Children and Adolescents: Prevention and Treatment* (pp. 115–143). West Sussex: John Wiley & Sons.

Hunsley, J. y Mash, E. J. (Eds.). (2008). *A guide to assessments that work* (p. 696). New York, NY: Oxford University Press, Inc.

Hunt, C. y Singh, M. (1991). Generalized anxiety disorder. *International Review of Psychiatry*, *3*(2), 215–229. http://doi.org/10.3109/09540269109110402

In-Albon, T. y Schneider, S. (2007). Psychotherapy of childhood anxiety disorders: A meta-analysis. *Psychotherapy and Psychosomatics*, *76*(1), 15–24. http://doi.org/10.1159/000096361

Jones, M. K., Dickter, B., Beard, C., Perales, R. y Bunge, E. L. (*in press*) *Meta-analysis on cognitive behavioral treatment and behavioral intervention technologies for anxious youth: More than a BIT effective.* Contemporary Behavioral Health Care.

Kazdin, A. E. (2000). Perceived Barriers to Treatment Participation and Treatment Acceptability Among Antisocial Children and Their Families. *Journal of Child and Family Studies*, *9*(2), 157–174. http://doi.org/10.1023/A:1009414904228

Kazdin, A. E., Holland, L., Crowley, M. y Breton, S. (1997). Barriers to Treatment Participation Scale: Evaluation and Validation in the Context of Child Outpatient Treatment. *Journal of Child Psychology and Psychiatry*, *38*(8), 1051–1062. http://doi.org/10.1111/j.1469-7610.1997.tb01621.x

Kazdin, A. E. y Weisz, J. R. (1998). Identifying and developing empirically supported child and adolescent treatments. *Journal of Consulting and Clinical Psychology*, *66*(1), 19–36.

Keller, M. B., Lavori, P. W., Wunder, J., Beardslee, W. R., Schwartz, C. E. y Roth, J. (1992). Chronic Course of Anxiety Disorders in Children and Adolescents. *Journal of the American Academy of Child & Adolescent Psychiatry*, *31*(4), 595–599. http://doi.org/10.1097/00004583-199207000-00003

Kendall, P.C. (1994). Treating anxiety disorders in children: Results of a randomized clinical trial. *Journal of Consulting and Clinical Psychology, 62,* 100-110.

Kendall, P.C. y Kosovsky, R.P (2010a) *Tratamiento cognitivo-conductual para trastornos de ansiedad en niños: Manual para el terapeuta.* Buenos Aires: Akadia.

Kendall, P.C. y Kosovsky, R P (2010b). *El gato valiente: Cuaderno de actividades.* Buenos Aires: Akadia.

Kendall, P. (2000). Guiding Theory for Therapy with Children and Adolescents. In P. Kendall (ed.). *Child and Adolescent Therapy.* New York: The Guilford Press.

Kendall, P., Chu, B., Pimentel, S. y Choudhury, M. (2012). Treating anxiety disorders in youth. In P. Kendall (ed.). *Child and adolescent therapy.* New York: The Guilford Press.

Kendall, P. C. y Pimentel, S. S. (2003). On the physiological symptom constellation in youth with Generalized Anxiety Disorder (GAD). *Journal of Anxiety Disorders*, *17*(2), 211–221. http://doi.org/10.1016/S0887-6185(02)00196-2

Kendler, K. S., Gardner, C. O., Gatz, M. y Pederson, N. L. (2007). The sources of co-morbidity between major depression and generalized anxiety disorder in a Swedish national twin sample. *Psychological Medicine, 37*(03), 453. http://doi.org/10.1017/S0033291706009135

Kessler, R. C., Petukhova, M., Sampson, N. A., Zaslavsky, A. M. y Wittchen, H.-U. (2012). Twelve-month and lifetime prevalence and lifetime morbid risk of anxiety and mood disorders in the United States. *International Journal of Methods in Psychiatric Research, 21*(3), 169–84. http://doi.org/10.1002/mpr.1359

Khanna, M. S. y Kendall, P. C. (2008). Computer-Assisted CBT for Child Anxiety: The Coping Cat CD-ROM. *Cognitive and Behavioral Practice*, *15*(2), 159–165. http://doi.org/10.1016/j.cbpra.2008.02.002

Last, C. G., Perrin, S., Hersen, M. y Kazdin, A. E. (1992). DSM-III-R Anxiety Disorders in Children: Sociodemographic and Clinical Characteristics. *Journal of the American Academy of Child & Adolescent Psychiatry*, *31*(6), 1070–1076. http://doi.org/10.1097/00004583-199211000-00012

Layne, A. E., Bernat, D. H., Victor, A. M. y Bernstein, G. A. (2009). Generalized anxiety disorder in a nonclinical sample of children: symptom presentation and predictors of impairment. *Journal of Anxiety Disorders*, *23*(2), 283–9. http://doi.org/10.1016/j.janxdis.2008.08.003

Lee, S., Tsang, A., Ruscio, A. M., Haro, J. M., Stein, D. J., Alonso, J., ... Kessler, R. C. (2009). Implications of modifying the duration requirement of generalized anxiety disorder in developed and developing countries. *Psychological Medicine*, *39*(7), 1163–76. http://doi.org/10.1017/S0033291708004807

Lewis-Fernández, R., Hinton, D. E., Laria, A. J., Patterson, E. H., Hofmann, S. G., Craske, M. G., ... Liao, B. (2010). Culture and the anxiety disorders: recommendations for DSM-V. *Depression and Anxiety*, *27*(2), 212–29. http://doi.org/10.1002/da.20647

Manassis, K. y Bradley, S. J. (1994). The development of childhood anxiety disorders: Toward an integrated model. *Journal of Applied Developmental Psychology*, *15*(3), 345–366. http://doi.org/10.1016/0193-3973(94)90037-X

Masi, G., Millepiedi, S., Mucci, M., Poli, P., Bertini, N. y Milantoni, L. (2004). Generalized anxiety disorder in referred children and adolescents. *Journal of the American Academy of Child and Adolescent Psychiatry*, *43*(6), 752–60. http://doi.org/10.1097/01.chi.0000121065.29744.d3

Masi, G., Mucci, M., Favilla, L., Romano, R. y Poli, P. (1999). Symptomatology and comorbidity of generalized anxiety disorder in children and adolescents. *Comprehensive Psychiatry*, *40*(3), 210–215. http://doi.org/10.1016/S0010-440X(99)90005-6

Mennin, D. S., Heimberg, R. G., Turk, C. L. y Fresco, D. M. (2005). Preliminary evidence for an emotion dysregulation model of generalized anxiety disorder. *Behaviour Research and Therapy*, *43*(10), 1281–310. http://doi.org/10.1016/j.brat.2004.08.008

Mennin, D. S., McLaughlin, K. A. y Flanagan, T. J. (2009). Emotion regulation deficits in generalized anxiety disorder, social anxiety disorder, and their co-occurrence. *Journal of Anxiety Disorders*, *23*(7), 866–71. http://doi.org/10.1016/j.janxdis.2009.04.006

Merikangas, K. R., He, J., Burstein, M., Swendsen, J., Avenevoli, S., Case, B., ... Olfson, M. (2011). Service utilization for lifetime mental disorders in U.S. adolescents: results of the National Comorbidity Survey-Adolescent Supplement (NCS-A). *Journal of the American Academy of Child and Adolescent Psychiatry*, *50*(1), 32–45. http://doi.org/10.1016/j.jaac.2010.10.006

Merikangas, K. R., He, J.-P., Burstein, M., Swanson, S. A., Avenevoli, S., Cui, L., ... Swendsen, J. (2010). Lifetime prevalence of mental disorders in U.S. adolescents: results from the National Comorbidity Survey Replication--Adolescent Supplement (NCS-A). *Journal of the American Academy of Child and Adolescent Psychiatry*, *49*(10), 980–9. http://doi.org/10.1016/j.jaac.2010.05.017

Mohr, D. C., Burns, M. N., Schueller, S. M., Clarke, G. y Klinkman, M. (2013).

Behavioral intervention technologies: evidence review and recommendations for future research in mental health. *General Hospital Psychiatry, 35*(4), 332–8. http://doi.org/10.1016/j.genhosppsych.2013.03.008

Morris, R. J. y Kratochwill, T. R. (1998). Childhood fears and phobias. In R. J. Morris & T. R. Kratochwill (Eds.), *The practice of child therapy* (3rd ed., pp. 91–131). Needham Heights, MA: Allyn & Bacon.

Muris, P. y Field, A. P. (2008). Distorted cognition and pathological anxiety in children and adolescents. *Cognition & Emotion, 22*(3), 395–421. http://doi.org/10.1080/02699930701843450

Muris, P., Meesters, C., Merckelbach, H., Sermon, A. y Zwakhalen, S. (1998). Worry in normal children. *Journal of the American Academy of Child & Adolescent Psychiatry, 37*, 703–710.

Muris, P., Meesters, C. y Gobel, M. (2001). Reliability, validity, and normative data of the Penn State Worry Questionnaire in 8-12-yr-old children. *Journal of Behavior Therapy and Experimental Psychiatry, 32*(2), 63–72. Retrieved from http://www.ncbi.nlm.nih.gov/pubmed/11764062

Nordahl, H. M., Wells, A., Olsson, C. A. y Bjerkeset, O. (2010). Association between abnormal psychosocial situations in childhood, generalized anxiety disorder and oppositional defiant disorder. *The Australian and New Zealand Journal of Psychiatry, 44*(9), 852–8. http://doi.org/10.3109/00048674.2010.489504

Noyes, R., Clarkson, C., Crowe, R. R., Yates, W. R. y McChesney, C. M. (1987). A family study of generalized anxiety disorder. *The American Journal of Psychiatry, 144*(8), 1019–24. http://doi.org/10.1176/ajp.144.8.1019

Ollendick, T. H., Costa, N. M. y Benoit, K. E. (2010). Interpersonal processes and the anxiety disorders of childhood. In J. G. Beck (Ed.), *Interpersonal Processes in the Anxiety Disorders: Implications for Understanding Psychopathology and Treatment* (pp. 71–95). Washington, D. C.: American Psychological Association. http://doi.org/http://dx.doi.org/10.1037/12084-003

Ollendick, T. H. y King, N. J. (1998). Empirically supported treatments for children with phobic and anxiety disorders: current status. *Journal of Clinical Child Psychology, 27*(2), 156–67. http://doi.org/10.1207/s15374424jccp2702_3

Ollendick, T. H., King, N. J. y Chorpita, B. F. (2006). Empirically Supported Treatments for Children and Adolescents. In P. C. Kendall (Ed.), *Child and Adolescent Therapy: Cognitive-Behavioral Procedures* (3rd ed., pp. 492–520). New York, NY: Guilford Press.

Ollendick, T. H. y March, J. S. (Eds.). (2004). *Phobic and anxiety disorders in children and adolescents: A clinician's guide to effective psychosocial and pharmacological interventions*. New York, NY: Oxford University Press, Inc.

Rapee, R. (1997). Potential role of childrearing practices in the development of anxiety and depression. *Clinical Psychology Review, 17*(1), 47–67. http://doi.org/10.1016/S0272-7358(96)00040-2

Read, K. L., Comer, J. S. y Kendall, P. C. (2013). The intolerance of uncertainty scale for children (IUSC): Discriminating principal anxiety diagnoses and severity. *Psychological Assessment, 25*(3), 722–9. http://doi.org/10.1037/a0032392

Sadock, B. J., Sadock, V. A. y Kaplan, H. I. (2009). *Kaplan and Sadock's Concise Textbook of Child and Adolescent Psychiatry*. Philadelphia, PA: Lippincott Williams & Wilkins.

Sallee, F. R., Sethuraman, G., Sine, L. y Liu, H. (2000). Yohimbine challenge in children with anxiety disorders. *The American Journal of Psychiatry*, *157*(8), 1236–1242. http://doi.org/http://dx.doi.org/10.1176/appi.ajp.157.8.1236

Salloum, A., Johnco, C., Lewin, A. B., McBride, N. M. y Storch, E. A. (2016). Barriers to access and participation in community mental health treatment for anxious children. *Journal of Affective Disorders*, *196*, 54–61. http://doi.org/10.1016/j.jad.2016.02.026

Sameroff, A. J. y Mackenzie, M. J. (2003). Research strategies for capturing transactional models of development: The limits of the possible. *Development and Psychopathology*, *15*(03), 613–640. http://doi.org/10.1017/S0954579403000312

Silverman, W. K., Pina, A. A. y Viswesvaran, C. (2008). Evidence-based psychosocial treatments for phobic and anxiety disorders in children and adolescents. *Journal of Clinical Child and Adolescent Psychology : The Official Journal for the Society of Clinical Child and Adolescent Psychology, American Psychological Association, Division 53*, *37*(1), 105–30. http://doi.org/10.1080/15374410701817907

Simons, M. (2012). Thinking differently-metacognitive therapy for children and adolescents with obsessive-compulsive disorder: a treatment plan. *Verhaltenstherapie, 22(4)*. 259–267.

Strauss, C. C., Lease, C. A., Last, C. G. y Francis, G. (1988). Overanxious disorder: An examination of developmental differences. *Journal Of Abnormal Child Psychology*, *16*(4), 433-443. doi:10.1007/BF00914173

Taghavi, M. R., Dalgleish, T., Moradi, A. R., Neshat-Doost, H. T. y Yule, W. (2003). Selective processing of negative emotional information in children and adolescents with Generalized Anxiety Disorder. *The British Journal of Clinical Psychology / the British Psychological Society*, *42*(3), 221–230. http://doi.org/10.1348/01446650360703348

Thulin, U., Svirsky, L., Serlachius, E., Andersson, G. y Ost, L.-G. (2014). The effect of parent involvement in the treatment of anxiety disorders in children: a meta-analysis. *Cognitive Behaviour Therapy*, *43*(3), 185–200. http://doi.org/10.1080/16506073.2014.923928

Tracey, S. A., Chorpita, B. F., Douban, J. y Barlow, D. H. (1997). Empirical evaluation of DSM-IV generalized anxiety disorder criteria in children and adolescents. *Journal of Clinical Child Psychology*, *26*(4), 404–14. http://doi.org/10.1207/s15374424jccp2604_9

Vasey, M. W., Crnic, K. A. y Carter, W. G. (1994). Worry in childhood: A developmental perspective. *Cognitive Therapy and Research*, *18*(6), 529–549. http://doi.org/10.1007/BF02355667

Weems, C. F., Silverman, W. K. y Greca, A. M. La. (2000). What Do Youth Referred for Anxiety Problems Worry About? Worry and Its Relation to Anxiety and Anxiety Disorders in Children and Adolescents. *Journal of Abnormal Child Psychology*, *28*(1), 63–72. http://doi.org/10.1023/A:1005122101885

Wells, A. (1995). Meta-cognition and worry: A cognitive model of generalized anxiety disorder. *Behavioural and Cognitive Psychotherapy*, *23*, 301–320.

Wells, A. (2009). Metacognitive therapy for anxiety and depression. *New York, NY: The Guildford Press*.

Wodarski, J. S. y Feit, M. D. (2009). *Evidence-based Interventions in Social Work a Practitioner's Manual*. Springfield: Charles C Thomas Publisher, LTD.

Integrando entrevista motivacional y terapia cognitivo conductual para el tratamiento del Trastorno de Ansiedad Generalizada[1]

Henny A. Westra, Ph.D.
Universidad de York (Canadá)

Kimberly M. Hara, M.A.
Universidad de York (Canadá)

La ambivalencia y la resistencia son realidades clínicas frecuentes en la terapia cognitivo conductual (TCC). Newman (2002) enumera diferentes conductas que podrían representar resistencia en la TCC: acciones del paciente que contradicen lo acordado durante las sesiones, niveles elevados de expresión de emociones negativas hacia el terapeuta, evasión durante las sesiones ya sea mediante el silencio o el uso frecuente del "no sé", discusiones innecesarias con el terapeuta, y la mala interpretación de sus comentarios. La resistencia conforma uno de los problemas clínicos más difíciles de superar. Puede resultar en la frustración tanto del paciente como del terapeuta y causar el deterioro de la alianza terapéutica. Dado que la calidad de compromiso del paciente con respecto al tratamiento se encuentra entre los factores más críticos para llegar a resultados en el tratamiento (Orlinsky, Grawe y Parks, 1994), es probable que las formas efectivas de reducir la resistencia y aumentar la participación sean candidatos prometedores para mejorar la eficacia de la TCC. Un enfoque conocido como entrevista motivacional (EM, *Motivational interviewing*; Miller y Rollnick, 2002) podría lograr la reducción en la resistencia al combinarse con terapias como la TCC (Arkowitz et al., 2008).

En este capítulo evaluaremos la forma en que la EM ha sido añadida a la TCC (es decir, como una fase previa de tratamiento o "pretratamiento") o integrada a la misma (es decir, combinada con la TCC para formar un tratamiento unificado) para reducir la resistencia y mejorar los resultados en el tratamiento del Trastorno de Ansiedad Generalizada (TAG). En primer lugar, describiremos brevemente la EM y luego detallaremos los métodos usados para medir e identificar la ambivalencia y resistencia. Posteriormente consideraremos la integración de la EM con la TCC para el tratamiento del TAG,

---

1   Traducción al castellano: Lic. Florencia De Luca. Revisión de traducción: Lic. Laura Challú.

seguido de un análisis de los estudios que tratan la integración de la EM y la TCC en el manejo de la ansiedad, y del TAG en particular. Por último, consideraremos la forma en que un paciente respondería a la EM basándonos en el caso ilustrativo de *Darío* y proveeremos otro ejemplo clínico sobre un diálogo extenso utilizando EM para un caso de TAG.

¿Qué es la entrevista motivacional?

La EM fue desarrollada por William R. Miller y Stephen Rollnick. En 1991 publicaron la primera edición de su memorable libro: *La entrevista motivacional: preparación para el cambio en conductas adictivas* (Miller y Rollnick, 1991), en el que definieron a la EM como "un método directivo, centrado en el cliente[2], utilizado para potenciar la motivación intrínseca para el cambio al explorar y resolver la ambivalencia" (2002: 25). Se considera un método centrado en el cliente debido a sus firmes raíces en el enfoque terapéutico de Carl Rogers (1956). Tanto la EM como las terapias centradas en el cliente comparten un énfasis en la comprensión del marco de referencia interno del paciente y el trabajo con las discrepancias entre conductas y valores. Ambas destacan la importancia por parte del terapeuta de brindar las condiciones para el crecimiento y el cambio mediante la comunicación precisa de actitudes empáticas y un vínculo positivo e incondicional.

Sin embargo, a diferencia de la terapia centrada en el cliente, la EM es directiva, y brinda objetivos específicos para reducir la ambivalencia y aumentar la motivación intrínseca al cambio. Estos objetivos se alcanzan en el contexto de la relación centrada en el cliente ya descripta. Para alcanzar estas metas el terapeuta de EM intenta crear una atmósfera en la que es el paciente el principal promotor y agente primario del cambio.

El "espíritu de la EM" es central para los terapeutas y consiste en actitudes de colaboración, evocación y respeto por la autonomía del paciente. El enfoque consta también de métodos y principios específicos. Los principios son: *la expresión de empatía, el desarrollo de la discrepancia entre valores y comportamiento, el manejo de la resistencia y el apoyo a la autoeficacia del paciente.* Los métodos son: *la formulación de preguntas abiertas, la atención reflexiva, la afirmación y la síntesis.* Si bien estos son métodos clásicos de la terapia centrada en el cliente, existe un método adicional específico de la

---

2   Nota de los editores: Se utilizó el término cliente en lugar de paciente, por la preferencia terminológica del primero por sobre el segundo que plantearon tanto los modelos de entrevista motivacional como los de psicoterapia centrados en el cliente. Sin embargo, a pesar de los debates que existen respecto de las diferencias entre ambos términos, deberían entenderse como sinónimos, representando genéricamente a personas que consultan para realizar un tratamiento psicoterapéutico.

EM: *el estímulo de conversaciones acerca del cambio*. El terapeuta trabaja intencionalmente para obtener afirmaciones que reflejen el interés y el compromiso con el cambio mediante preguntas tales como: "¿Qué diferencias tendría tu vida si no tuvieras este problema?" Otros métodos para aumentar el cambio y la conversación acerca del compromiso con éste incluyen ayudar al paciente a resolver la ambivalencia, aumentar la motivación y facilitar el desarrollo de planes de acción para lograr los cambios deseados. Durante el proceso se trata al paciente como el agente principal del cambio; el terapeuta cumple la función de asesor para facilitar el movimiento del paciente hacia dicho cambio.

Miller y Rollnick (2002) dividen la EM en dos fases. En la primera, el paciente puede mostrar ambivalencia con respecto al cambio y puede que no cuente con la motivación necesaria para alcanzarlo. Por consiguiente, los objetivos en esta fase consisten en resolver la ambivalencia y crear una motivación intrínseca para el cambio. Otros pacientes comienzan la terapia con poca ambivalencia con respecto al cambio. Una vez evaluada la ambivalencia, el terapeuta puede avanzar a la segunda fase que se discutirá en adelante, relacionada al desarrollo e implementación de estrategias de acción direccionadas al cambio para superar el problema.

La segunda fase comienza cuando el paciente muestra signos que indican disposición para el cambio. Dichos signos incluyen el aumento de verbalizaciones que reflejen interés y compromiso con el cambio, preguntas acerca de cómo cambiar y la visualización de un futuro que incluye los cambios deseados. En esta fase el foco se traslada al fortalecimiento del compromiso al cambio y el apoyo para que el paciente desarrolle e implemente un plan de cambio. Puede que, incluso durante esta segunda etapa, surjan problemas relacionados a la falta de motivación y a la resistencia. Si esto sucede, el terapeuta utiliza métodos pertenecientes a la primera fase para abordar el problema. Westra (2012) detalla la aplicación de la EM a los trastornos de ansiedad en general e incluye la integración de la EM con la TCC. La manera en que estos principios y métodos derivados de ambas terapias se aplican al TAG, en particular, constituye el foco del próximo apartado.

La evaluación de resistencia y ambivalencia

La identificación de momentos y marcadores claves es un prerrequisito necesario para el uso de la técnica de EM, y para lograr la inclusión y evocación de las motivaciones propias del paciente. Investigaciones acerca del lenguaje y la resistencia del paciente muestran que, aunque la ambivalencia y la resistencia son relativamente menos comunes, tienen una importante capacidad predictiva. Es decir que no todos los momentos poseen la misma relevancia, y es crítico detectar los momentos de desarmonía, falta de colaboración (resistencia) y argumentos opuestos al cambio. En general, el entrenamiento e investigación de la psicoterapia se ha enfocado sobre todo en la intervención en lugar de la observación. Sin embargo, en modelos como la EM, que se basan en la responsividad (*responsivity*; es decir, que lo que uno hace depende del contexto inmediato y cambiante; Stiles, Honos-Webb y Surko, 1998), es vital la capacidad de observar con exactitud los momentos y marcadores claves.

Además, Hara y colegas (2015) informaron recientemente que no se debe dar por sentada la observación de fenómenos importantes como la resistencia. En particular, hemos descubierto que la calificación de la resistencia por parte de terapeutas de TCC (grado de oposición hacia el terapeuta/la terapia) entre pacientes con TAG no se relacionaba con la calificación post sesión de la alianza terapéutica por parte del paciente ni con los resultados del tratamiento. En contraste, las calificaciones, durante estas mismas sesiones, por parte de observadores entrenados en la percepción de resistencia, fueron altamente predictivas de los resultados de la terapia (Hara et al., 2015). Estos hallazgos sugieren que la observación del terapeuta es una habilidad independiente (y es posible entrenarla). En esencia, un terapeuta que se encuentra capacitado para ser un buen participante y observador recibe respuestas constantes a cada momento (es decir, puede observar el nivel de compromiso de la persona; la existencia de marcadores de ambivalencia o, por el contrario, de señales de disposición al cambio; la existencia de conversaciones acerca del cambio; si existen pruebas de receptividad con respecto a las sugerencias del terapeuta o señales de desarmonía u oposición).

La observación de resistencia inmediata en el proceso terapéutico

Una de las maneras en que se puede expresar la resistencia es de forma interpersonal, mediante oposición a la dirección o exigencias del terapeuta. Se realiza una pregunta y el paciente responde con silencio, falta de entusiasmo, o "sí, pero…" o "no puedo". Se realiza una pregunta o una reflexión y el paciente la interrumpe, o la ignora y continúa con un tema de su elección. Se sugieren visiones o conductas alternativas y el paciente no está de acuerdo. Estos comportamientos reflejan resistencia, estimulada por la presencia de órdenes y exigencias del terapeuta.

Estos momentos reflejan generalmente cuán favorable es el trabajo entre el paciente y el terapeuta (la colaboración), y cuanto mayor es la frecuencia de estas señales, mayor es la desarmonía en la relación de trabajo, lo que el terapeuta debe revertir. Como exponen Miller y Rollnick (2002), la presencia de resistencia en la relación debería operar como una "señal de pare", que indique que el terapeuta está trabajando por encima de los niveles de disposición del paciente; y que le está exigiendo al paciente (hacer, ser o pensar) aquello para lo que no está aún preparado. Es decir, la resistencia del paciente a las exigencias del terapeuta brinda información crítica y representa los intentos del paciente de proteger su autonomía y reafirmar su libertad de elección. Es la responsabilidad del terapeuta estar atento y percibir estos mensajes, para poder así reestablecer la colaboración y la armonía en la relación.

El código de resistencia del paciente (CRP, *Client Resistance Code*; Chamberlain et al., 1984) es muy utilizado entre los diferentes sistemas de terapia para observar la resistencia en el proceso y no se lo vincula a un enfoque terapéutico específico. Westra y colegas (2009) lo han adaptado para su uso en la TCC para la ansiedad y esta adaptación ha sido respaldada firmemente en un programa de investigación sistemático que lo define como capaz de identificar momentos claves de falta de colaboración en la terapia que pueden predecir resultados con éxito (por ejemplo, Aviram y Westra, 2011; Aviram et al., 2016; Westra, Constantino y Anthony, 2016). Además, otros investigadores, basados en el sistema de resistencia adaptado por Westra et al. (2009) han descubierto que la resistencia es un principal alterador de la adherencia a la TCC y, por lo tanto, recomiendan que los estancamientos presentados por el incumplimiento y la resistencia sean abordados en forma sistemática en la TCC mediante la integración de principios de EM (Zickgraf et al., 2015).

Se puede definir a la resistencia como una conducta que rechaza, obstaculiza, desvía o impide la orientación que fija el terapeuta. Contextualizaremos esta definición al ilustrar la manera en que se pueden realizar observaciones al utilizar el CRP en un ejemplo clínico de TAG. En este caso se discuten los miedos de la paciente con respecto a llegar tarde a clase, y el terapeuta intenta ayudarla a reformular la experiencia para reducir su ansiedad (los ejemplos de los códigos de resistencia aparecen en cursiva).

Terapeuta [T]: Entonces, incluso si una persona llega tarde muy esporádicamente, ¿también estaría mal?

Paciente [P]: (pausa) No lo sé (*Desafiante/Discrepante*). Tal vez si es solo una clase en el semestre. A todos nos ocurren cosas (inquieta). Pero no lo sé (pausa/*Retroceso*). Supongo que esa es mi forma de verlo (*Desafiante Discrepante; Defendiendo su postura*).

T: ¿Y el resto de las personas lo ven de la misma manera?

P: (Con sarcasmo) Al parecer no, porque llegan tarde todo el tiempo.

T: ¿Y esto afecta sus calificaciones, o...?

P: ¡Pero aparte es muy molesto! (*Interrumpe; Ignora; Desafía/Discrepa*).

T: Por supuesto que sí. No quiero decir que llegar tarde sea algo correcto. Pero, ¿es tan incorrecto como para invertir tiempo y energía preocupándose por ello?

P: (rápida y silenciosamente) Mmm... (*Retrocede*)

T: Deberíamos ponderar las ventajas y desventajas de esta preocupación, ¿verdad?

P: (rápida y silenciosamente) Mmm... (*Retrocede*)

La paciente utiliza aquí diferentes estrategias (explícitas e implícitas) para comunicar su falta de voluntad de adherirse a lo que plantea el terapeuta, que incluyen interrumpir, ignorar, mostrar desacuerdo, defender su postura y en última instancia retroceder en forma pasiva. Estos ejemplos ilustran también que la respuesta a la interacción es inmediata cuando las exigencias del terapeuta se realizan en un contexto de reducida disposición al cambio. La actitud directiva del terapeuta en este contexto provocará una rápida resistencia en el paciente. La atención continua a estas conductas brinda por lo tanto una fuente inmediatamente disponible de respuesta para el terapeuta acerca del grado de disposición al cambio por parte del paciente. Si el terapeuta realiza un arduo trabajo para convencer y persuadir al paciente para que piense o actúe de forma diferente (como en estos ejemplos), es también una clara señal de que el paciente no está preparado para considerar dichas alternativas.

La detección de resistencia en el discurso del paciente

Se puede recoger importante información acerca de la disposición del paciente mediante la cuidadosa atención a su discurso y a la manera en la que habla acerca del cambio. De hecho, una cantidad de estudios han apoyado la importancia de ser atento y responder al lenguaje y declaraciones del paciente con respecto al cambio (investigación de Miller y Rose, 2009), e investigaciones recientes han apoyado con firmeza la importancia de las conversaciones acerca del cambio y, en particular, aquellas que se oponen al cambio en la TCC para abordar el TAG (Button et al., 2015; Lombardi, Button y Westra, 2014; Sijeric et al., 2016). Por lo tanto, aprender a prestar atención a la manera en que los pacientes hablan del cambio (y de no cambiar) es un importante prerrequisito para la formación de respuestas efectivas.

Entre los ejemplos de declaraciones ambivalentes que demuestran razones en conflicto de acercamiento y alejamiento se incluyen "Me gustaría pero..." (Por ejemplo: *Quiero ser feliz pero me siento culpable, como si no lo mereciera*), "Sé que no tiene sentido pero no puedo dejar de hacerlo" (Por ejemplo: *Sé que preocuparme no me ayuda pero siento que debo hacerlo*). Una frecuencia elevada de conversaciones que contradicen el cambio o declaraciones que reflejan argumentos en contra de cambiar la conducta (a lo que nos referimos como "argumentos evasivos"), es un indicador particularmente importante de ambivalencia y resistencia al cambio en la conducta. Estas declaraciones incluyen argumentos a favor de mantener el estado actual (por ejemplo: "Preocuparme me ayuda a sentirme preparada", o "Me siento menos ansiosa si evado a otras personas", o "Me siento muy ansiosa si no lo verifico") y argumentos en contra del cambio (por ejemplo: "Sería muy difícil cambiar", o "Temo lo que puede suceder si no me aseguro de que el horno esté apagado", etc.). En contraste, ejemplos de argumentos a favor del cambio podrían incluir frases como: "Me doy cuenta de que esto me ayudaría (*capacidad y deseo de cambiar*), y realmente lo necesito porque ya no puedo controlar mi ansiedad. Sé que no será fácil (*razones para no cambiar*) pero si yo he construido mis pensamientos negativos, también puedo derribarlos (*capacidad de cambiar*)".

Escalas de autorreporte de la motivación

Por lo general, la observación de ambivalencia y resistencia durante la sesión son en definitiva el enfoque de abordaje más utilizado. Sin embargo, se han desarrollado numerosos instrumentos de autorreporte para medir la motivación de los pacientes en el ámbito del tratamiento de la ansiedad. Estas medidas suelen ser débiles e inconsistentes en la predicción de resultados y suelen ser mucho mejores en la predicción de terminaciones prematuras (Westra, 2012). La medida de motivación más generalizada es la evaluación del cambio de la Universidad de Rhode Island (*University of Rhode Island Change Assessment*; McConnaughy, Prochaska y Velicer, 1983), que intenta capturar las diferentes etapas del cambio en su modelo transteorético (*Transtheoretical Model*; Prochaska, 1999). Aunque existen numerosos cuestionarios de autorreporte para la ansiedad en particular, el más prometedor parece ser el cuestionario de cambio (*Change Questionnaire*; Miller y Johnson, 2008). El Cuestionario de Cambio se desarrolló recientemente y es una medida que consta de doce puntos, derivado de la investigación psicolingüística acerca del lenguaje natural que utiliza el paciente para describir su propia motivación (Amrhein et al., 2003). En este cuestionario, el encuestado identifica aquello que está dispuesto a cambiar y cada punto se completa en relación con ese foco de cambio. Dos ítems representan cada una de las dimensiones: el deseo de cambiar, la capacidad, las razones, la necesidad, el compromiso con el cambio, así como también los pasos a tomar para cambiar, y son puntuados en una escala de 0 (definitivamente no) a 10 (definitivamente) de acuerdo con el grado en que cada declaración describe su motivación (por ejemplo: Quiero preocuparme menos, Podría preocuparme menos, etc.).

En resumen, el reconocimiento de la resistencia tanto en el despliegue de la interacción (es decir, oposición a la orientación del terapeuta, desarmonía) como en las declaraciones y lenguaje del paciente acerca del cambio/tratamiento (conversación de cambio o argumentos evasivos) constituyen dos importantes fuentes de información acerca de la disposición del paciente al cambio. Existen numerosas pruebas de que estos son aconte-cimientos o momentos claves en el proceso terapéutico que tienen importancia diferencial. Perfeccionar las capacidades de reconocimiento de la resistencia, por un lado, y de la disposición al cambio por otro, es un prerrequisito importante para ajustar el estilo clínico (de apoyo o directivo) al grado de motivación del paciente.

De qué manera la EM complementa a la TCC

Al considerar el tratamiento en sí, resulta útil analizar con precisión la forma en que la entrevista motivacional se diferencia de la terapia cognitivo conductual tradicional para lograr distinguir las estrategias clínicas exclusivas, que pueden complementar a la TCC. Las diferencias entre la EM y la TCC abarcan el rol del terapeuta, ciertos aspectos del foco de la terapia, el manejo de la resistencia, y la forma y el momento en que se introducen las estrategias de cambio.

El rol del terapeuta

Los terapeutas de TCC adoptan con más frecuencia que los de EM la función de promotor del cambio. En la EM, el terapeuta no busca cumplir esta función sino motivar al paciente a convertirse en su propio promotor de cambio. Por lo general, según datos de surgidos de métodos de autorre-porte y estudios de observación, los terapeutas de TCC emplean la orientación, la instrucción, la educación y la estructura de una forma más directiva que terapeutas de otras orientaciones (Watson y McMullen, 2005; véase el informe de Blaglys y Hilsenroth, 2002).

La investigación ha demostrado que los enfoques directivos tienden a provocar mayor resistencia que los enfoques de apoyo (por ejemplo Mo-yers y Martin, 2006; Patterson y Chamberlain, 1994), lo que podría estar mediado por la activación de la reactancia (explicado más adelante). Por ejemplo, en el contexto de entrenamiento para la formación de padres, Patterson y Forgatch (1985) observaron una mayor tendencia al incumplimiento luego de conductas terapéuticas de enseñanza y confrontación, mientras que las conductas de apoyo y ayuda se vieron asociadas con mayor cooperación por parte del paciente. En forma similar, Miller, Benefield y Tonigan (1993) observaron que, en pacientes con problemas de alcohol, el *feedback* sobre consumo brindado con un estilo directivo, provocaba una respuesta más defensiva y un aumento en el consumo luego de la intervención, en comparación con el mismo *feedback* brindado con un estilo más comprensivo.

Brehm y Brehm (1981) han desarrollado la teoría de la reactancia, en la que se considera que cuando se percibe una amenaza hacia las libertades personales (como sería el caso al recibir un trato altamente directivo), se despierta un estado de reactancia como un mecanismo de reafirmación de dichas libertades. Asimismo, las personas se ven motivadas a reducir este estado de diversas formas, por ejemplo comportándose en forma oposicionista. Otro hallazgo consistente con esta teoría pertenece a Shoham, Trost y Rohrbaugh (2004), quienes encontraron que ciertos pacientes son más sensibles al estilo directivo del terapeuta que otros. Aquellos con mayores niveles de reactancia, tienden a resistir los intentos de control y suelen responder en forma relativamente desfavorable a terapias directivas como la TCC, en comparación con enfoques más autodirigidos (Beutler et al., 2001; Shoham-Salomon, Avner y Neeman, 1989).

También se ha sugerido que la motivación de cambio podría estar altamente interrelacionada con el enfoque directivo del terapeuta. Por ejemplo, Huppert et al. (2006) descubrieron que niveles más elevados de adherencia terapéutica en tratamientos de control del pánico con pacientes menos motivados se asociaban a peores resultados en comparación con niveles más bajos de adherencia. En resumen, el enfoque directivo del terapeuta podría promover reactancia y resistencia en el paciente, lo que se ha asociado en forma constante con resultados desfavorables (Beutler et al., 2001; Bischoff y Tracey, 1995; Mahalik, 1994). Teniendo en cuenta que en la EM se utiliza un enfoque de apoyo y menos directivo que el de la TCC, se considera que la adopción de un estilo menos directivo en la terapia puede resultar beneficioso para los terapeutas TCC, en especial con pacientes más resistentes.

El manejo de la resistencia

Hasta hace poco, los modelos de la TCC se han mantenido relativamente en silencio con respecto al manejo de la resistencia. Sin embargo, comienzan a aparecer maneras de entender y trabajar con la resistencia (por ejemplo: Beck, 2005; Leahy, 2001, 2003; Sookman y Pinard, 2007). Algunos modelos de TCC identifican y abordan características de los pacientes tales como conductas que interfieren con el tratamiento (VanDyke y Pollard, 2005; Pollard, 2007) y las creencias y esquemas de los pacientes, en particular aquellos que presentan obstáculos en la colaboración durante el tratamiento (Leahy, 2001, 2003; Sookman y Pinard, 2007), para lograr así una mayor cooperación con las intervenciones de la TCC. Estos enfoques requieren un mayor escrutinio empírico y aún no han sido implementados en forma generalizada en la TCC tradicional.

Las recomendaciones para el manejo de la resistencia en la TCC difieren considerablemente de aquellas realizadas en la EM. En lugar de confrontar la resistencia en forma directa, se incentiva al terapeuta de EM a "acompañar la resistencia", lo que incluye el uso de reflexiones empáticas y la preservación de la autonomía del paciente permitiendo que mantenga creencias que podrían contradecir los objetivos del terapeuta o de la terapia. Por ejemplo, supongamos que un paciente ha alcanzado avances evidentes y tangibles en la terapia, pero afirma en forma repetida que la terapia no está ayudándolo. En esta situación, el terapeuta que debe acompañar la resistencia respetaría la experiencia que el paciente expresa con respecto a la terapia en lugar de querer demostrar el progreso realizado. El terapeuta podría decir: "Me imagino que si crees que no progresas esto te hace sentir disconforme. Si sientes eso, entonces puede que exista una razón válida que deberemos explorar. ¿Puedes contarme más acerca de este sentimiento?" En otras palabras, dentro de la EM, la resistencia no se ve como un problema a derrotar o como un obstáculo a la terapia que debe removerse, sino como información que debe ser entendida, desde la perspectiva del paciente, que podría generar progresos en la terapia. La EM otorga también un gran énfasis al contexto relacional entre el paciente y el terapeuta. La presencia continua de resistencia en la EM se considera en primer lugar como un error en la capacidad del terapeuta en lugar de un problema del paciente (Miller y Rollnick, 2002; Moyers y Rollnick, 2002). Al poner el foco en un estilo terapéutico de apoyo antes que directivo y en la resolución de la ambivalencia para incrementar la motivación, la EM es más propensa a evitar la resistencia que podría surgir en casos de enfoques más directivos (Engle y Arkowitz, 2006).

El momento de la introducción de estrategias de cambio

En la EM, el desarrollo colaborativo y uso de estrategias de cambio deben coincidir con la disposición del paciente a cambiar, indicada por señales de ambivalencia reducida y motivación intrínseca elevada (Westra, 2012). Algunos enfoques contemporáneos de TCC para el TAG incluyen un foco en las creencias contradictorias con respecto al cambio (Wells, 1997, 1999) y en la ambivalencia relacionada a la preocupación (Koerner y Dugas, 2006; Ladouceur et al., 2000) como parte del tratamiento. De algún modo, este enfoque se superpone con el de la EM. Sin embargo, el foco en la ambivalencia y el uso de métodos específicos para resolverla son rasgos que definen a la EM; este no es el caso en los enfoques de TCC.

La forma de introducir estrategias de cambio

Dado que la EM es más un estilo clínico que un conjunto de técnicas, puede ofrecer alternativas para la conducción de la TCC desde una postura centrada en el paciente. En la EM es central el énfasis que se le da a evocar y preservar la autonomía del paciente, es decir, el terapeuta considera que el paciente ya posee la sabiduría que necesita acerca de la mejor forma en que puede lograr el cambio. La función del terapeuta es la de extraer esta sabiduría en lugar de instalar algo que está faltando (Miller y Rollnick, 2002). En otras palabras, la EM contempla al paciente como el "líder" de su propio proceso de cambio y considera al terapeuta como un consultor del paciente durante este proceso. Es usual que los pacientes elaboren estrategias de cambio muy similares a las técnicas utilizadas en la TCC (por ejemplo: el cambio de pensamientos poco razonables, la exposición a situaciones que solían evadir, etc.). En la EM, el terapeuta es también libre de proveer información, sugerencias y realizar comentarios relacionados con el plan de cambio del paciente, es decir, "aportes" para que el paciente considere. Este puede aceptar, rechazar o modificar las sugerencias del terapeuta. De esta forma se comunica respeto a la autonomía del paciente y se facilitan las atribuciones internas para el cambio.

Si bien la TCC valora mucho los aportes del paciente para definir y trabajar el problema, el enfoque difiere de la EM en que el énfasis de la TCC se encuentra en el terapeuta como experto a cargo del proceso de cambio, con el paciente como proveedor de aportes y sugerencias. Para expresarlo con mayor claridad, en la EM el paciente se considera el experto y el terapeuta un consejero, mientras que estos roles se invierten en la TCC. Consideramos que en general la TCC es más directiva que la EM, aunque pueden existir diferentes variedades de estilos terapéuticos en la TCC. En la medida en que la TCC sea en efecto más directiva que la EM, existirá en la segunda una mayor posibilidad de atribuciones internas para el cambio, lo que se ha demostrado que puede desembocar en un mayor mantenimiento de este cambio (por ejemplo: Davidson y Valins, 1969).

Resulta importante destacar que, en la EM, el énfasis no se encuentra en las sugerencias o aportes que realiza el terapeuta, sino en la *manera* en que esto se lleva a cabo. Para citar un ejemplo, Miller y Rollnick (2002) han explicado el proceso de brindar aportes al paciente. Basado en este estilo, el terapeuta en primer lugar pide permiso para ofrecer un aporte (por ejemplo: "Tengo algunas ideas, basadas en lo que otras personas han hecho, acerca de cómo manejar la preocupación. ¿Querrías escucharlas?"). El paso siguiente es proveer información o comentarios, y por último, provocar una reacción en el paciente. En este sentido, el terapeuta opera como un consultor del plan de cambio del paciente y lo considera como el principal agente para el desarrollo del plan. Mientras que la TCC busca también el aporte y devolución del paciente, y pone énfasis en la colaboración; la EM enfatiza aún más el reconocimiento y respeto de la sabiduría del paciente y sus puntos de vista en lugar de los del terapeuta, y considera al paciente el formulador principal, y aquel que se encarga de la toma de decisiones con respecto al plan de cambio.

Ambivalencia con respecto a la preocupación

Diferentes investigaciones han demostrado que las personas con TAG tienen creencias opuestas con respecto a la preocupación, que incluyen tanto una percepción negativa como una positiva acerca del valor que tiene la preocupación (Borkovec y Roemer, 1995; Freeson et al., 1994). Si bien los pacientes con TAG consideran a la preocupación como un problema (por ejemplo, porque interfiere en la concentración y la memoria), también le adjudican valores *positivos* (por ejemplo, que la preocupación los motiva, que asegura que estén preparados para acontecimientos negativos) y, por lo tanto, son ambivalentes ante la reducción y el abandono de la preocupación excesiva.

Al emplear la EM con pacientes que sufren de TAG, es necesario suscitar y trabajar con las percepciones que el paciente tiene de las ventajas y desventajas de preocuparse. Puede que parezca extraño preguntar acerca de las ventajas de tener este problema, pero los pacientes son más comunicativos con respecto al valor de la preocupación si el terapeuta explora las ventajas sin juzgar y sin realizar conclusiones *a priori* acerca de cómo las desventajas superan a las ventajas. Si el terapeuta se muestra abierto a esta información, podrá comprender con mayor claridad las fuentes de la resistencia y ambivalencia del paciente. Además, también se las puede abordar como ambivalencia desde un ejercicio equilibrado. La comprensión y apreciación de *ambos* lados de la ambivalencia del paciente puede facilitar mucho la terapia. Puede resultar difícil integrar y entender completamente la parte del paciente que defiende al estado actual, ya que por lo general, dentro de nuestra función de ayuda, tenemos mayor capacidad para escuchar los problemas asociados a la preocupación y las razones para cambiar. Pero para lograr la práctica de EM, debemos ser también competentes al comprender e integrar el lado contrario, que argumenta a favor de la situación vigente.

Los beneficios de la preocupación y los miedos al cambio

Las personas que sufren de TAG tienen miedos acerca de la posibilidad de abandonar la preocupación. Mientras que estos miedos sigan presentes, es probable que el paciente con TAG se muestre menos receptivo a adoptar medidas para el cambio. Es decir, si el paciente considera que la eliminación de la preocupación tendrá graves consecuencias negativas, entonces es probable que su disposición al cambio sea menor.

Si se tiene en cuenta la cronicidad del TAG en la mayoría de los pacientes, la preocupación puede convertirse en una parte central de sus identidades (por ejemplo: "No puedo imaginar mi vida sin preocupación. Me he preocupado toda la vida. ¿Quién sería?"). En ciertos casos, los pacientes le atribuyen a la preocupación características positivas, identificándose como personas muy responsables, atentas y confiables. En casos más extremos, existe a veces un elemento de superioridad moral en la autoidentificación como una persona que se preocupa. Como expresó un paciente: "Creo que el resto de las personas debería preocuparse más. Yo soy el que suele prevenir los problemas porque siempre pienso en lo que podría suceder. Las personas confían en mí como una alerta". Ya que muchos pacientes que sufren de TAG valoran a la preocupación en forma positiva, resulta lógico que se muestren reacios a cambiarla. De hecho, muchas veces la preocupación se convierte en una estrategia familiar y usual para el manejo del estrés; y aunque tenga muchas consecuencias negativas, la preocupación suele considerarse como "el malo conocido". El cambio es impredecible y cargado de ansiedad. Mantener el estado actual puede resultar incómodo, pero su previsibilidad hace que provoque menos ansiedad que el cambio.

También es normal que se sienta miedo de las consecuencias interpersonales que acarrea el no preocuparse. La primera autora de este capítulo trabajó con una paciente de TAG que presentaba también quejas con respecto a su memoria. La paciente desempeñaba una posición gerencial muy demandante y era responsable por la coordinación a gran escala de ejercicios en el exterior de las fuerzas armadas. Negaba haber experimentado deterioro de la memoria durante su trabajo; sin embargo, se quejaba de que al tratar con asuntos "simples" como recordar citas, realizar las tareas del hogar y llegar a tiempo, se olvidaba completamente y necesitaba depender en forma constante de la asistencia de su marido aún para las tareas más básicas tanto del hogar como personales. Resulta importante destacar que su marido había mantenido una relación extramarital poco tiempo antes de que comience este deterioro. En este caso, aunque la paciente se encontraba afligida debido a sus problemas de memoria, le preocupaba que su marido se alejara de ella y dejara de brindarle el apoyo que necesitaba para sus problemas. Para ella era mucho más prioritario el posible alejamiento y abandono de su pareja que lograr mitigar sus dificultades cognitivas. Asimismo, al preguntarle la manera en que imaginaría una vida sin preocuparse de esta manera, respondió rápidamente: "Pero ¿cómo sabrían mis hijos que los amo? Una buena madre debe preocuparse por ellos". Parecía igualar la falta de preocupación respecto a sus hijos con amarlos menos. Promover estrategias para reducir su preocupación probablemente hubiese sido ineficaz a menos que estas percepciones cambiasen.

Muchos pacientes que sufren de TAG también temen que si renuncian a su preocupación ya no tendrán motivaciones para desempeñarse en importantes áreas de sus vidas. Además, temen que sin la preocupación no se encuentren preparados para resolver situaciones estresantes, o incluso que tal vez estarían invitando a que ocurran malas experiencias (fusión entre el pensamiento y la acción). Una paciente con TAG informó que se sentía obligada a preocuparse cuando su marido viajaba por trabajo, y expresó: "Sé que es ilógico creer que mis pensamientos mantendrán al avión en el aire, así que me ordeno a mí misma dejar de preocuparme. Pero luego pienso 'tal vez es cierto'. Entonces me preocupo para no arriesgar que suceda algo peor". Los pacientes de TAG pueden temer a la reducción de preocupación excesiva porque creen que dicho cambio afectaría en forma negativa las necesidades fundamentales de control, conexión, apoyo y protección de sus seres queridos.

Se ha observado en pacientes con TAG un estilo interpersonal crónico relacionado con anticipar las necesidades de otros, sobreproteger y proporcionar apoyo en forma constante, junto con un desprecio concomitante hacia la importancia de las propias necesidades. Dichos individuos suelen revelar historias de apego en las que sus propios sentimientos y necesidades fueron desatendidos por figuras significativas. Por ejemplo, Hale, Engels y Meeus (2006) descubrieron que los adolescentes con TAG comunicaban mayor alienación y rechazo parental. Bajo estas condiciones, la persona puede convertirse en especialista en anticipar con atención las necesidades de otros e intentar satisfacerlas, para asegurarse de mantener vínculos vitales con personas importantes. Puede que estos individuos teman que al establecer límites interpersonales, al reducir su disponibilidad o al centrarse más en la gestión de las necesidades propias, aquellas personas cercanas se alejarán de ellos.

Los pacientes con TAG suelen creerse incapaces de manejar el estrés y otros problemas con eficiencia. Es probable que sientan un firme sentido de responsabilidad hacia otros, pero a su vez no confíen en su capacidad de responder efectivamente ante los problemas que surjan. Esto es coherente con el énfasis en la capacitación para la resolución de problemas en el enfoque de Dugas y colegas para el tratamiento del TAG (Koerner y Dugas, 2006). Por ejemplo, una paciente ingresó a su primera sesión terapéutica individual acompañada de su marido. Preguntó si podían asistir juntos a la sesión ya que "Él es mucho mejor que yo en detectar mis problemas y los explicaría con mayor claridad". El terapeuta, para no reforzar esta dependencia potencialmente problemática, sugirió que su primer reunión se realizara sin su esposo para ver cómo funcionaba y ofreció la opción de que se incluyera al marido en caso de que parezca necesario. Tanto la paciente como su marido accedieron. Sin embargo, el terapeuta notó que su esposo parecía más reacio que ella ante la propuesta. Uno de los aspectos centrales de las dificultades de la paciente era la sensación de que "no tenía voz" y que nunca había desarrollado confianza en sus propias opiniones o capacidades. Al utilizar el método de atención empática para profundizar en la comprensión, el diálogo se desarrolló de la siguiente manera:

Paciente [P]: Siempre que tengo un problema mi marido y mi padre están a mi lado para ayudarme.

Terapeuta [T]: Es maravilloso tener ese tipo de apoyo. Al mismo tiempo, puede que esté equivocado, pero escucho que dices "Si fuera por mí, no podría hacer nada, entonces es bueno tener a otras personas que puedan solucionar los problemas porque yo no puedo hacerlo".

P: (pausa prolongada) Sí, es cierto. No tengo mucha confianza en mí misma o en mis opiniones. Creo que me resulta más fácil confiar en otros para resolver las cosas.

T: Es más seguro de esa manera, y eso es importante. ¿Qué crees que pasaría si tuvieras que resolver los problemas por tu cuenta?

P: Arruinaría las cosas. Todo acabaría en desastre.

T: Y ciertamente no es eso lo que quieres. Si puedes impedir que algo negativo suceda, entonces eso es lo que deberías hacer. Es muy lógico que te apoyes en otros para que te ayuden, si eso implica prevenir un desastre.

P: Pero al mismo tiempo, no se trata siempre de cosas importantes.

T: ¿Puedes pensar un ejemplo específico de esto?

P: Bueno, mi esposo me dice cómo manejar las cosas – incluso las más insignificantes, como por ejemplo los productos que debo comprar en la tienda.

T: Y tú piensas: "El mundo no colapsaría si yo no comprara la marca adecuada de manteca". Parecería que aunque aprecias mucho su ayuda, puede resultar frustrante en ciertas ocasiones.

P: (Pausa) Sí, lo amo pero en ocasiones se excede.

La preocupación en los pacientes con TAG es también una manera de sentirse preparados ante situaciones negativas inevitables y acontecimientos estresantes. En particular en las personas con poca confianza en sus capacidades de manejo del estrés y otros problemas, es lógico que anticipen los problemas para poder evadirlos potencialmente o al menos para estar preparados en el momento en que sucedan. Para citar un ejemplo, una paciente con la que trabajamos se imaginaba constantemente la muerte de su madre, incluso se visualizaba en su velorio. Cuando se le preguntó la razón por la que hacía esto, contestó que "Si me imagino su muerte estaré preparada para manejarlo cuando ocurra". Expresado de otra manera, la paciente consideraba que su ensayo anticipatorio de un acontecimiento negativo era una forma proactiva de afrontar una desilusión y pérdida devastadora. Otra paciente se refirió a este planeamiento excesivo como "pensamiento previsivo", y explicó que la ayudaba a sentirse más preparada para manejar situaciones estresantes. Desde esta perspectiva, la "solución" para reducir la preocupación se convierte en el problema. Puede que el paciente considere una invitación a preocuparse menos como "pensamiento retroactivo", algo que naturalmente resistiría.

En la EM, la ambivalencia del paciente se suscita y se evalúa en profundidad antes de embarcarse en un programa de cambio. Brindar una atmósfera en la que los pacientes sienten libertad para discutir y elaborar sus miedos y renunciar a la preocupación, les permite reflexionar en forma crítica acerca de la utilidad de la preocupación, y considerar otras opciones para satisfacer sus necesidades básicas. Dado que tanto en el TAG como en otros trastornos prevalece la ambivalencia, los tratamientos como la EM, que la abordan específicamente, podrían lograr el compromiso productivo del paciente para tomar medidas para el cambio.

Evidencia que apoya a la EM-TCC

Es sorprendente la diversidad de formas en que se han utilizado la EM y otros procedimientos relacionados que incluyen elementos de EM, conocidos como terapia de estimulación motivacional (*Motivational Enhancement Therapy*), en el tratamiento de desórdenes de ansiedad (para una revisión ver Westra, Aviram y Doell, 2011). Dentro de este creciente bagaje literario, la EM ha sido la más utilizada como preludio para otras terapias, como un enfoque que se integra a la evaluación estándar o a las entrevistas iniciales, o que se integra durante el tratamiento como parte de un paquete más extenso, de varios componentes. Aparte de estos usos, la EM se ha aplicado para incrementar la búsqueda de tratamiento y de reconocimiento del problema entre los individuos considerados en riesgo de desarrollar trastornos de ansiedad (véase Westra et al., 2011).

Si bien los estudios preliminares acerca del uso de la EM en el tratamiento de la ansiedad han mostrado que se la puede aplicar con flexibilidad, sólo hace poco las investigaciones han comenzado a evaluar el valor de agregar la EM a tratamientos ya existentes para la ansiedad. Acorde con las etapas iniciales de esta labor, se incluyen estudios de caso en contexto natural y estudios piloto controlados, que por lo general han apoyado el uso de la EM (Westra et al., 2011). En pequeños estudios controlados y aleatorizados que comparan a la EM con grupos de control en condición de intervenciones psicoeducativas, de apoyo, o sin tratamiento, la EM se muestra un como un recurso prometedor con respecto al incremento de la búsqueda de tratamiento y reconocimiento del problema, la asistencia al tratamiento, la receptividad ante la recomendación de tratamientos basados en la exposición y a la respuesta a la TCC para la ansiedad.

Dos ensayos clínicos controlados y aleatorizados (*Randomized Clinical Trial* [RCT]) se dedicaron al TAG en particular. Westra, Arkowitz y Dozois

(2009) asignaron al azar pacientes de TAG a cuatro sesiones de pretratamiento individuales de EM seguidas de 14 horas (ocho sesiones) de TCC individual. Este grupo fue comparado con uno que no recibió pretratamiento (NPT) pero sí recibió la misma cantidad de TCC individual. Los resultados de 67 pacientes (34 que recibieron EM-TCC y 33 NPT-TCC) mostraron un *tamaño de efecto* de $d = 0,47$ en cuanto a la comparación de ambos grupos en la reducción del grado de preocupación al finalizar el tratamiento, en favor del grupo que recibió EM-TCC. Además, este grupo mostró mayor cumplimiento de las tareas para el hogar asignadas (evaluado desde la perspectiva de los terapeutas), en comparación al grupo que no recibió pretratamiento (tamaño de efecto de la comparación entre los grupos post tratamiento de $d = 0,59$). Por lo tanto, la incorporación de la EM a la TCC aumentó en forma sustancial los efectos del tratamiento en los síntomas de preocupación y en el cumplimiento de tareas para el hogar. Es interesante resaltar que los efectos más pronunciados se encontraron en aquellos pacientes con mayores grados de preocupación, con un tamaño del efecto de comparación entre grupos post tratamiento grande ($d = 0,97$), mientras que dicho tamaño de efecto fue pequeño en aquellos con niveles preocupación moderada ($d = .20$).

Los resultados del segundo RCT son aún más concluyentes debido a la rigurosidad del diseño experimental utilizado. Westra, Constantino y Anthony (2016) restringieron la muestra de este estudio a aquellos pacientes con TAG severo y les asignaron en forma aleatoria a recibir ya sea quince sesiones de TCC o cuatro sesiones de EM seguidas de once sesiones de TCC (EM-TCC). Es importante notar que la fidelidad (*allegiance*) experimental fue controlada en este estudio, ya que los terapeutas se asignaron únicamente a uno de los dos tratamientos, y fueron ellos quienes eligieron el tratamiento que preferían brindar; a su vez los terapeutas fueron supervisados en forma independiente por expertos en el tratamiento que seleccionaron. Así se aseguraron de que en particular el grupo que solo recibía TCC (el grupo de control en este estudio) recibiera un tratamiento de gran calidad, lo más eficaz posible.

Los resultados del estudio de Westra y colegas (2016) no indicaron diferencias en los resultados inmediatamente posteriores al tratamiento. Sin embargo, durante el seguimiento a largo plazo, los pacientes de EM-TCC continuaron reduciendo sus niveles de preocupación y malestar, mientras que los pacientes que sólo recibieron TCC en general mantuvieron los logros ya alcanzados. Para citar un ejemplo, en el seguimiento realizado un año luego de la prueba, los pacientes que habían recibido EM-TCC presentaban una probabilidad cinco veces mayor de incumplimiento con los criterios de diagnóstico de TAG en comparación con aquellos que habían recibido solo TCC. El 60% de los pacientes de EM-TCC ya no cumplía con los criterios de

TAG luego de un año, mientras que en los pacientes de TCC, el porcentaje era de un 35%. Además, el grupo de TCC sufrió dos veces más abandonos en la terapia que el primero. Por último, se observaron pruebas de marcadas diferencias en los procesos interpersonales entre los grupos, y los terapeutas demostraron niveles sustancialmente mayores de empatía y de capacidades interpersonales facilitadoras (apoyo de la autonomía, evocación y colaboración) en el grupo de EM-TCC. Interpretamos que estas diferencias en el resultado a largo plazo reflejaban un incremento en la agencia (autoeficacia) en el grupo de EM-TCC como consecuencia del estilo basado en el "paciente como experto" que brinda el tratamiento EM-TCC en comparación al estilo "terapeuta como experto" de la TCC.

Es importante notar que en ambos RCTs, el grupo que recibió EM-TCC mostró niveles mucho menores de resistencia (Aviram y Westra, 2011; Constantino, Westra y Antony, 2015), que a su vez influyeron en las diferencias en los resultados. Es decir que en el grupo EM-TCC, los resultados fueron superiores debido a que existía menos resistencia (oposición, desarmonía). Esto sugiere que probablemente la mayor ventaja en la integración de la EM a la TCC sea que brinda a los terapeutas la capacidad crucial de reconocer y manejar en forma eficaz la resistencia. Un reciente estudio de Aviram y colegas (2016) proporciona mayores pruebas a favor de esta conclusión. En este estudio se evaluaron los diferentes estilos de respuesta terapéutica ante el desacuerdo por parte del paciente *dentro de la TCC*. Es decir, Aviram solo utilizó díadas de TCC (estos terapeutas no tenían capacitación en EM), y luego identificó los momentos precisos de desacuerdo (por ejemplo, incumplimiento de tareas para el hogar, discrepancias con respecto a estas tareas). Los descubrimientos mostraron que aquellos terapeutas que "por naturaleza" se presentaban más empáticos y alentadores en estos momentos (es decir, cuyo estilo era más similar al de la EM) recibían resultados mucho más contundentes que los terapeutas poco empáticos y más controladores (que insistían en las tareas). Los efectos eran importantes, y sugerían que descubrir cómo manejar la resistencia (característica principal en la EM) resultaría beneficioso en la capacitación de la TCC. Por último, Aviram y colegas (2016) informaron también que utilizar un estilo de EM durante los momentos específicos de desacuerdo era diez veces más favorable que utilizar este estilo en forma corriente (fuera de los momentos de desacuerdo/resistencia). Esto indica que es crucial identificar el momento en que se debe utilizar la EM, para lograr así mejorar la práctica de la TCC. Esto resulta cierto en especial debido a que la naturaleza directiva de la TCC tiende a provocar mayores niveles de resistencia tóxica.

Casos ilustrativos

Darío

Resulta sorpresivo que en el caso de Darío no existe ningún tipo de lenguaje motivacional. Es decir, la conversación se centra por completo en la descripción de los síntomas de TAG. Por lo tanto, la integración de la EM al tratamiento implicaría un cambio activo del terapeuta, quien debería entonces formular preguntas diseñadas para suscitar la motivación de Darío hacia el cambio, como por ejemplo:

¿Cómo te sientes respecto a la idea de realizar este tratamiento y reducir la preocupación?

¿Qué pasos has tomado (si has tomado alguno) para abordar tus síntomas?

¿Qué es lo que te molesta acerca de tu preocupación/tus síntomas? ¿Cuál es la peor parte?

¿Por qué razón decidiste considerar realizar un tratamiento? ¿Por qué lo decidiste en este momento?

¿Has realizado algún tratamiento antes? Si es así, ¿cómo resultó? ¿Cuáles fueron los factores que ayudaron y cuáles no? ¿Qué se interpuso en el camino?

¿Cuáles son aquellas cosas que considerarías impedimentos al cambio?

¿Cuáles son tus inquietudes o dudas respecto a la terapia?

¿Cuánto esperas que este tratamiento te ayude? (Es decir, cuán optimista/pesimista es el paciente acerca del tratamiento/cambio esperado).

¿Cómo te sentirías si estos problemas persistieran uno o dos años más?

Estas preguntas, diseñadas para suscitar una conversación acerca de la motivación, serían acompañadas por el uso de la empatía para poder elaborar de una forma más completa las razones que el paciente tiene en contra y a favor del cambio. El terapeuta debería también utilizar la empatía para detectar cualquier tipo de motivaciones subyacentes. Por ejemplo, cuando Darío describe un síntoma determinado, como su incapacidad para leer debido a que no puede concentrarse, y teniendo en cuenta que mencionó: "Soy un hombre que siempre amó leer", el terapeuta podría decir: "Me imagino que te molesta perder una actividad que solías amar tanto. ¿Eso no es bueno, verdad? Cuéntame más sobre el tema". El terapeuta podría también detectar valores claves (que sirven como combustible motivacional) como por ejemplo la paternidad y preguntar: "¿Y de qué manera afecta tu preocupación a tus hijos o a tu capacidad para ser el padre... o trabajador... o esposo... o amigo que te gustaría ser?" Estos aportes no solo son empáticos sino que también utilizan la empatía para abrir una conversación acerca de valores fundamentales, motivaciones, y las discrepancias entre la preocupación y la orientación hacia estos valores.

Por último, si se tiene en cuenta la total ausencia de lenguaje motivacional en este ejemplo, y más aún si se considera la "urgencia" en el diálogo de Darío (la descripción incesante y detallada de síntoma tras síntoma), un terapeuta que desea brindar un marco de EM especularía que existen firmes razones que obligan a Darío a preocuparse; por lo tanto lo ayudaría a articular y explorar estas "buenas razones". Para entablar esta conversación, el terapeuta podría preguntar: "Según lo que dices, entiendo que existe una voz/fuerza en tu mente, que dice que DEBES preocuparte por esto. Háblame desde la perspectiva de esa voz... ¿Por qué es importante preocuparse por estas cosas? O ¿qué pasaría si no te preocuparas por eso?" Esta parece ser una conversación crucial a iniciar con Darío, para extraer las razones ideográficas que tiene para preocuparse. El terapeuta debería también descifrarlas mediante interrogantes como: "Me pregunto si preocuparte te proporciona un sentimiento de estar bajo control, ¿puede ser? Y por otro lado, si te 'relajaras' y renunciaras a ese control, ¿qué temes que sucedería? ¿Qué es lo que esta preocupación te dice que pasaría si dejaras de preocuparte una y otra vez por estos asuntos?". Las razones más habituales para preocuparse incluyen la obtención de un sentimiento de control, la atención y cuidado hacia otros, la reducción de sorpresas inciertas e indeseables, la motivación a superar el desempeño propio, la seguridad de no fallar, etc. Sin embargo, esta exploración se realiza para que Darío exprese *sus* incentivos particulares para preocuparse. El terapeuta debería utilizar la empatía atinadamente en su análisis para entender las fuerzas que impiden que Darío avance. Hemos elaborado el siguiente ejemplo a efectos de demostrar el diálogo que ocurriría en un caso de TAG si el terapeuta usara EM (véase también Westra, 2012 para otros ejemplos de EM-TCC para TAG y otros trastornos de ansiedad).

Ejemplo clínico extendido de diálogo con un paciente de TAG al utilizar técnicas de EM

Carol expresó que se preocupaba por "todo", en especial por sus relaciones con otras personas y por el bienestar de su familia. También explicó que su preocupación le causaba malestar y que sufría de insomnio, tensión e incapacidad para concentrarse. De hecho, tuvo que pedir una licencia de su trabajo debido a serios problemas de concentración relacionados con su preocupación. Se describió a sí misma como una persona que "vivía preocupada"; había recibido un tratamiento previo de psicoterapia y antidepresivos, pero no había dado mucho resultado. Describió un patrón crónico de excesiva atención y cuidado hacia otros, miedo a fijar límites o decir que no, ya que esto podría generar desaprobación y abandono, y perpetuar sus sentimientos de soledad.

Guiada por el terapeuta, Carol comenzó a articular las numerosas desventajas de su ansiedad, entre ellas la fatiga extrema, la incapacidad para relajarse y la ausencia de sentimientos alegres. El terapeuta de EM trabajó para elaborar estas desventajas así como también los obstáculos para el cambio (es decir, la reducción de la preocupación) y, en general, el panorama completo de la ambivalencia que expresaba Carol. El siguiente diálogo se extrajo de la primera sesión, en la que el terapeuta utilizó la atención empática para entender la naturaleza de las preocupaciones de Carol y para comenzar a explorar sus sentimientos ambivalentes acerca de la preocupación. Las estrategias particulares que utilizó el terapeuta se muestran entre paréntesis.

T: Entonces, sientes esta obligación de complacer a los otros. Es muy importante intentar cubrir sus necesidades (*Síntesis*). Y, parecería que eres buena para esto (*Afirmación*).

P: Eso creo.

T: Y la preocupación puede resultar una ayuda para cubrir las necesidades de otros, porque utilizas gran parte de tu energía en anticipar aquello que necesitan (*Reflexión en la que se vincula a la preocupación con el firme deseo de complacer a otros*).

P: Exacto. Pero a veces no creo que deba complacerlos. Me consume. Sabes, no había hecho nada malo, pero de todas formas tuve que pedir disculpas solo para mantener las buenas relaciones.

T: Así es, y esto ha sucedido ya varias veces (*Reflexión*).

P: En muchas ocasiones me enojo conmigo misma porque soy consciente de esto, pero no puedo dejar de hacerlo. Es automático.

T: Entiendo. Las conexiones con otras personas son tan importantes; resulta atemorizante imaginarse sin ellas (*Validación*). Pero existe otra voz, ¿qué dice esa voz? (*Evocación de las desventajas del estilo complaciente de la* paciente)

P: Que yo estaba en lo correcto. No había sido yo la causante de la ruptura de nuestra relación; ¿por qué debería ser la que pide perdón?

T: Es injusto (*Reflexión*). Entonces, existen dos voces dentro tuyo. Una que dice "Esto me da miedo. Haz lo necesario para garantizar que no se genere un conflicto". Y otra voz que dice "No lo hagas. Es injusto, debes defenderte. No es tu culpa" (*Síntesis de ambivalencia*).

P: (suspiro profundo) Es horrible. Vivo con este monólogo constante en mi cabeza. No sé por qué soy así.

T: Creo que te sientes estancada en esta situación (*Reflexión acerca de los sentimientos que subyacen en la ambivalencia*).

P: Siento que estoy en un círculo, que no puedo escapar ni encontrarme. Ni siquiera sé quién soy. Estoy tan confundida.

T: Es entendible lo que sientes, como si estuvieras atrapada, moviéndote en círculos (*Validación*).

Durante esta entrevista, el terapeuta mantuvo una actitud de análisis de la ambivalencia de la paciente, revalorizando sus respuestas, predecibles y habituales (respuestas que resultaban confusas e ilógicas para la paciente), y considerándolas válidas y entendibles dada la situación. Por ejemplo, el terapeuta reformuló el estilo complaciente de la paciente como funcional, entendible, e incluso útil para cumplir el objetivo de mantener conexiones vitales con otros.

El terapeuta continuó la evaluación de la ambivalencia de la paciente e intentó profundizar la comprensión de ambas voces, la que fomentaba el cambio y la que lo impedía. En particular, continuó trabajando para entender la ambivalencia y buscó expresamente ayudar a la paciente a aceptar y entender los aspectos positivos que subyacían en su preocupación y su estilo interpersonal asociado.

P: Siempre doy a la gente la imagen de que soy feliz, de que estoy bien, de que soy una persona tranquila, buena, servicial y amable. Pero no es cierto. La imagen que muestro es diferente a lo que pasa por dentro. Todos piensan que soy muy fuerte, que siempre tengo la solución... que soy feliz. Pero esa no es la verdad. Por dentro es todo lo contrario y eso es lo que me incomoda.

T: Parecería que comienzas a cansarte de cumplir esa función. Te preguntas, "¿Qué es lo que necesito? ¿Qué es lo que realmente pienso? ¿Cuándo llegará el momento en que pueda mostrar quien soy en verdad?" (*Reflexión compleja que sintetiza la conversación acerca del cambio*).

P: Así es. Estoy frustrada. ¿Por qué no puedo trabajar ni tengo la capacidad de concentrarme? Quiero ser capaz de mostrar quién realmente soy. ¿Por qué tengo que cumplir este rol frente a las personas?

T: Y tal vez éste sea un muy buen punto al que dedicarle tiempo. Puede que existan algunos aspectos positivos de cumplir este rol. ¿Crees que existan algunos? (*Invitación a explorar los beneficios del estilo ya presente en la paciente*).

P: (duda) No lo sé. En ocasiones oculto cosas.

T: Entonces actuar de esta manera te ayuda a esconder algunos sentimientos internos – tal vez sentimientos difíciles de asimilar (*Reflexión compleja que estimula a la paciente a continuar analizando esta ventaja identificada del estado actual*).

P: Sí, cuando me siento avergonzada o incómoda puedo ocultarlo.

T: Claro, y piensas "¡Soy realmente buena cumpliendo este rol! Cuando actúo así no tengo que mostrar algunos sentimientos vergonzosos. Y en cierto aspecto esto es bueno, ya que impide que los sienta" (*Síntesis y validación*).

P: ...También impide que me juzguen. De no ser así me mirarían u opinarían acerca de mí.

T: Entonces así puedo prevenir el juicio de otros – el miedo de no estar a su altura, de que no les guste como soy.

Entonces el rol es útil en este sentido. (*Validación*) ¿Qué otros aspectos positivos existen? (*Formulación de una pregunta abierta que fomenta la elaboración de las ventajas que tiene el estado actual*).

P: No tengo enemigos. Todos me quieren.

T: Y la ausencia de conflicto hace que la vida sea más agradable y sencilla; para lograrlo, complaces a los demás, los ayudas (*Validación*).

P: Así es, de este modo no hay conflictos.

T: ¿Cuán importante es esto para ti? (*Análisis de la importancia de esta ventaja identificada en su estado actual*).

P: Es sumamente importante. No puedo manejar los conflictos, entonces intento prevenirlos siempre que sea posible.

T: Entonces, complacer a otros te ayuda a cumplir con un objetivo muy importante, es lógico que lo hagas. Es probable que te preocupe que dejar de complacer a otros signifique el surgimiento de tensión y conflictos (*Síntesis y validación*).

Este fragmento ilustra la importancia en la actitud del terapeuta, que debe aceptar y dar nuevos significados a ciertos aspectos de la paciente que ella considera inaceptables. Es decir, el terapeuta trabaja para entender y explorar qué necesidades razonables e importantes se satisfacen mediante el estilo deferencial y la preocupación (como por ejemplo, la prevención de encuentros aversivos o sentimientos difíciles que el paciente considera insoportables). Una vez comprendidas en general las preocupaciones del paciente, el terapeuta buscó profundizar aún más en que el paciente entienda su dilema y comience a unir estas dos "voces" para facilitar una resolución.

P: Suelen preguntarme si tengo algún hobby. Pues, no, no tengo ninguno.

T: ¿Cómo podrías, Carol? Si está siempre presente la voz que te indica "ordena el garaje, corta el césped..." (*Validación*).

P: Sí, eso es lo que ocupa mi mente todo el tiempo. Me preguntan: "¿Qué te gustaría hacer?", pero realmente no lo sé.

T: Porque no tienes un momento para pensar en esas cosas. Si fueras a hacerlo necesitarías dejar de lado las tareas como ordenar el garaje...

P: Sí, me sentiría tan culpable.

T: Culpa, claro. Entonces si consideráramos los aspectos positivos y negativos de la preocupación y cómo te controla, creo que podríamos decir que una de las ventajas de la preocupación y la culpa es que "en verdad te encargas de todo". El garaje siempre está limpio, la casa en orden. Carol siempre se ocupa. ¿No es cierto? (*Reflexión, revaloración, búsqueda de mayor precisión*).

P: (ríe) Sí.

T: Es cierto. También mencionaste que has aprendido inglés, has logrado recibir una buena educación y trabajo y una casa. Cuidas de tus hijos de la mejor manera. ¿Puede ser que la culpa maneje mucho de esto? (*Afirmación y validación*).

P: Me siento culpable incluso para con mi esposo.

T: Tu *exesposo*. ¿En qué consiste este sentimiento de culpa? (*Pregunta abierta para estimular elaboración de sentimientos*).

P: Fui quien lo dejó. Entonces en días como Acción de Gracias o Navidad, debo invitarlo para no sentirme mal.

T: Entonces sientes que eres la responsable (*Reflexión compleja*).

P: Así es. Y cuando no llama por teléfono, me imagino que algo le sucedió y tengo la necesidad de asegurarme de que esté bien (Mientras ríe levemente, como si ella misma se considerara desagradable).

T: (Al detectar sus gestos) Existe también otro extremo tuyo, que dice "¿Por qué haces eso?" (*Estímulo para la exploración de desventajas de estado actual*).

P: Sí, porque nadie se preocupa acerca de lo que yo necesito. ¿Por qué siempre debo ser yo la que está pendiente de la otra persona?

T: Entonces brindas ayuda excepcional a otros. Parecería que eres una excelente cuidadora de los demás y de sus necesidades. Pero por otro lado, te priva de otras cosas (*Síntesis*) ¿Cuál es la desventaja? (*Estímulo para mayor exploración de los problemas*).

P: En ocasiones siento que todo lo que hago es para otros. Para complacerlos, asegurarme de que estén bien, de no tener conflictos con nadie o de no ofender a nadie…

T: ¡Es muy trabajoso! (la paciente ríe). Evadir ofensas, conflictos, asegurarse de la seguridad de todos, de no sentirte sola (*Síntesis*)

P: No te lo imaginas… Cuando un hombre me invita a una cita, no puedo decir "no". Entonces asisto aunque no quiero.

T: Entonces a veces te resulta más fácil sacrificarte (*Reflexión compleja*).

P: Así es, siento que sacrifico la mayor parte de mi vida.

T: Para que nadie se ofenda o se sienta inseguro… de eso se trata…

P: ¡Todo se trata de los demás! (con exasperación) ¿Cómo están mis hijos, están bien? Constantemente preocupada por otros, ni siquiera tengo un momento para mí.

T: Y crees que esto te perjudica en muchos aspectos. ¿Qué consecuencias negativas genera? (*Elaboración más profunda de las desventajas, motivación para entablar conversación acerca del cambio*).

P: Depresión.

T: ¿A qué te refieres? (*Pregunta abierta para elaborar sentimientos*).
P: Me siento tan triste… sola… incapaz de hacer cosas para mí misma.
Me encuentro rodeada de personas pero por dentro me siento tan sola…

Este fragmento ilustra una sintonización empática intensa con la paciente. El terapeuta evalúa qué costado de la ambivalencia expresa la paciente y la acompaña con la elaboración de pensamientos y sentimientos. Cuando el terapeuta expresa comprensión y valoración de las razones lógicas y firmes que justifican el estilo complaciente de la paciente, ella misma comienza a criticar su estilo interpersonal en forma espontánea, y expresa conversaciones relacionadas con el cambio, que luego el terapeuta reflexiona y elabora. Estas reflexiones le permiten al paciente continuar la elaboración de su experiencia y avanzar en el diálogo para profundizar la autocomprensión de la paciente y sienta las bases para que ella misma se evalúe y tome decisiones para el cambio.

Síntesis

Esperamos haber ilustrado el valor de la entrevista motivacional en el tratamiento cognitivo conductual para el Trastorno de Ansiedad Generalizada. En nuestra experiencia, la combinación de EM y TCC para tratar trastornos de ansiedad resulta de gran ayuda desde el punto de vista clínico y resuelve un problema crítico: el manejo de estancamientos motivacionales y resistencia; y las investigaciones al respecto comienzan a brindar un apoyo firme a estas observaciones. De acuerdo a los datos empíricos reunidos hasta hoy, es posible que los pacientes con TAG sean particularmente receptivos a la EM, en especial aquellos casos con niveles de preocupación más severos. La combinación de EM y TCC resulta prometedora y a su vez desafiante, ya que el estilo de EM difiere en cierto modo del estilo terapéutico de la TCC.

Deseamos que en el futuro se presenten más oportunidades de capacitación (en especial online, ya que permiten la práctica repetida y deliberada) para que los terapeutas de TCC puedan "manejar la resistencia", aprender acerca de la EM e incorporar formas de integrarla a sus prácticas habituales de TCC. También esperamos que aún más estudios bien diseñados analicen la forma en que la EM puede incrementar la eficacia de la TCC, no solo para trastornos de ansiedad sino también para otros tipos de problemas clínicos. Se han iniciado ya ciertos emprendimientos auspiciosos en esta dirección (Arkowitz et al., 2008; Arkowitz, Miller y Rollnick, 2015). La continua investigación es necesaria también para elucidar el funcionamiento de la EM. La investigación y práctica de la EM comienzan a desplazarse de áreas como el consumo excesivo de alcohol y drogas, y las conductas de salud, para expandir sus aplicaciones hacia otros trastornos clínicos.

Referencias

Amrhein, P. C., Miller, W. R., Yahne, C. E., Palmer, M. y Fulcher, L. (2003). Client commitment language during motivational interviewing predicts drug use outcomes. *Journal of Consulting and Clinical Psychology*, *71*, 862–878. doi:10.1037/0022-006X.71.5.862

Arkowitz, H., Miller, W. R. y Rollnick, S. (Eds.). (2015). *Motivational interviewing in the treatment of psychological problems, second edition.* New York: Guilford Press.

Arkowitz, H., Westra, H. A., Miller, W. R. y Rollnick, S. (2008). *Motivational interviewing in the treatment of psychological problems.* New York: Guilford Press.

Aviram, A. y Westra, H. A. (2011). The impact of motivational interviewing on resistance in cognitive behavioural therapy for generalized anxiety disorder. *Psychotherapy Research*, *21*, 698–708. doi:10.1080/10503307.2011.610832

Aviram, A., Westra, H. A., Constantino, M. J. y Antony, M. M. (2016). Responsive management of early resistance in cognitive-behavioral therapy for generalized anxiety disorder. *Journal of Consulting and Clinical Psychology*, *84*, 783-794. http://dx.doi.org/10.1037/ccp0000100

Beck, J. S. (2005). *Cognitive therapy for challenging problems: What to do when the basics don't work.* New York: Guilford Press.

Beutler, L. E., Rocco, F., Moleiro, C. M. y Talebi, H. (2001). Resistance. *Psychotherapy: Theory, Research, Practice, Training*, *38*(4), 431–436. doi:10.1037/0033-3204.38.4.431

Bischoff, M. M. y Tracey, T. J. G. (1995). Client resistance as predicted by therapist behaviour: A study of sequential dependence. *Journal of Counseling Psychology*, *42*, 487–495. doi:10.1037/0022-0167.42.4.487

Blagys, M. D. y Hilsenroth, M. J. (2002). Distinctive activities of cognitive–behavioral therapy: A review of the comparative psychotherapy process literature. *Clinical Psychology Review*, *22*, 671–706. doi:10.1016/S0272-7358(01)00117-9

Borkovec, T. D. y Roemer, L. (1995). Perceived functions of worry among generalized anxiety disorder subjects: Distraction from more emotionally distressing topics? *Journal of Behavior Therapy and Experimental Psychiatry*, *26*, 25–30. doi:10.1016/0005-7916(94)00064-S

Brehm, S. S. y Brehm, J. W. (1981). *Psychological reactance: A theory of freedom and control.* New York: Academic Press.

Button, M. L., Westra, H. A., Hara, K. M. y Aviram, A. (2015). Disentangling the impact of resistance and ambivalence on therapy outcomes in cognitive behavioural therapy for generalized anxiety disorder. *Cognitive Behaviour Therapy*, *44*, 44–53. doi:10.1080/16506073.2014.959038

Chamberlain, P., Patterson, G., Reid, J., Kavanagh, K. y Forgatch, M. (1984). Observation of client resistance. *Behaviour Therapy*, *15*, 144–155. doi:10.1016/S0005-7894(84)80016-7

Constantino, M. J. Westra, H. A. y Antony, M. M. (2015). *Mediators of treatment effects in a randomized trial testing the efficacy of augmenting CBT with motivational interviewing for severe generalized anxiety.* Paper presented at the annual meeting of the Society for Psychotherapy Research, Philadelphia.

Davison, G. C. y Valins, S. (1969). Maintenance of self-attributed and drug-attributed behavior change. *Journal of Personality and Social Psychology, 11*, 25–33. doi:10.1037/h0027055

Engle, D. E. y Arkowitz, H. (2006). *Ambivalence in psychotherapy: Facilitating readiness to change*. New York: Guilford Press.

Freeston, M. H., Rhéaume, I., Letarte, H., Dugas, M. I. y Ladouceur, R. (1994). Why do people worry? *Personality and Individual Differences, 17*, 791–802. doi:10.1016/0191-8869(94)90048-5

Hale, W., Engels, R. y Meeus, W. (2006). Adolescent perceptions of parenting behavior and its relationship to adolescent generalized anxiety disorder symptoms. *Journal of Adolescence, 29*, 407–417. doi:10.1016/j.adolescence.2005.08.002

Hara, K. M., Westra, H. A., Aviram, A., Button, M. L., Constantino, M. J. y Antony, M. M. (2015). Therapist awareness of client resistance in cognitive-behavioural therapy for generalized anxiety disorder. *Cognitive Behaviour Therapy, 44*, 1–13. doi:10.1080/16506073.2014.998705

Huppert, J. D., Barlow, D. H., Gorman, J. M., Shear, M. K. y Woods, S. W. (2006). The interaction of motivation and therapist adherence predicts outcome in cognitive behavioral therapy for panic disorder: Preliminary findings. *Cognitive and Behavioral Practice, 13*, 198–204. doi:10.1016/j.cbpra.2005.10.001

Koerner, N. y Dugas, M. J. (2006). A cognitive model of generalized anxiety disorder: The role of intolerance of uncertainty. En G. C. L. Daey y A. Wells (Eds.), *Worry and it's psychological disorders: Theory, assessment and treatment* (pp. 201–216). Hoboken, NJ: Wiley Publishing.

Ladouceur, R., Dugas, M. J., Freeston, M. H., Léger, E., Gagnon, F. y Thibodeau, N. (2000). Efficacy of a cognitive-behavioral treatment for generalized anxiety disorder: Evaluation in a controlled clinical trial. *Journal of Consulting and Clinical Psychology, 68*, 957–964. doi: 10.1037/0022-006X.68.6.957

Leahy, R. L. (2001). *Overcoming resistance in cognitive therapy*. New York: Guilford Press.

Leahy, R. L. (2003). *Roadblocks in cognitive-behavioral therapy: Transforming challenges into opportunities for change*. New York: Guilford Press.

Lombardi, D., Button, M. y Westra, H.A. (2014). Measuring motivation: Change talk and counter-change talk in cognitive behavioral therapy for generalized anxiety. *Cognitive Behaviour Therapy, 43*, 12–21. doi:10.1080/16506073.20

Mahalik, J. R. (1994). Development of the client resistance scale. *Journal of Counseling Psychology, 41*, 58–68. doi:10.1037/0022-0167.41.1.58

McConnaughy, E. A., Prochaska, J. O. y Velicer, W. F. (1983). Stages of change in psychotherapy: Measurement and sample profiles. *Psychotherapy: Theory, Research, and Practice, 20*, 368–375. doi:10.1037/h0090198

Miller, W. R., Benefield, G. y Tonigan, J. S. (1993). Enhancing motivation for change in problem drinking: A controlled comparison of two therapist styles. *Journal of Consulting and Clinical Psychology, 61*, 455–461. doi:10.1037/0022-006X.61.3.455

Miller, W. R. y Johnson, W. R. (2008). A natural language screening measure for motivation to change. *Addictive Behaviors, 33*, 1177–1182. doi:10.1016/j.adbeh.2008.04.018

Miller, W. R. y Rollnick, S. (1991). *Motivational interviewing: Preparing people to change addictive behavior*. New York, NY: Guilford Press.

Miller, W. R. y Rollnick, S. (2002). *Motivational interviewing: Preparing people for change* (2nd ed.). New York, NY: Guilford Press.

Miller, W. R. y Rose, G. S. (2009). Toward a theory of motivational interviewing. *American Psychologist, 64*, 527–537. doi:10.1037/a0016830

Moyers, T. B. y Martin, T. (2006). Therapist influence on client language during motivational interviewing sessions. *Journal of Substance Abuse Treatment, 30*, 245–251. doi:10.1016/j.jsat.2005.12.003

Moyers, T. B. y Rollnick, S. (2002). A motivational interviewing perspective on resistance in psychotherapy. *Journal of Clinical Psychology, 58*, 185–193. doi:10.1002/jclp.1142

Newman, C. F. (2002). A cognitive perspective on resistance in psychotherapy. *Psychotherapy in Practice, 58*, 165–174. doi:10.1002/jclp.1140

Orlinsky, D. E., Grawe, K. y Parks, B. K. (1994). Process and outcome in psychotherapy: Noch einmal. En A. E. Bergin y S. L. Garfield (Eds.), *Handbook of psychotherapy and behaviour change* (4th ed., pp. 270–376). Oxford, England: John Wiley y Sons.

Patterson, G. R. y Chamberlain, P. (1994). A functional analysis of resistance during parent training therapy. *Clinical Psychology: Science and Practice, 1*, 53–70. doi:10.1111/j.1468-2850.1994.tb00006.x

Patterson, G. R. y Forgatch, M. S. (1985). Therapist behaviour as a determinant for client noncompliance: A paradox for the behaviour modifier. *Journal of Consulting and Clinical Psychology, 53*, 846–851. doi:10.1037/0022-006X.53.6.846

Pollard, C. A. (2007). Treatment readiness, ambivalence, and resistance. *En* M. M. Antony, C. Purdon y L. Summerfeldt (Eds.), *Psychological treatment of obsessive compulsive disorder: Fundamentals and beyond.* Washington, D.C.: APA Books.

Prochaska, J. O. (1999). How do people change and how can we change to help many more people? En M. A. Hubble, B. L. Duncan y S. D. Miller (Eds.), *The heart and soul of change* (pp. 227–255). Washington, DC: American Psychological Association.

Rogers, C. R. (1956). Client-centered therapy. *Journal of Counseling Psychology, 3*, 115-120.

Shoham-Salomon, V., Avner, R. y Neeman, R. (1989). You're changed if you do and changed if you don't: Mechanisms underlying paradoxical interventions. *Journal of Consulting and Clinical Psychology, 57*, 590–598. doi:10.1037/0022-006X.57.5.590

Shoham, V., Trost, S, E. y Rohrbaugh, M. J. (2004). From state to trait and back again: Reactance theory goes clinical. En R. A. Wright, J. Greenberg y S. S. Brehm (Eds.), *Motivational analyses of social behavior: Building on Jack Brehm's contributions to psychology* (pp. 167–185). Mahwah, N. J.: Lawrence Erlbaum Associates Publishers.

Sijercic, I., Button, M. L., Westra, H. A. y Hara, K. M. (2016). The interpersonal context of client motivational language in cognitive-behavioral therapy. *Psychotherapy, 53*, 13–21. doi:10.1037/pst0000017

Sookman, D. y Pinard, G. (2007). Specialized cognitive behavior therapy for resistant obsessive compulsive disorder: Elaboration of a schema-based model. En L. Riso, P. L. du Toit, D. J. Stein y J. E. Young (Eds.), *Cognitive schemas and core beliefs in psychological problems: A scientist practioner guide* (pp. 93–109). Washington, DC: American Psychological Association.

Stiles, W. B., Honos-Webb, L. y Surko, M. (1998). Responsiveness in psychotherapy. *Clinical Psychology: Science and Practice, 5*, 439–458. doi:10.1111/j.1468-2850.1998.tb00166.x

VanDyke, M. M. y Pollard, C. A. (2005). Treatment of refractory obsessive-compulsive disorder: The St. Louis model. *Cognitive and Behavioral Practice, 12*, 30–39. doi:10.1016/S1077-7229(05)80037-9

Watson, J. C. y McMullen, E. J. (2005). An examination of therapist and client behavior in high- and low-alliance sessions in cognitive-behavioral therapy and process experiential therapy. *Pychotherapy: Theory, Research, Practice and Training, 42*, 297–310. doi:10.1037/0033-3204.42.3.297

Wells, A. (1997). *Cognitive therapy of anxiety disorders: A practice manual and conceptual guide.* Chichester, UK: Wiley Publishing.

Wells, A. (1999). A cognitive model of generalized anxiety disorder. *Behavior Modification, 23*, 526–555. doi:10.1177/0145445599234002

Westra, H. A. (2012). *Motivational interviewing in the treatment of anxiety.* New York, NY: Guilford Press.

Westra, H. A., Arkowitz, H. y Dozois, D. J. A. (2009). Adding a motivational interviewing pretreatment to cognitive behavioral therapy for generalized anxiety disorder: A preliminary randomized controlled trial. *Journal of Anxiety Disorders, 23*, 1106–1117. doi:10.1016/j.janxdis.2009.07.014

Westra, H. A., Aviram, A. y Doell, F. (2011). Extending motivational interviewing to the treatment of major mental health problems: Current directions and evidence. *Canadian Journal of Psychiatry, 56*, 643–650. http://search.proquest.com.ezproxy.library.yorku.ca/docview/918759930?accountid=15182

Westra, H. A., Aviram, A., Kertes, A., Ahmed, M. y Connors, L. (2009). *Manual for rating interpersonal resistance.* Unpublished manuscript, Department of Psychology, York University, Toronto, Canada.

Westra, H. A., Constantino, M. J. y Antony, M. A. (2016). Integrating motivational interviewing with cognitive-behavioural therapy for severe generalized anxiety disorder: An allegiance-controlled clinical trial. *Journal of Consulting and Clinical Psychology, 84,*768-782. http://dx.doi.org/10.1037/ccp0000098

Zickgraf, H. F., Chambless, D. L., McCarthy, K. S., Gallop, R., Sharpless, B. A., Milrod, B. L. y Barber, J. P. (2015). Interpersonal factors are associated with lower therapist adherence in cognitive-behavioural therapy for panic disorder. *Clinical Psychology and Psychotherapy*, 1–13. doi:10.1002/cpp.1955

El modelo de evitación de contraste y la terapia de procesamiento emocional interpersonal[1]

Michelle G. Newman, Ph.D.
The Pennsylvania State University

Sandra J. Llera, Ph.D.
Towson University

Modelos teóricos del TAG

Entre aquellos que estudian el Trastorno de Ansiedad Generalizada (TAG), existe un gran interés por entender sus secuelas emocionales y cómo la preocupación (característica principal del TAG) se asocia con la etiología y mantenimiento de los problemas de regulación emocional en este trastorno. En este contexto, Newman y Llera (2011) propusieron el modelo de evitación de contraste (EC, *Contrast Avoidance Model*; Newman y Llera, 2011) como una forma de entender la función emocional de la preocupación en el TAG. Los autores parten del contexto teórico de la teoría de Borkovec y colaboradores sobre la preocupación como evitación cognitiva (Borkovec, Alcaine y Behar, 2004), que proponía que la preocupación funciona como una respuesta de evitación cognitiva frente a las amenazas futuras percibidas. El modelo de EC establece que la función emocional de la preocupación es mantener un estado de negatividad emocional crónico, para así evitar fluctuaciones bruscas de ánimo positivo a negativo (*contrastes* emocionales).

En el presente artículo, se presentarán los antecedentes en el desarrollo del modelo de EC, así como una revisión de la literatura científica que lo apoya. Luego se introducirán los cuestionarios de evitación de contraste (CEC, *Contrast Avoidance Questionnaires*; Llera y Newman, 2017), escalas recientemente desarrolladas para determinar niveles de tendencia a la evitación del contraste emocional y su relación con la preocupación. Se presentará también la evidencia preliminar de la aplicación de estas escalas para el diagnóstico de TAG. A continuación, se analizará un protocolo de tratamiento para el TAG, la terapia de procesamiento emocional/interpersonal (PE/I, *Interpersonal and Emotion-focused Processing Psychotherapy;* Newman et al., 2004). El mismo fue diseñado específicamente para el abordaje de estos mecanismos subyacentes, que usualmente son pasados por alto

---

1   Traducción al castellano: Lic. Laura Challú. Revisión de traducción: Dr. Julieta Olivera.

en la terapia cognitivo conductual tradicional (TCC). Asimismo, se presentarán los resultados de un ensayo clínico aleatorizado aditivo (ECA) para este protocolo de tratamiento. Finalmente, se proveerá una ilustración clínica de la implementación del protocolo, utilizando el caso de Darío. Se analizarán posibles modificaciones para perfeccionar el protocolo desde la visión del modelo de EC.

Modelos de preocupación

Una idea vigente en la literatura acerca del TAG, es que la preocupación puede ser un mecanismo cognitivo empleado como un intento de superar problemas en la regulación emocional. En gran parte esta idea surge de la teoría de la evitación cognitiva de la preocupación de Borkovec y colegas (Borkovec et al., 2004), que establece que la preocupación funciona como una respuesta de evitación cognitiva ante amenazas percibidas internas y externas, y podría reducir algunos aspectos de la reactividad emocional ante eventos negativos inevitables.

Esta teoría fue utilizada como base para un número de teorías posteriores, que han extendido su conceptualización para sugerir que la preocupación o bien ayuda a las personas a evitar (o suprimir) la emoción negativa, o bien es un intento infructuoso de hacer esto mismo. Este punto de vista se basó en evidencia que sugería que, luego de una inducción a la preocupación, los participantes demostraban menos activación fisiológica ante la exposición inmediata a una emoción negativa (ver por ejemplo, Borkovec y Hu, 1990). Sin embargo, estos estudios se focalizaron exclusivamente en el efecto *subsiguiente* de la preocupación en la reactividad emocional posterior, y no en el impacto emocional de la preocupación en sí misma. En efecto, existe evidencia sustancial que indica que, en lugar de evitar la emoción, la preocupación *genera y sostiene* una emocionalidad negativa.

Evidencia a favor de la preocupación como generadora de emoción negativa

La mayoría de los estudios empíricos acerca de la preocupación proveen evidencia de su impacto emocional negativo. Cuando se realizaron inducciones a la preocupación, éstas llevaron a un aumento en las puntuaciones subjetivas de emoción negativa (Borkovec et al., 1993; Hofmann et al., 2005; Llera y Newman, 2014, 2010). De la misma forma, llevaron a un incremento en la actividad del sistema nervioso simpático (SNS) (por ejemplo, aumento en la actividad cardiovascular) y a un descenso de la actividad del sistema nervioso parasimpático (SNP) (por ejemplo, descenso en la variabilidad del ritmo cardíaco, o VRC) en relación a estados basales y a períodos de relajación (Brosschot, Van Dijk y Thayer, 2007; Llera y Newman, 2014, 2010; Lyonfields, Borkovec y Thayer, 1995; Pieper, Brosschot, van der Leeden y Thayer, 2010; Stapinski, Abbott y Rapee, 2010; Thayer, Friedman y Borkovec, 1996).

La preocupación también incrementa la actividad neuronal asociada con una respuesta de estrés. Esto quedó demostrado en un estudio reciente de pacientes de tercera edad diagnosticados con TAG, que fueron comparados con un grupo de control equivalente en cuanto a edad y sistema de creencias. En estado de preocupación, los pacientes con TAG demostraron una mayor conectividad del núcleo del lecho de la estría terminal, tanto con la corteza cingulada subgenual (en relación a controles) como con la corteza insular (en relación a sí mismos luego de un tratamiento de doce semanas con Citalopram). Esto indica una hiperactividad en el sistema de respuesta de estrés durante la preocupación, que involucra tanto estructuras límbicas como paralímbicas. Este efecto fue mayor para el grupo diagnosticado con TAG y disminuyó en respuesta al tratamiento farmacológico (Andreescu et al., 2015).

En conjunto, la evidencia apunta abrumadoramente hacia entender a la preocupación como una experiencia evocadora de emoción a nivel subjetivo, fisiológico y neurológico, y es contraria a la hipótesis de evitación de la activación.

El modelo de evitación de contraste

A pesar de la evidencia que indica que la preocupación activa la emoción negativa, muchos estudios encontraron que las personas diagnosticadas con TAG sostienen un número de creencias positivas en relación con la preocupación como estrategia de afrontamiento. Estas funciones positivas incluyen "prepararse para lo peor", "motivación", "distracción de temas más emocionales", prevenir efectivamente que las cosas malas ocurran (creencias supersticiosas) y/o ayudar al individuo a descubrir cómo prevenir que las cosas malas ocurran (Borkovec y Roemer, 1995; Davey, Tallis y Capuzzo, 1996). En efecto, el hecho de avalar las consecuencias positivas de la preocupación está significativamente asociado con una preocupación de rasgo elevada (Davey et al., 1996).

¿Por qué motivo las personas con TAG sostienen atribuciones positivas acerca de los beneficios de la preocupación como una estrategia de afrontamiento, si la misma lleva a un afecto crónico negativo y un prolongamiento del estrés? Para poder responder a esta pregunta, Newman y Llera (2011) propusieron el modelo de la preocupación como evitación de contraste (EC), que establece que los individuos con TAG se preocupan, no como un intento de suprimir la emoción negativa, sino *porque prefieren experimentar un estado sostenido de distrés en pos de estar emocionalmente preparados para los peores escenarios posibles.* Por incongruente que parezca la elección voluntaria de permanecer en un estado de negatividad crónica, la misma podría ser entendible para los individuos con TAG, debido a su sensibilidad y vulnerabilidad emocional. Específicamente, los individuos con TAG reportan mayor perturbación que sus pares no ansiosos cuando experimentan un cambio brusco desde un estado emocional eutímico o relajado a un estado abrumadoramente negativo (Llera y Newman, 2014).

Esto es lo que se llama una experiencia de contraste emocional negativo, y es probable que los individuos con TAG se sientan obligados a estar emocionalmente preparados para eventos negativos en todo momento para evitar sentir una disrupción aún mayor en respuesta a los contrastes emocionales negativos.

El modelo de EC está fundamentado en parte en la teoría de contraste emocional, basada en la psicología cognitiva (Bacon, Rood y Washburn, 1914). Como evidencia a favor de esta teoría, el impacto de una experiencia emocional es moderado por el estado que la precede. De esta forma, un estado desagradable se experimenta como más desagradable si fue precedido por un estado positivo y como menos desagradable si fue precedido por un estado negativo (Dermer et al., 1979). Por consiguiente, el impacto de una experiencia emocional negativa podría sentirse menos punzante si uno ya se encontraba en un estado de ánimo negativo. A continuación, se revisará la evidencia que apoya el modelo de evitación de contraste en el TAG.

Las personas con TAG perciben las emociones como amenazantes. Una gran cantidad de estudios indican que las personas con TAG encuentran sus emociones más amenazantes y fuera de control que aquellos que no padecen TAG, y más aún que aquellos que padecen otros trastornos de ansiedad y del estado de ánimo. Las personas con TAG presentan un mayor miedo a las consecuencias negativas de una gama de emociones que los controles no ansiosos (Llera y Newman, 2010; Mennin et al., 2005), así como un mayor miedo a la depresión que los participantes con ansiedad social (Roemer et al., 2005; Turk et al., 2005). Dos estudios recientes que utilizaron amplias muestras clínicas (293 – 700 pacientes ambulatorios), encontraron que la percepción de falta de control emocional predecía exclusivamente el TAG sobre la depresión y la fobia social, controlando el rasgo de neuroticismo (Brown y Naragon-Gainey, 2013), y que también moderaba la relación entre neuroticismo y severidad del TAG (Bourgeois y Brown, 2015).

El modelo de EC también argumenta que las personas con TAG se sienten particularmente incómodas con los cambios emocionales (por ejemplo, el cambio de un estado positivo a uno negativo). A pesar de que desde hace tiempo los datos han sugerido un afrontamiento pobre *percibido* de los cambios emocionales (ver por ejemplo Ladouceur et al., 1998), los hallazgos experimentales indican que las personas con TAG en efecto tienen más dificultades en el afrontamiento de eventos negativos inesperados a nivel conductual (Kerns et al., 2014), cognitivo (Fresco et al., 2014) y fisiológico (Aldao y Mennin, 2012; Seeley et al., 2015). Recientemente, participantes con TAG informaron mayor comodidad al permitírseles evitar un cambio emocional (porque antes de la exposición estaban en un estado negativo), mientras que los controles no ansiosos informaron lo opuesto (Llera y Newman, 2014).

La preocupación como un intento de evitar los contrastes emocionales negativos. Dado que los individuos con TAG encuentran el despliegue natural de las emociones como altamente desagradable, y por ende podrían procurar tener un mayor control sobre esta experiencia, el modelo de EC argumenta que estas personas podrían incurrir en un estado crónico de activación negativa como una forma de estar emocionalmente preparados para los eventos negativos. En apoyo a este supuesto, un número de estudios han encontrado un incremento en la activación de base de los participantes con TAG en relación con sus controles, en términos de una reducción de la VRC (Brosschot, 2010; Brosschot y Thayer, 2003; Hofmann et al., 2010) y un incremento en la alfa-amilasa salival, un marcador de actividad del SNC (Fisher y Newman, 2013). Las personas con TAG también exhibieron un incremento en el ritmo cardíaco comparados con participantes del grupo de control, durante un monitoreo ambulatorio (Hoehn-Saric, Schlund y Wong, 2004) y en estudios de laboratorio (Knepp y Friedman, 2008).

Asimismo, el modelo de EC argumenta que los participantes con TAG utilizan la preocupación para mantener este estado de hipervigilancia a modo de evitar los cambios emocionales en ocurrencia de un evento negativo. Esto se basa en la idea de que, porque la preocupación incrementa la activación emocional negativa, si una persona está involucrada en una preocupación previamente a un evento negativo o estresante, debería poder prevenir o mitigar un mayor incremento en la emoción negativa. Esto no es lo mismo que decir que la preocupación previa ayuda a suprimir la emoción, sino que una persona que se está preocupando *ya se encuentra en un estado de activación negativa,* hecho que reduciría la experiencia de contraste emocional en caso de una ocurrencia negativa.

Ciertamente, éste fue el resultado de una gama de estudios empíricos que utilizaron la inducción a la preocupación en forma inmediatamente previa a la exposición de emoción negativa (Fisher y Newman, 2013; Llera y Newman, 2014, 2010; Peasley-Miklus y Vrana, 2000; Stapinski et al., 2010). En estos estudios, la preocupación derivó en un incremento de emoción negativa en relación a un estado basal o a períodos de relajación, el cual se sostuvo durante las exposiciones a emociones negativas. Además, en una prueba directa del modelo de EC, los participantes con TAG hallaron subjetivamente más fácil el afrontamiento de exposiciones emocionales negativas si ya se encontraban preocupados (a comparación con un estado de relajación), mientras que en el grupo de control ocurrió lo opuesto (Llera y Newman, 2014). Estos resultados sugieren que las personas con TAG prefieren evitar los contrastes emocionales, algo que no se encontró en el grupo de control no ansioso.

Otro hallazgo de Llera y Newman (2014, 2010) fue que mientras que la preocupación reducía la probabilidad de experimentar un contraste emocional negativo, también aumentaba la probabilidad de experimentar un contraste emocional *positivo*, cuando los participantes veían un cortometraje humorístico inmediatamente después. En otras palabras, si las personas se preocupan por un evento emocional negativo pero ese evento no ocurre, u ocurre algo positivo, experimentarán un cambio de emoción negativo a positivo (por ejemplo, alivio). Dado que la preocupación incrementa la probabilidad de experimentar un contraste positivo, es esperable que las personas con TAG disfruten de esta experiencia, lo cual podría crear un círculo vicioso donde la preocupación crónica es reforzada tanto negativa como positivamente.

Por otra parte, el modelo de EC argumenta que las personas con TAG que temen un contraste emocional negativo, experimentarían conformemente un malestar frente a estados basales positivos, o frente a intentos de alterar su estado basal negativo (por ejemplo, reestructuración cognitiva), ya que esto los tornaría vulnerables a posibles cambios negativos. Este malestar podría interferir significativamente con el objetivo de reducción de la preocupación en la TCC estándar para el TAG. Los pacientes evitativos del contraste podrían resistirse a técnicas que los despojaran de sus patrones de defensa habituales, haciéndolos sentir emocionalmente vulnerables (Newman et al., 2013).

Comportamientos y estilos interpersonales en el TAG

Además de utilizar la preocupación como una estrategia de regulación emocional (evitando los contrastes emocionales), las personas con preocupación excesiva y con TAG consistentemente demuestran cogniciones y comportamientos sociales problemáticos, que serán revisados a continuación. Esta evidencia sugiere roles potenciales de los problemas interpersonales en el mantenimiento de los síntomas del TAG, incluyendo el mantenimiento de la dificultad con los contrastes emocionales negativos. La investigación disponible proporciona motivos para integrar el modelo de EC a los modelos interpersonales del TAG.

El TAG está caracterizado por un número de síntomas que tienden a afectar las relaciones interpersonales. El síntoma central (ansiedad y preocupación excesiva e incontrolable acerca de un número de eventos o actividades) es algo que la mayoría de los pacientes con TAG refieren tener desde toda la vida y que ven como parte de su personalidad (Bland, Newman y Orn, 1997). La preocupación excesiva está asociada con un incremento en la necesidad de reaseguro (Masi et al., 2004), una prolongación en el tiempo de toma de decisiones (Metzger et al., 1990), una disminución en las habilidades de resolución de problemas (Borkovec et al., 1983) y una dificultad para focalizarse en el momento presente. Adicionalmente, de acuerdo al modelo de EC, las personas con TAG podrían mantener defensivamente un estado de ánimo y perspectiva crónicamente negativos, anticipando siempre el peor escenario posible y experimentando dificultades para sostener un estado de ánimo positivo. De este modo, una persona con TAG puede aparecer excesivamente focalizada en la amenaza, rígidamente pesimista, incapaz de tomar decisiones o de resolver problemas en forma efectiva, buscando demasiado el reaseguro, y distraída, siendo éstas características que podrían impactar negativamente a las relaciones interpersonales.

A lo largo de las últimas décadas, la investigación ha subrayado progresivamente la prevalencia de las dificultades interpersonales en el TAG. En efecto, las personas con TAG se preocupan más por cuestiones interpersonales que por cualquier otra cosa (Roemer, Molina y Borkovec, 1997) y de los desórdenes clínicos, el TAG es el de mayor comorbilidad con el trastorno de ansiedad social (Barlow, 2002). Asimismo, cerca de la mitad de las personas con TAG tienen un trastorno de personalidad, que se define por patrones de relación disfuncionales crónicos (Sanderson et al., 1994). En términos del funcionamiento relacional, las personas con TAG tienden a manifestar mayor malestar interpersonal y a caer en extremos en el circunflejo interpersonal (Przeworski et al., 2011), incluyendo el ser intrusivos, explotables, no asertivos y fríos, comparados con aquellos que no tienen TAG. No es de sorprender que el TAG se encuentre fuertemente asociado con una disminución de la satisfacción marital, con el ser separado o divorciado, y con tener menos relaciones cercanas (Whisman, Sheldon y Goering, 2000). Adicionalmente, los padres con TAG tienen tasas más altas de relaciones disfuncionales con sus cónyuges e hijos comparado con padres sin TAG (Ben-Noun, 1998).

La investigación también sugiere la existencia de cogniciones interpersonales disfuncionales subyacentes a estos problemas relacionales, tal como percepciones negativamente sesgadas de la información social (Mathews y MacLeod, 1985; Mogg, Mathews y Eysenck, 1992), que podrían influir los comportamientos relacionales no adaptativos en el TAG. Por ejemplo, la preocupación predice la percepción de niveles más altos de frialdad en el comportamiento social ajeno, percepción que es independiente de la comorbilidad con ansiedad social o depresión (Erickson et al., 2016). Asimismo, durante una interacción social, estudiantes con síntomas de TAG fueron más propensos a considerar el comportamiento de un colega como menos sociable y más agresivo, indiferente o controlador, a comparación de las percepciones de estudiantes del grupo de control (Erickson y Pincus, 2005). En conjunto, esto sugiere un sesgo cognitivo hacia la amenaza interpersonal, que podría llevar a las personas con TAG a malinterpretar y a responder defensivamente a la interacción social. El efecto interpersonal resultante podría a su vez confirmar y fortalecer estos sesgos negativos.

En base al modelo de EC, se postula que el sesgo cognitivo podría ayudar a preservar los estados emocionales negativos y evitar los cambios emocionales negativos inesperados. Adicionalmente, las personas con TAG podrían utilizar los comportamientos hacia los demás instrumentalmente como un medio de evitar cambios bruscos en la emoción negativa. Específicamente, Newman y colaboradores (Newman et al., 2014; Newman et al., 2013) argumentan que las personas con TAG podrían comportarse en forma disfuncional en las relaciones con otros, para evitar contrastes emocionales negativos. La evitación de un contraste emocional podría también ser responsable tanto de los comportamientos hostiles/fríos como de los cálidos/intrusivos vistos frecuentemente en el TAG.

Por ejemplo, los comportamientos interpersonales fríos o distantes podrían cumplir la función de evitar ilusionarse y luego ser rechazado (otro tipo de contraste negativo). Similarmente, los comportamientos cálidos pero intrusivos, tal como buscar identificar posibles conflictos relacionales y solucionarlos, podrían ser un intento de evitar eventos negativos inesperados.

Además, las personas con TAG podrían tornarse extremadamente sumisas con el propósito de limitar respuestas hostiles de los demás. Todos estos comportamientos pueden ser vistos como esfuerzos para evitar el contraste emocional, pero es probable que paradójicamente generen más distancia o conflictos en las relaciones. Sin embargo, este desarrollo del modelo de EC aún debe ser evaluado específicamente.

Instrumentos diagnósticos basados en el modelo de EC del TAG

Recientemente, hemos desarrollado y validado dos cuestionarios para identificar y medir creencias y comportamientos en relación con la evitación del contraste (Llera y Newman, 2017). Debido a que la evitación del contraste podría estar presente también en otros trastornos (por ejemplo, depresión), hemos desarrollado dos instrumentos, uno para explorar la evitación de contrastes mediante el uso de la preocupación y el otro para examinar la provocación y perpetuación de afecto negativo en general como medida de evitación de contrastes emocionales (por ejemplo, focalizarse en los aspectos negativos de una situación para generar un estado de ánimo negativo, aspecto que podría aplicarse en forma transdiagnóstica). De esta forma, ambos instrumentos pueden utilizarse tanto juntos como separados para explorar una gama de trastornos psicológicos en relación con estos patrones emocionales.

El primer cuestionario, el cuestionario de evitación de contraste – preocupación (CEC-P, *Contrast Avoidance Questionnaire- Worry*; Llera y Newman, 2016), se focaliza en el uso de la preocupación como un medio para evitar los contrastes. Análisis factoriales confirmatorios han mostrado un buen ajuste frente a una estructura factorial de tres dimensiones, respaldando la existencia de tres subescalas diferenciales. Éstas fueron: 1) la preocupación para evitar/prepararse frente a un contraste emocional negativo y facilitar un contraste emocional positivo; 2) la preocupación crea y sostiene una emoción negativa; y 3) la preocupación facilita la evitación emocional (*todos con puntajes invertidos para probar tanto la hipótesis de evitación emocional como de evitación de contraste emocional*).

El segundo cuestionario, el cuestionario de evitación de contraste – emoción general (CEC-EG, *Contrast Avoidance Questionnaires - General Emotion;* Llera y Newman, 2017), se focaliza en comportamientos emocionales generales para evitar contrastes negativos. Análisis factoriales confirmatorios revelaron un buen ajuste frente una estructura de cuatro factores. Las cuatro subescalas fueron: 1) preferencia por sentirse mal para evitar el contraste emocional negativo; 2) favorecer el contraste emocional positivo; 3) incomodidad con los cambios emocionales; y 4) expectativa de resultados positivos y comodidad con los cambios emocionales (*todos con puntajes invertidos*).

Ambos cuestionarios demostraron tener buenas propiedades psicométricas, incluyendo tanto consistencia interna como confiabilidad de testretest. Las pruebas de validez de constructo también fueron sólidas, indicando que ambos cuestionarios CEC correlacionaban con mayor intensidad con medidas convergentes que con medidas divergentes. Asimismo, ambas medidas distinguieron exitosamente entre participantes con sintomatología de TAG a niveles clínicos y participantes no ansiosos. Adicionalmente, estos resultados extienden hallazgos previos, ya que proveen la primera evidencia confirmatoria de que todas las proposiciones del modelo de EC son fuertemente avaladas por las personas diagnosticadas con TAG (Llera y Newman, 2016).

Debemos señalar que el CEC-P y el CEC-EG no son medidas paralelas; cada cuestionario tiene una estructura factorial única que incluye aspectos distintos del modelo de EC. Mientras que el CEC-P se focaliza en el rol de la preocupación, el CEC-EG evalúa directamente algunas facetas de la tendencia a la evitación del contraste, que no están incluidas en el CEC-P. Por lo tanto, deben considerarse como cuestionarios complementarios más que como instrumentos paralelos. Si bien los investigadores que quieren medir tendencias a la EC en general podrían inclinarse más por el uso del CEC-EG, aquellos que estudien el TAG podrían encontrar más útil el uso de ambas medidas en conjunto.

Perfeccionamiento del tratamiento para TAG

A lo largo de los últimos treinta años, muchos estudios han documentado la limitada eficacia de la TCC para el TAG (por ejemplo, Borkovec y Ruscio, 2001). Si bien la TCC alivia algunos de los síntomas centrales del TAG, no aborda completamente dos factores principales que se cree contribuyen o mantienen el TAG: 1) la evitación del procesamiento emocional (Borkovec et al., 2004) y más específicamente la evitación de contrastes emocionales negativos (Newman y Llera, 2011), y 2) los comportamientos interpersonales problemáticos en relaciones significativas, incluyendo la relación terapéutica (Newman et al., 2004). Por lo tanto, nuestro equipo de investigación, en la Universidad del Estado de Pensilvania, se embarcó en la creación de un nuevo tratamiento que, basándose en la TCC, incorporara intervenciones dirigidas a corregir los problemas de disfunción interpersonal, así como a facilitar la concientización y profundización de las emociones ligadas a las necesidades interpersonales de los pacientes. Esta nueva terapia se llamó terapia de procesamiento emocional-interpersonal (PE/I), y está destinada a incrementar, y no a reemplazar a la TCC.

El enfoque terapéutico de la terapia de PE/I

Antecedentes. Safran y Segal (1990) ofrecen un abordaje de las dificultades interpersonales y emocionales dentro de un marco de TCC. Safran argumenta que los "esquemas interpersonales", modelos internos de relaciones basados en interacciones previas con cuidadores, crean profecías autocumplidoras, ya que las personas expresan y reafirman estas representaciones internas en sus relaciones actuales. Según Safran y Segal (1990), las emociones son una parte integral de los esquemas interpersonales. Específicamente, los esquemas interpersonales son codificados mediante vías cognitivas, pero también afectivas y expresivas (reaccionamos ante los otros afectivamente y comportamentalmente, en gran parte en base a la confirmación o no de nuestros deseos y/o temores). Las emociones, por lo tanto, pueden proveer información sobre las necesidades de un individuo (satisfechas o insatisfechas). De esta forma, explorar las emociones de los pacientes, incluyendo aquellas correspondientes a la relación con sus terapeutas, puede iluminar sus necesidades, deseos y temores.

Safran y Segal (1990), por lo tanto, han proporcionado un marco para la unificación de problemas cognitivos, interpersonales (pasados y presentes), y emocionales en un modelo cohesivo de funcionamiento y de cambio, que a su vez guió nuestra integración de técnicas derivadas de orientaciones diversas. No obstante, el tratamiento integrativo desarrollado por nuestro grupo difiere en varios aspectos del abordaje presentado por Safran. Primero, hemos modificado el modelo de Safran para abordar las necesidades de los pacientes con TAG (este punto será profundizado en la sección de organización y fundamentos). Además, Safran y Segal enfatizan el foco en simultáneo en las dimensiones cognitiva, interpersonal y afectiva. Nuestro tratamiento, en cambio, por motivos teóricos y conceptuales detallados más adelante, introduce las técnicas pertenecientes a la TCC en segmentos separados de las no pertenecientes a la TCC.

Descripción del tratamiento. Vinculando tanto problemas emocionales como interpersonales no abordados o insuficientemente abordados en la TCC tradicional para TAG, el tratamiento integrativo propuesto utiliza técnicas que contribuyen a incrementar la percatación, expresión y profundización de emociones que son relevantes a la esfera interpersonal. Nuestro primer objetivo fue ayudar a los pacientes a tomar conciencia de sus necesidades y de sus patrones de relación disfuncionales (en sus relaciones pasadas y actuales, así como en la relación terapéutica) que les impedían satisfacer estas necesidades. Nuestro segundo objetivo fue proveer experiencias correctivas dentro y fuera de la sesión para permitir que los pacientes pudieran cambiar sus visiones de sí mismos y de los otros, así como desarrollar formas más exitosas de satisfacer sus necesidades interpersonales. A lo largo de este proceso, se identificó y trabajó con la evitación del procesamiento emocional. Nos referimos con esto a la imposibilidad de los pacientes de entender y procesar plenamente las propias experiencias emocionales y a la rigidez frente a la posibilidad de vivir determinadas experiencias emocionales –por ejemplo, la vulnerabilidad emocional y el contraste emocional. Dicha rigidez podría estar manteniendo las dificultades interpersonales.

Mientras que la TCC enseña habilidades congruentes con las fortalezas existentes de los pacientes con TAG en el dominio cognitivo (por ejemplo, analizar situaciones y utilizar pensamientos para afrontar las emociones), el abordaje de PE/I se focaliza en la implicación experiencial con contenidos evitados, emocionales y a menudo interpersonales, una habilidad que parece comúnmente deficitaria en las personas con TAG. Este objetivo requiere de la auto revelación y vulnerabilidad frente a otros, la experimentación de estados emocionales temidos (por ejemplo, vulnerabilidad emocional) y la receptividad frente al *feedback* del impacto propio en los demás, así como de la tolerancia al análisis de la relación terapéutica. Si bien estas estrategias son más comunes en las terapias psicodinámicas y experienciales, las hemos conceptualizado en términos de principios generales de la TCC, aplicados en forma integrativa: el examen detallado de las estrategias cognitivas e interpersonales del paciente para evitar el procesamiento emocional (análisis funcional), la profundización experiencial de estados emocionales particulares (exposición), la auto revelación del terapeuta de sus propias reacciones emocionales e interpersonales con respecto al paciente (modelamiento) y el aprendizaje de nuevas formas de manejar interacciones interpersonales y emociones (entrenamiento en habilidades).

Descripción de la terapia integrativa. Tal como se mencionó anteriormente, la terapia integrativa fue desarrollada para determinar la posibilidad de mejorar la TCC para el TAG, mediante el agregado de componentes interpersonales y emocionales (Newman et al., 2004). Metodológicamente, la forma más controlada de responder a esta pregunta fue mediante un diseño aditivo. Por consiguiente, el tratamiento integrativo fue seccionado en dos segmentos secuenciales de 55 minutos: un componente de TCC, seguido de un componente de PE/I, por catorce semanas. A continuación, se describe detalladamente la comparación entre TCC + PE/I y un segmento de TCC seguido de un segmento de escucha empática (EE) (donde se favorece la auto reflexión, introspección, aceptación, y se brinda apoyo, mediante declaraciones empáticas). Se decidió utilizar la escucha empática como un control del tiempo en terapia y para capturar la influencia de factores comunes dentro de la relación terapéutica.

La justificación científica para los módulos diferenciados es que un diseño aditivo permite el "desmantelamiento" empírico del efecto incremental de la PE/I más allá de la TCC tradicional. Desde una perspectiva práctica, los módulos diferenciados garantizan la dedicación de tiempo a ambos conjuntos de habilidades. Hemos observado que los pacientes con TAG a menudo favorecen naturalmente el trabajo en sesión con estrategias cognitivas para regular la emoción (por ejemplo, TCC) –estrategias consistentes con sus tendencias hacia el análisis cognitivo– y que prefieren evitar el trabajo en la concientización de la emoción y del impacto en los demás. La planificación del tiempo para trabajar en forma separada en ambos dominios distintos previene esta evitación. Si la TCC + PE/I llevaran a mejores resultados que la TCC + EE, se obtendría evidencia a favor de un beneficio adicional de la PE/I, más allá de la TCC.

La primera parte del tratamiento, de TCC, fue adaptada de protocolos utilizados en estudios anteriores (Borkovec et al., 2002). Estuvo compuesta principalmente por una parte inicial de explicación de los fundamentos de la terapia, automonitoreo y detección temprana de señales de ansiedad, asignación de tareas y revisión de tareas (incluyendo resultados del automonitoreo e identificación temprana de señales), entrenamiento en relajación progresiva y aplicada, terapia cognitiva y desensibilización del autocontrol (Newman, 2000). Dentro del segmento de TCC, la terapia buscó reducir el patrón de intento constante de anticipación y control de potenciales amenazas futuras.

La segunda parte del tratamiento, la terapia de PE/I, fue coherente con el marco cognitivo comportamental. Este segmento buscó corregir los patrones comportamentales disfuncionales de evitación tanto del procesamiento emocional pleno como de las evaluaciones negativas de los otros. La lógica de la terapia de PE/I sugiere que los intentos de evitar el procesamiento emocional y las situaciones interpersonales incómodas pueden potencialmente provocar los resultados negativos que buscaban evitar. Por ejemplo, para evitar sentirse heridos o rechazados, las personas con TAG podrían no expresar sus propios puntos de vista o necesidades para caer bien a los demás, podrían rechazar a otros preventivamente o directamente evitar lidiar con este tipo de situaciones. Sin embargo, esta estrategia podría llevar a limitaciones en los vínculos con los otros; las personas con TAG a menudo pueden parecer frías e indiferentes, o frustrarse cuando sus necesidades no son satisfechas.

La terapia de PE/I apunta a abordar falencias como la dificultad en el procesamiento de emociones junto con un malestar con respecto a la vulnerabilidad en las relaciones. Este segmento implica la exposición al procesamiento emocional, a reacciones negativas en relación a cómo el paciente afecta a los demás y a la vulnerabilidad de mostrar sus verdaderas emociones a los demás. Los terapeutas brindan psicoeducación con respecto a cómo la evitación de la intimidad interpersonal en el corto plazo tiene paradójicamente un efecto negativo en el largo plazo, al impedir que sus necesidades relacionales sean satisfechas. Se retira el énfasis de la necesidad de anticiparse al peligro y se concentra en la honestidad, la espontaneidad y la vulnerabilidad emocional hacia los otros.

La terapia de PE/I utiliza mecanismos de cambio de la TCC, como la exposición, el modelamiento y el entrenamiento en habilidades. Asimismo, aumenta el contenido de la TCC, incluyendo experiencias de vulnerabilidad emocional y miedos interpersonales. Además, aborda conductas de afrontamiento disfuncionales como la evitación del procesamiento emocional y la actitud cerrada hacia los demás. Consistente a su vez con un marco de TCC, el segmento de PE/I apunta a abordar comportamientos identificados en un análisis funcional, incluyendo: (1) comportamientos relacionales a modificar, (2) circunstancias interpersonales que provocan y que no provocan las consecuencias interpersonales esperadas, (3) impactos inmediatos y duraderos de estos comportamientos interpersonales, y (4) el propósito de estos comportamientos en la vida de los pacientes.

Evidencia empírica de la eficacia del PE/I

Hasta la fecha, hemos conducido dos estudios para poner a prueba la terapia de procesamiento emocional/interpersonal. En una primera prueba piloto de un ensayo clínico (N = 21) se demostró que el protocolo de tratamiento anteriormente descripto era viable. El estudio piloto generó resultados prometedores, demostrando un tamaño del efecto robusto para la TCC + PE/I al final del tratamiento (d = 3.15), que se mantuvo en el seguimiento post terapia (d = 2.97) (Newman et al., 2008). Este estudio también demostró que el 77% de los pacientes presentaba un cambio clínicamente significativo a raíz de la TCC + PE/I en el seguimiento luego de un año. Asimismo, el 95% de los participantes fue clasificado con un bajo funcionamiento interpersonal en el pre-test, mientras que este porcentaje se redujo al 55.6% luego del tratamiento. La combinación de TCC + PE/I demostró un tamaño del efecto pre-post mayor para los síntomas de ansiedad en comparación con el tamaño del efecto de un metaanálisis de TCC (Borkovec y Ruscio, 2001).

Luego de estos hallazgos iniciales prometedores, nuestro grupo de investigación (Newman et al., 2011) condujo un ensayo clínico aleatorizado para probar el tratamiento de TCC + PE/I (N = 43) versus el de TCC + EE (N = 40). Los tratamientos no se diferenciaron en cuanto a deserción, credibilidad o expectativa de éxito del paciente, y ambos llevaron a mejorías pre-post con amplios tamaños de efecto para la severidad de síntomas de TAG, depresión y problemas interpersonales, junto con el mantenimiento de los beneficios desde el post tratamiento a un seguimiento luego de dos años. Adicionalmente, se observaron tamaños de efecto moderados en la dirección de un mayor cambio clínicamente significativo para la TCC + PE/I en el funcionamiento a los seis meses y a los veinticuatro meses de seguimiento.

A pesar de estos éxitos, los resultados del grupo TCC + PE/I no fueron significativamente superiores a los del grupo TCC + EE. La falta de diferencias estadísticamente significativas entre la TCC + PE/I y la TCC + EE puede haber sido resultado de un potencia estadística limitada y de errores en las pruebas de significancia. Los resultados también podrían explicarse por la existencia de beneficios terapéuticos originados tanto por el segmento de PE/I como por el de EE. Sin embargo, los datos demuestran que un tamaño de muestra mayor con un mayor poder estadístico podría haber demostrado más robustamente los beneficios adicionales de la PE/I. De esta manera, las pruebas existentes demuestran que la TCC + PE/I para el TAG es viable, bien tolerada y es tan eficaz o con una tendencia a ser más eficaz que la terapia estándar TCC, lo cual fue demostrado mediante un estudio con un diseño extremadamente conservador. A continuación, se realizaron análisis de diferencias individuales que podrían ser moderadores de los resultados.

El apego como moderador

Los estilos de apego también parecen influir sobre la visión nuclear del sí mismo y las formas habituales de relación con los demás (Safran y Segal, 1990). En la adultez, el apego inseguro ha sido caracterizado en función de dos dimensiones principales (Brennan, Clark y Shaver, 1998; Fraley y Shaver, 2000): la evitación y la ansiedad. Se cree que la evitación relacionada al apego se desarrolla en respuesta a cuidadores que rechazan o no aceptan al individuo (Ainsworth et al., 1978). Llevada a la adultez, la misma se caracteriza por tendencias hacia una autonomía excesiva, a la evitación de la desilusión o la frustración en relación con los otros (Dozier, 1990; Lavy, Mikulincer y Shaver, 2010), a esconder los sentimientos, a una menor autorrevelación, al manejo del rechazo mediante la toma de distancia (Davis, Shaver y Vernon, 2003; Kobak y Sceery, 1988), y al afrontamiento de la amenaza de peligro mediante evaluaciones progresivamente pesimistas (Berant, Mikulincer y Shaver, 2008; Williams y Riskind, 2004). Con respecto a la ansiedad con relación al apego, se cree que se desarrolla en casos de cuidadores indiferentes o no disponibles en forma constante (Ainsworth et al., 1978). Llevada a la adultez, se caracteriza por la tendencia al deseo de una cercanía extrema, a la dependencia excesiva del apoyo de los otros significativos (Feeney y Noller, 1990), a ser intrusivo con la pareja (Lavy et al., 2010), a sentirse incapaz de afrontar la vida por sí mismo (Birnbaum, Orr, Mikulincer y Florian, 1997; Mikulincer y Florian, 1995) y a un miedo excesivo al rechazo (Feeney, 1995; Mikulincer y Orbach, 1995).

Por consiguiente, un apego inseguro parece implicar un riesgo mediante estilos relacionales emocionalmente evitativos con conductas de rechazo hacia los demás y con una autonomía inapropiada (evitativo) o con emociones negativas excesivas (bronca y miedo) y una dependencia inapropiada a los demás (ansioso).

El apego y el Trastorno de Ansiedad Generalizada. La literatura indica que las personas con TAG mantienen sentimientos negativos no resueltos, como bronca y vulnerabilidad, hacia sus cuidadores (Cassidy, 1995), y el apego inseguro y evitativo han sido conceptualizados como posibles factores contribuyentes al desarrollo del TAG y su síntoma principal de preocupación. En el Estudio Nacional de Comorbilidad (Mickelson, Kessler y Shaver, 1997), el diagnóstico de TAG tuvo una correlación positiva con el apego evitativo y ansioso y negativa con el apego seguro. Asimismo, la severidad del TAG discriminó a individuos con apego inseguro de aquellos con apego seguro (Muris, Mayer, y Meesters, 2000). En otros estudios, sin embargo, la severidad del TAG discriminó a los individuos con apego evitativo de aquellos con apego seguro (Muris et al., 2001). Tanto el apego ansioso como el evitativo fueron asociados al desarrollo del TAG en estudios longitudinales (Bifulco et al., 2006; Warren et al., 1997).

Resultados del apego como moderador del efecto de la PE/I. De acuerdo a los hallazgos de un estudio reciente (Newman et al., 2015), en todas las instancias de evaluación, un mayor nivel de evitación del apego –medido a través de una autoevaluación donde los individuos se identificaron como teniendo un estilo despectivo hacia los demás– fue predictor de un mayor cambio en síntomas de TAG para aquellos que recibieron TCC + PE/I. De lo contrario, un nivel más bajo de estilo evitativo se asoció con un menor cambio a raíz de la TCC + PE/I. Por otro lado, el estilo evitativo no se relacionó con el cambio en los síntomas debido a la TCC + EE en ninguna instancia de evaluación. Un mayor nivel de apego ansioso, medido a través de un auto reporte de sentimientos de bronca relacionados al apego, se asoció con un menor cambio en los síntomas de TAG en el post tratamiento de TCC + PE/I, pero no estuvo relacionado al cambio sintomático en la condición de TCC + EE. Sin embargo, los sentimientos de bronca en relación al apego, previos al tratamiento, no influyeron en los resultados en un seguimiento de dos años. Por consiguiente, los efectos moderadores fueron menos duraderos que aquellos de los estilos evitativos. Los resultados sugirieron que los individuos que tendían a ser emocionalmente e interpersonalmente evitativos podrían verse más beneficiados por un protocolo de tratamiento estructurado e intenso, focalizado específica y sistemáticamente en cuestiones emocionales y relacionales, incluyendo la relación terapéutica.

Ilustración clínica de la implementación del PE/I con el caso de Darío

Tal como se mencionó anteriormente, la PE/I se focaliza en mejorar las relaciones interpersonales, ayudando a los pacientes a explorar y aumentar el *insight* acerca de cómo interactúan con los demás. A menudo, los pacientes con TAG están tan focalizados en su propia ansiedad que no pueden reconocer el rol que juega en el mantenimiento de las dificultades relacionales. Un ejemplo de una técnica de PE/I, el *entrenamiento en habilidades sociales*, aborda una debilidad típica observada en estos pacientes. Cuando se les instruye para desarrollar formas alternativas de tratar temas interpersonales, tienden a generar soluciones de tipo "blanco-negro" (por ejemplo, "podría simplemente callarme o gritarle"), muchas veces debido a su miedo de ser vulnerables. De esta forma, pueden no permitirse comunicarse con los otros de una forma que ayude a que los demás entiendan lo que ellos están sintiendo.

Al realizar un juego de roles (*role-playing*), el terapeuta comienza por alentar al paciente a que actúe de sí mismo, y así trata de entender *qué* dijo y *cómo* en su interacción con el otro. Luego de recabar esta información, el terapeuta asume el rol del paciente, indicándole a éste que juegue el rol de la persona con la que estaba interactuando. Al asumir el rol del otro, se le pide al paciente que empatice con la persona y que visualice cómo la interacción podría haberle afectado. La meta es resaltar el efecto que los actos de los pacientes tienen en sus relaciones con los demás.

La siguiente viñeta clínica busca ilustrar cómo Darío, un ingeniero electrónico de 27 años, casado, diagnosticado con TAG, interactuaba con su amigo de la secundaria, Santiago, de formas que impedían la satisfacción de sus necesidades relacionales. Darío a menudo se preocupa por sus relaciones interpersonales, y le angustia extremadamente la posibilidad de decir o hacer cosas que podrían inintencionadamente ofender y enojar a los demás. En este caso, el terapeuta exploró un intercambio específico que hizo que Darío se sintiera rechazado, con el fin de ayudarlo a entender cómo su propio comportamiento y presunciones lo llevaron precisamente al desenlace temido.

DARÍO [D]: Santiago me dijo que a algunos de los chicos les había molestado que no haya ido a nuestro último encuentro. Yo no había ido porque tenía miedo de haber ofendido a mi otro amigo, Lucas, con una tontería que dije la última vez que nos vimos. En realidad, no sé si Lucas se ofendió, pero era posible, y por eso no fui. Pero cuando Santiago me dijo esto inmediatamente me puse a la defensiva, y le dije: "¡Es que estoy realmente demasiado ocupado en este momento!". Pero ahora creo que también ofendí a Santiago y está muy enojado conmigo o algo. Ayer me llamó, pero no respondí. No quiero que empiece a gritarme.

TERAPEUTA [T]: ¿Qué sentiste cuando Santiago te dijo que a los chicos les había molestado que no hayas ido a la reunión?

D: Me sentí criticado. Como que ahora todos están enojados conmigo.

T: Pareciera que Santiago estaba diciendo que les gustaría verte más seguido.

D: Si es así, entonces no entienden cómo me siento. ¿Por qué dicen que están enojados conmigo?

T: Me pregunto cuán bien estás entendiendo cómo se sienten ellos. Da la impresión de que Santiago estaba diciendo que disfrutan de tu amistad y que te extrañaron, pero tú sientes que están todos enojados contigo.

D: Muchas veces me dicen que soy muy sensible. Pero yo me siento juzgado por ellos. Siento que ya no tengo más ganas de ir a las reuniones.

T: Hagamos un juego de rol. Yo seré Darío y vos Santiago. Trata de imaginar qué estaba sintiendo él. Quiero que empieces a jugar el rol de Santiago y que intentes expresar cómo crees que él se sentía en ese momento.

D: Bueno. (*Como Santiago*). Nos molestó que no hayas venido a la última reunión. ¿Por qué no viniste?

T: (*Como Darío*). "¡Es que estoy realmente demasiado ocupado en este momento!".

D: (*Como Santiago*). Es que te extrañamos. Sabés que estoy por irme de viaje por trabajo y realmente quería verte antes de irme.

T: ¿Cómo te sentiste siendo Santiago?

D: Fue difícil ser Santiago.

T: ¿Qué necesita Santiago de vos?

D: Él quiere pasar tiempo conmigo. Pero yo no quiero pasar tiempo con él si me va a criticar y enojarse.

T: ¿Crees que tu respuesta te permitió obtener lo que necesitabas de él?

D: Supongo que no.

T: ¿Cómo se sintió tu respuesta al ser Santiago?

D: Mal. No sentí que Darío se preocupara por mí, sentí que me estaba pasando por alto y que yo no era importante para él.

T: Desde esta perspectiva, ¿cómo creés que Santiago se sentiría si dejaras de atender sus llamados, si comenzaras a esquivarlo?

D: Supongo que se sentiría rechazado por mí.

T: Pareciera que tus amigos tienen necesidades que no están siendo cumplidas, pero vos lo estás interpretando como hostilidad, cosa que te torna más distante. Quizás si te permitieras considerar lo que ellos realmente sienten, podrías terminar sintiéndote menos a la defensiva y serías más capaz de obtener lo que vos queres.

Mientras que Darío sentía que todos sus amigos estaban enojados con él, el terapeuta intentaba ayudarlo a ver el hecho de que era él el que los estaba rechazando y evitando. Debido a la conclusión precipitada de que había ofendido a uno de sus amigos, sin efectivamente preguntar para verificarlo, Darío asumió lo peor y comenzó a evitar a sus amigos. Esto llevó a que Santiago intentara acercarse a él, pero la presunción de que Santiago estaba enojado le impidió a Darío poder ver este intento de reconexión por parte de su amigo. Aquí, el terapeuta apuntó a incrementar el nivel de percatación de Darío, haciéndolo consciente del rol que jugó en la situación. Específicamente, el terapeuta señaló cómo sus acciones y respuestas llevaron a que su amigo se sintiera rechazado. En este caso, el terapeuta intentaba ilustrar cómo a veces los esfuerzos por evitar una respuesta temida por parte de los otros (es decir, rechazo u hostilidad) podrían paradójicamente provocar esa misma respuesta. Éste es un ejemplo de eventos interpersonales significativos a los que apunta el terapeuta en el PE/I.

Luego del reconocimiento de patrones interpersonales disfuncionales y de la adquisición de formas más saludables de responder que afecten positivamente a los demás, el terapeuta asigna tareas para practicar los nuevos estilos de respuesta en la vida cotidiana. La tarea es diseñada en forma individualizada, en base a los hábitos pasados idiosincráticos del paciente en su relación con los demás. Por ejemplo, algunos pacientes necesitan aprender a escuchar mejor a los demás, ejercitar más la empatía con respecto a sus experiencias y obtener un mejor entendimiento de las necesidades propias y de los demás. La asignación de tareas sirve para reforzar formas más adaptativas de relacionarse con los demás, y de ese modo aumentar la probabilidad de satisfacción de las necesidades propias y de las personas significativas del entorno del paciente.

Discusión

En conclusión, la terapia de PE/I se presenta como una psicoterapia integrativa, que incorpora estrategias de terapia experienciales e interpersonales para complementar las técnicas de la TCC estándar. Esta integración está guiada por investigación básica acerca de los posibles mecanismos de mantenimiento del TAG. Las personas con TAG demuestran sensibilidad en la esfera emocional y emplean la preocupación como una estrategia compensatoria disfuncional. Facilitar su capacidad de profundización emocional para reducir estas sensibilidades y aumentar la percatación de sus propias necesidades y valores es un importante objetivo terapéutico. El permitir y aceptar la realidad de los contrastes emocionales podría revelar perspectivas previamente ignoradas y brindar oportunidades de aprendizaje.

Limitaciones y nuevas direcciones para las técnicas de terapia de PE/I

Desde el desarrollo de las técnicas de PE/I, la literatura con relación a los aspectos emocional e interpersonal en conexión con el TAG se ha expandido ampliamente. De esta manera, surgen nuevas direcciones con respecto al tratamiento de los problemas interpersonales y la evitación del procesamiento emocional en este trastorno. En base a los avances de la investigación, creemos probable que la eficacia de un tratamiento integrativo de TCC + PE/I se vea potenciada por la incorporación de formulaciones teóricas y evidencia empírica recientes. A continuación nos concentraremos en focos de tratamiento futuros que podrían llevar a una mayor eficacia, mediante la incorporación del modelo de evitación de contrastes para explicar el funcionamiento interpersonal y emocional.

La justificación general para la PE/I permanece sólida, dada la vigencia de la investigación vinculando la preocupación y el TAG con la disfunción interpersonal y la evitación del procesamiento emocional. Como fue mencionado anteriormente, la efectividad de la TCC combinada con la PE/I para reducir la sintomatología de pacientes con TAG fue comprobada, en especial en aquellos con un estilo de apego evitativo. Sin embargo, no resultó significativamente más efectiva que la TCC en combinación con la escucha empática.

Sugerimos que una forma de aumentar la eficacia de esta terapia es la aplicación de los principios del modelo de EC, específicamente mediante el abordaje del temor a los contrastes emocionales y de los comportamientos interpersonales asociados. Si bien los tratamientos existentes han abordado los patrones de preocupación, estos tratamientos podrían no haberse focalizado en el temor subyacente a los contrastes emocionales, que impulsa la preocupación.

Una terapia de PE/I que incorpore la perspectiva del modelo de EC emplearía todas las mismas técnicas de tratamiento, pero atendería más específicamente al rol de los contrastes emocionales negativos. Debido a que los problemas interpersonales en el TAG podrían estar motivados por el temor a los contrastes emocionales negativos, el abordaje de los comportamientos interpersonales que evitan los contrastes emocionales podría incrementar la eficacia del tratamiento. Por ejemplo, el análisis funcional de la preocupación y de los comportamientos interpersonales delinearía las maneras en que estos procesos previenen los contrastes emocionales en la vida diaria y en los contextos sociales. El examen de las transacciones interpersonales con los otros significativos o con el terapeuta intentaría identificar y abordar estos temas.

Asimismo, las estrategias de profundización experiencial abordarían los cambios emocionales. Esto podría lograrse mediante exposición a contrastes emocionales, acompañado de relajación. La exposición al contraste emocional podría evocarse mediante imágenes externas o personalizadas, clips de sonido, videos o pensamientos, en los cuales se induciría un estado emocional positivo o neutro, seguido inmediatamente de un estado emocional negativo. Por ejemplo, inmediatamente antes de una inducción de emoción negativa, los pacientes podrían realizar un ejercicio de relajación. La combinación repetida de esta exposición con relajación sería conducida con el fin de lograr la habituación a los contrastes emocionales. Dado que la relajación se ve como un proceso opuesto a la preocupación, esto desalentaría el uso de la preocupación como estrategia defensiva.

Esperamos que la investigación continua de los mecanismos y moderadores del PE/I, así como de los mecanismos de mantenimiento del TAG, lleven a un aumento del bienestar para las personas con TAG en sus vidas emocionales e interpersonales.

Referencias

Ainsworth, B. E., Blehar, M. C., Waters, E. y Wall, S. (1978). *Patterns of attachment: A psychological study of the strange situation*. Hillsdale, NJ: Erlbaum.

Aldao, A. y Mennin, D. S. (2012). Paradoxical cardiovascular effects of implementing adaptive emotion regulation strategies in generalized anxiety disorder. *Behaviour Research and Therapy*, *50*, 122-130. doi:10.1016/j.brat.2011.12.004

Andreescu, C., Sheu, L. K., Tudorascu, D., Gross, J. J., Walker, S., Banihashemi, L. y Aizenstein, H. (2015). Emotion reactivity and regulation in late-life generalized anxiety disorder: Functional connectivity at baseline and post-treatment. *The American Journal of Geriatric Psychiatry*, *23*, 200-214. doi:10.1016/j.jagp.2014.05.003

Bacon, M. M., Rood, E. A. y Washburn, M. F. (1914). A study of affective contrast. *American Journal of Psychology*, *25*, 290-293. doi:10.2307/1413417

Barlow, D. H. (Ed.). (2002). *Anxiety and its disorders: The nature and treatment of anxiety and panic* (2nd ed.). New York, NY: Guilford Press.

Ben-Noun, L. (1998). Generalized anxiety disorder in dysfunctional families. *Journal of Behavior Therapy and Experimental Psychiatry*, *29*, 115-122. doi:10.1016/S0005-7916(98)00003-2

Berant, E., Mikulincer, M. y Shaver, P. R. (2008). Mothers' attachment style, their mental health, and their children's emotional vulnerabilities: A 7-year study of children with congenital heart disease. *Journal of Personality*, *76*, 31-65. doi:10.1111/j.1467-6494.2007.00479.x

Bifulco, A., Kwon, J., Jacobs, C., Moran, P., Bunn, A. y Beer, N. (2006). Adult attachment style as mediator between childhood neglect/abuse and adult depression and anxiety. *Social Psychiatry and Psychiatric Epidemiology*, *41*, 796-805. doi:10.1007/s00127-006-0101-z

Birnbaum, G. E., Orr, I., Mikulincer, M. y Florian, V. (1997). When marriage breaks up: Does attachment style contribute to coping and mental health?. *Journal of Social and Personal Relationships*, *14*, 643-654. doi:10.1177/0265407597145004

Bland, R. C., Newman, S. C. y Orn, H. (1997). Help-seeking for psychiatric disorders. *Canadian Journal of Psychiatry*, *42*, 935-942.

Borkovec, T. D., Lyonfields, J. D., Wiser, S. L. y Deihl, L. (1993). The role of worrisome thinking in the suppression of cardiovascular response to phobic imagery. *Behaviour Research and Therapy*, *31*, 321-324. doi:10.1016/0005-7967(93)90031-O

Borkovec, T. D. y Hu, S. (1990). The effect of worry on cardiovascular response to phobic imagery. *Behaviour Research and Therapy*, *28*, 69-73. doi:10.1016/0005-7967(90)90056-O

Borkovec, T. D., Robinson, E., Pruzinsky, T. y DePree, J. A. (1983). Preliminary exploration of worry: Some characteristics and processes. *Behaviour Research and Therapy*, *21*, 9-16. doi:10.1016/0005-7967(83)90121-3

Borkovec, T. D. y Roemer, L. (1995). Perceived functions of worry among generalized anxiety disorder subjects: Distraction from more emotionally distressing topics? *Journal of Behavior Therapy and Experimental Psychiatry*, *26*, 25-30. doi:10.1016/0005-7916(94)00064-s

Borkovec, T. D. y Ruscio, A. M. (2001). Psychotherapy for generalized anxiety disorder. *Journal of Clinical Psychiatry*, *62*(Suppl. 11), 37-45.

Borkovec, T. D., Alcaine, O. y Behar, E. S. (2004). Avoidance theory of worry and generalized anxiety disorder. In R. G. Heimberg, D. S. Mennin & C. L. Turk (Eds.), *Generalized anxiety disorder: Advances in research and practice* (pp. 77-108). New York: Guilford.

Bourgeois, M. L. y Brown, T. A. (2015). Perceived emotion control moderates the relationship between neuroticism and generalized anxiety disorder. *Cognitive Therapy and Research*, *39*, 531-541. doi:10.1007/s10608-015-9677-5

Brennan, K. A., Clark, C. L. y Shaver, P. R. (1998). Self-report measurement of adult attachment: An integrative overview. In J. A. Simpson & W. S. Rholes (Eds.), *Attachment theory and close relationships* (pp. 46-76). New York: Guilford.

Brosschot, J. F. (2010). Markers of chronic stress: Prolonged physiological activation and (un)conscious perseverative cognition. *Neuroscience and Biobehavioral Reviews*. doi:10.1016/j.neubiorev.2010.01.004

Brosschot, J. F. y Thayer, J. F. (2003). Heart rate response is longer after negative emotions than after positive emotions. *International Journal of Psychophysiology*, *50*, 181-187. doi:10.1016/s0167-8760(03)00146-6

Brosschot, J. F., Van Dijk, E. y Thayer, J. F. (2007). Daily worry is related to low heart rate variability during waking and the subsequent nocturnal sleep period. *International Journal of Psychophysiology*, *63*, 39-47. doi:10.1016/j.ijpsycho.2006.07.016

Brown, T. A. y Naragon-Gainey, K. (2013). Evaluation of the unique and specific contributions of dimensions of the triple vulnerability model to the prediction of DSM-IV anxiety and mood disorder

constructs. *Behavior Therapy*, *44*, 277-292. doi:10.1016/j.beth.2012.11.002

Davey, G. C. L., Tallis, F. y Capuzzo, N. (1996). Beliefs about the consequences of worrying. *Cognitive Therapy and Research*, *20*, 499-520. doi:10.1007/BF02227910

Davis, D., Shaver, P. R. y Vernon, M. L. (2003). Physical, emotional, and behavioral reactions to breaking up: The roles of gender, age, emotional involvement, and attachment style. *Personality and Social Psychology Bulletin*, *29*, 871-884. doi:10.1177/0146167203029007006

Dermer, M., Cohen, S. J., Jacobsen, E. y Anderson, E. A. (1979). Evaluative judgments of aspects of life as a function of vicarious exposure to hedonic extremes. *Journal of Personality and Social Psychology*, *37*, 247-260. doi:10.1037/0022-3514.37.2.247

Dozier, M. (1990). Attachment organization and treatment use for adults with serious psychopathological disorders. *Development and Psychopathology*, *2*, 47-60. doi:10.1017/S0954579400000584

Erickson, T. M. y Pincus, A. L. (2005). Using Structural Analysis of Social Behavior (SASB) measures of self- and social perception to give interpersonal meaning to symptoms: Anxiety as an exemplar. *Assessment*, *12*, 243-254. doi:10.1177/1073191105276653

Erickson, T. M., Newman, M. G., Siebert, E. C., Carlile, J. A., Scarsella, G. M. y Abelson, J. L. (2016). Does worrying mean caring too much? Interpersonal prototypicality of dimensional worry controlling for social anxiety and depressive symptoms. *Behavior Therapy*, *47*, 14-28. doi:10.1016/j.beth.2015.08.003

Feeney, J. A. (1995). Adult attachment and emotional control. *Personal Relationships*, *2*, 143-159.

doi:10.1111/j.1475-6811.1995.tb00082.x

Feeney, J. A. y Noller, P. (1990). Attachment style as a predictor of adult romantic relationships. *Journal of Personality and Social Psychology, 58*, 281-291. doi:10.1037/0022-3514.58.2.281

Fisher, A. J. y Newman, M. G. (2013). Heart rate and autonomic response to stress after experimental induction of worry versus relaxation in healthy, high-worry, and generalized anxiety disorder individuals. *Biological Psychology, 93*, 65-74. doi:10.1016/j.biopsycho.2013.01.012

Fraley, R. C. y Shaver, P. R. (2000). Adult romantic attachment: Theoretical developments, emerging controversies, and unanswered questions. *Review of General Psychology, 4*, 132-154. doi:10.1037/1089-2680.4.2.132

Fresco, D. M., Mennin, D. S., Moore, M. T., Heimberg, R. G. y Hambrick, J. (2014). Changes in explanatory flexibility among individuals with generalized anxiety disorder in an emotion evocation challenge. *Cognitive Therapy and Research, 38*, 416-427. doi:10.1007/s10608-014-9601-4

Hoehn-Saric, R., Schlund, M. W. y Wong, S. H. (2004). Effects of citalopram on worry and brain activation in patients with generalized anxiety disorder. *Psychiatry Research: Neuroimaging, 131*, 11-21. doi:10.1016/j.pscychresns.2004.02.003

Hofmann, S. G., Moscovitch, D. A., Litz, B. T., Kim, H.-J., Davis, L. L. y Pizzagalli, D. A. (2005). The Worried Mind: Autonomic and Prefrontal Activation During Worrying. *Emotion, 5*, 464-475. doi:10.1037/1528-3542.5.4.464

Hofmann, S. G., Schulz, S. M., Heering, S., Muench, F. y Bufka, L. F. (2010). Psychophysiological correlates of generalized anxiety disorder with or without comorbid depression. *International Journal of Psychophysiology, 78*, 35-41. doi:0.1016/j.ijpsycho.2009.12.016

Kerns, C. E., Mennin, D. S., Farach, F. J. y Nocera, C. C. (2014). Utilizing an ability-based measure to detect emotion regulation deficits in generalized anxiety disorder. *Journal of Psychopathology and Behavioral Assessment, 36*, 115-123. doi:10.1007/s10862-013-9372-3

Knepp, M. M. y Friedman, B. H. (2008). Cardiovascular activity during laboratory tasks in women with high and low worry. *Biological Psychology, 79*, 287-293. doi:10.1016/j.biopsycho.2008.07.002

Kobak, R. R. y Sceery, A. (1988). Attachment in late adolescence: Working models, affect regulation, and representations of self and others. *Child Development, 59*, 135-146. doi:10.2307/1130395

Ladouceur, R., Blais, F., Freeston, M. H. y Dugas, M. J. (1998). Problem solving and problem orientation in generalized anxiety disorder. *Journal of Anxiety Disorders, 12*, 139-152. doi:10.1016/S0887-6185(98)00002-4

Lavy, S., Mikulincer, M. y Shaver, P. R. (2010). Autonomy–proximity imbalance: An attachment theory perspective on intrusiveness in romantic relationships. *Personality and Individual Differences, 48*, 552-556. doi:10.1016/j.paid.2009.12.004

Llera, S. J. y Newman, M. G. (2014). Rethinking the role of worry in generalized anxiety disorder: Evidence supporting a model of Emotional Contrast Avoidance. *Behavior Therapy, 45*, 283-299. doi:10.1016/j.beth.2013.12.011

Llera, S. J. y Newman, M. G. (2010). Effects of worry on physiological and subjective reactivity to emotional stimuli in generalized anxiety disorder and nonanxious control participants.

Emotion, *10*, 640-650. doi:10.1037/a0019351

Llera, S. J. y Newman, M. G. (2017). Dee velopment and validation of two measures of emotional contrast avoidance: The Contrast Avoidance Questionnaires. *Journal of Anxiety Disorders*, *49*, 114-127.

Lyonfields, J. D., Borkovec, T. D. y Thayer, J. F. (1995). Vagal tone in generalized anxiety disorder and the effects of aversive imagery and worrisome thinking. *Behavior Therapy*, *26*, 457-466. doi:10.1016/S0005-7894(05)80094-2

Masi, G., Millepiedi, S., Mucci, M., Poli, P., Bertini, N. y Milantoni, L. (2004). Generalized anxiety disorder in referred children and adolescents. *Journal of the American Academy of Child and Adolescent Psychiatry*, *43*, 752-760. doi:10.1097/01.chi.0000121065.29744.d3

Mathews, A. y MacLeod, C. (1985). Selecw tive processing of threat cues in anxiety states. *Behaviour Research and Therapy*, *23*, 563-569. doi:10.1016/0005-7967(85)90104-4

Mennin, D. S., Heimberg, R. G., Turk, C. L. y Fresco, D. M. (2005). Preliminary evidence for an emotion dysregulation model of generalized anxiety disorder. *Behaviour Research and Therapy*, *43*, 1281-1310. doi:10.1016/j.brat.2004.08.008

Metzger, R. L., Miller, M. L., Cohen, M., Sofka, M. y Borkovec, T. D. (1990). Worry changes decision making: The effect of negative thoughts on cognitive processing. *Journal of Clinical Psychology*, *46*, 78-88. doi:10.1002/1097-4679(199001)46:1<78::AID-JCLP2270460113>3.0.CO;2-R

Mickelson, K. D., Kessler, R. C. y Shaver, P. R. (1997). Adult attachment in a nationally representative sample. *Journal of Personality and Social Psychology*,

73, 1092-1106. doi:10.1037/0022-3514.73.5.1092

Mikulincer, M. y Florian, V. (1995). Apk praisal of and coping with a real-life stressful situation: The contribution of attachment styles. *Personality and Social Psychology Bulletin*, *21*, 406-414. doi:10.1177/0146167295214011

Mikulincer, M. y Orbach, I. (1995). Attachment styles and repressive defensiveness: The accessibility and architecture of affective memories. *Journal of Personality and Social Psychology*, *68*, 917-925. doi:10.1037/0022-3514.68.5.917

Mogg, K., Mathews, A. y Eysenck, M. (1992). Attentional bias to threat in clinical anxiety states. *Cognition and Emotion*, *6*, 149-159. doi:10.1080/02699939208411064

Muris, P., Mayer, B. y Meesters, C. (2000). Self-reported attachment style, anxiety, and depression in children. *Social Behavior and Personality*, *28*, 157-162. doi:10.2224/sbp.2000.28.2.157

Muris, P., Meesters, C., van Melick, M. y Zwambag, L. (2001). Self-reported attachment style, attachment quality, and symptoms of anxiety and depression in young adolescents. *Personality and Individual Differences*, *30*, 809-818. doi:10.1016/s0191-8869(00)00074-x

Newman, M. G., Castonguay, L. G., Jacobson, N. C. y Moore, G. A. (2015). Adult attachment as a moderator of treatment outcome for generalized anxiety disorder: Comparison between cognitive–behavioral therapy (CBT) plus supportive listening and CBT plus interpersonal and emotional processing therapy. *Journal of Consulting and Clinical Psychology*, *83*, 915-925. doi:10.1037/a0039359

Newman, M. G. y Llera, S. J. (2011). A novel theory of experiential avoidance in generalized anxiety disorder:

A review and synthesis of research supporting a Contrast Avoidance Model of worry. *Clinical Psychology Review, 31*, 371-382. doi:10.1016/j.cpr.2011.01.008

Newman, M. G., Llera, S. J., Erickson, T. M. y Przeworski, A. (2014). Basic science and clinical application of the Contrast Avoidance model in generalized anxiety disorder. *Journal of Psychotherapy Integration, 24*, 155-167. doi:10.1037/a0037510

Newman, M. G., Llera, S. J., Erickson, T. M., Przeworski, A. y Castonguay, L. G. (2013). Worry and generalized anxiety disorder: A review and theoretical synthesis of research on nature, etiology, and treatment. *Annual Review of Clinical Psychology, 9*, 275-297. doi:10.1146/annurev-clinpsy-050212-185544

Newman, M. G., Castonguay, L. G., Borkovec, T. D. y Molnar, C. (2004). Integrative psychotherapy. In R. G. Heimberg, C. L. Turk & D. S. Mennin (Eds.), *Generalized anxiety disorder: Advances in research and practice* (pp. 320-350). New York, NY: Guilford Press.

Peasley-Miklus, C. y Vrana, S. R. (2000). Effect of worrisome and relaxing thinking on fearful emotional processing. *Behaviour Research and Therapy, 38*, 129-144. doi:10.1016/S0005-7967(99)00025-X

Pieper, S., Brosschot, J. F., van der Leeden, R. y Thayer, J. F. (2010). Prolonged cardiac effects of momentary assessed stressful events and worry episodes. *Psychosomatic Medicine, 72*, 570-577. doi:10.1097/PSY.0b013e3181dbc0e9

Przeworski, A., Newman, M. G., Pincus, A. L., Kasoff, M. B., Yamasaki, A. S., Castonguay, L. G. y Berlin, K. S. (2011). Interpersonal pathoplasticity in individuals with generalized anxiety disorder. *Journal of Abnormal Psychology, 120*, 286-298. doi:10.1037/a0023334

Roemer, L., Molina, S. y Borkovec, T. D. (1997). An investigation of worry content among generally anxious individuals. *Journal of Nervous and Mental Disease, 185*, 314-319. doi:10.1097/00005053-199705000-00005

Roemer, L., Salters, K., Raffa, S. D. y Orsillo, S. M. (2005). Fear and avoidance of internal experiences in GAD: Preliminary tests of a conceptual model. *Cognitive Therapy and Research, 29*, 71-88. doi:10.1007/s10608-005-1650-2

Safran, J. D. y Segal, Z. V. (1990). *Interpersonal process in cognitive therapy.* New York: Basic Books.

Sanderson, W. C., Wetzler, S., Beck, A. T. y Betz, F. (1994). Prevalence of personality disorders among patients with anxiety disorders. *Psychiatry Research, 51*, 167-174. doi:10.1016/0165-1781(94)90036-1

Seeley, S. H., Mennin, D. S., Aldao, A., McLaughlin, K. A., Rottenberg, J. y Fresco, D. M. (2015). Impact of comorbid depressive disorders on subjective and physiological responses to emotion in generalized anxiety disorder. *Cognitive Therapy and Research*, 1-14. doi:10.1007/s10608-015-9744-y

Stapinski, L. A., Abbott, M. J. y Rapee, R. M. (2010). Evaluating the cognitive avoidance model of generalised anxiety disorder: Impact of worry on threat appraisal, perceived control and anxious arousal. *Behaviour Research and Therapy, 48*, 1032-1040. doi:10.1016/j.brat.2010.07.005

Thayer, J. F., Friedman, B. H. y Borkovec, T. D. (1996). Autonomic characteristics of generalized anxiety disorder and worry. *Biological Psychiatry, 39*, 255-266. doi:10.1016/0006-3223(95)00136-0

Turk, C. L., Heimberg, R. G., Luterek, J. A., Mennin, D. S. y Fresco, D. M. (2005). Emotion dysregulation in generalized anxiety disorder: A comparison with social anxiety disorder. *Cognitive Therapy and Research, 5*, 89-106. doi:10.1007/s10608-005-1651-1

Warren, S. L., Huston, L., Egeland, B. y Sroufe, L. A. (1997). Child and adolescent anxiety disorders and early attachment. *Journal of the American Academy of Child and Adolescent Psychiatry, 36*, 637-644. doi:10.1097/00004583-199705000-00014

Whisman, M. A., Sheldon, C. T. y Goering, P. (2000). Psychiatric disorders and dissatisfaction with social relationships: Does type of relationship matter? *Journal of Abnormal Psychology, 109*, 803-808. doi:10.1037/0021-843X.109.4.803

Williams, N. L. y Riskind, J. H. (2004). Cognitive vulnerability and attachment. *Journal of Cognitive Psychotherapy, 18*, 3-6. doi:10.1891/jcop.18.1.3.28052

Terapia de regulación emocional: tratamiento para trastornos por distrés enfocado en sus mecanismos[1]

Megan E. Renna. M.A.
The Graduate Center y Hunter College, City University of New York (EE.UU.)

Jean M. Quintero. M.A.
The Graduate Center y Hunter College, City University of New York (EE.UU.)

David M. Fresco. Ph.D.
Kent State University y Case Western Reserve University School of Medicine (EE.UU.)

Douglas S. Mennin. Ph.D.
The Graduate Center y Hunter College, City University of New York (EE.UU.)

Introducción

Se suele denominar "trastorno por distrés" tanto al Trastorno de Ansiedad Generalizada (TAG) como al Trastorno Depresivo Mayor (TDM), debido al profundo dolor y sufrimiento que ambos conllevan, así como también por la particular resistencia a los tratamientos que estos presentan. El 60% de los individuos diagnosticados con TAG sufren también de depresión comórbida (Fisher, 2007; Tyrer y Baldwin, 2006). Los estudios longitudinales prospectivos demuestran que entre el 48% y el 72% de estos trastornos son comórbidos (Moffitt et al., 2007). Los individuos que sufren dichos trastornos, en especial cuando estos ocurren de manera simultánea, no suelen obtener suficientes beneficios de los tratamientos, y en consecuencia, se prolongan sus deficiencias en el desarrollo de la vida y de la satisfacción (por ejemplo, Borkovec y Ruscio, 2001; Cuijpers et al., 2008). A su vez, cuando el TAG y el TDM son comórbidos, los pacientes no alcanzan niveles óptimos de durabilidad de los beneficios logrados con el tratamiento para la depresión (Newman et al., 2010). Por último, en el estudio denominado "*Sequenced Treatment Alternatives to Relieve Depression Study*" [Estudio de Alternativas de Tratamiento Secuenciado para Mejorar la Depresión] financiado por el *National Institute of Mental Health* (NIMH), los pacientes que mostraron las menores ganancias del tratamiento fueron quienes exhibieron un cuadro clínico mixto de ansiedad/depresión, y presentaron una mayor resistencia al tratamiento (Farabaugh et al., 2010).

Aunque la frase "trastorno por distrés" proviene principalmente de los estudios actuariales basados en características superficiales de los tras-

---

1 Traducción al castellano: Carina Terracina. Revisión de traducción: Dra. Julieta Olivera.

tornos de ansiedad y del estado de ánimo (por ejemplo, Krueger y Markon, 2006; Watson, 2005), dicha denominación puede en realidad revelar un conjunto de características neurocomportamentales compartidas que constituyen la causa de la gravedad clínica y la respuesta al tratamiento inferior a la óptima. En particular, los pacientes que sufren de trastornos por distrés se caracterizan por sus intensas experiencias emocionales que dan como resultado un comportamiento excesivamente cauteloso que favorece a la protección por sobre la promoción (Chorpita, Albano y Barlow, 1998; Klenk et al., 2011; Woody y Rachman, 1994). Adicionalmente, con frecuencia los individuos que padecen de trastornos por distrés presentan una o varias formas de procesamiento autorreferencial negativo (PARN, *negative self-referential processing*; Northoff, 2007) como la preocupación, la rumiación y la autocrítica, lo que constituye una forma de afrontar el surgimiento de experiencias emocionales y motivacionales intensas (Mennin y Fresco, 2013). Dicho endofenotipo representa el punto de partida de la terapia de regulación emocional (TRE, *Emotion Regulation Therapy*; Mennin y Fresco, 2013), tratamiento derivado de la teoría y enfocado en los mecanismos, que se desarrolló con el propósito de lograr una mayor comprensión de los trastornos por distrés y, a su vez, de reducir el nivel de sufrimiento que éstos ocasionan.

El modelo de la TRE reúne principios de los tratamientos cognitivos conductuales tradicionales y contemporáneos (como entrenamiento en habilidades y exposición) con los hallazgos básicos y traslacionales de la ciencia del afecto que reflejan alteraciones nucleares de los sistemas normativos motivacionales, emocionales y cognitivos. El modelo de la TRE también se adapta a la iniciativa de los criterios de investigación por dominio (RDoC, por sus siglas en inglés; Cuthbert y Insel, 2010), propuesta por el NIMH, la cual busca identificar los mecanismos de normativa para el funcionamiento humano disfuncional, a fin de encontrar nuevas intervenciones que normalicen la disfunción bioconductual subyacente y, de ser posible, mejoren la eficacia del tratamiento. Específicamente, varios dominios de los RDoC coinciden con los mecanismos que subyacen en el modelo de la TRE (por ejemplo, la amenaza y la pérdida sostenidas en el sistema de valencia negativa, el aprendizaje a través de la recompensa en el sistema de valencia positiva y el control cognitivo dentro del dominio de los sistemas cognitivos). El modelo de la TRE también ofrece a los terapeutas principios conocidos de la TCC, como el análisis funcional y las terapias focalizadas en las emociones, como un medio para obtener un enfoque de formulación del caso. El propósito es evaluar los supuestos déficits de sus pacientes, enseñar habilidades de regulación emocional que permitan a los pacientes identificar y responder a las señales emocionales, y ayudarlos a construir vidas que reflejen un equilibrio entre la búsqueda de recompensa ante los desafíos y los riesgos.

Perspectiva de la regulación emocional en los trastornos por distrés

Funcionamiento emocional normativo y clínico

Uno de los objetivos básicos de todo organismo es brindar un equilibrio entre buscar recompensas minimizando la pérdida y procurando seguridad; y evitar las amenazas (Dollard y Miller, 1950). Dicho equilibrio se alcanza ajustando el *sistema de recompensa* y el *sistema de seguridad*: el primero activa el enfoque conductual hacia los estímulos apetitivos o de recompensa, mientras se minimiza la pérdida. El segundo promueve tanto la evitación de estímulos nuevos o resultados potencialmente amenazantes o dolorosos, como la búsqueda de estímulos de seguridad para proteger al individuo de esas amenazas percibidas, restableciendo el estado de quietud y calma. Los sistemas de recompensa y seguridad son relativamente independientes y se pueden activar por separado o en forma conjunta (Stein y Paulus, 2009). En esencia, el funcionamiento normativo representa un constante estado de enfrentar y resolver los problemas de los sistemas motivacionales, a fin de permitir al organismo realizar acciones conductuales efectivas (por ejemplo, Wilson y Murrell, 2004). Alcanzar objetivos que reflejan una prominencia motivacional aporta un *feedback* cuando se relaciona el esfuerzo conductual con el resultado obtenido.

Las emociones constituyen una parte importante de los sistemas motivacionales. Sirven como señales que guían al individuo a responder de manera flexible a los eventos vitales de acuerdo con los valores y objetivos personales, así como también con los contextos cambiantes (Frijda, 1986). En algunos casos, el ajuste óptimo en una situación dada resulta en la acentuación (por ejemplo, en la regulación al alza o incremental) de la saliencia emocional que presenta la situación. En otras instancias, es necesario disminuir el tono (enfriamiento) de los aspectos emocionales de la situación (Ochsner et al., 2004). Un abordaje de los sistemas funcionales en la regulación emocional sostiene que estos sistemas trabajan de manera conjunta para mantener una homeostasis dinámica entre los sistemas corporales y los estímulos internos y externos de una forma apropiada para el contexto.

Individuos que sufren trastornos por distrés con frecuencia experimentan fuerzas opuestas entre los sistemas de recompensa y pérdida, así como también de seguridad y amenaza; y carecen de medios eficaces para poder resolver estos conflictos motivacionales. Klenk y colaboradores (2011) apoyan esta visión de conflicto motivacional, en especial con respecto al TAG y al TDM, presentando a partir de la teoría del enfoque regulatorio (*regulatory focus theory*; Higgins, 1997), un modelo normativo de motivaciones de promoción (recompensa/pérdida) y de prevención (seguridad/

amenaza), en el que estos dos sistemas se encuentran conceptualizados como sistemas diferentes y mutuamente inhibitorios. En particular, Klenk y colaboradores (2011) sostienen que el fallo principal se encuentra en el sistema de prevención (hiperactivación) que, a su vez, puede producir un fallo en el sistema de promoción (hipoactivación). Si bien es necesario llevar a cabo investigaciones experimentales y bioconductuales más rigurosas, los hallazgos preliminares sostienen la existencia de un rol tanto de la disfunción motivacional (Campbell-Sills, Liverant y Brown, 2004) como de la intensidad subjetiva (Mennin et al., 2007) en los trastornos por distrés.

Los déficits en la regulación emocional son comunes tanto en el TAG (Etkin et al., 2010; Etkin y Schatzberg, 2011; Mennin et al., 2007) como en el TDM (Johnstone et al., 2007). Estos déficits se presentan en todos los niveles de elaboración cognitiva de señales emocionales. En un nivel de menor elaboración, los individuos con trastornos por distrés manifiestan rigidez atencional al procesar los estímulos emocionales interoceptivos y exteroceptivos (Clasen et al., 2013; Mogg y Bradley, 2005). Por ejemplo, el TAG, ya sea con o sin TDM, se caracteriza por el fallo en la regulación de conflictos emocionales espontáneamente, cambiando el foco de atención en respuesta a un estímulo emocional motivacionalmente saliente que se encuentra en conflicto con una tarea de adaptación (Etkin et al., 2010; Etkin y Schatzberg, 2011). Los individuos con trastornos por distrés también presentan dificultades para implementar más estrategias elaboradas verbalmente. Aldao y Mennin (2012) encontraron que al intentar implementar estrategias de regulación emocional, como la reevaluación cognitiva y la aceptación emocional, los participantes con TAG presentaron un patrón paradojal de aumento de la variabilidad de la frecuencia cardíaca durante un período de recuperación posterior a una película evocativa, comparados con los participantes de un grupo de control, quienes demostraron el patrón esperado de disminución en la variabilidad de la frecuencia cardíaca durante ese período. Johnstone y colegas (2007) descubrieron un patrón paradojal similar al comparar la activación neural durante una tarea de reevaluación en individuos que sufren de TDM, y un grupo control. Específicamente, los pacientes con TDM mostraron una asociación positiva entre la corteza prefrontal ventromedial (vmPFC, por sus siglas en inglés; se trata de una región neural asociada a la regulación de la orientación por objetivos) y la activación de la amígdala durante la reevaluación, comparado con los participantes de control, quienes mostraron una relación inversa entre la activación de la corteza prefrontal ventromedial y la amígdala que la intercede.

Procesamiento autorreferencial negativo y el desafío de los trastornos por distrés

La capacidad para reflexionar sobre uno mismo puede considerarse la forma nuclear de pensamiento humano (Raichle et al., 2001). Por lo general, el procesamiento autorreferencial constituye un medio útil para resolver situaciones asociadas a la marcada discrepancia que existe entre un estado emocional/motivacional actual y la representación del futuro (planificación), del pasado (fracasos/pérdidas), o de la idealización de uno mismo (por ejemplo, Carver, 2004). El hecho de reflexionar de esta manera puede ayudar a la preparación mental para tomar acción hacia los objetivos deseados y evitar obstáculos indeseables. Esta misma capacidad, sin embargo, puede estar asociada a una disfunción (Olatunji et al., 2013). Los PARN son comunes a un gran número de psicopatologías e incluyen el pensamiento repetitivo o perseverante, como la rumiación (pensamiento repetitivo acerca de errores pasados con la intención de reducir el distrés derivado de una pérdida percibida; Nolen-Hoeksema et al. 2008; Watkins, 2008) y la preocupación (pensamiento repetitivo acerca de eventos futuros con la intención de reducir el distrés que surge de estados emocionales y motivacionales conflictivos; Mennin y Fresco, 2013). La utilidad funcional de la preocupación y de la rumiación resulta similar en cuanto a que ambas ofrecen una eventual evitación de las amenazas y pérdidas que son, en gran medida, potencialmente aversivas. Por otro lado, la autocrítica (evaluación sobre el "*self*" emocional, caracterizada por la desvalorización de uno mismo, inferioridad, fracaso, culpa y miedo crónico a la desaprobación y al rechazo; Blatt, 1995) puede considerarse otra forma de PARN que resulta del intento desesperado por afrontar o compensar las experiencias emocionales intensas.

En esencia, los individuos que sufren de trastornos por distrés pueden ser más propensos a hacer uso de los PARN con el propósito de escapar de la emoción o disminuirla, a expensas de averiguar información motivacional de manera precisa, socavando la activación conductual inmediata en respuesta a las emociones y, en última instancia, perdiendo de vista las oportunidades enriquecedoras y gratificantes de la vida. Esta falsa sensación de seguridad a corto plazo implica pagar el precio de minimizar la atención a las experiencias potencialmente gratificantes (Bogdan y Pizzagalli, 2006; Whitmer y Gotlib, 2012); perpetuando así la pobre calidad de vida que los individuos con trastornos por distrés por lo general afirman tener.

De hecho, los individuos con trastornos por distrés que presentan PARN son especialmente difíciles de tratar. Los niveles de rumiación previos a la terapia predicen una respuesta inferior al tratamiento intensivo del TDM y la distimia (Ciesla y Roberts, 2002; Jones, Siegle y Thase, 2008; Schmaling et al., 2002). Asimismo, niveles más altos de sintomatología depresiva y rumiación se asocian a una mayor probabilidad de recaída luego del tratamiento intensivo del TDM con TCC (Watkins et al., 2011) y terapia cognitiva basada en *mindfulness* (Bieling et al., 2012; Farb et al., 2011; Michalak et al., 2008). Así como la rumiación, la autocrítica también ha demostrado efectos perjudiciales para la eficacia del tratamiento, tanto en beneficios inmediatas como a largo plazo (Blatt et al., 2010). Por último, apuntar hacia los PARN mejora la durabilidad del tratamiento (van Aalderan et al., 2011; Watkins et al., 2011; Wells et al., 2012), lo cual aporta evidencias en favor del desarrollo y perfeccionamiento de los tratamientos enfocados en reducir los niveles de PARN.

Aprendizaje contextual limitado y rígido

La adaptación es el proceso por el cual un organismo se adecúa de una mejor forma con el propósito de prosperar en su hábitat (Dobzhansky, 1970). Identificar y emitir la respuesta conductual apropiada en un contexto dado puede constituir la diferencia entre la vida y la muerte, y entre el amor y la pérdida. Las respuestas comportamentales adaptativas y flexibles dependen de la capacidad para aumentar la conciencia sobre las señales y contingencias en el ambiente; y responder de una manera que promueva la supervivencia y el éxito. Las respuestas motivacionales adaptativas y las habilidades regulatorias proporcionan la base para la flexibilidad conductual, ya que ayudan a lograr la máxima claridad emocional (Gohm y Clore, 2002) y posteriormente permiten implementar respuestas efectivas y dirigidas a metas, a fin de obtener resultados conductuales óptimos.

Un aprendizaje de la recompensa óptimo requiere tomar acciones comportamentales que permitan asignar valores a posibles estímulos de recompensa, para luego formular predicciones acerca de cuándo y dónde se pueden encontrar dichos estímulos (O'Doherty, 2004). Bogdan y Pizzagalli (2006) evaluaron factores como la sensibilidad a la recompensa, como evidencia de la influencia de las emociones y la detección precisa de señales en el aprendizaje de la recompensa y la conducta. Es también importante la capacidad para detectar y responder de manera fiable a las señales que advierten sobre un claro peligro que se encuentra presente (LeDoux, 1996), y luego aprender a detectar de forma precisa las señales de seguridad para diferenciarlas de la amenaza, a fin de no utilizar valiosos recursos (como tiempo y energía) en intentos de escapar de las "no-amenazas". Los modelos contemporáneos de aprendizaje de la amenaza y seguridad se basan en los principios pavlovianos de condicionamiento y en el conocimiento de que la extinción exitosa del miedo representa un aprendizaje nuevo e inhibitorio (Bouton, Mineka y Barlow, 2001).

La regulación emocional cumple una importante función en el aprendizaje inhibitorio, mediante la selección de respuestas óptimas que promueven la supresión de la respuesta emocional condicionada. Con respecto al aprendizaje de la amenaza y seguridad, prestar atención de forma adaptativa a las señales motivacionales y emocionales puede facilitar el aprendizaje inhibitorio. En oposición, un factor importante para lograr un aprendizaje inhibitorio duradero lo constituye el grado de generalización de estímulos que el individuo manifiesta en relación con la adquisición de un estímulo condicionado (Lissek, 2012). Particularmente, los individuos propensos a sufrir de trastornos de ansiedad tienen menos éxito en distinguir las propiedades de los estímulos que comparten características con un entrenamiento de estímulos condicionados, lo que resulta en una sobregeneralización de estímulos y miedo a una mayor variedad de éstos. Asimismo, para la mayoría de los organismos, las señales del medio ambiente inequívocamente seguras respecto del miedo llevan a un nuevo aprendizaje inhibitorio que ayuda a suprimir la respuesta emocional condicionada. Los individuos con trastornos de ansiedad con frecuencia presentan un repertorio conductual pobre e inflexible en respuesta a las situaciones que por lo general funcionan promoviendo el escape, la evitación o la inactividad como un medio para intentar manejar las señales emocionales/motivacionales (Ferster, 1973). Estos patrones conductuales impactan de forma negativa en el aprendizaje de la recompensa. Por ejemplo, los individuos con depresión presentan una capacidad de respuesta inferior a la óptima ante las oportunidades futuras de recompensa aun luego de haber sido inducidos a la disponibilidad de dichas recompensas (Bogdan y Pizzagalli, 2006). Bar (2009) propuso un modelo de funcionamiento óptimo que se caracteriza por un amplio procesamiento asociativo contextual de factores históricos y ambientales para imaginar con precisión eventos futuros y resultados. La rumiación depresiva constituye una estrategia común a los trastornos por distrés que reduce el procesamiento asociativo y, a la vez, disminuye la probabilidad de lograr un nuevo aprendizaje basado en la recompensa y complica el enfoque en la acción con propósito (Bar, 2009). Whitmer y Gotlib (2012) descubrieron que solicitarles a individuos con depresión que rumien, les obstaculizaba aprender la probabilidad de que un estímulo en particular se encuentre asociado con el castigo.

De la misma manera, los individuos propensos a sufrir trastornos de ansiedad tienen menos probabilidades de alcanzar una supresión de la respuesta al miedo condicionada de forma duradera y de gran alcance, debido a los déficits en la detección de señales de seguridad inequívocas. Por el contrario, la búsqueda de seguridad de estos individuos por lo general se caracteriza por la hipervigilancia y la hiperactividad que resulta, de esta manera, en una adquisición del aprendizaje inhibitorio inferior y menos duradera (Lohr, Olatunji y Sawchuck, 2007; Woody y Rachman, 1994). Además, recurrir a la preocupación como forma de regular las experiencias amenazantes percibidas ha demostrado alentar a la evitación del procesamiento emocional (Borkovec, 2004; Newman y Llera, 2011) dando como resultado una condicionalidad de la amenaza aumentada, una mayor generalización de los estímulos, y una capacidad reducida en la distinción de los estímulos y en el aprendizaje de las contingencias (Lissek, 2012; Otto et al., 2007; Salters-Pedneault, Suvak y Roemer, 2008). Finalmente, el TAG está asociado a las restricciones de las acciones valoradas y objetivos (Michelson et al., 2011). Es por eso que la TRE se ha desarrollado a fin de promover una conexión con el contexto al tiempo que se reducen los PARN de los individuos con trastornos por distrés.

Evidencia empírica que respalda a la TRE

La TRE ha sido aplicada en clínicas comunitarias de universidades y en centros de psicoterapia por estudiantes doctorales de psicología clínica, quienes han sido entrenados y supervisados por el tercer y cuarto autor de este capítulo. Una versión que consta de veinte sesiones de TRE estableció una eficacia preliminar a través de un primer ensayo clínico abierto (OT por su sigla en inglés correspondiente a *open trial*) realizado con adultos ($N = 20$; *Media [M] de edad* = 32.25, *Desvío estándar [DE]* de edad = 10.96) diagnosticados con TAG, con o sin TDM comórbido (Mennin et al., 2015) y a través de un ensayo clínico controlado y aleatorizado (RCT, por la sigla en inglés de *randomized controlled trial*) con adultos ($N = 63$; *M edad* = 38.30, *DE* = 14.46) donde se evaluaron cambios en la sintomatología por medio de la TRE, comparado a una condición de control en la que se ofreció atención mínima (Mennin et al., en revisión). En términos de resultados clínicos, los pacientes del OT presentaron reducciones en la magnitud de los síntomas del TAG evaluada por los terapeutas y señalada por los propios pacientes, en el nivel de preocupación, en la ansiedad rasgo y en los síntomas de depresión; con sus correspondientes mejoras en la calidad de vida, con efectos individuales que superaron con comodidad los criterios de tamaños de efecto grandes (*d* de Cohen = de 1.5 a 4.5). Estos logros se mantuvieron por el término de nueve meses posteriores a la finalización del tratamiento (Mennin et al., 2015). Los pacientes de la RCT que recibieron TRE inmediata, comparado con la condición de control, presentaron mayores reducciones en la gravedad de los síntomas del TAG, en la preocupación, la ansiedad rasgo, los síntomas de depresión y las mejoras correspondientes en la funcionalidad y la calidad de vida, con tamaños de efecto entre sujetos de medianos a grandes (*d* = 0.50 a 2.0). Al igual que en los hallazgos del OT, estos logros se mantuvieron durante los nueve meses posteriores a la finalización del tratamiento (Mennin et al., en preparación). Entre los individuos que sufren de TDM comórbido, los tamaños de efecto entre sujetos en la magnitud de los síntomas del TAG tanto al ser evaluada por los terapeutas como señalada por los propios pacientes, en la preocupación, la ansiedad rasgo, la rumiación, los síntomas de depresión, y las mejoras correspondientes en la funcionalidad y la calidad de vida fueron comparables con los resultados generales entre sujetos de ambos ensayos, sugiriendo que la comorbilidad con el TDM no ha interferido con la eficacia del tratamiento (d = 1.5 a 4.0).

Estos hallazgos ofrecen una evidencia preliminar importante respecto de la efectividad de la TRE. No obstante, la versión actual de la TRE que consta de dieciséis sesiones se ha probado recientemente en un formato de OT con una muestra étnicamente diversa de jóvenes adultos necesitados (N = 31; M edad = 22.25, DE = 2.48), con un diagnóstico principal de algún tipo de ansiedad o trastorno del estado del ánimo (Renna et al., 2017). Específicamente, en cuanto a la raza, esta muestra consistió en individuos de los cuales el 43.8% se identificó como caucásico, el 6.3% como afroamericano, el 21.9% como asiático-americano o nativo de la Polinesia, el 9.4% como mestizo, y el 3.1% de otros orígenes. El 15.6% de la muestra también identificó su origen étnico como hispánico o latino. Los resultados indicaron una muestra con mayor severidad que las anteriores, y resultados igual de sólidos antes y después del tratamiento en lo que refiere a la preocupación, la rumiación, la ansiedad generalizada, la anhedonia por depresión, el índice clínico de gravedad en el TAG y el TDM, las habilidades sociales, y la calidad de vida (ds = 1.3-4.1). Dichos beneficios se mantuvieron entre los tres y nueve meses posteriores ($d's$ = 1.6-4.7).

También se han evaluado los resultados del tratamiento con relación a los mecanismos identificados, examinando los cambios en la performance en tareas conductuales informatizadas en laboratorio antes, durante y después del tratamiento, dentro de la versión previa de TRE que constaba de veinte sesiones. Un hallazgo preliminar que resulta prometedor se vincula con la adaptación al conflicto emocional, o la capacidad para cambiar y mantener la atención a pesar de estos conflictos emocionales que producen malestar (Etkin et al., 2010; Etkin y Schatzberg, 2011). Se les presentó a los pacientes una tarea de adaptación al conflicto y mostraron, antes y durante el tratamiento, mejoras en su capacidad para cambiar la atención ante el conflicto emocional (d pretratamiento versus durante el tratamiento = 0.74) en niveles comparables con los controles saludables (Etkin et al., 2010). De hecho, una comparación de referencias entre el grupo clínico y los controles saludables demostraron un importante efecto entre sujetos de grupo (el de paciente versus el de control) en la adaptación al conflicto ($\eta2$ parcial = 0.12; Renna et al., 2018). La tarea de interferencia emocional (TIE, *Emotional Interference Task*; Buodo, Sarlo y Palomba, 2002) se llevó a cabo también por un subgrupo de participantes de la TRE a fin de evaluar los cambios que se producen en el mantenimiento de la atención, a pesar de la interferencia que producen las imágenes emocionalmente evocativas. Los participantes debían responder a un tono lo más rápidamente posible mientras veían imágenes neutras y negativas. Los resultados demostraron que, a pesar de la distracción emocional que tuvieron luego de haber visto las imágenes neutrales (d = 1.33) y las negativas (d = 1.34), los pacientes aumentaron su capacidad para mantener la atención antes y durante el tratamiento, momento en que se fijan las habilidades atencionales. Además, este cambio de la flexibilidad atencional desde el momento previo al tratamiento y durante el mismo predijo significativamente la reducción de la ansiedad y la preocupación luego del tratamiento, así como también una disminución en las dificultades sociales y en la reactividad emocional (Renna et al., 2018). El desempeño de este subgrupo en la TIE se ha comparado también con un grupo de control saludable en la fase previa al tratamiento, y los resultados demostraron una importante diferencia entre ambos grupos en lo que refiere a las imágenes negativas (d = 0.54) y neutrales (d = 0.54).

También se ha desarrollado una variante de Enfoque en la Evitación de la Tarea de Asociación Implícita (*Implicit Association Task*), presentada a un subgrupo de pacientes a fin de evaluar los cambios en las asociaciones implícitas de los procesamientos relacionados con la seguridad y la recompensa a través de la TRE. En particular, los pacientes mostraron cambios en la prominencia motivacional de las palabras de acercamiento contra las de evitación durante el tratamiento y al finalizarlo (d = 1.08), momento en que se busca el cambio motivacional de manera directa. Asimismo, dichos cambios durante y posteriores al tratamiento se asociaron fuertemente con los cambios en la claridad emocional, la emoción negativa y la calidad de vida (Quintero et al., en preparación). También se evaluó la variabilidad del ritmo cardíaco (VRC, *heart rate variability*), índice de flexibilidad parasimpático (Porges, 2001; Thayer et al., 2012), al ver una película de terror durante el tratamiento. Antes del tratamiento, los pacientes mostraron una respuesta nivelada durante el período experimental (lo que implica una flexibilidad cardíaca reducida) y bajos niveles de VRC en comparación con un grupo control normal. Durante el tratamiento, los pacientes mostraron un patrón cuadrático de retracción vagal (por ejemplo reactividad) y recuperación vagal comparado con el momento previo al tratamiento (d = .81), lo cual refleja una respuesta más normativa a estos contextos emocionales cambiantes. Los pacientes que mostraron los mayores aumentos en flexibilidad parasimpática antes y durante el tratamiento también mostraron los mejores resultados antes y después del mismo, tanto en lo que refiere a la gravedad del diagnóstico como a los síntomas de ansiedad y del estado de ánimo. En su conjunto, esta información preliminar apoya nuestra hipótesis de que la TRE puede, en parte, ejercer impacto terapéutico a través de la normalización de los mecanismos de regulación emocional.

Protocolo de tratamiento de la TRE y caso ilustrativo

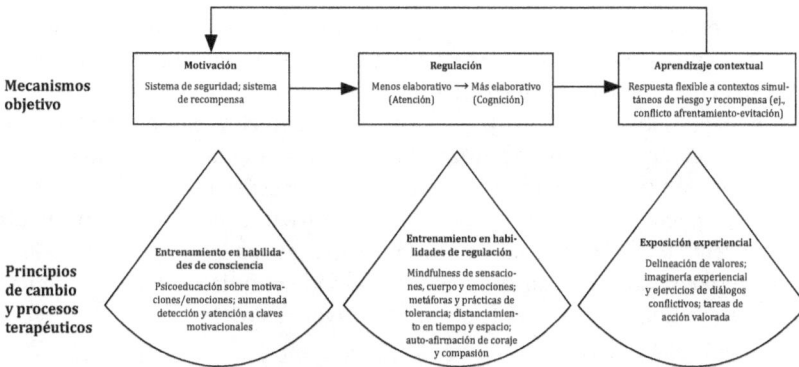

Figura 1. Modelo conceptual de los mecanismos objetivo, principios de cambio y procesos terapéuticos en la terapia de regulación emocional.

Síntesis de la TRE

La TRE es una intervención "manualizada" que consiste en dieciséis sesiones semanales específicamente enfocadas en los mecanismos motivacionales, los mecanismos regulatorios que incluyen a las respuestas autorreferenciales y conductuales, y las consecuencias del aprendizaje contextual que hipotéticamente componen los trastornos por distrés (Véase la Figura 1 como resumen de la relación existente entre ese modelo y los componentes de la TRE). Inicialmente, la TRE se presentó y se evaluó en un formato de veinte sesiones semanales (por ejemplo, Fresco et al., 2013; Mennin et al., 2015; Mennin et al., en revisión). La TRE se divide en dos fases secuenciales. La Fase I se enfoca en cultivar las habilidades de regulación emocional de manera consciente (regulación de la atención y la metacognición); que busca reducir los PARN al tiempo que promueve la respuesta intencional y flexible de las experiencias emocionalmente intensas, incluyendo las emociones de ansiedad, enojo y tristeza. En la Fase II, el foco cambia a la promoción de la activación conductual, a fin de que los pacientes aprendan a identificar lo que es significativo en sus vidas y logren encarar la ansiedad y la depresión que les impide alcanzar sus objetivos. Mediante la utilización de tareas de exposición imaginaria y tareas de diálogo (descritas más adelante), los pacientes se comprometen a realizar actividades significativas entre sesiones, lo que les ayuda a cultivar una vida valiosa y enriquecedora.

Breve introducción al caso Darío

Darío sufre de una preocupación excesiva que se asocia a la relación con su esposa, a la salud de su padre, y a las dinámicas interpersonales con sus compañeros en su empleo como técnico electricista. Consistente con el diagnóstico de TAG, esta preocupación crónica y excesiva ha llevado a Darío a sufrir numerosos síntomas físicos relacionados con la ansiedad, como tensión muscular, mareos, palpitaciones y acúfenos. Con frecuencia, su preocupación también le genera nerviosismo e interfiere en su capacidad de concentración. Darío comprende las formas en las que su preocupación interfiere con su salud, sus relaciones y su vida cotidiana, pero no cuenta con las habilidades para manejar su gran nivel de PARN.

Fase I: Consciencia plena y habilidades de regulación emocional

Psicoeducación. El primer componente de la Fase I hace énfasis en la psicoeducación con respecto a los desafíos que presentan los trastornos por distrés. Al comienzo, el funcionamiento normativo relacionado con los tres mecanismos principales de la TRE (analizados anteriormente) se pone en contraste con las características de la ansiedad crónica y la depresión recurrente. Se anima a los pacientes a aportar ejemplos personales de relevancia que logren representar sus padecimientos, como una forma de comenzar a vislumbrar los patrones pertenecientes tanto al pasado como al presente a través de las lentes de la TRE. También se los anima a adoptar una perspectiva abierta y comenzar a notar la forma en que son dominados por las emociones y las motivaciones. Los pacientes aprenden acerca de la función que tienen las respuestas autorreferenciales reactivas y a contextualizar dichos procesos como formas ineficaces de manejar las emociones intensas como la tristeza, la ansiedad y el miedo, así como los estímulos motivacionales que éstas ocasionan. A través de esta etapa inicial de la TRE, se le ayuda a Darío a comprender que utiliza con frecuencia los PARN como la preocupación, especialmente en lo que respecta a las emociones negativas. También comienza a notar cómo sus emociones pueden enviarle mensajes motivacionales que lo empujan hacia la búsqueda de seguridad y/o recompensa. Al introducirle el modelo motivacional, la seguridad representa la manera en que él busca la seguridad emocional, lo que con frecuencia resulta en evitación, escape, o en una total inacción. Por el contrario, el sistema de recompensa lo ayuda a abordar los aspectos de su vida que le causan ansiedad, como su empleo y sus relaciones, haciendo énfasis en progresar en vez de sólo sobrevivir. Si se reflexiona sobre un momento en el que Darío se empecina en la relación con sus compañeros de trabajo, puede notar cómo su fuerte búsqueda de seguridad lo obliga a evitar la interacción con ellos por completo. No obstante, a pesar de dicha búsqueda de seguridad, Darío se da cuenta de que también tiene motivaciones de recompensa que lo animan a involucrarse con sus compañeros.

Detección de señales y automonitoreo. La detección de señales es un componente integral de la TRE. Se la denomina Encuéntrate a ti mismo reaccionando (EMR; "*Catch Yourself Reacting*"), y constituye un medio para lograr ser consciente de la experiencia emocional propia. Dicho ejercicio es una forma de automonitoreo, semejante al análisis en cadena (Linehan, 1993) o al análisis funcional (Ferster, 1973). Los pacientes que realizan la TRE, como Darío, completan formularios de EMR en los momentos en que surgen emociones intensas o difíciles de manejar. Prestar atención a estas señales ayudará a Darío a identificar emociones, disparadores de las respuestas emocionales en momentos específicos, estímulos motivacionales, respuestas autorreferenciales "reactivas" (es decir, preocupación, rumiación, autocrítica) y respuestas conductuales "reactivas" (es decir, evitación física, conductas compulsivas, comer o beber "emocionalmente"). Durante las últimas sesiones de la Fase I, Darío logrará utilizar mejor las habilidades de regulación emocional de forma consciente y las implementará en el momento como respuesta conductual alternativa o "contrarrestante", facilitando así el logro de los objetivos personales relevantes (por ejemplo, agradar a sus compañeros). Se le pedirá a Darío que complete los formularios EMR varias veces cada semana, como una manera de promover la detección de señales fuera de la sesión. Por lo general, la sesión de TRE comienza con la revisión de un momento emocionalmente doloroso que haya sido registrado en el formulario de EMR. Generalmente, cuando el paciente no completa los formularios de EMR de la semana, o cuando un evento EMR en particular no se pudo resolver de manera favorable, el terapeuta propone al paciente la práctica denominada "Segunda oportunidad" ("*Do-Over*"). Dicha práctica consiste en imaginar el evento de forma vívida junto con su respuesta emocional, y completar el EMR en ese momento, dentro del consultorio. Por ejemplo, realizar un ejercicio de "Segunda oportunidad" con Darío podría involucrar una situación en la que se le despertaron altos niveles de ansiedad al tener que acudir a un compañero de trabajo para organizar un viaje laboral. Este ejercicio le permitiría a Darío identificar mejor la manera en la que la ansiedad lo lleva a preocuparse y ser autocrítico. También lo ayudaría a comprender que esos PARN dan como resultado sentimientos de culpa, vergüenza y soledad, que refuerzan su temor a desagradar a sus compañeros.

Habilidades de regulación emocional con consciencia plena. Las habilidades de regulación emocional que se utilizan en la TRE se basan en prácticas de meditación *mindfulness* (consciencia plena). Los pacientes reciben grabaciones con el audio de prácticas de meditación guiada, que reflejan las habilidades de la TRE descritas a continuación. Los terapeutas de la TRE graban ejercicios de meditación para que sus pacientes puedan practicar dichas meditaciones fuera de la sesión, a la misma hora cada día. Cada habilidad también cuenta con una práctica más breve para poder realizarla en el momento en que el paciente anticipa o experimenta un evento estresante o intenso. Al finalizar la Fase I, el paciente recibe la *Caja de Herramientas* de la TRE, donde se encuentran descritas las habilidades de regulación emocional trabajadas (véase más adelante) y las prácticas relacionadas.

Al inicio de la Fase I, Darío realizaría prácticas de regulación de la atención basadas en la consciencia muscular y respiratoria, el monitoreo abierto, y el escaneo corporal para cultivar la capacidad de *orientar* la atención a la experiencia emocional y *permitir* o sostener la atención en dicha experiencia. Estos dos principios ayudan a identificar y a mantener la consciencia de las emociones y los impulsos motivacionales resultantes que subyacen en el surgimiento de las emociones (ver por ejemplo, Borkovec et al., 2002; Kabat-Zinn, 1990; Marra, 2004; Roemer y Orsillo, 2009; Segal et al., 2002; Williams et al., 2007). Con respecto a *permitir*, Darío comprendería que dar la bienvenida a las emociones intensas como parte de la experiencia en vez de reprimirlas puede resultarle beneficioso (véase Hayes et al., 2012). Estas prácticas de *permitir* (Halifax, 2009; Ricard, 2006; Segal et al., 2002) ayudan a los pacientes a mantener la atención en lo que surja, sin depender de señales internas (como la respiración) o externas (como los sonidos) que sirvan como ancla para la práctica. Darío trabajaría en el *permitir* utilizando la versión breve de la habilidad; en la que se dice a sí mismo cuándo pausar o permitir las situaciones emocionalmente intensas, como una forma de dejar entrar a las emociones que está experimentando, en lugar de reprimirlas o evitarlas.

Luego de haber trabajado en las habilidades de regulación atencional de orientar y permitir, se le enseñarían a Darío habilidades de regulación metacognitiva, a fin de ayudarlo no solo a detectar las emociones y las exigencias motivacionales subyacentes, sino también a crear una distancia saludable, con el objetivo de generar claridad emocional en vez de acudir a la reacción automática. La primera de estas habilidades consiste en *descentrar* (Bernstein et al., 2015; Fresco et al., 2007; Safran y Segal, 1990) o, como se le dice a los pacientes, distanciar. Descentrar ayudaría a Darío a ganar perspectiva y distancia temporal (por ejemplo viendo sus experiencias internas como temporales; Kabat-Zinn, 1994), así como también distancia espacial (por ejemplo, viendo sus experiencias como aspectos físicos separados de uno mismo; Hayes et al., 2012; Kalisch et al., 2005) frente a los estímulos emocionalmente evocativos. El pensamiento sobre la necesidad de interactuar socialmente con sus compañeros le provocó a Darío abrumadores y asfixiantes sentimientos de ansiedad, debido a que le preocupa no agradarles. Descentrar le permitiría ver dicho estado de ansiedad como un producto temporario de su mente, que no lo define ni lo domina.

La última habilidad de regulación metacognitiva de la TRE es la reevaluación cognitiva (por ejemplo, Gross, 2002) o, como se le dice a los pacientes, el *reencuadre*. Reencuadrar es la capacidad de cambiar la propia evaluación de un evento a fin de alterar su importancia emocional. Dentro del contexto de la TRE, el reencuadre se aborda por medio de la práctica de la meditación, que ayuda al paciente a desarrollar afirmaciones valientes y compasivas que sirven como antídoto de los PARN intensos (Salzberg, 1995). Mediante la utilización de la habilidad de reencuadre, Darío aprendería a abordar su experiencia emocional con compasión hacia sí mismo, en vez de ser dominado por la autocrítica. Esto se lleva a cabo visualizando afirmaciones de carácter compasivo que recibe de otras personas y tomándolas para sí mismo. Trabajando la habilidad de reencuadrar, Darío generaría afirmaciones valientes que lo ayudarían a comprender que él es más fuerte que su ansiedad. Cuando experimenta la autocrítica, Darío debe recordar un reencuadre compasivo escrito en una tarjeta que lleva en su billetera o en su bolsillo a fin de poder leerla y que le recuerda utilizar esta habilidad en su vida diaria.

Activación. Uno de los últimos principios que se enseñan en la Fase I es la *Contraactivación*. Esto resulta conceptualmente congruente tanto con la noción de acción opuesta de Linehan (1993) como una forma de restaurar el equilibrio motivacional; como también con el enfoque "de afuera hacia adentro" debatido en los tratamientos de activación conductual, que genera comportamientos consistentes con lo que sería más favorable en la situación dada, a pesar de la ansiedad o la depresión (por ejemplo, Martell, Addis y Jacobsen, 2001). Por ejemplo, se le pediría a Darío visualizar una interacción con sus compañeros de trabajo e identificar los estímulos fuertes que lo llevan a buscar seguridad, prohibiéndole actuar. Luego se le pediría imaginar cómo se sentiría con una configuración motivacional diferente. El objetivo de este ejercicio es permitir a Darío identificar la motivación recompensante que lo lleva a querer tener una relación agradable con sus compañeros, sin verse dominado por la preocupación sobre si les agrada o no. Al hacer esto, Darío puede imaginar o llevar a cabo respuestas conductuales que reflejen un mejor equilibrio entre la seguridad y la recompensa. Posteriormente, se animaría a Darío a hacer uso de sus habilidades de regulación emocional con consciencia plena (*mindfulness*), a fin de aumentar su comodidad al llevar a cabo respuestas conductuales en situaciones de interacción con sus compañeros.

Fase II: Exposición experiencial para promover un nuevo aprendizaje contextual

Mientras que la Fase I de la TRE ayuda al paciente a *contraactivar* en lugar de *reaccionar* ante estados emocionales, la Fase II lo invita a ser *proactivo* con el propósito de ampliar sus repertorios conductuales. De esta forma, tomar una actitud proactiva implica una exposición a experiencias que generan recompensas, pero que con frecuencia producen ansiedad. Al conocerse importantes hallazgos básicos sobre la naturaleza de la extinción clásica y el aprendizaje inhibitorio (por ejemplo, Bouton, 2001), las implementaciones de la terapia de exposición se han trasladado más allá de la reducción sistemática del miedo y la extinción por habituación a fin de promover un aprendizaje inhibitorio superior y recuperación de la extinción (por ejemplo, Craske y Vervliet, 2013). Existen tratamientos innovadores para la depresión que también se han visto beneficiados por estos hallazgos en psicología básica. Luego, han utilizado la exposición a fin de provocar y activar deliberadamente contenido histórico negativo, como una pérdida, para que se pueda estudiar este material junto a la información que resulta discordante y que sirve para facilitar el cambio basado en patrones desadaptativos cognitivos, afectivos, conductuales y somáticos (por ejemplo, Hayes et al., 2007).

La TRE es consistente con estas explicaciones teóricas del aprendizaje inhibitorio y utiliza distintas técnicas experienciales (exposición imaginaria y diálogo experiencial) con el objetivo de preparar al paciente para la exposición a la que deberá enfrentarse en la vida real. Concretamente, la TRE define tres componentes principales de exposición para promover una vida proactiva: (1) imaginería para la toma de iniciativa; (2) tareas de diálogo experiencial a fin de analizar los conflictos internos percibidos que se relacionan con estímulos motivacionales que pueden impedir la toma de iniciativa (por ejemplo, Greenberg, 2002); y (3) ejercicios entre sesiones que ayudan al paciente con la toma de iniciativa en su vida diaria. Por último, el trabajo experiencial continúa durante las últimas sesiones, donde los beneficios del tratamiento se consolidan y el paciente se prepara para finalizar dicho tratamiento. El paciente y el terapeuta analizan la manera en la que las habilidades adquiridas de la TRE pueden seguir utilizándose, a fin de responder a los eventos difíciles que pudieran surgir luego de la finalización del tratamiento. Al hacer esto, se analizan circunstancias de la vida potencialmente estresantes y dolorosas a través de ejercicios de exposición experiencial, que se centran en situaciones hipotéticas relacionadas a temas nucleares que pudiesen surgir en el futuro.

Identificación de valores y toma de iniciativa. Al comenzar la Fase II, Darío ya tendría que haber adquirido habilidades que lo ayudarán a adoptar una orientación *proactiva* hacia la vida, en lugar de responder a sus emociones intensas de forma reactiva a través de la preocupación y la rumiación. Se animaría a Darío a utilizar las habilidades de regulación emocional con consciencia plena para tomar la iniciativa con acciones que reflejen una vida significativa y recompensante. Estas acciones derivarían del trabajo realizado con Darío para definir valores personales, que representan sus más altas prioridades y sus principios más preciados (Hayes et al., 1999; 2011; Wilson y Murrell, 2004). Ser proactivo implica un procesamiento intencional y "de arriba hacia abajo", orientado a encontrar sentido personal y plantear objetivos. Concretamente, el paciente completa ejercicios que sirven de ayuda para dilucidar sus valores (por ejemplo, Hayes et al., 2012), a través de los aspectos nucleares de la vida (es decir, familia, relaciones interpersonales, comunidad, autocuidado). Se le pediría identificar cuán importante son para él cada uno de estos aspectos, en una escala del 0 al 10, y luego se analiza si su vida es consistente con el valor y la escala. Dominios con valores que discrepan considerablemente entre la importancia otorgada y la vida actual del paciente, son los candidatos principales para trabajar en los ejercicios de la Fase II (es decir, aquellos en los que el paciente indica que el valor es de gran importancia para él, pero no está viviendo de manera consistente con dicho valor; Hayes et al., 2012). La TRE también expande el procesamiento basado en valores para no solo abordar las decisiones "de arriba hacia abajo" en relación con los valores personales, sino también trabajar con la influencia de estímulos "de abajo hacia arriba" de seguridad y recompensa, y la manera en que estos pueden influir en los valores, o ser influenciados por ellos.

Exposición imaginaria. La Fase II de la TRE consiste en una serie de exposiciones imaginarias que se enfocan en visualizar el ser proactivo. Específicamente, las tareas que se centran en el trabajo de la toma de iniciativas específicas se llevan a cabo 1) para brindarle al paciente prácticas experienciales de los pasos necesarios para ser proactivo, y 2) para afrontar los desafíos emocionales que probablemente surjan cuando el paciente imagine tomar la iniciativa. En esta tarea de exposición imaginaria (denominada en sesión "Hazlo"; "*Do it*" en idioma original), el terapeuta ayuda al paciente a imaginar cada uno de los pasos que se deben tomar para concretar la acción, observando los cambios en los estímulos motivacionales y alentando la utilización de las habilidades, a fin de abordar las dificultades y obstáculos que surjan. Durante el ejercicio, con frecuencia el paciente siente la necesidad de seguridad al momento de imaginar la toma de acción y comienza a sentir la ansiedad que se encuentra relacionada con dicha acción. Esta fuerte necesidad de seguridad y cualquier malestar relacionado da lugar a la tarea de diálogo conflictivo (descrita más adelante).

La relación de Darío con sus seres queridos, en particular con su esposa, constituye un tema importante de la Fase II. Darío experimenta un conflicto motivacional al sentirse obligado a evitar ciertas conversaciones con su esposa debido a la ansiedad que le genera la idea de ser rechazado por ella, a pesar de no contar con ninguna evidencia que permita validar dicha preocupación. Debido a este conflicto, Darío experimenta una fuerte autocrítica y preocupación sobre los potenciales resultados negativos que puedan existir en su matrimonio. Las exposiciones imaginarias con Darío consistirían en guiarlo paso a paso a través de las acciones requeridas para sentirse cómodo al plantear conflictos potenciales con su esposa, y a la vez, evaluar los cambios en sus motivaciones de seguridad y recompensa. Con el objetivo de profundizar la experiencia durante el ejercicio, el terapeuta ayudaría a Darío a imaginar aquellos pasos que destacarían la necesidad de seguridad que le impide tomar acción. Esto incluye pensar la manera en que Darío podría hablar con su esposa y visualizar la respuesta potencial que ella podría darle. Asimismo, el terapeuta intentaría emplear la motivación de Darío hacia la recompensa, pidiéndole que describa lo que sentiría si hablara abiertamente con su esposa de una manera en la que nunca había podido antes debido a su ansiedad, centrándose no solo en lograr una sensación de alivio, sino también en aumentar sus sentimientos de logro y de agencia.

Análisis de los temas conflictivos que obstaculizan la proactividad. El segundo componente de exposición experiencial implica abordar los obstáculos percibidos (por ejemplo, Hayes et al., 2012), que reflejan la lucha interna que podría impedir al paciente ser proactivo. En la TRE, los obstáculos se abordan a través de "temas conflictivos", que principalmente incluyen: 1) un conflicto motivacional (por ejemplo, las motivaciones de seguridad que impiden o interrumpen los intentos de obtener recompensa); y 2) reacciones autocríticas en respuesta a las emociones (es decir, creencias negativas prejuiciosas sobre las propias respuestas emocionales y las motivaciones relacionadas). Estos temas conflictivos se abordan dentro de la sesión, a través de una tarea de diálogo experiencial (por ejemplo, Elliott et al., 2004; Greenberg, 2002). Con respecto a Darío, se lo animaría a participar de un diálogo entre las partes de sí mismo que representan el conflicto: la parte que está fuertemente motivada a obtener seguridad y la parte que está motivada a tomar una actitud motivacional más unificada, conducente a la acción. Durante el diálogo, Darío se desplazaría entre dos sillas del consultorio y, con la ayuda de su terapeuta, alternaría entre su lado de la seguridad, que lo retiene, y su lado proactivo, que quiere tomar la iniciativa y comprender la importancia de hacerlo. El fin último de esta tarea consiste en alcanzar un equilibrio entre las dos partes, y de ser posible, permitir a Darío ser más proactivo. La tarea de diálogo tiene dos propósitos. En primer lugar representa una exposición a los temas conflictivos, que pueden cultivar una mayor sensación de tolerancia emocional. En segundo lugar, dicha tarea apunta a generar nuevas perspectivas (es decir, un nuevo sentido) a los obstáculos que dificultan la proactividad. Se le propondría a Darío utilizar esta mayor tolerancia emocional y estas nuevas perspectivas a fin de reflexionar acerca de los valores expresados y dar lugar a un mayor compromiso de proactividad para cultivarlos.

Completar esta tarea permitiría a Darío darse cuenta de que, a pesar de buscar fuertemente la seguridad, puede reconocer la importancia de comprometerse con sus relaciones, como la que tiene con su esposa y con sus compañeros de trabajo. Darío puede notar las recompensas que surgen de los vínculos y reforzar su voz proactiva de recompensa, con un impulso a involucrarse en vez de evitar a pesar de su miedo al rechazo. Las voces de seguridad y recompensa de Darío se disputarían hasta lograr un acuerdo, y él podría seguir adelante, a pesar de sentir ansiedad ante un potencial rechazo.

Proactividad entre sesiones. Darío y su terapeuta trabajarían juntos para identificar acciones que puede realizar durante la semana, a fin de acercarlo hacia el logro de objetivos relevantes para él. Por lo general, luego de la exposición imaginaria y las tareas de diálogo conflictivo realizadas en la sesión, se llevan a cabo acciones planificadas para hacer fuera del consultorio. Al igual que con el formulario de EMR utilizado para promover el automonitoreo y la "contraactivación" durante la Fase I, se solicitaría a Darío completar el formulario denominado "Mírate siendo proactivo" (MSP; *See Yourself Acting*) de la Fase II. Dicho formulario facilita las acciones planificadas que se llevarán a cabo entre sesiones. Se divide en dos partes y está específicamente diseñado para ayudar al paciente a trabajar a través de las distintas emociones, respuestas reactivas, y niveles de seguridad y recompensa que se encuentran presentes antes de completar la acción. Luego de completar la acción, Darío trabaja en la segunda parte del formulario, donde se favorece el procesamiento de la experiencia, incluyendo el resultado del intento de proactividad, cualquier emoción o respuesta reactiva que haya surgido al completarlo, y los niveles reales de seguridad y recompensa que han estado presentes. De ser posible, Darío y su terapeuta completarían juntos en sesión la primera parte del formulario de MSP, a fin de identificar y resolver los potenciales obstáculos internos (es decir, los emocionales y motivacionales) y externos (es decir, los logísticos) que pudieran presentarse al intentar completar la acción fuera de la sesión. A continuación,

Darío completaría la segunda parte del formulario por su cuenta, luego de intentar ser proactivo entre sesiones. En la siguiente sesión, analiza los resultados junto a su terapeuta.

En el caso en que Darío planifique un gran número de proacciones potenciales con su terapeuta tendrían que decidir el orden de las mismas. Una opción sería comenzar planeando una cita con su esposa. Darío valora y agradece la relación que tiene con su esposa, pero se le dificulta vivir el momento al estar con ella, debido a que le preocupa que se encuentre insatisfecha con el matrimonio y teme que lo abandone. Por lo tanto, la acción planificada le permitiría trabajar sobre el objetivo de honrar el amor por su esposa y, a la vez, equilibrar los impulsos de búsqueda de seguridad y recompensa. Otra posible acción planificada sería comenzar a realizar salidas sociales con sus compañeros de trabajo. Dada la satisfacción que siente Darío en cuanto a su trabajo (recompensa) y la ansiedad que le genera la interacción con sus compañeros debido a un potencial rechazo (seguridad), esta acción representa la oportunidad de lograr un equilibrio apropiado entre los dos sistemas motivacionales, que lo ayudarán a vivir de una manera más proactiva. Se puede analizar otra acción al considerar la carga que enfrenta como cabeza de familia, que consistiría en el autocuidado al establecer actividades que le brindarían una sensación de alegría y alivio, y que no realiza debido a que se dedica a su esposa e hijos, y a acompañar a su padre a sus citas médicas. El principal objetivo de este ejercicio sería que Darío logre autoeficiencia a través de sus capacidades y su determinación de completar estas acciones fuera de la sesión, y completar acciones más importantes con el tiempo, a fin de vivir de manera consistente con sus valores.

Terminación y consolidación de los beneficios del tratamiento. Las últimas sesiones de la Fase II se enfocan en concluir la relación terapéutica y ayudar a Darío a ser más independiente respecto de sus capacidades para realizar pasos importantes hacia una vida proactiva, luego de finalizar la TRE. Dichas sesiones se centran específicamente en establecer objetivos visualizando su vida si pudiera superar la ansiedad y la fuerte búsqueda de seguridad. También se analizan maneras de reducir su tendencia hacia la preocupación y los cambios en el estado anímico. Durante estas últimas sesiones, Darío y su terapeuta llevarían a cabo una estrategia sobre las habilidades que puede utilizar si sus emociones se volvieran intensas. En esta instancia, Darío y su terapeuta reflexionarían juntos sobre el progreso logrado durante el curso del tratamiento, revisando la Caja de Herramientas de la TRE e identificando los momentos en que ha notado cambios, a fin de comprobar la autoeficiencia. Por último, Darío y su terapeuta se despedirían, y el objetivo sería que Darío continúe utilizando sus habilidades de TRE tras la finalización del tratamiento.

Discusión y futuras direcciones

Los trastornos por distrés son altamente comórbidos entre sí. Es común que se caractericen por rasgos del temperamento que reflejan una sensibilidad extrema hacia los sistemas motivacionales subyacentes de amenaza/seguridad y recompensa/pérdida. Además, los individuos que sufren de trastornos por distrés tienden a persistir en un intento desadaptativo de responder al distrés motivacionalmente relevante, utilizando los procesos autorreferenciales (como la preocupación, la rumiación y la autocrítica), lo que resulta en un aprendizaje contextual inferior al óptimo. Ensayos abiertos y ensayos clínicos aleatorizados han demostrado un apoyo preliminar a la utilidad del tratamiento, como se observa en los importantes tamaños de efecto obtenidos, que se comparan y hasta superan previos abordajes de intervención. Además, algunas pruebas piloto apoyan el rol que cumplen los mecanismos subyacentes propuestos en esta eficaz respuesta.

A pesar de que la TRE ha demostrado una eficacia preliminar como intervención para los trastornos por distrés, debido a sus múltiples mecanismos y componentes de tratamiento, es muy importante trabajar en el siguiente paso, que consiste en una demostración minuciosa acerca de que los supuestos mecanismos de la TRE cambian y, a la vez, resultan en mejoras del tratamiento. Recientemente argumentamos que todos los tratamientos cognitivo conductuales comparten principios comunes nucleares con respecto a las emociones (Mennin et al., 2013).

Si bien estos hallazgos brindan su apoyo a la TRE y su utilidad, futuras investigaciones clínicas deberán definir el impacto a largo plazo del tratamiento en los síntomas del individuo y su bienestar general. Además, la TRE debería continuar perfeccionándose, a fin de alcanzar un mayor grupo de individuos, trabajando en la personalización del tratamiento e incluyendo el abordaje de desafíos contextuales específicos de distintos grupos en términos de raza, cultura y posición socioeconómica. Aunque existe la necesidad de llevar a cabo dichos pasos futuros, la TRE demuestra un nuevo abordaje para el tratamiento de los trastornos por distrés, en un esfuerzo por promover fuertes cambios a largo plazo para los individuos que sufren de estos padecimientos.

Referencias

Aldao, A. y Mennin, D.S. (2012). Paradoxical cardiovascular effects of implementing adaptive emotion regulation strategies in generalized anxiety disorder. *Behaviour Research and Therapy, 50*(2), 122-130.

American Psychiatric Association (2013). *Diagnostic and Statistical Manual of Mental Disorders* (5th ed.). Washington DC: Author.

Bar, M. (2009). A cognitive neuroscience hypothesis of mood and depression.

Trends in Cognitive Sciences, 13, 456–463.

Bernstein, A., Hadash, Y., Lichtash, Y., Tanay, G., Shepherd, K. y Fresco, D.M. (2015). Decentering and Related Constructs A Critical Review and Metacognitive Processes Model. *Perspectives on Psychological Science, 10*(5), 599-617.

Bieling, P.J., Hawley, L.L., Bloch, R.T., Corcoran, K.M., Levitan, R.D., Young, L.T., ... y Segal, Z. V. (2012). Treatment-specific changes in decentering following mindfulness-based cognitive therapy versus antidepressant medication or placebo for prevention of depressive relapse. *Journal of Consulting and Clinical Psychology, 80*(3), 365.

Blatt, S.J., Zuroff, D.C., Hawley, L.L. y Auerbach, J.S. (2010). Predictors of sustained therapeutic change. *Psychotherapy Research, 20*(1), 37–54.

Bogdan, R. y Pizzagalli, D.A. (2006). Acute stress reduces reward responsiveness: Implications for depression. *Biological Psychiatry, 60*(10), 1147-1154.

Borkovec, T.D., Alcaine, O. y Behar, E. (2004). Avoidance theory of worry and generalized anxiety disorder. In R.G. Heimberg, C.L. Turk y D.S. Mennin (Eds.), *Generalized anxiety disorder: Advances in research and practice* (pp. 77-108). New York: Guilford Press.

Borkovec, T.D., Newman, M.G., Pincus, A.L. y Lytle, R. (2002). A component analysis of cognitive-behavioral therapy for generalized anxiety disorder and the role of interpersonal problems. *Journal of Consulting and Clinical Psychology, 70*(2), 288.

Borkovec, T.D. y Ruscio, A.M. (2001). Psychotherapy for generalized anxiety disorder. *Journal of Clinical Psychiatry, 62(Suppl 11),* 37–42.

Bouton, M.E., Mineka, S. y Barlow, D.H. (2001). A modern learning theory perspective on the etiology of panic disorder. *Psychological Review, 108*(1), 4.

Buodo, G., Sarlo, M. y Palomba, D. (2002). Attentional resources measured by reaction times highlight differences within pleasant and unpleasant, high arousing stimuli. *Motivation and Emotion, 26*, 123-138.

Campbell-Sills, L., Liverant, G.I. y Brown, T.A. (2004). Psychometric evaluation of the behavioral inhibition/behavioral activation scales in a large sample of outpatients with anxiety and mood disorders. *Psychological Assessment, 16*(3), 244.

Carver, C.S. (2004). Self-regulation of action and affect. In Handbook of self-regulation: research, theory, and applications (pp. 13–39). Guilford Press

Chorpita, B.F., Albano, A.M. y Barlow, D.H. (1998). The structure of negative emotions in a clinical sample of children and adolescents. *Journal of Abnormal Psychology, 107*(1), 74.

Ciesla, J.A. y Roberts, J.E. (2002). Self-directed thought and response to treatment for depression: A preliminary investigation. *Journal of Cognitive Psychotherapy, 16*, 435– 453.

Clasen, P.C., Wells, T.T., Ellis, A.J. y Beevers, C.G. (2013). Attentional biases and the persistence of sad mood in major depressive disorder. *Journal of abnormal psychology, 122*(1), 74.

Craske, M.G. y Vervliet, B. (2013). 8 Extinction learning and its retrieval. *Changing emotions*, 53.

Cuijpers, P., van Straten, A., Andersson, G. y van Oppen, P. (2008). Psychotherapy for depression in adults: a meta-analysis of comparative outcome studies. Journal of Consulting and Clinical Psychology, 76, 909-922.

Cuthbert, B.N. y Insel, T.R. (2010). Toward new approaches to psychotic disorders: the NIMH Research Domain

Criteria project. *Schizophrenia Bulletin, 36*(6), 1061-1062.

Dobzhansky, T. (1970). *Genetics of the evolutionary process* (Vol. 139). New York: Columbia University Press.

Dollard, J. y Miller, N.E. (1950). Personality and psychotherapy; an analysis in terms of learning, thinking, and culture.

Elliott, R., Watson, J., Goldman, R.N. y Greenberg, L.S. (2004*). Learning emotion-focused therapy: The process-experiential approach to change.* Washington, DC: American Psychological Association Press.

Etkin, A., Prater, K.E., Hoeft, F., Menon, V. y Schatzberg, A.F. (2010). Failure of anterior cingulate activation and connectivity with the amygdala during implicit regulation of emotional processing in generalized anxiety disorder. *American Journal of Psychiatry, 167*, 545–554.

Etkin, A. y Schatzberg, A.F. (2011). Common abnormalities and disorder-specific compensation during implicit regulation of emotional processing in generalized anxiety and major depressive disorders. *The American Journal of Psychiatry, 168*, 968–978.

Farabaugh, A.H., Bitran, S., Witte, J., Alpert, J., Chuzi, S., Clain, A.J., Baer, L., et al. (2010). Anxious depression and early changes in the HAMD-17 anxiety-somatization factor items and antidepressant treatment outcome. *International Clinical Psychopharmacology, 25*, 214–217.

Farb, N.A.S., Anderson, A.K., Bloch, R.T. y Segal, Z.V. (2011). Mood-Linked Responses in Medial Prefrontal Cortex Predict Relapse in Patients with Recurrent Unipolar Depression. *Biological Psychiatry, 70*(4), 366–372.

Ferster, C. (1973). A functional analysis of depression. *American Psychologist, 28*(10), 857.

Fisher, P.L. (2007). Psychopathology of generalized anxiety disorder. *Psychiatry, 6*(5), 171-175.

Fresco, D.M., Segal, Z.V., Buis, T. y Kennedy, S. (2007). Relationship of post-treatment decentering and cognitive reactivity to relapse in major depression. *Journal of Consulting and Clinical Psychology, 75*(3), 447.

Frijda, N.H. (1986). The emotions: Studies in emotion and social interaction. *Paris: Maison de Sciences de l'Homme.*

Gohm, C.L. y Clore, G.L. (2002). Four latent traits of emotional experience and their involvement in well-being, coping, and attributional style. *Cognition y Emotion, 16*(4), 495-518.

Greenberg, L.S. (2002). *Emotion-focused therapy: Coaching clients to work through their feelings.* Washington, DC: American Psychological Association.

Gross, J.J. (2002). Emotion regulation: Affective, cognitive, and social consequences. *Psychophysiology, 39*(3), 281-291.

Hayes, S.C., Strosahl, K.D. y Wilson, K.G. (2012). *Acceptance and Commitment Therapy, Second Edition: The Process and Practice of Mindful Change.* New York: Guilford Press.

Higgins, E.T. (1997). Beyond pleasure and pain. *American psychologist, 52*(12), 1280.

Johnstone, T., van Reekum, C.M., Urry, H.L., Kalin, N.H. y Davidson, R. J. (2007). Failure to regulate: counterproductive recruitment of top-down prefrontal-subcortical circuitry in major depression. *The Journal of Neuroscience, 27*(33), 8877-8884.

Jones, N.P., Siegle, G.J. y Thase, M.E. (2008). Effects of Rumination and Initial Severity on Remission to Cognitive Therapy for Depression. *Cognitive Therapy and Research, 32*, 591–604.

Kalisch, R., Wiech, K., Critchley, H. D., Seymour, B., O'Doherty, J. E., Oakley, D. A., ... y Dolan, R. J. (2005). Anxiety reduction through detachment: subjective, physiological, and neural effects. *Journal of Cognitive Neuroscience, 17*(6), 874-883.

Klenk, M.M., Strauman, T.J. y Higgins, E.T. (2011). Regulatory focus and anxiety: A selfregulatory model of GAD-depression comorbidity. *Personality and Individual Differences, 50,* 935–943.

Krueger, R.F. y Markon, K.E. (2006). Reinterpreting comorbidity: A model-based approach to understanding and classifying psychopathology. *Annual Review of Clinical Psychology, 2,* 111–133.

Linehan, M. (1993). *Cognitive-behavioral treatment for borderline personality disorder.* New York: Guilford Press.

Lissek, S. (2012). Toward an account of clinical anxiety predicated on basic, neutrally mapped mechanisms of Pavlovian fear-learning: The case for conditioned overgeneralization. *Depression and Anxiety, 29*(4), 257-263.

Lohr, J.M., Olatunji, B.O. y Sawchuk, C.N. (2007). A functional analysis of danger and safety signals in anxiety disorders. *Clinical Psychology Review, 27*(1), 114-126.

Martell, C.R., Addis, M.E. y Jacobson, N.S. (2001). *Depression in context: Strategies for guided action.* WW Norton y Co.

Marra, T. (2004). *Depressed and anxious: The dialectical behavior therapy workbook for overcoming depression and anxiety.* New Harbinger Publications.

Mennin, D.S., Ellard, K.K., Fresco, D.M. y Gross, J.J. (2013). United we stand: Emphasizing commonalities across cognitive-behavioral therapies. *Behavior Therapy, 44*(2), 234-248.

Mennin, D.S. y Fresco, D.M. (2009). Emotion regulation as an integrative framework for understanding and treating psychopathology. In A. M. Kring y D. M. Sloan, *Emotion regulation in psychopathology: A transdiagnostic approach to etiology and treatment* (pp. 356-379). New York: Guilford.

Mennin, D.S. y Fresco, D.M. (2013). Emotion Regulation Therapy. En J.J. Gross (Eds). *Handbook of Emotion Regulation.* New York, NY: Guilford Publishers.

Mennin, D.M., Fresco, D.M., Heimberg, R.G., O'Toole, M.S. (in preparation). A randomized control trial of emotion regulation therapy versus a minimum activity control.

Mennin, D.S., Fresco, D.M., Ritter, M. y Heimberg, R.G. (2015). An open trial of emotion regulation therapy for generalized anxiety disorder and cooccurring depression. *Depression and Anxiety.*

Mennin, D.S., Holaway, R.M., Fresco, D.M., Moore, M.T. y Heimberg, R.G. (2007). Delineating components of emotion and its dysregulation in anxiety and mood psychopathology. *Behavior Therapy, 38*(3), 284-302.

Michalak, J., Heidenreich, T., Meibert, P. y Schulte, D. (2008). Mindfulness Predicts Relapse/Recurrence in Major Depressive Disorder After Mindfulness-Based Cognitive Therapy. *The Journal of Nervous and Mental Disease, 196,* 630–633.

Michelson, S.E., Lee, J.K., Orsillo, S.M. y Roemer, L. (2011). The role of values-consistent behavior in generalized anxiety disorder. *Depression and Anxiety, 28*(5), 358-366.

Moffitt, T.E., Harrington, H., Caspi, A., Kim-Cohen, J., Goldberg, D., Gregory, A.M. y Poulton, R. (2007). Depression and generalized anxiety disorder: cumulative and sequential comorbidity in a birth cohort followed prospectively to age 32 years. *Archives of General Psychiatry, 64*(6), 651-660.

Mogg, K. y Bradley, B.P. (2005). Attentional bias in generalized anxiety disorder versus depressive disorder. *Cognitive Therapy and Research, 29*(1), 29-45.

Newman, M.G. y Llera, S. (2011). A novel theory of experiential avoidance in generalized anxiety disorder: A review and synthesis of research supporting a contrast avoidance model of worry. *Clinical Psychology Review, 31*, 371–382. doi:10.1016/j.cpr.2011.01.008.

Newman, M.G., Przeworski, A., Fisher, A.J. y Borkovec, T.D. (2010). Diagnostic comorbidity in adults with generalized anxiety disorder: Impact of comorbidity on psychotherapy outcome and impact of psychotherapy on comorbid diagnoses. *Behavior Therapy, 41*(1), 59-72.

Nolen-Hoeksema, S., Wisco, B.E. y Lyubomirsky, S. (2008). Rethinking rumination. *Perspectives on Psychological Science, 3,* 400–424.

Northoff, G. (2007). Psychopathology and pathophysiology of the self in depression — Neuropsychiatric hypothesis. *Journal Of Affective Disorders, 104,* 1–14.

Ochsner, K.N., Ray, R.D., Cooper, J.C., Robertson, E.R., Chopra, S., Gabrieli, J.D. y Gross, J.J. (2004). For better or for worse: neural systems supporting the cognitive down-and upregulation of negative emotion. *Neuroimage, 23*(2), 483-499.

O'Doherty, J.P. (2004). Reward representations and reward-related learning in the human brain: insights from neuroimaging. *Current Opinion in Neurobiology, 14*(6), 769-776.

Olatunji, B.O., Naragon-Gainey, K. y Wolitzky-Taylor, K.B. (2013). Specificity of rumination in anxiety and depression: a multimodal meta-analysis. *Clinical Psychology: Science and Practice, 20*(3), 225-257.

Porges, S.W. (2001). The polyvagal theory: phylogenetic substrates of a social nervous system. *International Journal of Psychophysiology, 42*(2), 123-146.

Quintero, J.M., Heimberg, R.G., Fresco, D.M., Mennin, D.S. Clinical outcomes as associated with increased approach in generalized anxiety disorder throughout Emotion Regulation Therapy (in preparation).

Raichle, M.E., MacLeod, A.M., Snyder, A.Z., Powers, W.J., Gusnard, D.A. y Shulman, G.L. (2001). A default mode of brain function. *Proceedings of the National Academy of Sciences, 98*(2), 676-682.

Renna, M.E., Quintero, J.M., Soffer, A., Pino, M., Ader, L., Fresco, D.M. y Mennin, D.S. (2017). A Pilot Study of Emotion Regulation Therapy for Generalized Anxiety and Depression: Findings From a Diverse Sample of Young Adults. *Behavior Therapy.* Advance online publication. https://doi.org/10.1016/j.beth.2017.09.001

Renna, M.E., Seeley, S.H., Mankus, A., Fresco, D.M., Heimberg, R.G. y Mennin, D.S. (2018). Increased attentional flexibility is associated with clinical response to emotion regulation therapy for generalized anxiety disorder, *Cognitive Therapy and Research, 42,* 121-134.

Roemer, L., Orsillo, S.M. y Salters-Pedneault, K. (2008). Efficacy of an acceptance-based behavior therapy for generalized anxiety disorder: Evaluation in a randomized controlled trial. *Journal of Consulting and Clinical Psychology, 76,* 1083–1089.

Safran, J.D. y Segal, Z.V. (1990). Cognitive therapy: An interpersonal process perspective. *New York: Basic.*

Salters-Pedneault, K., Roemer, L., Tull, M.T., Rucker, L. y Mennin, D.S. (2006). Evidence of broad deficits in emotion regulation associated with chronic worry and generalized anxiety disorder. *Cognitive Therapy and Research, 30*, 469-480.

Salters-Pedneault, K., Suvak, M. y Roemer, L. (2008). An experimental investigation of the effect of worry on responses to a discrimination learning task. *Behavior Therapy, 39*(3), 251-261.

Salzberg, S. (1995). Loving-kindness: The revolutionary art of happiness. Boston, MA: Shambhala.

Schmaling, K.B., Dimidjian, S., Katon, W. y Sullivan, M. (2002). Response styles among patients with minor depression and dysthymia in primary care. *Journal of Abnormal Psychology, 111*, 350-356.

Segal, Z.V., Williams, J.M.G. y Teasdale, J.D. (2002). *Mindfulness-based cognitive therapy for depression: A new approach to preventing relapse.* New York: Guilford Publishers.

Stein, M.B. y Paulus, M.P. (2009). Imbalance of Approach and Avoidance: The Yin and Yang of Anxiety Disorders. *Biological Psychiatry, 66*, 1072-1074.

Thayer, J.F., Ahs, F., Fredrikson, M., Sollers, J.J. 3rd y Wager, T.D. (2012). A meta-analysis of heart rate variability and neuroimaging studies: implications for heart rate variability as a marker of stress and health. *Neuroscience and Biobehavioral Reviews, 36*, 747-756.

Tyrer, P. y Baldwin, D. (2006). Generalised anxiety disorder. *The Lancet, 368*(9553), 2156-2166.

van Aalderen, J.R., Donders, A.R.T., Giommi, F., Spinhoven, P., Barendregt, H.P. y Speckens, A.E.M. (2011). The efficacy of mindfulness-based cognitive therapy in recurrent depressed patients with and without a current depressive episode: a randomized controlled trial. *Psychological Medicine, 42*, 989-1001.

Watkins, E.R. (2008). Constructive and unconstructive repetitive thought. *Psychological Bulletin, 134*(2), 163.

Watkins, E.R., Mullan, E., Wingrove, J., Rimes, K., Steiner, H., Bathurst, N., et al. (2011). Rumination-focused cognitive-behavioural therapy for residual depression: phase II randomised controlled trial. *The British Journal of Psychiatry, 199*, 317–322.

Watkins, E., Teasdale, J.D. y Williams, R.M. (2000). Decentering and distraction reduce overgeneral autobiographical memory in depression. *Psychological Medicine, 30,* 911–920.

Watson, D. (2005). Rethinking the mood and anxiety disorders: A quantitative hierarchical model for DSM-V. *Journal of Abnormal Psychology, 114*(4), 522–536.

Wells, A., Fisher, P., Myers, S., Wheatley, J., Patel, T. y Brewin, C.R. (2012). Metacognitive therapy in treatment-resistant depression: A platform trial. *Behaviour Research and Therapy, 50*, 367–373.

Whitmer, A.J. y Gotlib, I.H. (2012). Switching and backward inhibition in major depressive disorder: the role of rumination. *Journal of Abnormal Psychology, 121*(3), 570.

Wilson, K.G. y Murrell, A.R. (2004). Values work in acceptance and commitment therapy. *Mindfulness and acceptance: Expanding the cognitive–behavioral tradition. New York: Guilford,* 120-151.

Woody, S. y Rachman, S. (1994). Generalized anxiety disorder (GAD) as an unsuccessful search for safety. *Clinical Psychology Review, 14*(8), 743-753.

World Health Organization. (1992). *The ICD-10 classification of mental and behavioural disorders: clinical descriptions and diagnostic guidelines.* Geneva: World Health Organization.

Abordaje cognitivo integrativo del Trastorno de Ansiedad Generalizada

Dr. Héctor Fernández-Álvarez

Fundación Aiglé

El Trastorno de Ansiedad Generalizada (TAG) hace referencia a una condición clínica de enorme complejidad, siendo por ello una de las entidades más controversiales de la psicopatología. Su actual denominación es relativamente reciente, habiéndosela reconocido como una entidad diferenciada con los Criterios Diagnósticos de Investigación (Spitzer, Endicott y Robins, 1975) y quedando firmemente establecida en 1980 en ocasión de la publicación del DMS-III. Antes de ello, los fenómenos que se agruparon en esa categoría constituían un conjunto diverso de perturbaciones genéricas de ansiedad. Sus raíces históricas se sumergen en la psiquiatría clásica y en el psicoanálisis dentro de la amplia denominación de neurosis de angustia.

De acuerdo con los sistemas de clasificación más difundidos (CIE-10 y DSM-5), el TAG es una entidad psicopatológica caracterizada por dos signos dominantes y varios signos secundarios, sobresaliendo la excesiva preocupación (extendida en el tiempo y a diversas áreas de la vida) como manifestación prevalente. Esta definición de una perturbación en función de un determinado síntoma tiene la utilidad clínica que brinda el modelo diagnóstico categorial pero conlleva las dificultades inherentes a ese sistema, derivadas en lo fundamental de la confusión entre síntoma y patología.

Los aspectos más controversiales del TAG se concentran en cuestiones de diagnóstico que derraman problemas sobre las cuestiones terapéuticas:

a) Importantes variaciones de los criterios utilizados para su identificación.
b) Baja confiabilidad interjueces en el diagnóstico.
c) El debate sobre la relación entre TAG y depresión.
d) Elevada comorbilidad y problemas vinculados con el diagnóstico diferencial.

a) En las sucesivas ediciones del DSM (III, III-R y IV) los criterios de clasificación sufrieron variaciones muy importantes. Además, los criterios secundarios en el DSM y la CIE denotan grandes diferencias.

b) El TAG es una de las condiciones clínicas respecto de las cuales existe mayor desacuerdo entre diferentes jueces diagnósticos. Esta baja confiabilidad se ve reflejada en estos valores de acuerdo (Brown, 2011):

Trastorno de pánico (Coefficiente Kappa [k] = 0.81)
Fobia social (k = 0.75)
T.O.C. (k = 0.77)

Depresión + Distimia (k = 0.59)
TAG (k = 0.31)

La mayoría de las discrepancias diagnósticas que atañen al TAG se vinculan con el trastorno depresivo mayor (TDM).

Nuevos estudios (Rutter y Brown, 2015) indican una promisoria mejoría de la confiabilidad, aún cuando sigue siendo un punto débil.

c) El debate más agudo que afectó al TAG estuvo enfocado en torno a la dimensionalidad de las perturbaciones emocionales y los factores temperamentales asociados. Las dudas sobre el grado de convergencia / divergencia entre el TAG y la depresión dio lugar a la creación de una comisión en el marco de la preparación del DSM-5. La 10a. conferencia examinó desde múltiples niveles el problema y llegó a la conclusión de que existen diversos e importantes puntos en común aún cuando hay elementos más que suficientes para sostener su distinción. Por ejemplo, ambos trastornos comparten algunos factores de riesgo genético, pero no la mayoría. El neuroticismo es común y hay una importante asociación con disfunciones de la personalidad, pero difieren en sus perfiles.

d) La psicopatología contemporánea adoptó el concepto de comorbilidad utilizado en medicina para hacer frente a dificultades vinculadas con el sistema taxónico de clasificación. Entre los clínicos circula actualmente la opinión de que la comorbilidad es más una regla que la excepción en los diagnósticos. El TAG es una de las situaciones más sensibles en este punto y la variedad de situaciones clínicas con las que es necesario realizar un adecuado diagnóstico diferencial son la mejor prueba de la complejidad del fenómeno (Van der Heiden et al., 2011).

La fenomenología del TAG se organiza alrededor de los signos de preocupación excesiva, pero la complejidad y la diversidad de la condición clínica subyacente a esos signos demanda un modelo explicativo multidimensional.

Modelo explicativo

El abordaje integrativo de psicoterapia que utilizamos para asistir a las personas que presentan signos de TAG se apoya, como en el caso de otros trastornos, en la formulación específica derivada de un modelo explicativo general de los fenómenos psicopatológicos y experiencias disfuncionales.

Los principios fundamentales del modelo

Los principios organizadores del modelo comparten el amplio consenso de que el territorio de la psicoterapia está cubierto por cuatro grandes vectores teóricos: el psicodinámico, el humanista, el sistémico y el comportamental (Längle y Kriz, 2012). La terapia cognitivo-comportamental (TCC), el modelo que más ha facilitado la integración del campo de la psicoterapia, dio lugar al desarrollo de diversas variantes. La integración entre esas modalidades es posible sobre la base de aplicar ciertos principios que, a su vez, pueden favorecer la integración de la psicoterapia en general.

Los tres principios fundamentales son: a) el empleo de un modelo de procesamiento conexionista amplio; b) la evaluación de los procesos disfuncionales y la elaboración de diseños terapéuticos apoyadas en el análisis y la exploración conjunta de la conducta y la experiencia; y c) la consideración de la personalidad y sus disfunciones como el eje articulador del diagnóstico y la terapéutica a aplicar.

a) Emplear un modelo amplio de procesamiento de información. Los seres humanos están sometidos a una incesante tarea constructiva con miras a lograr una adecuada autoorganización y a organizar la dinámica realidad en que les toca vivir y adaptarse a las cambiantes circunstancias de su evolución vital. El grado y la forma con que se organizan tiene efectos que se distribuyen en un continuo de funcionalidad / disfuncionalidad. Es funcional cuando el individuo alcanza un balance satisfactorio de su estado general, lo que depende de la capacidad para ejercer un adecuado control sobre su vida y sus planes a futuro. A veces, la organización no es consistente, lo que se traduce en estados disfuncionales que afectan su estado físico, psíquico y social. El modelo teórico guarda correspondencia con otros abordajes cognitivo-integrativos como la teoría de control perceptual (TCP; Alsawy et al., 2014). En consonancia con dicha teoría, otorgamos un papel central en la clínica de cada paciente al guión personal que sostiene su plan de vida y los conflictos que debe enfrentar para obtener las metas.

Los conflictos asociados a la prosecución de los objetivos vitales son un componente esencial de todas las disfunciones psíquicas, más allá de que las condiciones clínicas y los síntomas presentes en dichas condiciones puedan variar intra e interindividualmente. Las dificultades en la organización personal que se expresan ante la pérdida de control para alcanzar las metas es un mecanismo transdiagnóstico presente en los diversos trastornos, también en el TAG.

La tarea que se necesita para organizar la realidad (y para autoorganizarse) es crecientemente compleja y ocurre en el marco de las relaciones dialécticas entre el individuo y el contexto social y cultural. Dichas operaciones implican procesar la información que circula en el sistema, que tiene múltiples niveles y responde a una serie de propiedades: recursividad, retroalimentación, equifinalidad y teleología.

Cada ser humano opera como un sistema procesador de significados cuya complejidad y dinámica le exigen un modo de procesamiento que no puede ser, por lo tanto, ni lineal ni secuencial. Este principio general se aplica a todas las circunstancias que debe enfrentar el individuo: por ejemplo, resolver problemas o encontrar soluciones para eventos de la vida cotidiana, manejar sus emociones ante situaciones de carga variable, distribuir sus capacidades para hacer frente a situaciones dilemáticas, responder a las exigencias familiares y sociales, etc. Evaluar y comprender mejor los fenómenos clínicos y subclínicos será posible si contamos con un dispositivo de análisis que atienda a la complejidad de un sistema procesal operando en paralelo y tenga en cuenta los distintos niveles jerárquicos de organización neurobiológica. Una conceptualización consistente de dichos niveles la encontramos formulada en el modelo de neuropsicoterapia de Grawe (2007).

Necesitamos modelos de procesamiento cognitivo que permitan abordar esa complejidad: un modelo basado en la teoría de los sistemas dinámicos que pueda dar cuenta de los procesos de organización en tiempo real; un modelo que considere la cognición situada y encarnada que permita explicar los procesos psicológicos en condiciones específicas, como expresión de una determinada configuración física y corporal; un modelo de procesamiento que atienda al carácter extendido de la mente como un sistema con propiedades emergentes que opera en contextos concretos donde se despliegan los mecanismos de regulación cognitiva, emocional y social (Osbeck, 2009). Un modelo integrativo de procesamiento nos permitirá disponer de un esquema amplio y dinámico, capaz de reunir los diferentes aspectos y manifestaciones de cada fenómeno clínico y los diversos abordajes teóricos específicos.

b) Diseñar y aplicar intervenciones que atiendan a los niveles de la conducta y la experiencia. El funcionamiento humano está estructurado en base a un sistema funcional organizado de manera jerárquica. Dicha jerarquía deriva de los diferentes niveles biológicos de complejidad con que opera el sistema nervioso y se corresponde con los distintos niveles en que se articulan los estados mentales. En su tarea por lograr un equilibrio dinámico satisfactorio, los seres humanos luchan y alternan entre dos tendencias contrapuestas: la necesidad de ajustarse a las variaciones frente a los cambios internos y eventos circunstanciales y la necesidad de preservar la unidad del sistema que les permita reconocerse a lo largo de su desarrollo. Cambio e identidad son principios que operan en una tensión permanente.

La conducta es el conjunto de acciones que el ser humano acomete de manera incesante para cumplir con las numerosas exigencias internas y externas que le demanda la realidad en que vive. Para realizar un buen diagnóstico, tanto de una situación funcional como disfuncional, nuestro punto de partida es la exploración y evaluación de las conductas implicadas en esa situación. La desregulación emocional, el episodio maníaco, la crisis de pánico o la preocupación excesiva, son situaciones que podemos abordar a partir del examen de las conductas involucradas. Las acciones abiertas y encubiertas que registramos en esas situaciones son modelos particulares de adecuación a contingencias de cambio que traducen formas disfuncionales o patológicas. Nuestro primer acceso para el diagnóstico clínico son las conductas del individuo y la manera en que esas conductas se traducen en modos más o menos adaptativos.

Todos los compartimientos del ser humano reflejan su disposición adaptativa fundamental en busca del mejor equilibrio posible. Incluso en los procesos disfuncionales podemos reconocer esa intención. Una disfunción como la preocupación excesiva contiene, también, mecanismos de búsqueda de equilibrio. Aquí encontramos otra fuerte correspondencia con la TCP que destaca el modo en que todas las conductas son un medio para alcanzar objetivos que incluyen las metas vitales, las acciones y el intercambio con el entorno. Todas las conductas están articuladas en un sistema y no pueden ocurrir de manera aislada. De allí se desprende que las técnicas comportamentales no deben estar separadas del marco experiencial del individuo.

Podremos tomar contacto con ese componente, en la medida en que podamos acceder a otro nivel de organización: la experiencia. La actividad psíquica (funcional o disfuncional) no sólo se despliega en la forma de una serie incesante de comportamientos. El sistema personal también se organiza como una experiencia que responde a los principios de unidad, totalidad, continuidad e intencionalidad. En torno a ella se construye el sistema de identidad personal, fundamental para hacer posible y mantener el mejor equilibrio adaptativo posible.

Un buen diagnóstico clínico y una buena intervención terapéutica serán aquellos que pueden tener en cuenta, de manera complementaria, la perspectiva de las conductas en que se despliega la disfuncionalidad del paciente y la experiencia en la que están insertos esos comportamientos.

c) El papel central de la personalidad. La TCC en todas sus variantes y la psicoterapia en general está destinada a ayudar a personas que presentan situaciones disfuncionales que les provocan alguna forma de dolor o insatisfacción. Muchas veces esto se expresa a través de síntomas. El uso de manuales y guías de tratamiento es de gran utilidad para orientar los abordajes generales en el campo de la salud mental. Pero, las manifestaciones disfuncionales (síntomas, problemas de comunicación, dificultades en la performance, etc.) están siempre ancladas en patrones básicos de la organización personal. En cada individuo, la estructura de su personalidad no sólo tiene poder causal sobre sus acciones sino que modula su experiencia. Estudiar en todos los pacientes la organización de su personalidad es un elemento integrador fundamental.

En los últimos años las pruebas de evidencia nos mostraron que la personalidad incide de manera significativa en todas las patologías y es un componente que debe ser considerado para el diseño terapéutico. Esto no sólo se circunscribe, obviamente, a las circunstancias en que puede detectarse un trastorno de personalidad definido. Muchas formas disfuncionales de la personalidad que no alcanzan el estatus de un trastorno como entidad organizada, constituyen también dimensiones que inciden en el curso de las perturbaciones del comportamiento y tienen mucha influencia sobre el pronóstico terapéutico. Las perturbaciones emocionales (la ansiedad y la depresión) fueron las primeras situaciones clínicas en las que se comprobó dicha influencia (Beutler et al., 2006; Clark, Watson y Mineka, 1994; Ozkan y Altindag, 2005; Rosellini y Brown, 2011; Skodol et al., 2011). Pero, en la actualidad, ese fenómeno se ha comprobado como una variable de mucho peso en todo el arco psicopatológico. Los estilos de personalidad (funcionales o disfuncionales) son decisivos en el abordaje de patologías tan diversas como el trastorno de pánico, el trastorno por estrés postraumático o el trastorno bipolar. Por supuesto, esto se aplica también, plenamente, al TAG.

Componentes del modelo explicativo

El modelo explicativo que utilizamos se apoya en aspectos comunes para todas las situaciones clínicas y se desagrega en aspectos particulares para condiciones clínicas específicas (en este caso el TAG; Fernández-Álvarez, Pérez y Fraga Míguez, 2009). Su implementación requiere un ajuste a las características singulares de cada consultante. Los aspectos comunes señalan que para acceder a la comprensión y explicación de cualquier fenómeno disfuncional tenemos que ponderar el peso de tres fuentes de determinación: 1) esquemas de vulnerabilidad, 2) factores desencadenantes y 3) agentes de mantenimiento.

1) La vulnerabilidad emerge de la amalgama de factores genético-conductuales que determina la predisposición de cada persona a desarrollar una determinada disfunción.
2) Una combinación de factores evolutivos y estresores situacionales convergen en la activación que señala la presencia de factores que desencadenan una perturbación.

3) Los distintos comportamientos y modos de relación con que las personas hacen frente a la activación de una disfunción se convierten en agentes de mantenimiento cuando refuerzan y perpetúan el malestar y no aciertan a interrumpir el ciclo disfuncional.

1) La organización disfuncional habitual que hallamos en las personas que experimentan signos excesivos de preocupación ante situaciones que no parecen justificar ese monto y que, además, tiende a diseminarse por distintas esferas de la vida del individuo (síntomas dominantes del TAG) ponen de manifiesto en general, que se trata de formas clínicas que acarrean una larga evolución. El momento de aparición del trastorno como una perturbación definida y, especialmente, la demanda que provoca, suelen situarse en una etapa evolutiva relativamente tardía (usualmente entre la adultez temprana y media), aunque puede surgir en edades más tempranas. Sin embargo, lo que encontramos habitualmente en la exploración clínica es que estas personas refieren padecer por esos malestares desde etapas muy tempranas de su vida. Cuando le preguntamos al paciente en qué momento de su vida ubican el inicio del malestar, suelen decir que se trata de algo que estuvo presente desde etapas muy remotas. Dicen que es algo que padecen "de toda la vida". Esto testimonia la presencia de esquemas de vulnerabilidad muy potentes, derivados de ciertas propiedades neurobiológicas propias de cada individuo.

De todos modos, la gran diversidad de manifestaciones y el curso tan variado que suelen tener las distintas personas que padecen el trastorno, contribuyen a sostener la existencia de factores moduladores del desarrollo muy importantes. Entre los organizadores más relevantes que contribuyen a esa modulación están los patrones de apego. El estilo inseguro se encuentra particularmente representado tanto en pacientes con TAG (Borkovec et al., 2002; Newman y Anderson, 2007) como con depresión (Klein, Kotov y Bufferd, 2011) aunque los dominios de regulación emocional concomitantes varían entre ambas disfunciones.

El núcleo perturbador, el *worry*, señala una manera de procesamiento constituida fundamentalmente por un estilo peculiar de organización donde se observa una sensible pérdida de control sobre diversas situaciones de la vida cotidiana. Aunque esta pérdida de control aparece como un factor común a todas las personas con TAG, el desarrollo psicológico pone de manifiesto que existen marcadas diferencias interindividuales en relación con factores temperamentales y estilos de personalidad. Una de las variables que evidenció mayor incidencia en ese campo ha sido el modo en que se expresan los problemas interpersonales en cada individuo. Salzer y colaboradores (2011) identificaron la presencia de cuatro estilos interpersonales diferentes: excesivamente sobreprotector, intrusivo, socialmente evitativo y no-asertivo. Esto muestra la necesidad de incluir una exploración de los patrones primarios de la personalidad para detectar si el paciente con TAG presenta, además, una organización dimensional especialmente disfuncional en ese aspecto.

2) Como con todas las situaciones vulnerables, la predisposición puede mantenerse latente y no estructurarse nunca de manera disfuncional. ¿Cómo y por qué se activan estas preocupaciones excesivas que estuvieron larvadamente contenidas en una estructura disposicional a través de muchos años de evolución?

El modelo explicativo que utilizamos otorga fundamental importancia al examen del modo de procesamiento que emplea cada paciente, analizando el estilo constructivo de significados que sostiene su estilo comunicacional, tanto explícito como implícito. Buscamos, con ello, conocer el modelo explicativo del propio paciente sobre las circunstancias que lo llevaron a la situación que motiva su consulta. Identificar los factores desencadenantes constituye, pues, una laboriosa tarea co-constructiva. La situación que gatilla el malestar persistente (generalmente progresivo) no es necesariamente puntual ni aguda, puede desarrollarse progresivamente en un período de tiempo relativamente prolongado. Exploramos la presencia, en la narrativa del paciente, de estresores situacionales que pueden haber operado para activar el *worry*. Y también recorremos la secuencia evolutiva que enfrentó el paciente a lo largo de su vida, con especial énfasis en el último período. Buscamos marcas, indicios de las circunstancias que debió enfrentar, los cambios más notorios que experimentó y otras situaciones que pueden haber conducido al paciente a elaborar una construcción de desbalance en sus sistemas de alerta (por ejemplo, entre su sistema de responsabilidad personal y la carga de obligaciones que debe enfrentar, entre la carga de sus emociones negativas y la disposición a experimentar refuerzos positivos, etc.). En ese aspecto, cobra particular importancia examinar el tipo de expectativas que acompañan al paciente en el momento que realiza su consulta. Allí solemos encontrar una pista fundamental para construir un modelo explicativo ajustado a la realidad de cada paciente.

Ciertos factores vinculados con la evolución y el desarrollo se constituyen en estresores prevalentes que operan como desencadenantes del trastorno. En la medida que el TAG sobreviene con mucha frecuencia en personas adultas (con un pico en la edad media; American Psychiatric Association, 2013), parece estar lógicamente vinculado con el hecho de que, en ese momento, la persona debe responder a una acentuación de las exigencias cotidianas y tiene que poner a prueba el sistema de afrontamiento de responsabilidades personales y sociales. En este punto se vuelve particularmente notoria la importancia del contexto social y cultural del paciente (tanto primario como secundario) como factor modulador de la perturbación.

Como en cualquier situación donde hay signos aumentados de ansiedad, los síntomas del paciente con TAG adoptan un carácter anticipatorio. Lo peculiar en estos pacientes es que esa anticipación se organiza de una manera particularmente distal. En el tiempo, pues se proyecta con facilidad sobre situaciones futuras. Pero también alejadas de la esfera de dominio inmediato del *self*, lo que muchas veces los lleva a elaborar representaciones poco realistas y hasta supersticiosas que guardan una significativa proximidad con síntomas semejantes a los que se presentan en el trastorno obsesivo-compulsivo (TOC; Van der Heiden et al., 2011).

3) El modelo explicativo se completa con el factor que cierra el circuito disfuncional y perpetúa el trastorno: los agentes de mantenimiento que operan, precisamente, como reforzadores de los mecanismos disfuncionales del procesamiento. Estos factores tienen, además, mucha importancia operativa. En primer lugar por el carácter dilemático que tienen para el paciente. Dichos agentes son el camino prevalente que sigue el paciente en su búsqueda de alivio para el malestar que padece y por ello son la vía más accesible del paciente para expresar la naturaleza de su trastorno y, al mismo tiempo son, casi siempre, el punto de partida para la intervención terapéutica. Diversos comportamientos (evitación, reaseguros, preocupaciones) y modos de relación interpersonales (vínculos complementarios o de dependencia) pueden ocupar ese rol. Los distintos modelos explicativos de TCC han puesto particular énfasis en la lógica de procedimientos que conduce a la identificación de esos agentes y cómo enfocar las estrategias terapéuticas adecuadas para abordarlos. En el caso del TAG, así como en otros trastornos, las diversas variantes teóricas han presentado modelos alternativos de abordaje. Behar y colaboradores (2009) presentaron una minuciosa revisión teórica y una síntesis de las principales estrategias terapéuticas de los enfoques de orientación cognitiva (una síntesis similar es la Gerlach y Stevens, 2014). Desde su publicación y hasta el momento actual ha habido nuevos desarrollos, pero la síntesis presentada en ese trabajo sigue siendo muy abarcadora. El aporte más novedoso registrado en estos años ha sido la publicación del modelo de evitación de contraste emocional negativo (ver Newman y Llera, 2011) que está expuesto en un capítulo de esta obra.

Algunos de esos modelos han tenido su raíz en enfoques teóricos más cercanos a la terapia cognitiva clásica, mientras que otros se identifican con los enfoques de la tercera ola. El modelo de la evitación cognitiva de Borkovec, Shadick y Hopkins (1990) ha sido pionero dentro de este enfoque teórico y puso, originalmente, el foco en el cambio cognitivo, como ocurre también en el modelo de intolerancia a la incertidumbre de Dugas y Ladouceur (2000). El modelo metacognitivo de Wells (2006), con un especial acento en el contraste entre las preocupaciones positivas y negativas, está conectado con los anteriores[1]. Los otros dos modelos analizados pertenecen a la corriente de tercera generación. El modelo de Mennin (2004) de regulación emocional[2] y el modelo de Roemer y Orsillio (2005)[3] sobre la evitación de la experiencia emocional destacan el papel de las emociones en la generación del *worry*.

Todos los modelos constituyen aportes importantes, han destacado facetas particulares de relevancia en la perpetuación de la preocupación excesiva y han reunido pruebas empíricas de evidencia positivas. Esto último testimonia la validez relativa de cada enfoque y habilita a pensar en la conveniencia de una integración entre ellos. Especialmente, porque un análisis de la lógica teórica subyacente muestra puntos de convergencia importantes. De hecho, Behar y colaboradores (2009) concluyen señalando la presencia de importantes puntos en común entre todos ellos, lo que tiene implicancias muy valiosas para el abordaje terapéutico (ver en Tratamiento). Además, dentro de esos modelos se han producido en estos años hallazgos y modificaciones que condujeron hacia una formulación más integrativa. El ejemplo más elocuente es el modelo de Borkovec y colaboradores (2002), particularmente con la incorporación de hipótesis explicativas relativas a la importancia de los problemas interpersonales en la génesis y mantenimiento del TAG. En esa misma línea merece considerarse el nuevo modelo de evitación de contraste de Newman y Llera (2011).

En nuestro modelo apelamos, precisamente, a esa perspectiva integrativa. Como extensión de ello sostenemos que ante la complejidad de la vivencia de amenaza y peligro presente en los síntomas de preocupación excesiva, en el curso del trastorno juegan un papel muy importante los patrones básicos de la personalidad. Acorde con ello encontramos, habitualmente, en estos pacientes, además de las disfunciones en el sistema de relaciones interpersonales, signos disfuncionales en las representaciones del

---

1   Nota de los editores (NdeE): Para una descripción de los modelos de Dugas y Ladouceur (2000) y Wells (2006), remitirse al capítulo de este libro "Modelos metacognitivo y de la intolerancia a la incertidumbre: integración clínica para el tratamiento del TAG", escrito por Bogiaizian.

2   NdeE: Para una exposición exhaustiva del modelo de Mennin y equipo, ver el capítulo de este libro "Terapia de regulación emocional: tratamiento para trastornos por distrés enfocado en sus mecanismos", escrito por Renna, Quintero, Fresco y Mennin.

3   NdeE: El modelo de Roemer y Orsillio (2005) se presenta en detalle en el capítulo de O'Connell y Walser: "Terapia de aceptación y compromiso (ACT) para el TAG: crear una vida significativa más allá de la preocupación y el miedo".

self, en consonancia con el modelo del *self*-herido para el abordaje de los trastornos de ansiedad en general (Wolfe, 2005).

Desde una perspectiva integrativa, entonces, constatamos que se trata de personas con una elevada vulnerabilidad a desarrollar reacciones de ansiedad de diverso tipo (Barlow, 2002, la designó años atrás como una disfunción básica de la ansiedad) que se activa a medida que las exigencias impuestas por el guión personal se van haciendo más evidentes. La percepción de pérdida de control que esto trae aparejado tiende a ser respondida con una mayor contracción a cumplir con las obligaciones, lo que genera un *loop* disfuncional muy marcado. La pérdida de control está, a su vez, asociada con la desregulación emocional.

Un factor fundamental es la tendencia a incorporar a otras personas en su circuito disfuncional. Con frecuencia, estos pacientes logran que familiares y allegados de su entorno operen como facilitadores para sobrellevar del mejor modo posible las situaciones que los afectan. Esto se ve representado tanto por la capacidad argumentativa que tienen para describir su padecimiento como por la capacidad para formar vínculos y estilos de comunicación altamente sintónicos con la perturbación. En sus consultas médicas, frecuentemente motivadas por diversos dolores y problemas funcionales, logran que los médicos asignen diagnósticos presuntivos positivos en la consulta general, demorando la indicación de una interconsulta al área de salud mental. En otro orden, suelen tener vínculos de pareja estables, aunque no necesariamente esos vínculos se correspondan con un estilo de relación en particular.

Evaluación

Nuestro modelo explicativo, de naturaleza integrativa, se apoya en una evaluación diagnóstica que examina cada situación clínica de acuerdo con los diferentes niveles de organización psicobiológica. En síntesis: en primera instancia, y en sus manifestaciones más observables, el TAG presenta una serie de signos sintomáticos primarios (el *worry*) y secundarios (por ejemplo, las alteraciones funcionales y las tensiones y contracturas físicas). Junto con ello evidencia dificultades de regulación emocional y cognitiva que sostienen y refuerzan dichos síntomas. Estas manifestaciones de la conducta están engarzadas en patrones básicos de la experiencia personal tallados de acuerdo con los patrones primarios de la personalidad del paciente y estructurados en torno a las representaciones del *self* y de las relaciones interpersonales.

El modelo supone, por lo tanto, que existen importantes variaciones interindividuales entre las personas que presentan manifestaciones sintomáticas de igual severidad. El mismo puntaje en cualquier instrumento de evaluación (por ejemplo, el GAD-7 o el PSWQ) obtenido por diferentes individuos puede estar asociado con modalidades de organización de la experiencia muy diferentes entre sí, con lo cual el tratamiento para cada uno de ellos requerirá el empleo de algunas estrategias comunes y otras diferenciales.

La evaluación que realizamos para cada paciente contempla dos fuentes de información. En primer lugar una exploración clínica orientada a investigar el contenido específico del malestar, la evolución de la demanda del paciente (junto a las estrategias de resolución ensayadas) y la hipótesis atribucional que sirve al modelo explicativo del paciente respecto a su propio malestar y en la que se apoya la rotulación que realiza de su problema. Los datos recogidos en estas variables permiten detectar el estilo constructivo con que cada persona organiza su malestar, que representa, a su vez, la manera más adaptativa que ha encontrado para enfrentar las condiciones de vida con que debe lidiar. Dicha exploración se complementa con el uso de instrumentos, la mayoría de los cuales son cuestionarios autodescriptivos. A continuación se presentan las pruebas más habituales que administramos en este caso.

Pruebas para evaluar los signos de ansiedad en general

1) Symptom Check List-90-R (SCL-90-R, versión adaptada en nuestro medio por Casullo y Perez, 1999/2008).
2) ASI-3 (versión adaptada en España de Sandín, Chorot y McNally, 1996).

Pruebas para estimar la severidad del TAG y las dimensiones metacognitivas

3) GAD-7 Scale (traducción de nuestro equipo de evaluación sobre la versión original de Spitzer, Kroenke, Williams y Lowe, 2006).
4) Metacognitions Questionnaire 30 (MCQ-30; traducción de nuestro equipo sobre la versión original de Wells y Cartwright-Hatton, 2004).
5) Adult Separation Questionnaire (traducción de nuestro equipo sobre la versión original de Manicavasagar, Silove, Wager y Drobny, 2012).

Prueba para evaluar las dificultades en las relaciones interpersonales

6) Inventario de Problemas Interpersonales (IIP.64; versión de la adaptación a nuestro medio por Maristany, 2008).

Prueba para evaluar las dimensiones disfuncionales de la personalidad

7) Evaluación Dimensional de Patología de la Personalidad (DAPP-BQ; versión de nuestro equipo sobre la versión original de Livesley y Jackson, 2009).
8) Como alternativa a la prueba anterior utilizamos el Inventario Multiaxial Clínico de Millon, versión III (versión adaptada en Argentina por Richaud de Minzi, Oros y Lemos, 2006). La elección de la prueba alternativa (MCMI-III) responde a razones prácticas (por ej. el tiempo requerido).

Otras pruebas utilizadas

9) Excepcionalmente podemos recurrir a pruebas abiertas, como la construcción de una historia o el completamiento de frases para obtener información narrativa adicional.

Algunas de estas pruebas son aplicadas al cumplirse alguna fase del tratamiento o al cierre, para evaluar la diferencia pre y post tratamiento y estimar el resultado del mismo.

Además, utilizamos pruebas que pueden servir para hacer evaluaciones durante el proceso:

10) Generalized Anxiety Disorder Scale (GADS; traducción de nuestro equipo sobre la versión original de Wells, 2004).
11) Outcome-Questionnaire 45 (OQ-45) (versión de la adaptación a nuestro medio realizada por un equipo de nuestro equipo y del equipo del Centro Privado de Psicoterapias; Fernández-Álvarez, Hirsch, Maristany y Torrente, 2005).

El proceso final de la evaluación incluye la elaboración de un diagnóstico (categorial y dimensional) y la formulación de una indicación terapéutica. Esto se completa en la formulación del caso que servirá de base para la supervisión que acompañará el proceso terapéutico. El modelo de formulación se corresponde con los principios enunciados en la guía de The British Psychological Society (2011).

Tratamiento

La indicación terapéutica puede ser una intervención mono terapéutica (casi siempre psicoterapia) o un tratamiento combinado (psicoterapia + psicofármacos). Describimos a continuación sólo las intervenciones psicológicas.

El modelo integrativo que empleamos tiene las siguientes propiedades básicas:

a) Se apoya en un marco estructurado en base a principios generales que remiten a pruebas empíricas de evidencia. Los contenidos de guías de intervención pueden ser considerados como aportes en la elaboración del diseño, pero siempre se ajustan a los principios generales.

b) El eje teórico del modelo está constituido sobre la base de los principios de la TCC que provee las herramientas técnicas básicas. La integración con otros recursos conceptuales y procedimentales responde a los principios generales enunciados previamente.

c) Cada diseño terapéutico tiene en cuenta que los objetivos se distribuyen en diferentes niveles de complejidad, correspondientes con la estructura del sistema psicobiológico. En un nivel periférico, los cambios se enfocan hacia los síntomas y otras manifestaciones del comportamiento. En el nivel más profundo, los cambios están dirigidos a flexibilizar patrones básicos de la organización personal. Un nivel intermedio vinculado con los mecanismos de regulación emocional, cognitiva y conductual conecta los otros dos niveles. Nuestro modelo concuerda, en gran medida, con la terapia de método de niveles (Carey, Mansell y Tai, 2015).

d) El principio fundamental de la intervención es proceder de lo simple a lo complejo, de modo que el punto de partida estará dirigido (salvo excepciones) al primer nivel. Esa intervención podrá ser muchas veces suficiente, pero muchas otras puede requerir una intervención más compleja.

El modelo de tratamiento que describimos a continuación se circunscribe al módulo habitual que aplicamos con un dispositivo de terapia individual. Tenemos experiencia de que estos pacientes pueden verse beneficiados, también, con el empleo de otros dispositivos. Los dispositivos grupales, tanto con formatos focalizados como con formatos más abiertos, pueden ser de mucha utilidad. Además, de acuerdo con desarrollos recientes (Newby et al., 2015), también pueden formar parte de programas de abordaje transdiagnóstico, especialmente con dispositivos grupales.

Los diseños más habituales son dos: 1) en una fase única, focalizado en la reducción de los aspectos disfuncionales del comportamiento y 2) en dos fases, que incluye, además, un proceso terapéutico adicional, centrado en flexibilizar aspectos de la organización de la experiencia. La elección de un tratamiento focalizado o extendido se realiza en base a la estimación de un conjunto de variables clínicas, las más importantes de las cuales son: el grado de malestar subjetivo, la severidad disfuncional y el nivel de reactancia. Además, se tienen muy en cuenta las expectativas del paciente respecto de las metas que tiene en el momento de la consulta y su disposición para las tareas que deberá llevar a cabo.

El diseño focalizado consiste en un tratamiento de corta duración, usualmente entre 12 y 20 sesiones, de frecuencia semanal en el inicio, espaciándose al promediar el proceso. Incluye tres etapas: una primera de instalación del dispositivo y tareas de psicoeducación, una segunda de intervenciones empleando diversas herramientas terapéuticas y una tercera de síntesis y prevención de recaídas.

La primera etapa es común para todos los pacientes y pone el acento no solo en proveer información sobre el trastorno sino también en el intercambio dialógico con el paciente respecto de la hipótesis atribucional que cada uno sostiene. Este diálogo es fundamental para estimar de manera más precisa el grado de reactancia del paciente, lo que puede conducir a la necesidad de utilizar algún componente adicional para incentivar la motivación al cambio (como es examinado en otro capítulo de este libro)[4].

Dado que en la siguiente etapa el paciente deberá realizar una serie de tareas entre sesiones, en esta primera etapa se lo instruye detalladamente al respecto y, particularmente, con respecto a la importancia que tienen. En primer lugar el monitoreo, que ocupa un lugar central en todos los tratamientos. El paciente debe ser advertido, en este momento, de la posibilidad de que tengan lugar sesiones adicionales con otros miembros de su entorno, en particular de sus vínculos primarios.

La segunda etapa está centrada en intervenciones utilizando herramientas específicas. El modelo integrativo que utilizamos apela a una amplia gama de técnicas y procedimientos. Intervenciones procedentes de distintos modelos explicativos cognitivo-conductuales son utilizadas, dando prioridad a aquellas que han demostrado pruebas empíricas de eficiencia. Acordamos que entre los distintos modelos hay algunas importantes notas comunes. En primer lugar, que todos otorgan relevancia al papel central de la evitación de experiencias emocionales internas en la génesis y mantenimiento del ciclo disfuncional. Además, que la psicoeducación, el automonitoreo y el afrontamiento de experiencias internas del malestar son herramientas nucleares del tratamiento. El automonitoreo de las preocupaciones, las circunstancias en que ocurren y las acciones que lleva a cabo la persona en esas circunstancias sirve de guía principal sobre la que se apoyan las otras intervenciones. Utilizamos tanto técnicas de reestructuración y reevaluación cognitiva así como procedimientos destinados a favorecer la regulación emocional. El empleo de procedimientos para el desafío de creencias sobre preocupaciones positivas y negativas tanto como estrategias para fa-

---

4   NdeE: Ver el capítulo de Westra y Hara, "Integrando entrevista motivacional y terapia cognitivo conductual para el tratamiento del Trastorno de Ansiedad Generalizada".

vorecer la relajación o intervenciones de meditación, pueden ser utilizadas a lo largo de esta etapa. No utilizamos las mismas intervenciones con todos los pacientes, ni tampoco utilizamos todos los recursos con cada paciente.

El conjunto de herramientas disponibles es amplio y diverso, incluyendo técnicas de desensibilización y exposición, técnicas de relajación, reestructuración cognitiva, entrenamiento en tolerancia a la incertidumbre y en resolución de problemas, ejercicios de exposición experiencial, entrenamiento en *mindfulness*, técnicas de refocalización atencional y control de estímulos. La selección de las intervenciones no obedece a un mero procedimiento ecléctico, sino que se ajusta al análisis de algunas características prevalentes que se llevó a cabo durante la exploración inicial: la modalidad de presentación del padecimiento y los vectores principales del estilo de personalidad del paciente. Esto se basa en el hecho de que, aunque la norma es que estos pacientes presentan índices elevados de ansiedad, la manera en que se canaliza la misma y el foco en que se organiza justifica que en un paciente comencemos con estrategias de relajación mientras que en otros otorguemos preeminencia a técnicas de reestructuración. La respuesta que observamos ante cada intervención es determinante para elegir el curso específico ulterior a seguir en cada caso. El estilo personal del terapeuta constituye, además, una variable adicional en la secuencia prevalente de intervenciones.

Durante esta etapa se trabaja, además, en explorar los nexos que tienen las preocupaciones y los comportamientos más disfuncionales (por ejemplo, excesiva rumiación, conductas de evitación experiencial más acentuadas) con aspectos de la vida relacional del paciente. Se trabaja en ayudar al paciente a conectar los aspectos contextuales que sostienen los aspectos disfuncionales de su experiencia. Esto conduce a la introducción de otro componente en la terapia, donde el paciente es asistido en la resolución de problemas interpersonales y en la promoción de cambios en situaciones vitales significativas. Esta instancia puede requerir la incorporación de un dispositivo adicional, de carácter sistémico, con el fin de modificar algún estilo relacional que opera como agente de mantenimiento del trastorno.

La tercera etapa, de síntesis y prevención de recaídas, se adapta al formato general utilizado en todos los diseños focalizados de terapia. El éxito en la obtención de logros con un diseño focalizado da por concluida la intervención. Luego, en la medida de lo posible, se hará el seguimiento correspondiente.

Cuando el diseño terapéutico se formula en dos fases, esta tercera etapa de la primera fase no es un cierre sino un balance de lo realizado y una redefinición para comenzar la siguiente fase. Esto implica un nuevo tramo psicoeducativo, tal como es necesario en cualquier psicoterapia de mayor extensión. Obviamente, el paciente estará más dispuesto a continuar con el proceso cuando la primera fase le brindó beneficios que estarán atados, en lo fundamental, a la reducción sintomática y a la resolución de ciertos problemas. Sin embargo, el éxito durante la primera fase suele deparar consecuencias duales. En algunos pacientes es un factor motivador para comprometerse en una fase más compleja. En otros, es el principal motivo de abandono del tratamiento, justamente por haber alcanzado un alivio sintomático importante.

Recurrir a una segunda fase es el resultado de observar la presencia, en ciertos casos, de patrones básicos de la experiencia que están seriamente afectados. Algunas facetas de la estructura de personalidad del paciente pueden mostrar disfuncionalidad, aún cuando no encontremos un cuadro clínico seriamente perturbado en esa dirección. El tratamiento deberá continuarse en esa otra fase, centrándose el trabajo en esas facetas de la organización personal. La acentuación del neuroticismo y, especialmente, de algunos de sus componentes, pueden traducirse en una marcada dificultad del paciente para acceder a situaciones de refuerzo positivo y provisión de satisfacción y placer en la vida cotidiana. En este punto, algunos pacientes con síntomas de TAG se acercan mucho al estilo depresivo de organización y el trabajo requerido sobre ciertas dimensiones de la personalidad guarda importantes similaridades. Allí comienza otro capítulo de la psicoterapia.

Evidencias empíricas

Aunque recientemente se ha producido un incremento importante de estudios empíricos para evaluar la eficiencia de los tratamientos psicológicos en el TAG, este capítulo sigue siendo uno de los que menos pruebas de evidencia ha reunido hasta el momento. Varios factores pueden atribuirse a este fenómeno, aunque probablemente lo más importante radique en el carácter crónico del trastorno y, sobre todo, en la complejidad del mismo. Dado que están afectadas amplias y diversas áreas de la vida del paciente, resulta difícil explorar los componentes nucleares de la patología, poniendo en evidencia la presencia de un rasgo que lo asemeja a las dificultades que presentan los trastornos de personalidad. Al mismo tiempo, los datos disponibles ponen de manifiesto que los estudios sobre resultados terapéuticos en el TAG, muestran evidencias de logros modestos al compararlos con los beneficios que se logran con otros trastornos de ansiedad (Barlow, Conklin y Bentley, 2015). Los resultados más importantes están relacionados con aspectos periféricos del trastorno, particularmente en la sintomatología ansiosa, mientras que los más pobres están asociados con los aspectos nucleares de la perturbación. Del análisis de los informes disponibles hasta el momento es posible concluir que:

1) El tratamiento psicológico ofrece resultados consistentes al compararse con las situaciones que no reciben tratamiento y las listas de espera.

2) Los tratamientos estructurados permiten obtener más beneficios que las intervenciones terapéuticas inespecíficas.

3) La mayoría de los estudios que alcanzaron evidencia empírica han sido realizados en base a aplicaciones del abordaje cognitivo-conductual, lo que convierte este enfoque en la intervención psicológica de primera línea. Se han realizado algunos estudios comparativos entre diversas modalidades de TCC y los resultados no permiten arribar a diferencias significativas.

Los estudios de eficacia disponibles muestran que los tratamientos han tenido una extensión promedio de hasta un total de veinte sesiones y los estudios de seguimiento más habituales rondan alrededor de seis meses de terminado el tratamiento. En relación con la efectividad, existen pocos estudios al momento y en ellos sobresale la importancia del empleo de procedimientos de autoayuda.

Diversos estudios metanalíticos han sido llevados a cabo en los últimos años, comenzando por el de Covin et al. (2008). En su informe concluyen que la TCC da muestras de sostenida eficacia, informando un tamaño del efecto de 1.15 para los estudios incluidos en el trabajo. Es importante señalar que recientemente se han publicado algunos estudios empíricos de eficacia basados en intervenciones psicodinámicas, especialmente con terapia de apoyo (Leichsenring, Klein y Salzer, 2014)[5] y terapia enfocada en las emociones (Timulak y McElvaney, 2016).

Los metaanálisis más recientes y más abarcadores son el de Cuijpers y colaboradores (2014) y el de Hanrahan y colaboradores (2013), aparecidos en volúmenes sucesivos de la misma publicación. Varios datos de este último trabajo son particularmente interesantes y de mucha relevancia en relación con el abordaje integrativo. De los quince estudios incluidos en este trabajo, se puede observar una clara confirmación de que la edad promedio de las personas incluidas ronda la edad media y que el porcentaje de mujeres dobla al de varones, acorde con los estudios epidemiológicos habituales. Una de las notas más interesantes de este metaanálisis es la comparación con el estudio de Covin y colaboradores (2008). Aspectos sobresalientes en ese sentido son que:

1) Incluye nueve nuevos estudios, publicados con posterioridad al metaanálisis de Covin y colaboradores (2008).

2) Extiende el estudio de Covin y colaboradores (2008), comparando la TCC con terapias no cognitivas.

---

5   NdeE: Ver el capítulo de Juan, Gómez Penedo y Roussos, "Comprensión y abordajes psicoanalítico-psicodinámicos del Trastorno de Ansiedad Generalizada".

3) Compara diferentes variantes de TCC.
4) Utiliza datos normativos actualizados basados en el estudio de Startup y Erickson (2006).
5) Recoge datos brutos que permitieron realizar un análisis de predictores de recuperación.

Los estudios realizados permitieron extraer el tamaño del efecto encontrado al estimar las diferencias pre / post tratamiento entre grupos, tomando fundamentalmente evaluaciones realizadas con el PSWQ. También se llevaron a cabo análisis de seguimiento longitudinal.

Los estudios que habían utilizado algún abordaje de TC se agrupaban en tres conjuntos:

1) Formas de TC que buscan cambiar el contenido de las cogniciones que mantienen el TAG (Por ej.: creencias positivas y negativas sobre el *worry* o cogniciones relativas a la incertidumbre).
2) Intervenciones de "tercera ola", como la TC basada en *mindfulness* que favorece una relación de mayor aceptación con las cogniciones y otros aspectos de la experiencia.
3) Terapias que combinan TC con componentes sustantivos de otras formas de terapia, incluyendo terapia focalizada en la emoción, terapia interpersonal y entrevista motivacional.

Los resultados obtenidos fueron muy interesantes. En primer lugar, se encontró que la TCC fue efectiva y muy superior al grupo control que no recibía tratamiento. El tamaño del efecto $d = 1.81$ resultó claramente superior al encontrado en el estudio de Covin y equipo (2008), cinco años atrás. Los autores consideran que esa diferencia se puede deber, directamente, a la incorporación de nuevos estudios que utilizaron técnicas más estructuradas y refinadas para el tratamiento del trastorno. Otros datos adicionales de interés fueron que:

1) El tamaño del efecto no fue tan robusto al comparar la TCC con otras formas de terapia ($d = 0.63$).
2) El tamaño del efecto disminuye aún más cuando se comparan distintas modalidades de TCC ($d = 0.26$).
3) Los logros mostraron buena estabilidad en el seguimiento. Un 57% de pacientes asistidos conservaba los beneficios al cabo de doce meses de terminada la terapia.
4) La tasa de recuperación resultaba superior a otras intervenciones.

El Caso Darío

La viñeta del DSM-IV

La viñeta describe de manera sintética el prototipo incluido en el DSM-IV. El paciente manifiesta preocupación en distintas áreas de su vida y pone mucho énfasis en desempeñarse como una persona responsable (preocupación positiva). Consultó a varios especialistas médicos antes de esta consulta. Esto verifica uno de los hechos más notables de estos pacientes: la facilidad con que logran hacer sospechar a los médicos que tienen un malestar físico antes de derivarlos a un centro de atención psicológica. Por otra parte, es interesante observar la referencia a los signos de retiro social que presenta la viñeta. La comorbilidad es un hecho habitual en los pacientes con TAG. Adopta múltiples variantes, siendo estos signos algunos de los más habituales. Por otra parte, la conducta del paciente muestra signos de fuerte adaptación a su entorno, lo que se traduce en un buen desempeño laboral y familiar, algo que es muy característico de esta población.

Presentación clínica

Los antecedentes médicos son, como queda dicho, prototípicos. Un acúfeno, así como otros malestares persistentes que generan dolores crónicos, suelen ser la antesala habitual de estas consultas. ¿Por qué estos pacientes suelen ser más dúctiles que otros para eludir el diagnóstico de un presunto trastorno mental en los servicios de atención médica? No concurren a un consultorio más que los pacientes somatoformes o hipocondríacos, que las personas con crisis de angustia o con algunas disfunciones de la personalidad. En su caso, no hay un exagerado dramatismo ni una extravagante presentación de los síntomas. Pero lo que sí tienen es una fachada de personas muy responsables, convincentes en sus argumentos, ajustados a un comportamiento adaptado socialmente.

El primer componente de cualquier exploración clínica es el análisis del contenido mental que conforma la demanda. En este caso, el paciente enuncia preocupaciones permanentes, formas rumiativas, una reiterada sensación de intranquilidad y un nerviosismo constante. Todas señales características del TAG y que concuerdan con lo que puede describirse en términos amplios, como "una personalidad ansiosa".

Respecto de la evolución del malestar, el paciente dice "no me acuerdo" respecto de cuándo comenzó. Es decir, tiene la representación que este tipo de padecimiento parece estar incorporado a su manera de ser, como un estilo que lo acompaña a lo largo de toda su vida. El factor desencadenante, en cambio, lo ubica, no con mucha precisión, en un período de alrededor de dos años atrás. Cree que en ese momento se ha desatado su malestar en la forma que hoy lo lleva a consultar, es decir, como una perturbación que se ha vuelto difícil de soportar. Un hecho importante en este punto, es la imprecisión del paciente respecto de esas circunstancias. A diferencia de los episodios de angustia, los episodios depresivos o los fenómenos traumáticos, en este caso el paciente describe una situación insidiosa, de progresión paulatina que se desparrama en la forma de un sufrimiento diferente al habitual. Lo que aparece en el desencadenante de su perturbación son temores con relación a situaciones de futuro (la posibilidad de que el padre se enferme o que la esposa deje de valorarlo), acompañados por vivencias de incompetencia. Esta representación alcanza, en esta persona, un nivel catastrófico global que alcanza al gobierno nacional. Esto no siempre toma un formato tan general, lo que puede servir, en este caso, como un indicador idiosincrásico.

Una observación marginal sobre la enfermedad del padre. Que el padre haya sufrido un infarto indica que su salud actual tiene un antecedente de riesgo importante. Esto muestra que el paciente selecciona para ejemplificar su preocupación un dato coherente, pero acompaña su relato diciendo estar "preocupado por lo que piensa", una exquisita referencia metacognitiva, donde nos muestra que el verdadero problema radica en la manera en que experimenta la acentuación de la preocupación y no el contenido de la preocupación misma.

La referencia al padre puede servir de conexión con aspectos dinámicos en la historia del paciente vinculados con la presión de mandatos familiares y sociales sobre el sistema de valoración de las responsabilidades que debe cumplir en la vida. La interpretación psicodinámica ha puesto el foco en el papel defensivo del TAG y aunque nuestro enfoque aborda el trastorno desde otra perspectiva, explorar dichos aspectos dinámicos puede resultar útil para ayudar al paciente a flexibilizar el peso de tales mandatos.

En ese preciso momento se dirige al terapeuta diciendo "no sé si me entendés". ¿Por qué habríamos de no entenderlo? ¿Qué le despierta esa duda? ¿Por qué necesita una confirmación? Creo que el paciente comienza a actualizar en ese instante la sensación de que la preocupación comienza a escalar y eso es lo que lo lleva a apelar al terapeuta como un interlocutor de su malestar. La preocupación no solamente escala, también se disemina en otras áreas de su vida. Mediante una conexión inarticulada pasa a otra preocupación: tiene miedo que la mujer lo pueda abandonar y, a continuación, teme que en el trabajo puedan tomar a mal sus actitudes. La escalada alcanza su punto máximo cuando expresa su preocupación por el estado económico del país y la fluctuación en la divisa del dólar (nueva generalización extrema).

Este fenómeno de aceleración será una de las razones que pueden conducirnos a introducir algún componente que ayude a favorecer la relajación del paciente. Le enseñaremos a monitorear estas escaladas y también le ofreceremos alguna técnica que lo ayude a frenar esa trepada de la ansiedad.

A continuación nos hace saber de otro síntoma que lo aqueja: las dificultades con la atención. Le cuesta mucho concentrarse y encuentra problemas con la memoria. Esa serie disfuncional converge en un ejemplo muy significativo, los problemas con la lectura. Nos cuenta que se ve afectado en una actividad que siempre fue placentera para él. Aquí nos encontramos con una asociación que tiene un tinte particularmente angustioso: la pérdida de control atencional y la afectación del ánimo expresadas en las dificultades para llevar a cabo actividades que resulten satisfactorias. Esto nos plantea la necesidad de una doble intervención: para mejorar la concentración atencional por un lado y para reforzar los aspectos motivacionales positivos por otro.

El trabajo atencional lo vincularemos con la aceleración antes mencionada. La relajación que el paciente puede necesitar requerirá alguna forma de entrenarlo para que pueda focalizar en el presente y aumente su contacto vivencial. Dependerá de la intensidad de los fenómenos observados y de las expectativas del paciente respecto de la terapia, el grado de primacía con que ubiquemos estas herramientas en el curso del tratamiento.

¿Cómo hemos de abordar el déficit de situaciones placenteras en que ha ido cayendo el paciente? No podemos soslayar que en el relato transcripto, las dificultades con el ánimo coinciden con la aparición de referencias a acciones vinculadas con prescripciones. El verbo "tener" aflora a la superficie narrativa: "tengo que hacer eso, tengo que ir a lavar el auto, tengo que solucionar un despelote en el laburo". En coincidencia con ello, es el momento en que la estructura del relato más se desorganiza. Esto se enlaza con un discurso interrogativo sobre la posibilidad de cometer errores. Un arco intencional vincula aquél déficit de placer con residuos de patrones de inseguridad. Estamos en un punto donde nos acercamos a la necesidad de explorar el papel que ocupan ciertos patrones primarios como base de su disfunción. Intervenciones para ayudarlo a revisar las representaciones del *self* y del núcleo de sus relaciones interpersonales pueden ayudar a mejorar los nudos de su problemática relacional.

El último tramo nos acerca un par de notas clínicas muy interesantes. Por un lado, nos relata la aparición de intrusiones de responsabilidad excesiva respecto del cumplimiento de sus tareas. Sabemos que es una creencia disfuncional muy importante en el TOC. Pero aquí podemos observar la diferencia, expresada entre otros, por la ausencia de conductas compulsivas. El paciente realiza además, en ese momento, una nítida distinción entre su pensamiento y su acción, algo que lo distingue claramente del mecanismo de fusión pensamiento-acción, característico de los pacientes con TOC (Van der Heiden et al., 2011). Si hubiera alguna necesidad de un diagnóstico diferencial al respecto, estas señas serían de mucha ayuda.

Los últimos párrafos se enfocan más fuertemente en el plano emocional. Un nuevo rasgo de su personalidad asoma en torno a la dimensión empática del *self*. El paciente nos testimonia que tiene una elevada necesidad de agradar. La ansiedad a la separación asociada con esa necesidad (que hace pie, por ejemplo, en su vínculo de pareja) y al juicio negativo de los demás refuerza la importancia de las dificultades interpersonales.

Las preocupaciones lo invaden y la angustia que le generan se canaliza a través de actitudes de evitación. Huye de encuentros laborales del mismo modo que podrá evitar, quizás, en el futuro, otras situaciones. Deberemos ayudarlo a revertir esos comportamientos proveyéndole estrategias afrontativas de exposición y de contacto experiencial.

Discusión

El material clínico ofrecido para mostrar el modelo que utilizamos en la terapia con pacientes que padecen TAG es muy rico y la presentación facilitó una buena exposición del modelo que utilizamos. No obstante, como ocurre con los ejemplos de esta naturaleza, no podemos dejar de observar en el material la falta de ciertas informaciones y sesgos en la selección de los datos. Esto no representa un déficit del material sino una posibilidad abierta para ilustrar aspectos específicos del modelo con que trabajamos. Veamos cuáles son los datos que hubiéramos buscado en una primera aproximación al caso presentado. Soslayamos la falta de referencias respecto a la actuación del terapeuta aunque damos por descontado que deben haber influido tanto en el contenido como en la secuencia de lo expuesto por el paciente. Hay tres áreas sobre las que se enfocaría nuestra exploración inicial.

Darío es una persona que, sin duda, muestra signos prototípicos de padecer un TAG. El material expuesto es sumamente rico de signos ilustrativos del trastorno y ello facilita identificar las notas prevalentes. Obviamente, al recortar la información a la autodescripción del paciente, una importante cantidad de datos no están presentes, datos que buscaríamos completar con nuestra exploración clínica (y con la aplicación de instrumentos). ¿Qué sería lo más importante a conocer de la vida de esta persona? La diversidad de respuestas a ese interrogante crecerá en la medida en que busquemos atravesar el plano sintomático y comportamental e intentemos aproximarnos al modo en que está organizada su experiencia. Los datos más relevantes dependerán de cada persona, de cada entrevista en particular y estarán sujetos siempre a procurar la mejor economía de medios para que la exploración sea lo más eficiente posible.

Algunas referencias parecen ser las más importantes en este caso. Nos resultaría importante indagar las circunstancias vinculadas a los factores desencadenantes y, en particular, un relevamiento de la situación vital del paciente en el período de dos años atrás, en torno al que ubica el inicio de la fase actual de su malestar. Querríamos conocer también cómo es el estilo de comunicación que predomina en la relación con su esposa y tomar contacto con la manera de interactuar que ha habido y que hay en su sistema familiar. No descartamos contactar a su esposa e instalar un componente vincular en el dispositivo terapéutico. También buscaríamos construir un relato de su biografía para conocer las líneas de desarrollo dominantes en su familia de origen. También tendríamos mucho interés en explorar el sentido de vida del paciente, realizando una disección de su sistema de valores, las metas que conforman su guión personal y el balance existencial en que se encuentra.

Como hemos señalado, el modelo de procesamiento que usaremos tiene una forma encarnada y esto significa que habremos de considerar de manera relevante no sólo el texto que recoge las verbalizaciones del paciente sino los demás componentes presentes en la comunicación. Atenderemos las señales no verbales, las manifestaciones del lenguaje corporal, gestual, expresivo y todas las marcas que transporten significados, que puedan ampliar nuestra información sobre el paciente y sobre su relación con el entorno.

El sesgo más fuerte de la presentación es la acentuación en los aspectos sintomáticos de la condición clínica. Podemos suponer que el paciente, de manera espontánea, ha conducido la entrevista en esa dirección, pero aún así, es probable que eso esté poniendo de manifiesto una concepción de la psicoterapia que se apoya en un modelo psicopatológico que le otorga a los síntomas el poder de organizar la comprensión y explicación de la experiencia disfuncional en general. El punto débil de ese enfoque es doble: por un lado, impulsa una visión reductiva de la experiencia disfuncional. Creo que podemos avanzar más y mejor hacia una práctica que enfatice el examen de la calidad del vida por sobre el despliegue sintomático. Por otro lado, desplazando el centro de la intervención hacia los aspectos más globales del funcionamiento podremos acceder a una concepción más integrativa de los trastornos que permita examinar cualquier patología a la luz de los procesos básicos neurobiológicos que la sustentan y de las condiciones socioculturales concretas que la modulan.

Referencias

Alsawy, S., Mansell, W., Carey, T.A., McEvoy, P. y Tai, S. (2014). Science and practice of transdiagnostica CBT: A Perceptual Control Theory Approach. *Int. J. of Cognitive Therapy, 7*, 334-359.

American Psychiatric Association. (2013). *Diagnostic and statistical manual of mental disorders.* (5th ed.). Washington DC: Author

Barlow, D. H. (2002). *Anxiety and its disorders: the nature and treatment of anxiety and panic.* New York: Guilford Press.

Barlow, D., Conklin, L.R. y Bentley, K.H. (2015). Psychological treatments for Panic Disorders, Phobias and Generalized Anxiety Disorders. En P.E.Nathan y J.M.Gorman (Eds): *A guide to treatments that work* (4th.ed.). Oxford: Oxford University Press.

Behar, E., DeMarco, I.D., Heckler, E.B., Mohlman, J. y Staples, A.; M. (2009). Current theoretical models of generalized anxiety disorder (GAD): Conceptual review and treatment implications. *J. of Anxiety Disorders, 23*, 1011-1023.

Beutler, L.E., Blatt, S.J., Alimohamed, S., Levy, K.N., y Angtuaco, L. (2006). Participant factors in treating dysphoric disorders. En L.G. Castonguay y L.E. Beutler, *Principles therapeutic change that work* (pp. 13-63). Oxford: Oxford University Press.

Borkovec, T. D., Newman, M. G., Pincus, A. L. y Lytle, R. (2002). A component analysis of cognitive-behavioral therapy for generalized anxiety disorder and the role of interpersonal problems. *Journal of Consulting and Clinical Psychology, 70*, 288–298.

Borkovec, T. D., Shadick, R., y Hopkins, M. (1990). The nature of normal and pathologial worry. En: R. Rapee, y D. H. Barlow (Eds.), *Chronic Anxiety and Generalized Anxiety Disorder.* New York: Guildford Press.

Brown, T.A. (2011). Límite entre trastorno de ansiedad generalizada y trastornos unipolares del estado de ánimo: resultados diagnósticos y psicométricos en muestras clínicas. En D.Goldberg, K.S.Kendler, P.J.Sirovatka y D.A.Regier: *Temas de investigación DSM-V.* Madrid: Editorial Médica Panamericana.

Carey, T., Mansell, W. y Tai, S.J. (2015). *Principles-based counselling and psychotherapy: a method of levels approach.* London, Routledge.

Casullo, M. y Perez, A. (1999/2008). *El inventario de síntomas SCL-90-R de L. Derogatis.* Facultad de Psicología, UBA. Recuperado de: http://www.fundacionforo.com/pdfs/inventariodesintomas.pdf

Clark, L.A., Watson, D., y Mineka, S. (1994). Temperament, personality and the mood and anxiety disorders. *Journal of Abnormal Psychology, 103*, 103-116.

Covin, R., Ouimet, A.J., Seeds, P.M. y Dozois, D.J. (2008). A meta-analysis of CBT for pathological worry among clients with GAD. *Journal of Anxiety Disorders, 22*, 108-116

Cuijpers, P., Sijbrandij, M., Koole, S., Huibers, M., Berking, M. y Andersson, G. (2014). Psychological treatment of generalized anxiety disorder: A meta-analysis. *Clinical Psychology Review, 34,* 130–140.

Dugas, M. J. y Ladouceur, R. (2000). Treatment of GAD: targeting intolerance of uncertainty in two types of worry. *Behavior Modification, 24,* 635–657.

Fernández-Álvarez, H., Hirsh, H., Maristany, M. y Torrente, F. (2005) *Propie-*

dades psicométricas del OQ-45.2 en la Argentina: un estudio piloto. Poster presentado en el 4° Congreso Mundial de Psicoterapia. Buenos Aires.

Fernández-Álvarez, H., Pérez, A., Fraga Míguez, M. (2009). Modelo de abordaje y diseño de tratamientos. En: H. Fernández-Alvarez, Integración y Salud Mental. El proyecto Aiglé 1977-2008 (2ª edición). Bilbao: Descleé De Brouwer.

Gerlach, A.L. y Stevens, S. (2014). Generalized anxiety disorder: Assessment and Treatment. En P. Emmelkamp y T. Ehring, The Wiley Handbook of Anxiety Disorders, Chichester: Wiley, 1003-1037

Grawe, K. (2007). Neuropsychotherapy. How the neurosciences inform effective psychotherapy. New York: Psychology Press

Hanrahan, F., Field, A.P., Jones, F.W. y Davey, G.C. (2013). A meta-analysis of cognitive therapy for worry in generalized anxiety disorder. Clinical Psychological Review, 33, 120-132.

Klein, D. N., Kotov, R. y Bufferd, S. J. (2011). Personality and Depression: Explanatory Models and Review of the Evidence. Annual Review of Clinical Psychology, 7, 269-295.

Längle y Kriz (2012). The renewal of humanism in european psychotherapy. Psychotherapy, 49, 430-436

Leichsenring, F., Klein, S. y Salzer, S. (2014). Psychodynamic therapy of anxiety disorders. En P.Emmelkamp y T.Ehring, The Wiley Handbook of Anxiety Disorders, Chichester: Wiley, 852-864.

Livesley, W. J. y Jackson, D. (2009). Manual for the dimensional assessment of personality pathology—basic questionnaire. Port Huron, MI: Sigma.

Manicavasagar, V., Silove, D., Wagner, R., Drobny, J.. (2012). Adult Separa-

tion Anxiety Questionnaire - ASA-27. Measurement Instrument Database for the Social Science. Recuperado de: www.midss.ie

Maristany, M. (2008). Diagnostico y evaluación de las relaciones interpersonales y sus perturbaciones. Revista Argentina de clínica psicológica, 17, 19-36.

Mennin, D. S. (2004). Emotion regulation therapy for generalized anxiety disorder. Clinical Psychology and Psychotherapy, 11, 17-29.

Newby, J. M., McKinnon, A., Kuyken, W., Gilbody, S., Dalgleish, T, (2015). Systematic review and meta-analysis of transdiagnostic psychological treatments for anxiety and depressive disorders in adulthood. Clinical Psychology Review, 40, 91 - 110.

Newman, M. G. y Anderson, N. L. (2007). Una revisión de la investigación básica y aplicada sobre el trastorno de ansiedad generalizada. Revista Argentina de Clínica Psicológica, 16, 7-20.

Newman, M. G. y Llera, S. J. (2011). A novel theory of experiential avoidance in generalized anxiety disorder: A review and synthesis of research supporting a contrast avoidance model of worry. Clinical Psychology Review, 31, 371-382.

Osbeck, L.M. (2009). Transformations in cognitive science: implications and issues posed. Journal of Theoretical and Philosophical Psychology, 29, 16-33.

Ozkan, M. y Altindag, A. (2005). Comorbid personality disorders in subjects with panic disorder: do personality disorders increase clinical severity?. Comprehensive Psychiatry, 46, 20-26.

Richaud de Minzi, M.C., Oros, L. y Lemos, V. (2006). Una adaptación preliminar a la Argentina del Inventario Clínico Multiaxial de Millon III. Revista Argentina de Clinica Psicologica, 15, 55-62.

Roemer, L. y Orsillo, S. M. (2005). An acceptance-based behavior therapy for generalized anxiety disorder. In: S. M. Orsillo y L. Roemer (Eds.), *Acceptance and mindfulness-based approaches to anxiety: conceptualization and treatment* (pp. 213–240). New York: Springer.

Rosellini, A.J. y Brown, T.A. (2011). The NEO Five-Factor Inventory latent structure and relationships with dimensions of anxiety and depressive disorders in a large clinical sample. *Assessment, 18*(1), 27-38.

Salzer, S., Pincus, A. L., Winkelbach, C., Leichsenring, F. y Leibing, E. (2011). Interpersonal subtypes and change of interpersonal problems in the treatment of patients with generalized anxiety disorder: A pilot study. *Psychotherapy, 48*, 304–310.

Sandín, B., Chorot, P. y McNally, R.J. (1996). Validation of the spanish version of the Anxiety Sensitivity Index in a clinical sample. *Behaviour Research and Therapy, 34*, 283-290.

Rutter, L.A. y Brown, T.A. (2015). Reliability and validity of the dimensional features of the generalized anxiety disorder. *Journal of Anxiety Disorders, 21*, 1-6.

Skodol, A.E., Grilo, C.M., Keyes, K.M., Geier, T, Grant, B.F., y Hasin, D.S. (2011). Relationship of personality disorders to the course of major depressive disorder in a nationally representative sample. *American Journal of Psychiatry, 168*, 257-264.

Spitzer R.I., Endicott, J. y Robins, E. (1975). *Research Diagnostic Criteria for a Selected Group of Functional Disorders*, 2nd. ed., New York: New York Psychiatric Institute.

Spitzer, R.L., Kroenke, K., Williams, J.B.W. y Lowe, B. (2006). A brief measure for assessing generalized anxiety disorder. *Archives of Internal Medicine, 166*, 1092-1097.

Startup, H. M. y Erickson, T. M. (2006). The Penn State Worry Questionnaire: Psychometric properties and associated characteristics. In G. C. L. Davey y A. Wells (Eds.), *Worry and psychological disorders: Theory, assessment, and treatment*. Chichester: Wiley.

The British Psychological Society (2011). *Good Practice Guidelines on the use of psychological formulation*. Recuperado de http://www.bps.org.uk/system/files/Public%20files/DCP/cat-842.pdf

Timulak, L. y McElvaney, J. (2016). Emotion-focused therapy for Generalized Anxiety Disorder: an overview of the model. *Journal of Contemporary Psychotherapy, 46*, 41-52.

Van der Heiden, C., Methorst, G., Muris, P. y Van der Molen, H.T. (2011). Generalized anxiety disorder: clinical presentation, diagnostic features and guidelines for clinical practice. *J.of Clinical Psychology, 67* (1) (58-73).

Wells, A. (2004). A cognitive model of GAD: Metacognitions and pathological worry. In R. G. Heimberg, C. L. Turk y D. S. Mennin (Eds.), *Generalized anxiety disorder: Advances in research and practice (pp. 164–186)*. New York: The Guildford Press

Wells, A. (2006). The Metacognitive Model of Worry and generalized anxiety disorder.En: G. Davey y A. Wells (Eds.), *Worry and its psychological disorders: theory, assessment and treatment (pp. 179–200)*. West Sussex: Wiley y Sons.

Wells, A. y Cartwright-Hatton, S. (2004). A short form of the metacognitions questionnaire: properties of the MCQ-30. *Behaviour Research and Therapy, 42*, 385-396.

Wolfe, B.E. (2005) *Understanding and Treating anxiety disorders*. Washington: American Psychological Association.

Trastorno de Ansiedad Generalizada: tratamiento farmacológico

Dra. Alicia Andrea Portela

Asociación Argentina de Trastornos de Ansiedad
y Hospital Interdisciplinario José T. Borda

Introducción

El Trastorno de Ansiedad Generalizada (TAG) se define como la experimentación de preocupación excesiva e incontrolable y ansiedad acerca de situaciones de todos los días que provocan malestar y discapacidad significativa. Como criterio diagnóstico, de acuerdo a la quinta edición del *Manual Diagnóstico y Estadístico de los Trastornos Mentales* (DSM-5, American Psychiatric Association, APA, 2013), debe estar presente la mayor parte de los días los últimos seis meses. Se debe acompañar de tres o más de los siguientes síntomas (uno solo en los niños): sensación de inquietud, fatigabilidad, dificultad en concentrarse o poner la mente en blanco, irritabilidad, tensión muscular y problemas del sueño. Los síntomas más persistentes y angustiosos son la preocupación excesiva, las dificultades en la concentración y los efectos de la activación somática. La preocupación incontrolable, "como hablándose a sí mismo" sobre la probabilidad de múltiples eventos negativos es la característica más llamativa del trastorno. Si bien hay evidencia creciente sobre el rol de los procesos cognitivos en mantener la preocupación incontrolable (Hirscha y Mathews, 2012), también hay evidencia sobre el impacto adverso de la preocupación sobre estos procesos (Hirscha y Mathews, 2012; Stahl, 2014).

El tratamiento farmacológico da lugar a una reducción significativa de los síntomas asociados, a una disminución del malestar y una mejoría en la calidad de vida. Los estudios clínicos proveen evidencia de la eficacia de la mayoría (pero no de todos) los antidepresivos, muchas benzodiacepinas, buspirona y pregabalina. Otros fármacos se utilizan en casos resistentes. Pero debido a las dificultades de realizar estudios clínicos de casos resistentes en general, las recomendaciones basadas en evidencia para estos casos son limitadas (Mula, Pini y Cassano, 2007).

La elección de un tratamiento en particular debe estar dictada por la evidencia de eficacia disponible de los fármacos, características clínicas del paciente (como contraindicaciones de tratamiento y el impacto esperado de los posibles efectos secundarios), tiempo de inicio de acción, la experiencia personal del médico y la disponibilidad local de cualquier intervención propuesta.

Durante mucho tiempo la farmacoterapia en TAG se limitaba al uso de benzodiacepinas. Este tratamiento se expandió primero con la aparición del agonista parcial de serotonina 5HT1A, buspirona en la década del ochenta. En los años noventa se amplió el espectro con la aparición de los agentes serotoninérgicos inhibidores de la recaptación de serotonina (IRSS), considerados ahora primera línea de tratamiento. Los hallazgos recientes se dirigen a nuevos blancos, o estrategias de aumentación con otras drogas.

En las guías de consenso de tratamiento, las estrategias se fundamentan en intervenciones según los niveles de evidencia y niveles de recomendación (Tabla 1).

Tabla 1. Criterios de niveles de evidencia y niveles de recomendación de las intervenciones.

Niveles de evidencia de las intervenciones	
Niveles de evidencia	Criterios
1	Metaanálisis o más de un estudio aleatorizado y controlado con placebo.
2	Por lo menos un estudio aleatorizado y controlado con placebo.
3	Ensayos no controlados con por lo menos diez sujetos.
4	Reportes anecdóticos u opinión de expertos.
Niveles de recomendación de las intervenciones	
Niveles de recomendación	Criterios
Primera línea	Nivel 1 o 2 de evidencia experiencia clínica de eficacia y seguridad.
Segunda línea	Nivel 3 de evidencia o alta experiencia clínica de eficacia y seguridad.
Tercera línea	Nivel 4 de evidencia o muy alta experiencia clínica de eficacia y seguridad.
No recomendado	Nivel 1 o nivel 2 de evidencia de falta de eficacia.

Las guías actuales de consenso para los tratamientos son:

1. The British Association of Psychopharmacology (BAP; Baldwin et al., 2005): Evidence-based guidelines for the pharmacological treatment of anxiety disorders: recommendations from the British Association for Psychopharmacology.
2. The National Institute of Clinical Excellence (NICE; Nelson, 2009): Tricyclic and tetracyclic drugs.

3. The World Federation of Societies of Biological Psychiatry (WFSBP; Bandelow et al., 2008): Guideliness for the pharmacological treatment of anxiety, obsessive-compulsive and posttraumatic stress disorders.
4. International Consensus Group on Depression and Anxiety (Ballenger et al., 2001): Consensus statement on transcultural issues in depression and anxiety from the International Consensus Group on Depression and Anxiety.
5. The Canadian Guideliness (Katzman et al., 2014): Canadian clinical practice guidelines for the management of anxiety, posttraumatic stress and obsessive-compulsive disorders.
6. Royal Australian and New Zealand College of Psychiatrists Clinical Practice Guidelines Team for Panic Disorder and Agoraphobia (2003): Australian and New Zealand clinical practice guidelines for the treatment of panic disorder and agoraphobia.
7. Centro de Investigaciones Médicas en Ansiedad (IMA; Cascardo y Resnik, 2012): Guía Centro IMA 2012 para el Tratamiento Farmacológico del Trastorno de Ansiedad Generalizada.

Muchas de estas guías se restringen a presentar la evidencia de los tratamientos, pero no ofrecen una discusión detallada o estrategias más allá del primer nivel de tratamiento. En la Guía de Tratamiento del Centro IMA de Buenos Aires, se realizan recomendaciones de segunda o tercera línea (Cascardo y Resnik, 2012).

Trastorno de Ansiedad Generalizada y depresión

La superposición entre TAG y trastorno depresivo mayor (TDM) es alta y bidireccional. Un análisis de cohorte de 1.037 individuos observados desde el nacimiento hasta los 32 años de edad, encontró que más del 70% de los pacientes con diagnóstico de ansiedad en algún momento de su vida también tenían un historial de depresión, y casi la mitad de las personas que tuvieron depresión en algún momento de su vida también tenía un historial de ansiedad (Moffitt et al., 2007). Lo que no siempre ha sido clara es la relación temporal entre los dos trastornos. Si bien se ha pensado que la ansiedad por lo general precede a la depresión, se demostró que, entre todos los pacientes con depresión, la mayoría de quienes desarrollan ansiedad lo hacen antes o simultáneamente con la depresión. Kessler et al. (2008) encuestaron 5.001 sujetos en un seguimiento de la "encuesta nacional de comorbilidad" y han demostrado que la depresión mayor y trastorno de ansiedad son más probables que se produzcan en el mismo año. Este hallazgo sugiere que los trastornos están relacionados de alguna manera, probablemente biológica, y sin duda fenomenológicamente. Genéticamente, TDM y

TAG están fuertemente relacionados y tienen en común una conexión con el rasgo temperamental neuroticismo. Se ha encontrado el genotipo "ss" (*short short*), en la forma polimórfica del gen de la proteína promotora del transportador de serotonina en pacientes con TAG y en el fenotipo temperamental de neuroticismo (Hettema, Prescott y Kendler, 2004; Lydiard, 2000; Pollack, 2009).

Patogénesis

Factores genéticos

Hay evidencia del aporte de factores genéticos en el desarrollo del TAG. Un estudio con criterios de diagnóstico DSM-IIIR de 3.100 pares de gemelos encontró aproximadamente 15% a 20% de heredabilidad para el TAG (Kendler, 1996). Los estudios demuestran una heredabilidad común con depresión mayor (Kendler, 1996) y con el constructo de personalidad neuroticismo (Hettema et al., 2004; Lydiard, 2000). La correlación genética entre el TAG y el neuroticismo es de 0.80. Si una correlación perfecta sería 1; esto indica que los genes que influyen en el neuroticismo también en gran medida lo hacen en el TAG. Como se ha adelantado, el candidato de mayor evidencia se asocia al polimorfismo del promotor del transportador de serotonina en su variante "ss" (*short-short*), que se ve más frecuentemente en pacientes con TAG. Las variaciones en dos subtipos de genes de la decarboxilasa del ácido glutámico pueden aumentar la susceptibilidad a trastornos de ansiedad, en especial TAG (Uhlenhuth et al., 1999).

Factores del neurodesarrollo

El TAG y otros trastornos de ansiedad se asocian a eventos traumáticos y estrés crónico en la infancia (Rynn et al., 2007). Cada vez más se evidencia el impacto de experiencias de vida estresantes especialmente cuando son crónicas y traumáticas en el desarrollo de trastornos de ansiedad en general. Parecen desencadenar una desregulación de sistemas de neurotransmisión, alteraciones de vías de transducción y remodelamiento de circuitos cerebrales. Provocarían una desregulación del sistema serotoninérgico, blanco de estudio que recibió atención en los trastornos de ansiedad. Esto se sostiene por la respuesta de antidepresivos inhibidores de la recaptación de serotonina (IRSS) y antidepresivos tricíclicos en reducir la ansiedad. La eficacia de estos agentes parece deberse a cambios en la expresión génica, con síntesis de proteínas, neuroplasticidad y nuevas conexiones sinápticas entre neuronas (Uhlenhuth et al., 1999).

Temperamento

El TAG se asocia fuertemente a temperamento con rasgos de neuroticismo (correlación = 0.80) y afecto negativo (Thasea et al., 2014). El neuroticismo es definido en forma sencilla como la predisposición a experimentar afecto negativo (McCrae y Costa, 1990). Como define Eysenck, los individuos de alto neuroticismo tienden a reaccionar emocionalmente de manera exagerada y a tener dificultades para volver al estado normal luego de una respuesta emocional (ver Eysenck, 1982). Esto se debe a una mayor labilidad y excitabilidad del sistema nervioso autónomo (SNA). El afecto negativo como es definido por Watson y Clark (1984) es más estrecho que el neuroticismo, pero involucra mucho más que un temperamento preocupado y tenso. Se trata de un conjunto de síntomas emocionales, somáticos y cognitivos como irritabilidad, preocupación, baja concentración, insomnio, fatiga, agitación psicomotora, llanto, sentimientos de inferioridad, culpa y baja autoestima. Este constructo se considera como un elemento común a la ansiedad y depresión. Resulta útil diferenciar ansiedad estado: sentimientos temporarios displacenteros de aprehensión, nerviosismo, preocupación y activación del sistema nervioso autónomo (SNA); y ansiedad rasgo: disposición a percibir situaciones como peligrosas y/o amenazantes y responder con frecuencia e intensidad con ansiedad estado. La ansiedad rasgo es la característica de TAG. Por esto se ha discutido sobre si el TAG no era una categoría de trastorno, sino una forma de personalidad.

Con relación a los constructos categoriales de trastornos de la personalidad, lo que se observa en general en los pacientes con TAG son patrones dependientes y evitativos. Ambos corresponden al grupo "C" del DSM-IV, compuesto por individuos "ansiosos o temerosos" (Portela, 2006).

Neurocircuitos y regulación emocional

Al evaluar cómo procesan la información los pacientes con TAG, hay sesgos vinculados a la utilización de recursos atencionales exagerados a estímulos amenazantes. Detectan amenazas rápida y efectivamente (Coles, Turk y Heimberg, 2007; Mackintosh et al., 2006) y tienen dificultad para despegarse de la activación cognitiva y neurovegetativa que las mismas provocan. Estos sesgos disminuyen con psicoterapia y farmacoterapia (Mitte et al., 2005; Mogg et al., 2004). Hay apoyo consistente a una teoría de una disfuncionalidad en la regulación emocional que se traduce en preocupación excesiva, concentración pobre, *mindsight* bajo y activación alta.

Los últimos descubrimientos en la neurobiología del TAG parecen indicar hipótesis que dan cuenta de modelos cognitivos actuales (Hilbert, Lueken y Beesdo-Baum, 2014). Las expectativas de aprehensión inducen hiperactivación prolongada de la amígdala central, lo que lleva a la hiperactividad autonómica y secreción de cortisol. Las preocupaciones surgen como estrategia de evitación cognitiva patológica y un intento de regular la activación autonómica (Borkovec, Alcaine y Behar, 2004)[1]. Pero como la modulación emocional por la corteza prefrontal ventrolateral (CPFVL) y la corteza cingulada anterior (CCA) esta desregulada, las preocupaciones parecen ser incontrolables en un nivel subjetivo y la hiperactividad autonómica y la secreción de cortisol se sostienen. Por el aumento de los niveles de cortisol crónico, la recaptación de serotonina se incrementa hasta su nivel máximo, lo que lleva a los cambios afectivos observados en el trastorno. Por otra parte, el aumento de la secreción de cortisol parece disminuir la conectividad funcional entre la amígdala y la corteza prefrontal (CPF), así como el volumen del hipocampo, favoreciendo aún más la falla en la regulación emocional y la ansiedad. Este modelo neurobiológico tentativo de TAG concuerda en parte con modelos psicológicos como la teoría de evitar la preocupación y el TAG (Borkovec et al., 2004) o el modelo de desregulación emocional (Mennin et al., 2005)[2]. El primero de estos hallazgos de la hiperactivación de la amígdala y el aumento de la secreción de cortisol, está en línea con la noción de hiperexcitación somática en el TAG. La asunción de que la preocupación impide la extinción del miedo y la habituación, concuerda con hallazgos recientes de disminución del volumen del hipocampo. La disfunción de la amígdala (NICE, s.f) en la hiperactivación emocional y la desregulación del cortisol están en línea con la hiperactivación emocional que se propone en el modelo de desregulación emocional. Además, el aumento de activación de la amígdala también se ha encontrado durante la atención y la tarea de vigilancia, que concuerda con el modelo de hipervigilancia a la amenaza. Finalmente, el hallazgo de una mayor activación de la corteza prefrontal (CPF), pero con conectividad amígdala-CPF reducida, puede estar relacionado con la noción de mala adaptación y desregulación emocional e ineficientes intentos de hacer frente y regular las emociones expresadas en el modelo. La relación entre los modelos y los datos sigue siendo, en cierta medida, especulativa (Hilbert et al., 2014).

---

1   NdeE: Para una descripción más extensa de la teoría de Borkovec y colaboradores, ver el capítulo de este libro "El modelo de evitación de contraste y la terapia de procesamiento emocional interpersonal", escrito por Newman y Llera.

2   NdeE: El modelo de Mennin se presenta en detalle en el capítulo de Renna, Quintero, Fresco y Mennin, "Terapia de regulación emocional: tratamiento para trastornos por distrés enfocado en sus mecanismos".

Estructuras y neurotransmisores

Los circuitos neuronales asociados con los trastornos de ansiedad incluyen amígdala, corteza frontal e hipotálamo. Estas estructuras reciben aferencias ascendentes de las vías serotoninérgicas originadas en los núcleos del rafe dorsal (NRD) y con esta aferencia forman la vía núcleos rafe dorsal-cortico-límbica. Es un componente crítico en la red asociada a la regulación del estrés y la respuesta emocional (Hale, Shekhar y Lowry, 2012). La desregulación de esta vía se asocia a trastornos psiquiátricos relacionados con el estrés como la ansiedad y depresión. En la investigación de disfunción de neurotransmisores se han implicado los sistemas gabaérgicos/benzodiacepínicos, serotoninérgicos y noradrenérgicos.

Serotonina

Disfuncionalidad 5-HT. Algunos trastornos psiquiátricos entre los que se encuentran los trastornos de ansiedad pueden relacionarse con señalamiento alterado del receptor 5HT2-A desde el prosencéfalo. Es importante comprender la expresión del receptor 5HT2 en amígdala y su funcionalidad en esta estructura, ya que la excitabilidad neuronal y plasticidad en amígdala es un fenómeno común a muchos trastornos de ansiedad y parece relacionarse con la expresión de síntomas relacionados con condiciones relacionadas con el estrés. Como el receptor 5-HT2 tiene en amígdala un rol modulatorio importante en las respuestas de miedo y estrés, la desregulación del mismo puede asociarse a trastornos de ansiedad. Los receptores 5-HT2C tienen también alta expresión en amígdala (Wenzel-Seifert, Wittmann y Haen, 2011). Los receptores 5-HT2A están localizados en soma y dendritas de células tipo interneuronas en amígdala basolateral (BLA), y raramente en neuronas piramidales de BLA, mientras que el receptor 5-HT2C parece expresarse primeramente en células piramidales. Por esto se supone que inducen neuromodulación diferencial. Mientras que los receptores 5-HT2A parecen participar en la neuromodulación inhibitoria del circuito amigdalino, facilitando acción del GABA, con efecto ansiolítico. La activación de receptores 5-HT2C en BLA, induce comportamientos tipo ansiedad en animales, sugiriendo que la activación de este receptor aumenta la neuroexcitabilidad en amígdala. Podría jugar un rol modulatorio promoviendo la función excitatoria vía NMDA (glutamato) en células piramidales de la amígdala.

Efectos sobre neuroplasticidad y estrés. Se cree que la inervación serotonérgica de la amígdala e hipocampo (HPC) por el rafe dorsal media los efectos ansiogénicos vía el receptor 5HT2. En contraste, la inervación del HPC vía rafe medial a través del receptor 5HT1A facilita la desconexión entre eventos actuales y traumáticos originales y previene formación de nuevas asociaciones. El receptor 5HT2A se relaciona con la regulación descendente del factor neurotrófico cerebral BDNF. El estrés agudo o crónico puede provocar una reducción en la síntesis de este factor neuroprotector con consecuencias tales como reducción del tamaño del hipocampo, en formas extremas como el estrés postraumático. Y el bloqueo del receptor 5HT2A disminuye significativamente este efecto. Los agonistas 5HT1A, por el contrario, aumentan la neurogénesis. Todo lo expuesto da cuenta del mecanismo relacionado con la neurogénesis en el HPC reducido en pacientes con ansiedad y depresión, efecto que se revierte con fármacos como los inhibidores de la recaptación de serotonina (IRSS). *Los fármacos que modulan los efectos de 5-HT2A y 5-HT2C en BLA tienen acción terapéutica en trastornos de ansiedad.*

En resumen, alteraciones del señalamiento de receptores 5-HT2, particularmente receptor 5-HT2A en la amígdala, pueden contribuir a la patogénesis de trastornos de ansiedad.

Noradrenalina. Hay acción ansiogénica y ansiolítica de drogas que actúan en el sistema nervioso central cuando intervienen en la actividad del locus coereleus (LC). Los niveles de noradrenalina (NA) y sus metabolitos en orina, plasma y líquido cefalo-raquídeo (LCR) están elevados en pacientes con trastorno de pánico (TP), trastorno por estrés postrumático (TEPT), fobias específicas, TAG y trastorno de ansiedad social (TAS) (Abelson et al., 1991). La NA modula otros neurotransmisores primarios del sistema nervioso central. Se investigaron posibles anormalidades en los niveles de NA y sus metabolitos en pacientes con TAG con resultados diversos en distintos estudios. Encontraron alteraciones en receptores α2 relacionados al núcleo locus coereleus. Los inhibidores de la recaptación de NA tienen efectos ansiolíticos, ejemplo venlafaxina (Davidson et al., 1999).

Las interrelaciones entre el sistema noradrenérgico y serotoninérgico tienen un papel en la ansiedad y en los mecanismos de acción de los antidepresivos. Las proyecciones entre locus coereleus (LC) y núcleos dorsales del rafe (NDR) regulan la liberación de NA y serotonina (5HT). La serotonina inhibe el *firing* del LC de NA y modula la liberación de 5HT del rafe dorsal. Un balance entre ambos, estabiliza el disparo de locus coereleus. Las proyecciones excitatorias del LC al rafe dorsal parece ser importante en la liberación de serotonina observada en corteza prefrontal (CPF), amígdala e hipotálamo en respuesta a estímulos ansiogénicos. Las proyecciones del rafe dorsal se dirigen a LC y son inhibitorias sugiriendo un mecanismo *feedback*.

En términos de funcionalidad la serotonina actuaría más en la conducta castigada que inhibe la acción y tiene más probabilidad de generar ansiedad a diferencia de la conducta no recompensada, vinculada más a la noradrenalina, asociada a la atención y la hiperactivación. La inhibición de la conducta ocurre a niveles altos de ansiedad. Por eso las proyecciones serotoninérgicas inhibirían más la acción y las noradrenérgicas se vincularían más a activación y atención.

Eje Hipotálamo Hipofisiario Adrenal (HHA). El HHA es la vía principal por la que el estrés ejerce sus efectos en el cerebro y el resto del organismo. El hipotálamo es un centro de integración de función neuronal y endócrina en funciones autonómicas incluyendo el comportamiento de activación y alimentación. Hay fenotipos neuronales diferentes y de neurotransmisión que juegan rol en mantener homeostasis en el enfrentamiento de los desafíos internos o externos agudos o crónicos. Además de múltiples neuropéptidos, monoaminas, sistemas colinérgicos y purinérgicos, incluyendo la serotonina que juega un rol crítico en la respuesta defensiva a estímulos ambientales estresantes y homeostasis de la energía. El núcleo paraventricular (PVN) de hipotálamo segrega factor liberador de corticotrofina (CRF), llave en la mediación de la respuesta de estrés, y recibe inervación densa de vías serotoninérgicas. Este núcleo expresa receptores 5-HT2A y 5-HT2C y la secreción de CRF parece estar regulada por ligandos de receptores 5-HT2A y 5-HT2C. La desregulación del sistema del receptor 5-HT2 y el PVN están implicadas en los trastornos de ansiedad y numerosos trastornos afectivos con pérdida de homeostasis de energía.

El estrés crónico o traumático, factor etiológico primario en muchos trastornos de ansiedad, desciende el señalamiento o neurotransmisión central de 5-HT2A en hipotálamo, y en otras regiones del procenséfalo, sugiriendo que el estrés induce ciertas anormalidades fisiológicas asociadas con la ansiedad posiblemente a través de este efecto del señalamiento HT-2A en hipotálamo.

Corticotrofina (CRH) y eje HHA. Tiene una rica distribución fuera del hipotálamo. Los receptores de CRH se encuentran en hipófisis, corteza, núcleos de amígdala, locus coereleus (LC) y regiones del hipotálamo. Aumentan la actividad del LC y la inyección local de CRH en LC aumenta respuestas comportamentales consistentes con aumento de ansiedad. Actúa como un neurotransmisor mediador de miedo frecuentemente co-localizado. Los antagonistas de CRH tienen efecto ansiolítico en modelos animales. Antalarmina antagonista oral de CRH reduce la respuesta de miedo y ansiedad en modelos animales. Los antidepresivos producen un aumento tanto del número como de la capacidad funcional de los receptores a glucocorticoides en regiones fundamentales de regulación del eje HPA como hipocampo y núcleo paraventricular (NPV) del hipotálamo, normalizando el apagado del eje en la depresión mayor.

Glutamato. El glutamato media la neurotransmisión excitatoria del cerebro. Junto con el GABA, modula el funcionamiento del resto de los sistemas de neurotransmisión. Es potenciador a largo plazo de la neuroplasticidad en hipocampo (mecanismo importante en la fisiopatología de la ansiedad). El estrés activa el sistema glutamatérgico cortical y límbico. En modelos animales que relacionan el estrés con la depresión muestran un incremento de la expresión genética de la subunidad NR1 del receptor de glutamato (NMDA) en el aréa tegmental ventral (ATV) y aumentos regionales de la función glutamatérgica en otros sitios. La lamotrigina (antagonista NMDA) resultaría útil en los trastornos de ansiedad, ya que disminuye la liberación de glutamato en hipocampo.

GABA. Hay reducción de los sitios de unión a benzodiacepinas en plaquetas y linfocitos en pacientes con TAG que se incrementa luego de la administración de diazepan (Ferrarese et al., 1990; Garvey et al., 1995; Wade, Michael Lemming y Bang Hedegaard, 2002). El GABA es el neurotransmisor inhibitorio más distribuido en el sistema nervioso central y maneja la excitabilidad neuronal. Se encontraron concentraciones anormales o bajas en varios trastornos neuropsiquiátricos, entre ellos epilepsia, trastornos de ansiedad, depresión y adicción a drogas. Por lo que se considera racional pensar los anticonvulsivantes que elevan niveles GABA en epilepsia y trastornos de ansiedad.

Tratamiento farmacológico

Desde el punto de vista farmacológico, el blanco terapéutico es la neurotransmisión gabaérgica, serotonérgica, noradrenérgica y, por último, glutamatérgica. Entre los fármacos recomendados por los expertos se incluyen las benzodiazepinas de alta potencia, fundamentalmente el clonazepam y el alprazolam. Su mecanismo de acción es el agonismo del receptor GABA-A por modulación alostérica. Pero sin duda, los fármacos más eficaces y recomendados por la *Food and Drug Administration* (FDA) e incluidos en las guías internacionales para el tratamiento de los pacientes con TAG son los inhibidores selectivos de la recaptación de serotonina (IRSS) con mayor evidencia en escitalopram, paroxetina, sertralina y entre los antidepresivos duales, la venlafaxina de liberación prolongada (XR) y la duloxetina. La agomelatina se posiciona también con altos niveles de evidencia (Mula et al., 2007). Estas moléculas actúan sobre el transportador de serotonina en su recaptación (SERT) modificando la neurotransmisión serotonérgica y la acción del neurotransmisor sobre los receptores 5HT1A y 5HT2 relacionados con la fisiopatología de la ansiedad excesiva.

Primera línea de tratamiento: antidepresivos

Los inhibidores selectivos de la recaptación de serotonina (ISRS) y los inhibidores de la recaptación de serotonina y noradrenalina (IRSN) son considerados como farmacoterapia de primera línea para el TAG. La eficacia está comprobada en niños y adolescentes (Mula et al., 2007). Pero deben ser recetados en los niños y adolescentes sólo cuando han fracasado los tratamientos psicológicos y por psiquiatras experimentados en esta población.

Teniendo en cuenta la alta prevalencia de comorbilidad con depresión es una ventaja que estos sean de primera línea ya que tratan ambas condiciones y las benzodiacepinas no son efectivas en el tratamiento de la depresión como monoterapia.

Los IRSS que han mostrado eficacia en ensayos clínicos de TAG son: paroxetina (Pohl et al., 2005; Portela, 2006), sertralina (Allgulander et al., 2004), citalopram y escitalopram (Davidson et al., 2004). A través de ensayos no controlados y la experiencia clínica se sugieren fluoxetina y fluvoxamina. Se necesitan tratar 5 pacientes con TAG con antidepresivos para que uno alcance respuesta clínica (NNT: 5; Kapczinski et al., 2003). Los IRSN aprobados son venlafaxina de liberación extendida y duloxetina. Hay una escasez de datos disponibles que comparen directamente diferentes IRSS para el TAG. Los ensayos han demostrado que por lo general todos los IRSS estudiados tienen el mismo grado de eficacia, con tasas de respuesta de aproximadamente el 60 a 70%, frente a un 40 % para el placebo. En consecuencia, seleccionar qué IRSS administrar se guía más por el perfil de efectos secundarios que por informes publicados de eficacia.

La preferencia en cuanto a con cuál comenzar, dentro de los fármacos de eficacia comprobada, debe basarse en el perfil de efectos adversos, interacciones farmacológicas o historia de tratamientos previos, así como la preferencia del paciente. Cuando los ISRS y los IRSN se utilizan para el TAG, se administran a las mismas dosis que las utilizadas para el tratamiento de la depresión mayor, con la misma expectativa de tiempo hasta la respuesta (4 a 6 semanas) y con las mismas precauciones (Mula et al., 2007).

Inicio y administración. Se recomienda iniciar el tratamiento con dosis bajas para evitar efectos de activación de inicio, que son mal tolerados en pacientes con sensibilidad a la ansiedad. En pacientes mayores y aquellos con sensibilidad a síntomas de inicio se aconseja iniciar con la mitad de la dosis de inicio habitual. En la Tabla 2 se puede ver el nivel de evidencia, dosis de inicio y rango de dosis recomendadas de los distintos fármacos para el TAG, incluyendo los antidepresivos. Lo ideal es la administración en la mañana para evitar el efecto secundario de insomnio. Si el paciente manifiesta sedación diurna o mareo es aconsejable rotarlo a una toma nocturna. La sertralina es el único cuya absorción aumenta cuando se toma junto a los alimentos. Otros pueden aconsejarse tomarlo con alimentos, no para aumentar su absorción, sino para prevenir malestar gastrointestinal.

Debe informarse al paciente de posibles efectos de las primeras dos semanas y que la respuesta puede demorar varias semanas e investigar si hay toma de otros fármacos que puedan asociarse a síndrome serotoninérgico. Además, se debe comunicar que la discontinuación puede ir acompañada de síntomas de disforia, gastrointestinales y/o mareos. Esto es más frecuente en fármacos con vida media corta como paroxetina y muy infrecuente en fármacos con vida media larga como fluoxetina.

Tabla 2. Niveles de evidencia, rango de dosis, estrategias de titulación de los distintos fármacos para el TAG (Bandelow et al., 2008, 2012).

	Nivel de evidencia	Rango de dosis	Estrategia de titulación
Escitalopran	1	5-20 mg	10 mg cada 1 a 2 semanas
Paroxetina	1	10-50 mg	10 mg cada dos semanas
Setralina	1	25-200 mg	25-50 mg cada 1 a dos semanas
Duloxetina	1	30-120 mg	30 mg cada 2 semanas
Venlafaxina XR	1	37.5 - 150 mg	Llegar a 75 mg a la semana y 150 mg a las 4 semanas
Agomelatina	1	25-50 mg	Inicio 25 mg a las dos semanas aumentar 50 mg
Pregabalina	1	150-600 mg	75 mg cada dos semanas
Valproato	2	250-1500 mg	500 mg semana 1 y 500 cada 4 semanas
Alprazolam	1	0.25-3 mg	0.25 mg cada 4 días
Clonazepam	3	0.25-4 mg	0.25 mg cada 4 días
Imipramina	1	25-150 mg	25 mg cada 2 a 4 semanas
Clomipramina	4	25-150 mg	25 mg cada 2 a 4 semanas
Buspirona	1	5-30 mg	5 mg cada 5 días
Hidroxicina	1	25-100 mg	25 mg cada 2 a 4 semanas
Quetiapina	2	25-150 mg	25 mg cada 2 a 4 semanas

Las dosis terapéuticas que pueden verse en Tabla 2 suelen ser las mismas que las de la depresión. El tiempo de latencia –o sea, de inicio del efecto clínico– es variable, pero suele ser aproximadamente de cuatro semanas. Por lo que durante este período es frecuente usar benzodiacepinas en forma transitoria por su acción inmediata y para atenuar síntomas de activación. Luego de cuatro semanas si la respuesta fue parcial se puede incrementar la dosis lentamente. Si no muestra ninguna respuesta después de seis a ocho semanas, con dosis adecuadas, puede descenderse la dosis para cambiar a otra medicación.

Farmacología de los antidepresivos. El desarrollo de los mismos procede de diferentes fases históricas, la fluoxetina se sintetizó en 1972 y fue aprobada en Estados Unidos por FDA para depresión mayor en 1987. Fue seguida de sertralina en 1991, paroxetina en 1993, citalopram en 1998 y escitalopram en 2002. El mecanismo de acción es a través de la modulación de la actividad serotoninérgica. Son selectivos porque tienen relativamente poca actividad para otros receptores. Inhiben la acción del SERT (transportador de serotonina) entre el 60 y 80% (Allgulander, Hackett y Salinas, 2001; Andersohn et al., 2009). Esto aumenta el tiempo de biodisponibilidad de la serotonina en la sinapsis y de la ocupación de los receptores postsinápticos. Pero los efectos terapéuticos no aparecen hasta de tres a seis semanas de inicio del tratamiento. Los IRSN bloquean inicialmente los canales de recaptación presinápticos serotoninérgico y noradrenérgicos, lo que da lugar a un aumento de la estimulación postsináptica como mecanismo de acción inicial. Varían en su afinidad por los transportadores. Venlafaxina a bajas dosis actúa casi solo sobre el transportador de serotonina y a dosis mayores actúa recién sobre ambos canales de recaptación (serotoninérgicos y noradrenérgicos, acción dual). Duloxetina tiene acción dual desde dosis bajas. No tienen efectos sobre receptores dopaminérgicos, colinérgicos, histaminérgicos o alfa1-adrenérgicos. Pero estimulan receptores noradrenérgicos en el sistema nervioso simpático, lo que hace que descienda relativamente el tono parasimpático, con ciertos efectos anticolinérgicos (constipación, sequedad de boca y retención urinaria).

Efecto de los antidepresivos. Mecanismo de acción general de los antidepresivos. En un primer momento el inicio de la acción se basa en las acciones pre sinápticas que son la inhibición de la recaptación neuronal tipo I o la inhibición de la enzima monoaminoóxida en el caso de los inhibidores de la MAO (IMAO). Otro grupo de drogas bloquea los autorreceptores ubicados en la pre sinapsis que inhiben la liberación del neurotransmisor. A través de estos mecanismos se potencia y prolonga el efecto de las monoaminas en el espacio sináptico. Pero es en el tratamiento sostenido en donde se revertirían los efectos del estrés sobre la estructura y funcionalidad de los neurocircuitos. Esto se produce a través del aumento de la expresión o síntesis de proteínas neurotróficas, entre ellas en especial el Factor Neurotrófico Cerebral (BDNF) y su receptor Tirosin Kinasa B (TrK B), con efectos neuroplásticos de potenciación a largo plazo (LTP), ya que el BDNF promueve la supervivencia celular por aumento de proteínas protectoras que mejoran la plasticidad neuronal e inactivas proteínas proapoptóticas (apoptosis o muerte neuronal programada). El efecto se inicia posterior a el aumento del neurotransmisor en el espacio sináptico con activación de receptores acoplados a proteína GS (β Adrenérgicos y algunos receptores serotoninérgicos) lo que modifica la señalización postsináptica intracelular de AMPc que activa la enzima proteinkinasa A (PKA) dependiente del AMPc. En el tratamiento crónico, la translocación de PKA a núcleo celular provoca fosforilación y activación de una proteína llamada CREB porque se une al sitio CRE (elementos de respuesta al cíclico), intensificando así la acción de los genes que tengan dicho sitio en su porción regulatoria. El gen para BDNF contiene en su región promotora un CRE, por lo que aumenta su síntesis. Los antidepresivos también inducen al receptor para el BDNF, tirosinkinasa B (TRK B). *En síntesis, hay un aumento de expresión de BDNF y de su receptor en regiones límbicas, en especial en áreas del hipocampo que incluyen neuronas piramidales del área CA3 y células granulares del giro dentado. Las neurotrofinas ejercen sus efectos como promotoras de la supervivencia celular y manteniendo las funciones de la neurona adulta y su diferenciación en el desarrollo.*

Farmacocinética de los antidepresivos. Se absorben bien en el tracto gastrointestinal alcanzando un pico plasmático entre la hora y las ocho horas. La comida generalmente no afecta su absorción. En los IRSN los alimentos descienden la velocidad de absorción, pero no la absorción total. En general al administrarlos con comida descienden las náuseas que es uno de los efectos adversos más frecuentes. Se unen a proteínas y por su liposolubilidad atraviesan la barrera hematoencefálica (BHE). El metabolismo y eliminación ocurre mayormente en el hígado. Generan metabolitos activos. La vida media de eliminación es aproximadamente 4 a 16 días. Pueden inhibir enzimas del citocromo P450 causando interacciones farmacológicas. Citalopram y escitalopram son los que menos inhiben estas enzimas siendo de elección en pacientes que toman otras medicaciones. La sertralina es otra alternativa. Duloxetina es un inhibidor moderado de citocromo P450 enzima CYP2D6, por lo que puede interactuar con otros fármacos. En cambio, desvenlafaxina y venlafaxina no lo inhiben o solo en forma moderada. Están contraindicados en pacientes que reciben inhibidores de la monoamino oxidasa (IMAO) en las dos semanas previas por el riesgo de síndrome serotoninérgico. Si el paciente está suspendiendo IRSN y empieza IMAO debe esperar una semana. Debe usarse con precaución con fármacos serotoninérgicos (litio, IRSS y clorimipramina).

Entre las numerosas interacciones potenciales entre fármacos que pueden ocurrir con los ISRS hay que considerar la interacción entre el tamoxifeno y paroxetina o fluoxetina. El tamoxifeno se utiliza para tratar o prevenir la recurrencia de cáncer de mama y es un pro fármaco que se metaboliza por el citocromo P450 2D6 en el metabolito activo. Aunque una revisión concluyó que la paroxetina y la fluoxetina no deben ser prescritos a los pacientes que reciben tamoxifeno, los estudios más recientes indican que la importancia clínica de las interacciones fármaco-fármaco no están claras.

Tabla 3. Efectos adversos antidepresivos.

Droga	Efectos antico-linérgicos	Somno-lencia	Insomnio / agitación	Hipotensión ortostática	Prolonga-ción QT	Males-tar GI	Aumento peso	Disfunción sexual
Citalopram	0	0	1+	1+	1+	1+	1+	3+
Escitalpram	0	0	1+	1+	1+	1+	1+	3+
Fluoxetina	0	0	2+	1+	1+	1+	1+	3+
Fluvoxamina	0	1+	1+	1+	0 a 1+	1+	1+	3+
Paroxetina	1 +	1+	1+	2+	0 a 1+	1+	2+	4+
Sertralina	0	0	2+	1+	0 a 1+	2+	1+	3+
Desvenlafaxina	0	1+	2+	0	0	2+ al inicio 1+ a la semana	0	
Duloxetina	0	0	2+	0	0	2+	0	3+
Venlafaxina	0	1+	2+	0	1+	2+ y en liberación extendida 1+	0	0
Mirtazapina	1+	4+	0	0	1+	0	4+	1+
Agomelatina	0	1+	1+	0	0	1+	0	0 a 1+
Vilazodona	0	2+	2+	0	0	4+	0	2+
Clorimipramina	4+	4+	1+	2+	2+	1+	4+	ND
Imipramina	3+	3+	3+	1+	3+	1+	4+	3+
Fenelzina	1+	2+	1+	1+	0	1+	2+	4+
Tranilcipromina	1+	1+	2+	2+	0	1+	1+	4+

Nota. Escala: 0 = nada, 1+ = bajo, 2+ = leve, 3+ = moderado, 4+ = alto, ND = no datos adecuados; Riesgo de prolongación QTc o torsión de puntas que también aumenta con edad, género femenino, enfermedad cardíaca, síndrome QT prolongado congénito, hipokalemia, hipomagnesemia, concentraciones séricas elevadas, o combinación de drogas que prolongan QT. Por los reportes de prolongación QTc y arritmia la dosis máxima recomendada en pacientes con riesgo de arritmia en citalopram es 20 mg. Todos los IRSS e IRNA se asocian con náuseas y malestar gastrointestinal transitorio cuando se inicia el tratamiento o se incrementa la dosis. Sertralina se asocia a riesgos mayores de diarrea. Agomelatina puede ser hepatotóxica y está contraindicada en algún grado de disfunción hepática y requiere monitoreo de transaminasas. Venlafaxina puede provocar aumento de tensión arterial (diastólica) y frecuencia cardíaca dependiendo de la dosis, requiere monitoreo. Vilazodona se asocia a más frecuencia de náuseas, vómitos y diarrea (Howland, 2011; Nelson, 2009; Serretti y Chiesa, 2011; Wenzel-Seifert, Wittmann y Haen, 2011).

Efectos adversos. Los efectos adversos de los IRSS son similares, pero algunos tienden a tener un perfil específico (Ver Tabla 3). Por eso algunos pacientes que no toleran un IRSS toleran otro. Algunos efectos secundarios interfieren con la calidad de vida y adherencia a la medicación del paciente (Tyrer, Seivewright y Johnson, 2003). Los efectos secundarios comunes incluyen disfunción sexual, alteraciones gastrointestinales (náuseas y diarrea), el insomnio y síntomas de discontinuación al interrumpir el tratamiento. Pueden causar interacciones con otros medicamentos, aumento de peso, y agitación y/o hiperactivación. Con IRSN son frecuentes náuseas, mareos, insomnio, sedación, estreñimiento y sudoración. La venlafaxina puede aumentar la presión arterial, por lo general en una pequeña medida. Las tasas de 3 a 7 por ciento se han visto en dosis de 100 a 300 mg/día, mientras que la incidencia del aumento de la presión arterial fue del 13 por ciento, a dosis diarias mayores a 300 mg/día. Por lo que se recomienda controlar tensión arterial en pacientes con dosis superiores a 150 mg. En cuanto a la esfera sexual hay reportes de infertilidad masculina. Se ha visto en algunos estudios con paroxetina (Mahableshwarkar et al., 2014; Márquez, 2014). La disfunción sexual es otro efecto frecuente que a veces lleva a modificar el antidepresivo utilizado (Croft et al., 1999; Secher et al., 2009). El aumento de peso depende del fármaco y el tiempo de tratamiento. En dos a tres meses causan poco cambio o ninguno, pero no son los tiempos apropiados de tratamiento y hay que tener en cuenta que son tratamientos prolongados. La menos asociada a este efecto parece ser fluoxetina y paroxetina parece ser la más asociada. Se lo ha asociado a la remisión de la depresión con aumento del apetito junto a bajo peso al inicio del tratamiento, pero parece ser efecto de cambios en la actividad del receptor 5HT2C o a un componente genético del gen de la catecol-O-metiltransferasa (Schatzberg, 2000). El aumento de peso asociado a IRSS puede dar lugar a un aumento de riesgo de diabetes mellitus (Andersohn et al., 2009). Algunos estudios observacionales asociaron los IRSS a sangrado anormal. Las complicaciones descriptas son sangrado digestivo, accidente cerebro vascular, sangrado posparto e intraoperatorio, pero mayor en pacientes que tomaban antiinflamatorios no esteroides o anticoagulantes. La explicación biológica parece ser la disminución de concentraciones de serotonina intraplaquetaria que afectaría la agregación plaquetaria. Estudios observacionales lo han asociado a movimientos anormales incluyendo acatisia, disquinesia, distonías, parquinsonismo, temblor, disquinesia tardía y bruxismo. Nausea y sedación son más frecuentes con paroxetina, diarrea con sertralina, activación con fluoxetina y sertralina. Reducir la dosis o dividirla puede ayudar a aliviar los síntomas. Suelen tener efecto de tolerancia a este efecto adverso, pero esta tolerancia puede tardar varias semanas en aparecer. No hay evidencia clara si los IRSS o los antidepresivos en general incrementan el riesgo suicida. Parece haber un mayor riesgo entre los 18 y 24 años. Pueden prolongar en el electrocardiograma el intervalo QT corregido (Weizman et al., 1987). En un metanalisis de diez ensayos (n = 2599) se asoció a un aumento de 6 milisegundos y dosis dependiente (Beach et al., 2014). El que más lo provocó fue citalopram en forma de dosis dependiente.

Son seguros en sobredosis, con dosis treinta veces mayor a la habitual puede haber mareos, temblor o síntomas gastrointestinales, y pueden provocar síndrome serotoninérgico. Este es un síndrome potencialmente letal, causado por la sobreestimulación central del sistema serotoninérgico.

Generalmente resulta de la interacción de otros fármacos que actúan sobre los receptores 5HT. Pero también puede aparecer al inicio del tratamiento luego de una única dosis, aunque es muy poco frecuente. Los síntomas incluyen ansiedad, agitación, *delirium*, diaforesis, taquicardia, hipertensión, hipertermia, malestar gastrointestinal, temblor, rigidez muscular, mioclonías e hiperreflexia.

Estudios de eficacia en TAG

Escitalopam. De eficacia comprobada en estudios a doble ciego y controlados con placebo (Davidson et al., 2004; Goodman, Bose y Wang, 2002, 2005; Unschuld et al., 2009). En todos los estudios el escitalopram tuvo una eficacia significativamente superior que el placebo. Los eventos adversos más comúnmente reportados en comparación con el grupo placebo fueron las náuseas (18.2% vs. 7.5%), los trastornos eyaculatorios (14.3% vs. 1.5%), la disminución de la libido (6.8% vs. 2.1%), la anorgasmia (5.7% vs. 0.4%), la fatiga (7.7% vs. 2.1%) y el insomnio (11.9 vs. 5.6%). El empleo de una dosis fija de 10 mg/día produce una disminución sintomática significativa desde la primera semana del tratamiento. La dosis es de 10 a 20. Tiene una farmacocinética favorable para pacientes con polimedicación (Davidson et al., 2004; Davidson, Bose y Wang, 2005).

Paroxetina. Como ejemplo, el ensayo más grande que compara paroxetina a dos dosis fijas de 20 y 40 mg con placebo en 566 pacientes con TAG, luego de ocho semanas ambos grupos redujeron los síntomas en forma significativa comparados con placebo (62 y 68 % versus 46% el placebo). Las tasas de remisión fueron de 30, 36 y 20% respectivamente (Bielski, Bose y Chang, 2005). Las diferencias entre ambas dosis, como se ve, no fueron significativas. La eficacia de la paroxetina a largo plazo se estableció en un estudio controlado con placebo de veinticuatro semanas de duración. Los resultados fueron favorables desde la semana ocho de tratamiento abierto con paroxetina (Stein, Ahokas y de Bodinat, 2008).

Sertralina. Se verificó eficacia a las cuatro semanas frente al placebo con dosis de 50 a 100 mg/día. Una de sus ventajas es su farmacocinética favorable debido a la inducción baja sobre los citocromos hepáticos, por lo que puede administrarse a pacientes polimedicados (Allgulander et al., 2004; Brawman-Mintzer et al., 2006; Dahl et al., 2005).

Duloxetina. Tiene mayor potencia que la venlafaxina para inhibir la recaptación de noradrenalina. La FDA ha aprobado su utilización en pacientes con TAG sobre la base de los resultados de tres estudios clínicos (Kessler et al., 1994; Royal Australian and New Zealand College of Psychiatrists Clinical Practice Guidelines Team for Panic Disorder and Agoraphobia, 2003) realizados en más de 800 pacientes. Se asoció con una mejoría del 46% de los síntomas de ansiedad evaluados mediante la escala Hamilton HAM-A versus 32% en los pacientes tratados con placebo. En la escala *Sheehan Disability Scale* la mejoría del funcionamiento fue del 46% versus 26% en placebo.

Venlafaxina XR. La formulación de liberación extendida XR fue aprobada por la FDA para TAG (Allgulander et al., 2001; Baldwin y Polkinghorn, 2005; Davidson et al., 1999; Gelenberg et al., 2000). La administración de 75 a 225 mg/día de venlafaxina XR se asoció con buena respuesta desde las ocho semanas de iniciado el tratamiento, los índices de remisión se mantuvieron a largo plazo. Tiene un perfil de efectos adversos similar al de los ISRS. Además, puede producir hipertensión arterial, cuya incidencia fue mayor del 5% ante el empleo de dosis mayores de 200 mg/día. Se recomienda administrar dosis menores de 200 mg/día. Se comparó venlafaxina de liberación prolongada en tres dosis fijas (APA, 2013; Ferrarese et al., 1990; 75 y 150 mg/día) con placebo en un ensayo aleatorio de 541 pacientes ambulatorios con trastorno de ansiedad (Allgulander et al., 2001). Las dos dosis más altas (75 y 150 mg/día) demostraron una mayor eficacia que el placebo en todas las medidas de resultados primarios a las 8 y 24 semanas, mientras que la dosis más baja (37.5 mg/día) no lo hizo. Ensayos a largo plazo han demostrado eficacia para hasta seis meses (Sibille et al., 2000).

Agomelatina. Actúa como agonista melatonérgico MT1 y MT2, y antagonista 5HT2C. Los estudios preclínicos demostraron efectos ansiolíticos en modelos animales y eficacia en la depresión con ansiedad asociada. Esto dio lugar a que se realizaran estudios clínicos para evaluar su eficacia, tolerabilidad y seguridad en el TAG. En un estudio doble ciego, aleatorizado con placebo, demostró eficacia para pacientes con TAG. Otro estudio de doce semanas, doble ciego aleatorizado con placebo y escitalopram, también demuestra la eficacia para el TAG de la agomelatina, aún en pacientes con trastornos severos (Stefanopoulou et al., 2014; Stein et al., 2012; Stein et al., 2014), que la posiciona a la molécula en nivel A de evidencia. Se mostró superior al placebo en prevención a recaídas en un estudio reciente (Stefanopoulou et al., 2014) con buena tolerabilidad. La progresiva experiencia clínica de la misma podría colocarla, también, en la primera línea de recomendación, y, debido a su perfil de efectos farmacológicos, es una opción interesante para pacientes con disfunción sexual, trastornos del sueño o tendencia a aumentar de peso.

Nuevos antidepresivos aprobados para depresión en vías de estudios de eficacia en ansiedad

Vilazodona. El nuevo antidepresivo multimodal vilazodona es un inhibidor de la recaptación de serotonina con un agonismo parcial 5HT1-A. Agonista parcial de serotonina con inhibición de la recaptación (SPARI; Stahl,

Ahmed y Haudiquet, 2007). Esta combinación se ha utilizado para mejorar tolerancia y propiedades de IRSS e IRSN. Un análisis *post-hoc* de dos ensayos de fase III de 8 semanas evaluó la eficacia en ansiedad relacionada a depresión. Las diferencias medias con placebo en la escala Hamilton Ansiedad fueron −1.82 (95% intervalo de confianza −2.81 to −0.83; $p < 0.001$; Tanrikut et al., 2010). Un ensayo clínico evalúa eficacia, tolerabilidad y seguridad en TAG, en dosis flexibles 20-40 durante ocho semanas, con cambios significativos en la escala de Hamilton de ansiedad versus placebo. Otro estudio doble ciego multicéntrico con placebo y dosis fijas de 20 o 40 mg (*n* por grupo mayor a 200) evaluó parámetros de eficacia a ocho semanas con escala Hamilton y Sheehan de discapacidad (SDS), muestra cambios significativos en dosis de 40 mg (Gommoll et al., 2015a, 2015b).

Vortioxetina. Vortioxetina es un antidepresivo con actividad multimodal, que funciona como antagonista de los receptores 5-HT3, 5-HT7 y 5-HT1D agonista parcial 5-HT1A y 5HT1B e inhibidor *in vitro* del transportador 5HT. Modulación de la neurotransmisión en varios sistemas, incluyendo predominantemente el de la serotonina, pero probablemente también el de la noradrenalina, dopamina, histamina, acetilcolina, GABA y glutamato. Se estudiaron propiedades antidepresivas y ansiolíticas potenciales en modelos animales, con fluoxetina y diazepan como control. Con dosis repetidas se vieron efectos ansiolíticos positivos, y aumento de proliferación y supervivencia celular, y estimulación de maduración de células granulares inmaduras en zona subgranular del giro dentado del hipocampo, a día 21, y a día 14, con aumento de número e intersecciones y tamaño de dendritas. Los resultados se vieron a dosis bajas sugiriendo un mecanismo alternativo a la inhibición de la recaptación 5HT (Gelenberg et al., 2000). Un estudio en pacientes con diagnóstico de depresión con ansiedad mostró que adicionalmente al efecto antidepresivo mejoraba los índices de ansiee dad (Tanrikut et al., 2010). En un estudio multinacional de 301 sujetos con vortioxetina 5 mg o placebo de ocho semanas (Bidzan et al., 2012) se evaluó eficacia y tolerabilidad, y la diferencia fue estadísticamente significativa en la reducción del valor inicial en la escala Hamilton. El tratamiento activo dio lugar a una tasa significativamente mayor de remisión. Los efectos adversos relacionados con el tratamiento más común fueron náuseas, dolor de cabeza, mareos y sequedad de boca. En suma, vortioxetina fue segura y eficaz en el tratamiento de adultos con TAG. Otro estudio multicéntrico a doble ciego ocho semanas, en fase 3, con 2.5, 5.10 mg y duloxetina 60 mg no demostró mejoría significativa en Hamilton versus placebo. Parece tener un perfil farmacológico beneficioso para reducir la ansiedad y depresión. En metaanálisis de cuatro ensayos, parece tener potencial en el tratamiento del TAG, especialmente en su forma severa, estos datos deben ser aún interpretados con precaución, debido al número pequeño de ensayos que incluye este metaanálisis (Nitschke et al., 2009).

Segunda línea de tratamiento

Si el tratamiento con un IRSS no es efectivo, un intento con un IRSS diferente debe preceder al uso de tratamientos de segunda línea o terapias de aumentación. Esto incluye antidepresivos tricíclicos, benzodiacepinas y algunos anticonvulsivantes.

Tricíclicos. La eficacia de los antidepresivos tricíclicos como la imipramina es similar a la de los IRSS (Davidson, Zhang y Connor, 2010). Pero los riesgos de cardiotoxicidad en sobredosis y molestias por efectos anticolinérgicos hacen que no sean de primera elección. Son más económicos.

Imipramina. El primer estudio clínico sobre el empleo de un antidepresivo tricíclico para el tratamiento de TAG fue en 1988 por Hoehn-Saricy, McLeod y Zimmerli (1988). Compararon imipramina frente a alprazolam y concluyeron que la primera droga era más eficaz para controlar los síntomas de ansiedad psíquica, mientras que el alprazolam era mejor en caso de síntomas somáticos. En otro estudio de ocho semanas de duración, controlado con placebo realizado por Rickels y colaboradores (2003), se concluyó que la imipramina es efectiva para el tratamiento de los pacientes con TAG sin depresión. El autor demostró que la molécula era significativamente superior en comparación con el diazepan para tratar la ansiedad psíquica pero igualmente efectiva que las benzodiazepinas en cuanto a la ansiedad somática. Podríamos decir que los antidepresivos tricíclicos son más efectivos que las benzodiazepinas para el tratamiento de los pacientes con TAG dado que el síntoma capital del trastorno es la preocupación excesiva (Cascardo y Resnik, 2012). La imipramina ha demostrado eficacia en TAG incluyendo pacientes con depresión y con trastorno de pánico.

Clomipramina. La clomipramina se ha utilizado con éxito en la práctica clínica. La droga presentó una eficacia adecuada para el tratamiento de muchos pacientes con TAG, pero con un perfil de efectos adversos menos favorable.

El rol potencial es para aquellos que han tenido una buena respuesta a ellos en tratamientos previos o que no respondieron a IRSS o IRSN.

Benzodiacepinas. Los benzodiacepinas son eficaces en el tratamiento del TAG dando lugar a un rápido alivio de síntomas emocionales y somáticos (Davidson et al., 2010; Uher et al., 2009). Son utilizadas para el tratamiento de la ansiedad desde hace años. Fue el tratamiento de primera línea para el TAG a principios de la década de 1990. En estudios sobre la eficacia de algunas benzodiazepinas como el diazepan, el clordiazepóxido, el lorazepan, el alprazolam y clonazepam (Michelson et al., 1999) para el tratamiento de los pacientes con TAG, se concluyó que son superiores que el placebo.

Pero por los riesgos de dependencia y tolerancia no son de primera línea. Un gran estudio observacional del tratamiento de los pacientes estadounidenses con TAG (sin comorbilidad) encontró que entre 1989 a 1991 el uso de benzodiazepinas disminuyó y el uso de antidepresivos aumentó (Safren et al., 2002).

Si bien las benzodiazepinas deben utilizarse con precaución, su uso no tiene por qué ser totalmente evitado: es apropiado durante la fase aguda, mantenimiento o en el tratamiento a largo plazo del TAG, ya sea como monoterapia o, más comúnmente, como un adjunto al tratamiento con un antidepresivo. Son útiles en el tratamiento agudo de la ansiedad y la preocupación durante el período anterior a que los inhibidores de la recaptación IRSS o IRSN surtan efecto, teniendo en cuenta el período de latencia de la acción de estos últimos. Además, pueden contrarrestar la agitación inicial a menudo causada por el IRSS. Este enfoque puede ser útil para los pacientes que no pueden tolerar los efectos de activación iniciales. Una vez que el paciente respondió al IRSS o IRSN, las benzodiacepinas se pueden discontinuar gradualmente.

Si el paciente tiene TAG crónico con síntomas depresivos mínimos y no hay historia de abuso de sustancias, puede pensarse en las benzodiacepinas, especialmente si los IRSS no son bien tolerados. No todos los pacientes generan tolerancia a los efectos ansiolíticos de las benzodiacepinas y algunos presentan muy pocos síntomas de discontinuación cuando se reduce la dosis. Si el paciente presenta muy rápido tolerancia con necesidad de más dosis para igual efecto terapéutico, y tiende a síntomas de discontinuación, no es un buen candidato para las benzodiacepinas.

Los efectos farmacodinámicos se ejercen a través de la acción sobre los receptores GABA A como agonistas del receptor, potenciando la acción del GABA que es el principal neurotransmisor inhibitorio del SNC. Estos receptores son proteínas de membrana que forman un canal iónico de cloro que media la excitabilidad neuronal, cambios rápidos del humor, ansiedad clínica y sueño (Garvey et al., 1995).

Las drogas empleadas con mayor frecuencia en caso de TAG son el alprazolam (31%) y el clonazepam (23%). Este último dato en combinación con la utilización generalizada del clonazepam (nivel 3 de evidencia) en la práctica clínica permite recomendar su utilización (Cascardo y Resnik, 2012).

Las diferencias farmacológicas de las distintas benzodiacepinas incluyen rapidez de acción (vida media de distribución), vida media de la droga activa y de sus metabolitos en plasma (vida media de eliminación), las vías metabólicas (conjugación versus oxidación) y la estructura molecular específica (Charney, Minic y Harris, 2001). En la Tabla 4 pueden verse dosis de inicio y características farmacocinéticas de las benzodiacepinas. En cuanto a las interacciones medicamentosas, algunas benzodiacepinas (alprazolam, diazepan, midazolam y triazolam) pueden elevar los niveles plasmáticos de metadona. Las interacciones farmacocinéticas se vinculan a los citocromo P450 3A y 4 en el hígado. En pacientes polimedicados, medicados con metadona o con daño hepático se recomienda lorazepan y temazepan, metabolizados primariamente por conjugación y eliminados ampliamente por el riñón con poca interacción con los citocromos.

Tabla 4. Dosis, potencias comparativas y farmacocinética de las benzodiacepinas.

Droga	Dosis diaria total adulto (mg)	Potencia comparativa	Inicio acción luego de dosis oral (en horas)	Metabolismo	Vida media eliminación (en horas)
Alprazolam	0.5-6	0.5	1	CYP3A4 a metabolitos mínimamente activos	11 a 22 11-15 11 a 16 adultos mayores 20 insuficiencia hepática 22 obesidad
Alprazolam de liberación prolongada	0.5-6	0.5	1	CYP3A4 a metabolitos mínimamente activos	
Clonazepam	0.5-4	0.25-0.5	0.5 a 1	CYP3A4 No metabolitos activos	18 a 50
Clorazepato	15-60	7.5	0.5 a 1	CYP3A4 a metabolitos activos	36 a 200
Diazepan	4-40	5	0.25 a 0.5	CYP2C19 Y 3ª4 a metabolitos activos	50 a 100 Se prolonga en adultos mayores insuficiencia hepática y renal
Lorazepan	0.5-6	1	0.5 a 1	No glucuronización por citocromos	10 a 14
Oxacepan	30-120	15-30	1 a 2	No glucuronización por citocromos	5 a 15

Nota. Los datos sobre el metabolismo y la actividad del metabolito (s) de drogas son para la evaluación del potencial de interacciones farmacológicas y CYP riesgo de acumulación. El riesgo de acumulación es mayor, y la reducción de la dosis necesaria, para los adultos de edad avanzada o debilitados y en pacientes con insuficiencia renal o hepática. Rango de la dosis total diaria habitual para el tratamiento de adultos con ansiedad o pánico: se administra en dosis divididas de dos a cuatro veces por día. Los datos mostrados son iguales a las potencias aproximadas relativas al lorazepam 1 mg por vía oral y no son recomendaciones para la iniciación de la terapia o para la conversión entre drogas.

Los efectos adversos de las benzodiacepinas incluyen deterioro del rendimiento psicomotor, amnesia, dependencia, síndrome de abstinencia después del tratamiento a largo plazo y ansiedad de rebote después del tratamiento a corto plazo. La discontinuación y el deterioro cognitivo o de aprendizaje son más propensos en las personas que toman dosis más altas. La persistencia de una benzodiazepina (o un metabolito activo) en el cuerpo regula el tiempo de inicio de abstinencia en pacientes que han utilizado todos los días benzodiacepinas durante períodos prolongados. Aquellas con vida media más cortas (alprazolam, lorazepan y oxazepan) son más propensas a producir abstinencia aguda luego de la interrupción brusca tras un uso prolongado. Las que tienen vida media más larga (clorazepato, diazepan, flurazepam, lorazepan y clonazepam) suelen producir síntomas de abstinencia más tardíos y atenuados.

Administración: Se suelen iniciar en dosis bajas y titular según la respuesta. Por ejemplo, clonazepam puede iniciarse a dosis de 0.25 o 0.50 una o dos veces al día, y aumentarse hasta 1 mg dos a tres veces al día. Diazepan puede iniciarse con 2.5 a 5 mg una o dos veces al día y llegar a 10 mg dos a tres veces al día. Lorazepan que tiene un inicio de acción más corto: puede iniciarse con 0.50 a 1 mg tres veces al día y llegar a 1 mg cuatro veces al día (Ver Tabla 4).

La discontinuación debe ser muy lenta, aproximadamente un 10% de la dosis total cada semana o cada dos semanas, monitoreando los síntomas de discontinuación o las recaídas, enlenteciendo la reducción en casos en que estos aparezcan. Los signos de discontinuación suelen ser ansiedad, disforia, temblor y, en formas severas, trastornos sensoperceptivos, psicosis y convulsiones.

Deben evitarse cuando se usan opioides por el riesgo de interacciones y en ancianos por el riesgo de sedación y caídas (Mula et al., 2007).

Pregabalina. Es una molécula con una estructura similar al neurotransmisor ácido gama amino butírico (GABA). Pero no tiene acción directa sobre los receptores GABA o benzodiacepínicos. El mecanismo de acción se centra en su unión con alta selectividad y afinidad a la subunidad α2δ de los canales de calcio voltaje dependientes ubicados en el cerebro y la médula espinal. De esta manera, reduce el ingreso de calcio a las neuronas pre sinápticas e inhibe la liberación de neurotransmisores excitatorios como el glutamato, la sustancia P y la noradrenalina. Se une a los canales de calcio (modulando su pasaje), influenciando la transmisión gabaérgica. En síntesis, genera una modulación inhibitoria de la excitabilidad neuronal.

Existen estudios controlados y aleatorizados que demostraron que la pregabalina es eficaz tanto en el tratamiento agudo como en la prevención de recaídas en el TAG. Se evaluó el empleo de dosis de 150 a 600 mg/día para el tratamiento de los pacientes con TAG (Baldwin et al., 2005; Feltner et al, 2003; Kasper et al., 2009; Llorca et al., 2002; Mogg et al., 1995; Pande et al., 2003; Rickels et al., 2010). Como resultado se observó una mejoría significativa del nivel de ansiedad objetivada mediante la escala de Hamilton A. El inicio de la respuesta ansiolítica fue rápido y tuvo lugar desde la primera semana de tratamiento. La rapidez y efectividad de la droga fue comparable frente a la administración de benzodiacepinas. La droga permite una disminución significativa de los síntomas psíquicos y somáticos, es efectiva en caso de ansiedad moderada como grave y puede emplearse en poblaciones especiales, como los ancianos. En pacientes que no responden a los tratamientos para el TAG con antidepresivos, los estudios encontraron que la pregabalina es útil como fármaco coadyuvante en comparación con los antidepresivos solos. La ventaja sobre los antidepresivos es su rápido efecto de acción, ya que disminuye la ansiedad en horas en comparación con las semanas necesarias para el comienzo de acción de los antidepresivos. Con relación a cuánto se debe esperar para observar si el paciente va a responder o no al tratamiento, los estudios sugieren que, a las dos semanas, si el paciente no mejoró es probable que no lo haga en comparación con las cuatro semanas que se debe esperar con los antidepresivos. Muchos pacientes con TAG tienen trastornos del sueño e insomnio; en dosis entre 300 mg y 600 mg por día, el tratamiento con pregabalina estuvo relacionado con una mejoría significativa de los problemas del sueño. Es una molécula bien tolerada entre 150 mg a 600 mg. La mayoría de los eventos adversos son de intensidad leve a moderada y los cuadros más frecuentes son mareos y somnolencia. El inicio de los efectos adversos se observa entre los días uno y cinco de tratamiento y tienden a remitir dentro de las tres primeras semanas. El potencial aumento de peso es una preocupación en los pacientes en los tratamientos a largo plazo. En una revisión se observó que el aumento de peso sucedió en el 4% de los pacientes en tratamiento con pregabalina en comparación con el 1.4% de los individuos que recibieron placebo. Los síntomas de euforia se observaron en algunos pacientes en los ensayos clínicos, por lo que se debe evaluar su potencial de abuso. No se observan síntomas vinculados con la discontinuación de la droga. Para el TAG, es una molécula de primera elección, sobre todo si se quiere conseguir ansiólisis inmediata, en los casos en que no es conveniente el uso de benzodiacepinas.

En Europa y en los EE.UU., la pregabalina está aprobada para el tratamiento del dolor neuropático y como terapia adyuvante para las crisis epilépticas parciales con generalización o sin ésta. En los EE.UU., también está aprobada para el tratamiento de la fibromialgia. Recientemente se ha aprobado para el tratamiento de la ansiedad en Europa (Llorca et al., 2002; Montgomery et al., 2006). Pero no está aprobado para el tratamiento del TAG por la FDA de Estados Unidos.

Tercera línea de tratamiento

Casi el 40% de los pacientes con TAG o no mejoran o quedan con síntomas residuales con los tratamientos de primera y segunda línea (Bystritsky, 2006). Por lo que se han probado muchos fármacos como monodrogas o terapias de aumentación en las formas resistentes. Con niveles de evidencia muy variables. Entre ellos, algunos antidepresivos, buspirona y antipsicóticos atípicos. La buspirona (azapirona sin efecto antidepresivo) parece ser eficaz sólo para el TAG y no para otros trastornos de ansiedad.

Mirtazapina. Es un antidepresivo dual, bloquea en receptor pre sináptico α2 en neuronas serotoninérgicas (heterorreceptor) aumentando la neurotransmisión serotoninérgica, bloquea receptores 5HT2A, 5HT2C, 5HT3 e histaminérgicos H1. Sola o acompañando a un IRSS puede usarse en casos refractarios con insomnio y cuando se tiene en cuenta la ausencia de disfunción sexual. La sedación y el aumento de peso son dos factores adversos comunes. Los ensayos clínicos son insuficientes para demostrar su eficacia. No ha sido aprobado por FDA para TAG (Salzman et al., 2001).

Quetiapina. Es un antipsicótico de segunda generación, antagonista serotoninérgico y dopaminérgico. Bloquea los receptores D2, 5HT2A, con más potencia en estos últimos, alta afinidad α1, y H1 y escasa afinidad muscarínica y afinidad límbica (actúa sobre las neuronas dopaminérgicas de área tegemental ventral y no de sustancia nigra). Produce pocos síntomas extrapiramidales. Hay muchos ensayos clínicos que los sostienen como parte de terapia única o adyuvante (Gao et al., 2006). En estudios controlados con placebo de 8 y 10 semanas de duración (Joyce et al., 2008; Katzman et al., 2008), se comprobó la eficacia de la quetiapina como monoterapia en pacientes con TAG. En un estudio reciente (Bandelow et al., 2008) se informó una mejoría significativa de los síntomas de ansiedad psíquica y somática desde el cuarto día de tratamiento, con buena tolerabilidad y frecuencia baja de efectos adversos. Los efectos adversos incluyen sedación, efectos extrapiramidales, disquinesia tardía y cuadros metabólicos con aumento de peso, resistencia a la insulina y aumento de lípidos. Debe considerarse este efecto adverso monitoreando peso, lípidos y hemoglobina glicosilada. Cuenta con un nivel 2 de evidencia, todavía no existe experiencia clínica suficiente sobre su administración a pacientes con TAG. Por eso no tiene recomendación en los primeros pasos del tratamiento. Se recomienda considerarla en pacientes que no responden a agentes de primera línea, como adyuvante de IRSS e IRNA en pacientes resistentes.

Hidroxicina. El antihistamínico hidroxicina estuvo aprobado por la FDA para el tratamiento de los pacientes con TAG. La droga es un antagonista del receptor H1 y produce un efecto sedativo y un aumento de peso significativo que limita su empleo. En tres estudios efectuados a mediados de la década de 1990 se demostró que la hidroxicina fue más eficaz que el placebo para el tratamiento de los pacientes con TAG desde la semana 4 (Ferreri, Darcis, y Burtin, 1995; Koponen et al., 2007; Lader y Scotto, 1998). En un metaanálisis con cinco ensayos clínicos con 884 pacientes, mostró eficacia para TAG (Guaiana, Barbui y Cipriani, 2010). Es más sedativa que las benzodiacepinas y la buspirona, por lo que tiene uso potencial cuando hay insomnio.

Buspirona. Es una azapirona, agonista parcial del receptor 5HT1A. Existen varios estudios que permiten indicar la eficacia de la buspirona para el tratamiento de los pacientes con TAG (Chessick et al., 2006; Michelson et al., 1999). Por este motivo, la FDA ha aprobado su utilización en este grupo de individuos. Las ventajas del empleo de esta molécula en comparación con el empleo de benzodiazepinas incluyen la ausencia de interacción con el alcohol y de dependencia o abstinencia vinculada con su administración (Rickels et al., 2010). Tiene la desventaja de ser poco efectiva al administrarse a pacientes con antecedentes de tratamiento con benzodiacepinas, requiere periodo de latencia para producir su efecto y su actividad es moderada en caso de ansiedad grave.

Valproato. Hay un estudio doble ciego y controlado con placebo sobre el tratamiento con valproato de los pacientes con TAG que arrojó diferencias significativas de eficacia a favor de la administración de valproato desde la semana 4 de tratamiento. Podría ser útil ante el fracaso del tratamiento con otros agentes de primera línea.

Duración del tratamiento

En un ensayo clínico randomizado, pacientes con tratamiento con venlafaxina XR que habían experimentado mejoría fueron asignados a continuar el tratamiento o placebo durante seis meses (Rickels et al., 1993; Rickels et al., 2005). El índice de recaída fue mucho más bajo en aquellos que recibían la droga activa (9.8% versus 53.7%). Si el paciente tiene una recaída al suspender el tratamiento, el mismo debe reiniciarse y prolongarse más tiempo. Si el paciente tuvo buena respuesta se recomienda continuar el tratamiento por al menos doce meses (Gelenberg et al., 2000). La Asociación Argentina de Trastornos de Ansiedad recomienda un tratamiento de mantenimiento de dieciocho meses (Cascardo y Resnik, 2012).

Algoritmo de tratamiento. Fase de evaluación

Evaluación clínica psiquiátrica. Se realiza para el diagnóstico diferencial y descartar entidad clínica (hipertiroidismo, problemas cardíacos) o fármacos que produzcan síntomas de ansiedad, así como trastorno psiquiátrico en que la ansiedad sea un síntoma asociado (depresión, otro trastorno de ansiedad, abuso de sustancias). Por lo que a la entrevista psiquiátrica se debe agregar examen clínico y de laboratorio. Las condiciones clínicas más importantes a descartar son función tiroidea y problemas cardíacos.

Evaluación de severidad. Se utiliza el *Generalized Anxiety Disorder 7-Item Questionnaire* u otro, para definir severidad y herramienta de seguimiento de respuesta.

Fase de tratamiento farmacológico

Este algoritmo de tratamiento se basa en la Guía de Tratamiento para Trastorno de Ansiedad Generalizada del Centro IMA (Ver Figura 1; Cascardo y Resnik, 2012).

Figura 1. Algoritmo de tratamiento para el TAG, basado en la guía de tratamiento del Centro IMA (Cascardo y Resnik, 2012).

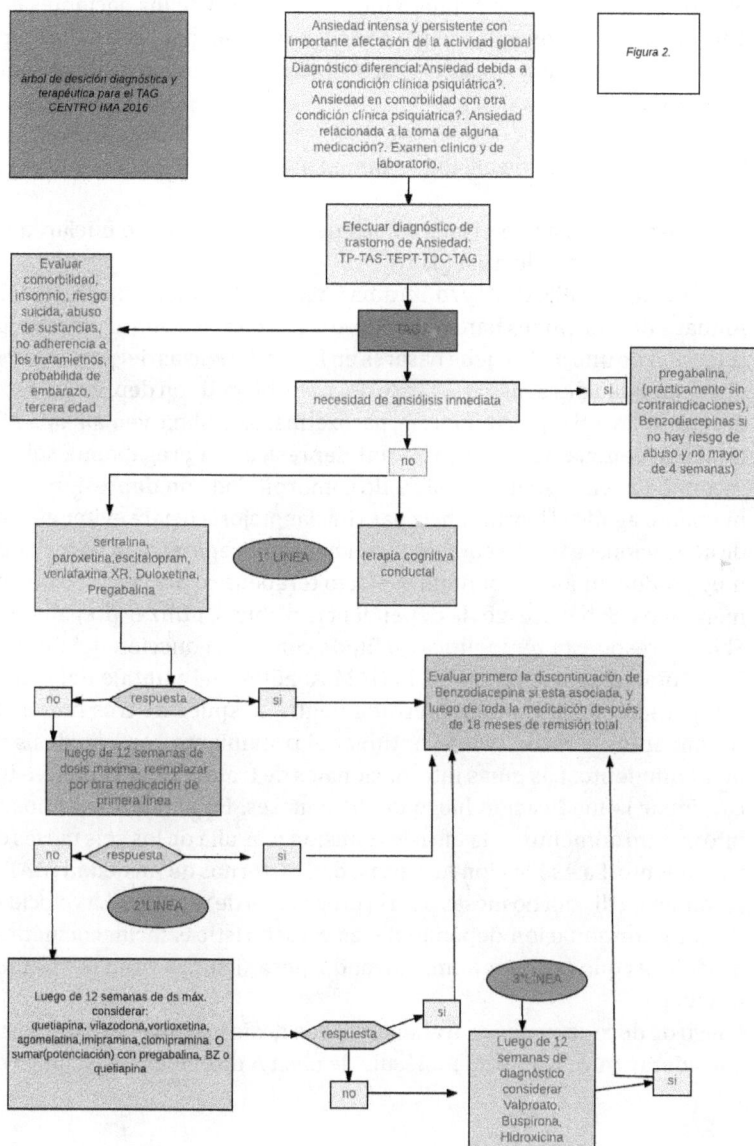

Ante necesidad de ansiólisis inmediata:

- Considerar una benzodiacepina, por un período no mayor a cuatro semanas.
- Si hay antecedentes de abuso, la pregabalina es una molécula segura y con acción inmediata (sin el tiempo de latencia de los ISRSs).
- Si el paciente viene tomando benzodiacepinas, la recomendación inicial es una discontinuación muy gradual de las mismas una vez que se estableció el tratamiento de primera línea. La mayoría de los pacientes con TAG que atendemos en el consultorio ya toma alguna benzodiacepina al efectuar la primera consulta, generalmente alprazolam o clonazepam (Cascardo y Resnik, 2012).

Si no hay necesidad de ansiólisis inmediata:

1. Administrar drogas de primera línea de recomendación e iniciar la terapia cognitivo conductual (TCC).
   Primera línea: ISRS, IRSN y/o Terapia Cognitiva Comportamental (TCC). Ambas intervenciones han mostrado eficacia con relación al placebo. La selección de una u otra debe basarse en las preferencias del paciente y la disponibilidad de recursos. En caso de comorbilidad con depresión, estas drogas (duloxetina, escitalopram, paroxetina, sertralina, venlafaxina XR) tienen la ventaja de ser eficaces antidepresivos; la pregabalina sola se recomienda en caso de ausencia de comorbilidad con depresión. En el momento agudo si hay urgencia para iniciar mejoría o para evitar efectos de activación, se puede combinar con benzodiacepinas, con suspensión muy gradual una vez obtenido el efecto terapéutico del fármaco de primera línea. Si hay riesgo de dependencia o abuso, utilizar pregabalina.
2. Si hubo respuesta terapéutica, definida como la reducción del 50% de la sintomatología (puntaje de la HAM-A, ≥50% del puntaje del GAD-7 comparado con el puntaje pretratamiento) después de tres meses de tratamiento, se recomienda continuar el tratamiento con una dosis de mantenimiento. Las guías internacionales de tratamiento sugieren discontinuar la medicación luego de doce meses. En algunos estudios se informó un aumento de la tasa de remisión más allá de los seis meses de tratamiento. La Asociación Argentina de Trastornos de Ansiedad (AATA) recomienda dieciocho meses para la prevención de recaídas. La velocidad de la discontinuación depende de las características farmacocinéticas de la droga que estamos administrando, pero siempre es en forma muy gradual.
3. Luego de doce semanas de tratamiento con dosis máximas sin respuesta, considerar cambiar a otra molécula de nivel A de evidencia; si luego de

doce semanas a dosis máximas esta no se obtiene, se podrá optar por una tercera molécula de nivel A, o pasar al segundo nivel de recomendación. Ejemplo: reemplazar la droga por una molécula de segunda línea de recomendación: agomelatina, imipramina, clomipramina, quetiapina, vilazodona, vortioxetina o una benzodiazepina (durante no más de cuatro semanas) a menos que el paciente tenga antecedentes o sospecha de abuso de sustancias. O sumar (potenciación) con pregabalina, benzodiacepina o quetiapina. En ese caso utilizar pregabalina. Si se obtiene respuesta, una vez cumplidos los dieciocho meses de tratamiento se iniciará la discontinuación gradual.

4. En caso de no respuesta, la tercera línea de tratamiento lleva a considerar valprotato, buspirona e hidroxicina.
5. Se recomienda reconsiderar el diagnóstico, evaluar trastornos asociados y evaluar situaciones vitales en el entorno del paciente que interfieran en la evolución de tratamiento, frente a cada falta de respuesta.

Consideraciones finales

La TCC y los tratamientos psicofarmacológicos están avalados para el tratamiento del TAG. Como primera estrategia farmacológica, los fármacos de primera línea de evidencia y recomendación son los inhibidores de recapatación de serotonina y algunos inhibidores duales de serotonina y noradrenalina. Nuevos antidepresivos están posicionándose como líneas de tratamiento, con la ventaja de carecer de ciertos efectos adversos como los relativos al aumento de peso y los efectos adversos sexuales. Pero todavía faltan estudios para que puedan alcanzar una primera línea de recomendación. En cuanto a las benzodiacepinas, siguen siendo una herramienta útil en pacientes en que no estén contraindicadas, como cuando hay riesgo de abuso de drogas. Pueden evitar los síntomas iniciales de activación de los antidepresivos y beneficiar con alivio sintomático en el período inicial de tratamiento teniendo en cuenta el período de latencia en la acción de los antidepresivos. Como alternativa en pacientes en que las benzodiacepinas no son convenientes, el uso de la pregabalina es una opción cada vez más frecuente. Más allá de las alternativas farmacológicas en pacientes que no responden a primeras líneas de tratamiento, en estos casos –y si no se ha considerado al principio–, siempre que se tenga disponible, hay que considerar las TCC. En la medida en que haya más profesionales preparados para estas terapias, los tratamientos integrados favorecerán una mejor evolución y asegurarán una menor tasa de recaídas, en este trastorno que en sus formas severas puede generar un malestar somático y mental extremadamente alto.

Referencias

Abelson, J. L., Glitz, D., Cameron, O. G., Lee, M. A., Bronzo, M. y Curtis, G. C. (1991). Blunted growth hormone response to clonidine in patients with generalized anxiety disorder. *Arch Gen Psychiatry, 48,* 157-62.

Allgulander, C., Dahl, A. A., Austin, C., Morris, P. L. P., Sogaard, J. A., Fayyad, R., Kutcher, S. y Clary, C. (2004). Efficacy of Sertraline in a 12-Week Trial for Generalized Anxiety Disorder. *Am J Psychiatry, 161*, 1642–1649.

Allgulander, C., Hackett, D. y Salinas, E. (2001). Venlafaxine extended release (ER) in the treatment of generalised anxiety disorder: twenty-four-week placebo-controlled dose-ranging study. *Br J Psychiatry, 179*, 15-22.

American Psychiatric Association (2013). *Diagnostic and Statistical Manual of Mental Disorders, Fifth Edition (DSM-5)*. Washington DC: American Psychiatric Association.

Andersohn, F., Schade, R., Suissa, S. y Garbe, E. (2009). Long-term use of antidepressants for depressive disorders and the risk of diabetes mellitus. *Am J Psychiatry, 166,* 591-8.

Baldwin, D., Anderson, I. A., Nutt, D. J., Bandelow, B., Bond, A, Davidson, J., den Boer, J.A., Fineberg, N. A., Knapp, M., Scott, J. y Wittchen, H. U. (2005). Evidence-based guidelines for the pharmacological treatment of anxiety disorders: recommendations from the British Association for Psychopharmacology. *Journal of Psychopharmacology, 19,* 567-96.

Baldwin, D. S. y Polkinghorn, C. (2005). Evidence-based pharmacotherapy of Generalized Anxiety Disorder. *Int J Neuropsychopharmacol, 8,* 293-302.

Ballenger, J. C., Davidson, J. R., Lecrubier, Y., Nutt, D. J., Borkovec, T. D.,

Rickels, K., Stein, D. J. y Wittchen, H. U. (2001). Consensus statement on transcultural issues in depression and anxiety from the International Consensus Group on Depression and Anxiety. *J. Clinical Psychiatry, 62,* 53-8.

Bandelow, B., Sher, L., Bunevicius, R., Hollander, E., Kasper, S., Zohar, J., ... y WFSBP Task Force on Anxiety Disorders, OCD and PTSD (2012). Guidelines for the pharmacological treatment of anxiety disorders, obsessive-compulsive disorder and posttraumatic stress disorder in primary care. *International Journal of Psychiatry in Clinical Practice, 16,* 77-84

Bandelow, B., Zohar, Hollander E., Kasper, S, Möller, H.J., Task Force on Treatment Guideleness for anxiety, obsesive compulsive and post traumatic stress disorders, ... y Vega, J. (2008). World Federation of Societies of Biological Psychiatry (WFSBP) Guidelines for the Pharmacological Treatment of Anxiety, Obsessive-Compulsive and Post-Traumatic Stress Disorders. First Revision, *The World Journal of Biological Psychiatry, 9,* 248-312.

Beach, S. R., Kostis, W. J., Celano, C.M., Januzzi, J.L., Ruskin, J. N., Noseworthy, P. A. y Huffman, J.C. (2014). Meta-analysis of selective serotonin reuptake inhibitor-associated QTc prolongation. *J Clin Psychiatry, 75,* 441-449.

Bidzan, L., Mahableshwarkar, A. R., Jacobsen, P., Yan, M. y Sheehan, D. V. (2012). Vortioxetine (Lu AA21004) in generalized anxiety Disorder. *European Psychopharmachology, 22,* 847-857.

Bielski, R. J., Bose, A. y Chang, C. C. (2005) A double-blind comparison of escitalopram and paroxetine in the long-term treatment of generalized anxiety disorder. *Ann Clin Psychiatry, 17,* 65-69.

Borkovec, T. D., Alcaine, O. y Behar, E. (2004). Avoidance Theory of Worry and Generalized Anxiety Disorder. En R. G. Heimberg, C. L. Turk y D. S. Mennin (Eds.), *Generalized Anxiety Disorder Advances in Research and Practice* (pp. 77-108). New York: Guilford Press.

Brawman-Mintzer, O., Knapp, R., Rynn, M., Carter, R. y Rickels, K. (2006). Sertraline treatment for GAD: A randomized, double-blind, placebo-controlled study. *J Clin Psychiatry, 67,* 874-881.

Bystritsky, A. (2006). Treatment-resistant anxiety disorders. *Mol Psychiatry, 11,* 805-814.

Cascardo, E. y Resnik, P. (2012). *Guía Centro IMA 2012 para el Tratamiento Farmacológico del Trastorno de Ansiedad Generalizada.* Directores del Centro de Investigaciones Médicas en Ansiedad (Centro IMA).

Charney, D. S., Minic, S.J. y Harris, R.A. (2001). Hypnotics and sedatives. En L. S. Goodman y A. Gilman. *The pharmacological basis of therapeutics* (p. 399). New York: Mcgraw-Hill.

Chessick, C. A., Allen, M. H., Thase, M., Batista Miralha da Cunha, A. B., Kapczinski, F. F., de Lima, M. S. y dos Santos Souza, J. J. (2006). Azapirones for generalized anxiety disorder. *Cochrane Database Syst Rev, 19,* CD006115.

Coles, M. E., Turk, C. L. y Heimberg, R. G. (2007). Memory bias for threat in generalized anxiety disorder: the potential importance of stimulus relevance. *Cogn Behav Ther, 36,* 65-73.

Croft, H., Settle, E. Jr., Houser, T., Batey, S. R., Donahue, R. M. y Ascher, J.A. (1999). Placebo-controlled comparison of the antidepressant efficacy and effects on sexual functioning of sustained-release bupropion and sertraline. *Clin Ther, 21,* 643–658.

Dahl, A. A., Ravindran, A., Allgulander, C., Kutcher, S. P., Austin, C. y Burt, T.

(2005). Sertraline in generalized anxiety disorder: efficacy in treating the psychic and somatic anxiety factors. *Acta Psychiatr Scand, 111,* 429-435.

Davidson, J.R., Bose, A., Korotzer, A. y Zheng, H. (2004). Escitalopram in the treatment of generalized anxiety disorder: double-blind, placebo controlled, flexible-dose study. *Depress Anxiety, 19,* 234-40.

Davidson, J. R., Bose, A. y Wang, Q. (2005). Safety and efficacy of escitalopram in the long-term treatment of generalized anxiety disorder. *J Clin Psychiatry, 66,* 1441-1446.

Davidson, J., Dupont, R., Hedges, D. y Haskins, J. (1999). Efficacy, safety and tolerability of venlafaxine extended release and buspirone in outpatients with GAD. *J Clin Psychiatry, 60,* 528-35.

Davidson, J.R., Zhang, W. y Connor, K.M. (2010). Review: A psychopharmacological treatment algorithm for generalised anxiety disorder (GAD). *Journal of Psychopharmacology 24,* 3–6.

Eysenck, H. J. (1982). Personality, genetics, and behavior: *Selected papers.* New York: Praeger.

Feltner, D. E., Crockatt, J. G., Dubovsky, S. J., Cohn, C. K., Shrivastava, R. K., Targum, S. D., Liu-Dumaw, M., Carter, C. M. y Pande, A. C. (2003). A randomized, double-blind, placebo-controlled, fixed-dose, multicenter study of pregabalin in patients with generalized anxiety disorder. *J Clin Psychopharmacol, 23,* 240-249.

Ferrarese, C., Appollonio, I., Frigo, M., Perego, M., Piolti, R., Trabucchi, M. y Frattola, L. (1990). Decreased density of benzodiazepine receptors in lymphocytes of anxious patients: reversal after chronic diazepam treatment. *Acta Psychiatr Scand 1990, 82,* 169-173.

Ferreri, M., Darcis, D., y Burtin, B. (1995). Hydroxyzine at FSGf. A multicenter double-blind placebo-controlled study investigating the anxiolytic efficacy of hydroxyzine in patients with generalized anxiety disorder. *Hum Psychopharmacol, 139*, 402–406.

Gao, K., Muzina, D., Gajwani, P. y Calabrese, J. R. (2006). Efficacy of typical and atypical antipsychotics for primary and comorbid anxiety symptoms or disorders: a review. *J Clin Psychiatry, 67*, 1327-1340.

Garvey, M. J., Noyes, R. Jr., Woodman, C. y Laukes, C. (1995). The association of urinary 5-hydroxyindoleacetic acid and vanillylmandelic acid in patients with generalized anxiety. *Neuropsychobiology, 31, 6-9.*

Gelenberg, A. J., Lydiard, R. B., Rudolph, R. L., Aguiar, L., Haskins, J. T. y Salinas, E. (2000). Efficacy of venlafaxine extended-release capsules in nondepressed outpatients with generalized anxiety disorder: a 6- month randomized controlled trial. *JAMA, 283,* 3082–3088.

Gommoll, C., Durgam, S., Mathews, M., Forero, G., Nunez, R.,Tang, X. y Thase, M. (2015a). Double-Blind, Randomized, Placebo-Controlled, Fixed-Dose Phase III Study Of Vilazodone In Patients With Generalized Anxiety Disorder. *Depression and Anxiety, 32,* 451-459.

Gommoll, C., Forero, G., Mathews, M., Nunez, R., Tang, X., Durgama, S. y Sambunarisb, A. (2015b). Vilazodone in patients with generalized anxiety disorder: a double-blind, randomized, placebo-controlled, flexible-dose study. *International Clinical Psychopharmacology, 30,* 297-397.

Goodman, W. K., Bose, A. y Wang, Q. (2002, diciembre). Escitalopram 10 mg/day is effective in the treatment 01 generalized anxiety disorder. Poster: *41st Annual Meeting of the American College of Neuropsychopharmacology.* San Juan, Puerto Rico.

Goodman, W. K., Bose, A. y Wang, Q. (2005). Treatment of generalized anxiety disorder with escitalopram: pooled results from double-blind, placebo-controlled trials. *J Affect Disord, 87,* 161-167.

Guaiana, G., Barbui, C. y Cipriani, A. (2010). Hydroxyzine for generalised anxiety disorder. *Cochrane Database Syst Rev, 12*, CD006815.

Hale, M., Shekhar, A. y Lowry, C. (2012). Stress-related serotonergic systems: implications for symptomatology of anxiety and affective disorders. *Cell MolNeurobiol, 32,* 695–708.

Hettema, J.M., Prescott, C. A. y Kendler, K. S. (2004).Genetic and environmental sources of covariation between generalized anxiety disorder and neuroticism. *Am J Psychiatry, 161,* 1581-1587.

Hilbert, K., Lueken, U. y Beesdo-Baum, K. (2014). Neural structures, functioning and connectivity in Generalized Anxiety Disorder and interaction with neuroendocrine systems: A systematic review. *Journal of Affective Disorders, 158,* 114–126.

Hirscha, C. y Mathews, A. (2012). A cognitive model of pathological worry. *Behav Res Ther, 50,* 636–646.

Hoehn-Saric, R., McLeod, D. y Zimmerli, W. (1988). Differential effects of alprazolam and imipramine in GAD: Somatic versus psychis symptoms. *J clin Psychiatry, 49,* 293-301.

Howland, R.H. (2011) A benefit-risk assessment of agomelatine in the treatment of major depression. *Drug Safety, 34,* 709-731.

Joyce, M., Khan, A., Atkinson, S., et al. (2008, Mayo) Efficacy and safety of quetiapine XR monotherapy in patients with GAD. Poster: *161st. Annual Meet-*

ing of the American Psychiatric Association. Washington, USA.

Kapczinski, F., Lima, M. S., Souza, J. S. y Schmitt R. (2003). Antidepressants for generalized anxiety disorder. *Cochrane Database Syst Rev, 2,* CD003592.

Kasper, S., Herman, B., Nivoli, G., Van Ameringen, M., Petralia, A., Mandel, F.S., Baldinetti, F. y Bandelow, B. (2009). Efficacy of pregabalin and venlafaxine-XR in generalized anxiety disorder: results of a double-blind, placebo-controlled 8-week trial. *Int Clin Psychopharmacol, 24,* 87-96.

Katzman, M. A., Bleau, P., Blier, P., Chokka, P., Kjernisted, K., VanAmeringen, M. and the Canadian Anxiety Guidelines Initiative Group on behalf of the Anxiety Disorders Association of Canada/Association Canadienne des troubles anxieux and McGill University (2014). Canadian clinical practice guidelines for the management of anxiety, post-traumatic stress and obsessive-compulsive disorders. *BMC Psychiatry, 14,* 1-83.

Katzman, M., Brawman Mintzer, O., Reyes, E. et al. (2008, mayo) Quetiapine XR monotherapy in maintenance treatment of GAD: efficacy and tolerability results from randomized, placebo-controlled trial Poster: *161st. Annual Meeting of the American Psychiatric Association*. Washington, USA.

Kendler, K.S. (1996). Major depression and generalised anxiety disorder. Same genes, (partly) different environments--revisited. *Br J Psychiatry Suppl, Jun,* 68-75.

Kessler, R.C., Gruber, M., Hettema, J.M., Hwang, I., Sampson, N. y Yonkers, K.A. (2008) Comorbid Major Depression and Generalized Anxiety Disorders in the National Comorbidity Survey follow-up. *Psychological medicine, 38,* 365-374.

Kessler, R.C., McGonagle, K. A., Zhao, S., Nelson, C. B., Hughes, M., Eshleman, S., Wittchen, H.U. y Kendler, K. S. (1994). Lifetime and 12-month prevalence of DSM-III-R psychiatric disorders in the United States. Results from the National Comorbidity Survey. *Arch Gen Psychiatry, 51,* 8-19.

Koponen, H., Allgulander, C., Erickson, J., Dunayevich, E., Pritchett, Y., Detke, M. J., Ball, S. G. y Russell, J. M. (2007). Efficacy of duloxetine for the treatment of generalized anxiety disorder: implications for primary care physicians. *Prim Care Companion J Clin Psychiatry, 9,* 100-107

Lader, M. y Scotto, J. C. (1998). A multicenter double-blind comparison of hydroxyzine, buspirone and placebo in patients with generalized anxiety disorder. *Psychopharmacology (Berl), 139,* 402–406.

Llorca, P. M., Spadone, C., Sol, O., Danniau, A., Bougerol, T., Corruble, E., Faruch, M., Macher, J. P., Sermet, E. y Servant, D. (2002). Efficacy and safety of hydroxyzine in the treatment of generalized anxiety disorder: a 3-month double-blind study. *J Clin Psychiatry, 63,* 1020-1027.

Lydiard, R.B. (2000). An overview of generalized anxiety disorder: disease state--appropriate therapy. *Clin Ther, 22,* A3-A24.

Mackintosh, M. A., Gatz, M., Wetherell, J. L. y Pedersen, N. L. (2006). A twin study of lifetime Generalized Anxiety Disorder (GAD) in older adults: genetic and environmental influences shared by neuroticism and GAD. *Twin Res Hum Genet, 9,* 30-37.

Mahableshwarkar, A. R., Jacobsen, P. L., Chen, Y. y Simon, J. S. (2014). A randomised, double-blind, placebo-controlled, duloxetine-referenced study of the efficacy and tolerability of vortioxee tine in the acute treatment of adults with generalised anxiety disorder. *Int J Clin Pract, 68,* 49–59.

Márquez, M. (2014). *Introducción a las guías de Tratamiento Farmacológico de los Trastornos de Ansiedad.* Buenos Aires: Colegio Argentino de Psicofarmacología y Neurociencias.

McCrae, R. R. y Costa, P. T. (1990). *Personality in adulthood.* New York: The Guilford Press.

Mennin, D.S., Heimberg, R.G., Turk, C.L. y Fresco, D.M. (2005) Preliminary evidence for an emotion dysregulation model of generalized anxiety disorder. *Behaviour Research and Therapy, 43,* 1281-1310.

Michelson, D., Amsterdam, J. D., Quitkin, F. M., Reimherr, F. W., Rosenbaum, J. F., Zajecka, J., Sundell, K. L., Kim, Y. y Beasley, C. M., Jr. (1999). Changes in weight during a 1-year trial of fluoxetine. *Am J Psychiatry, 156,* 1170–6.

Mitte, K., Noack, P., Steil, R. y Hautzinger, M. (2005). A meta-analytic review of the efficacy of drug treatment in generalized anxiety disorder. *J Clin Psychopharmacol, 25,* 141-150.

Moffitt, T. E., Harrington, H., Caspi, A., Kim-Cohen, J., Goldberg, D., Gregory, A. M. y Poulton, R. (2007). Depression and generalized anxiety disorder: cumulative and sequential comorbidity in a birth cohort followed prospectively to age 32 years. *Arch Gen Psychiatry, 64,* 651-60.

Mogg, K., Baldwin, D. S., Brodrick, P. y Bradley, B. P. (2004). Effect of short-term SSRI treatment on cognitive bias in generalised anxiety disorder. *Psychopharmacology (Berl) 176,* 466-470.

Mogg, K., Bradley, B. P., Millar, N. y White, J. (1995). A follow-up study of cognitive bias in generalized anxiety disorder. *Behav Res Ther, 33,* 927-935.

Montgomery, S. A., Tobias, K., Zornberg, G. L., Kasper, S. y Pande, A. C. (2006). Efficacy and safety of pregabalin in the treatment of generalized anxiety disorder: a 6-week, multicenter, randomized, double-blind, placebo-controlled comparison of pregabalin and venlafaxine. *J Clin Psychiatry, 67,* 771-782.

Mula, M., Pini, S. y Cassano, G. B. (2007). The role of anticonvulsant drugs in anxiety disorders: a critical review of the evidence. *J Clin Psychopharmacol, 27,* 263-272.

Nelson, J. C. (2009). Tricyclic and tetracyclic drugs. En A. F Schatzberg y C. B Nemeroff (Eds.). *The American Psychiatric Publishing Textbook of Psychopharmacology* (p. 263). Washington, DC: American Psychiatric Publishing.

NICE. United Kingdom's National Institute for Health and Care Excellence guidelines (s.f). *SNRI denotes serotonin–norepinephrine reuptake inhibitor, and SSRI selective serotonin-reuptake inhibitor.* NEJM. Recuperado de: www. nice.org.uk/guidance/cg113/chapter/1-recommendations

Nitschke, J. B., Sarinopoulos, I., Oathes, D. J., Johnstone, T., Whalen, P. J., Davidson, R. J. y Kalin, N. H. (2009). Anticipatory activation in the amygdala and anterior cingulate in generalized anxiety disorder and prediction of treatment response. *Am J Psychiatry, 166,* 302-310.

Pande, A. C., Crockatt, J. G., Feltner, D. E., Janney, C. A., Smith, W. T., Weisler, R., Londborg, P. D., Bielski, R. J., Zimbroff, D. L., Davidson, J. R. y Liu-Dumaw, M. (2003). Pregabalin in generalized anxiety disorder: a placebo-controlled trial. *Am J Psychiatry, 160,* 533-540.

Pohl, R. B., Feltner, D. E., Fieve, R. R. y Pande, A. C. (2005). Efficacy of pregabalin in the treatment of generalized anxiety disorder: double-blind, placebo-controlled comparison of BID versus TID dosing. *J Clin Psychopharmacol, 25,* 151-158.

Pollack, M. H. (2009). Refractory generalized anxiety disorder. *J Clin Psychiatry, 70,* 32-38.

Portela, A. (2006). El temperamento y trastorno de Ansiedad Generalizada. En: E. Cascardo y P. Resnik (Eds.). *Trastorno de Ansiedad Generalizada.* Buenos AiAres: Editorial Polemos.

Rickels, K., Downing, R., Schweizer, E. y Hassman, H. (1993). Antidepressants for the treatment of generalized anxiety disorder. A placebo-controlled comparison of imipramine, trazodone, and diazepam. *Arch Gen Psychiatry, 50,* 884-95.

Rickels, K., Etemad, B., Khalid-Khan, S., Lohoff, F. W., Rynn, M. A., y Gallop, R. J. (2010). Time to relapse after 6 and 12 months' treatment of generalized anxiety disorder with venlafaxine extended release. *Arch Gen Psychiatry, 67,* 1274-1281.

Rickels, K., Pollack, M. H., Feltner, D. E., Lydiard, R. B., Zimbroff, D. L., Bielski, R. J., Tobias, K., Brock, J. D., Zornberg, G. L. y Pande, A. C. (2005). Pregabalin for treatment of generalized anxiety disorder: a 4-week, multicenter, double-blind, placebo-controlled trial of pregabalin and alprazolam. *Arch Gen Psychiatry, 62,* 1022-1030.

Rickels, K., Zaninelli, R., McCafferty, J., Bellew, K., Iyengar, M. y Sheehan, D. (2003). Paroxetine treatment of generalized anxiety disorder: a double-blind, placebo-controlled study. *American Journal of Psychiatry, 160,* 749-56.

Royal Australian and New Zealand College of Psychiatrists Clinical Practice Guidelines Team for Panic Disorder and Agoraphobia (2003). Australian and New Zealand clinical practice guidelines for the treatment of panic disorder and agoraphobia. *Aust N Z J Psychiatry, 37,* 641–56.

Rynn, M., Russell, J., Erickson, J., Detke, M. J., Ball, S., Dinkel, J., Rickels, K. y Raskin, J. (2007). Efficacy and Safety of Duloxetine in the Treatment of Generalized Anxiety Disorder: A Flexible-Dose, Progressive-Titration, Placebo-Controlled Trial. *Depression and Anxiety, 25,* 182–189.

Safren, S. A., Gershuny, B. S., Marzol, P., Otto, M. W. y Pollack, M. H. (2002). History of childhood abuse in panic disorder, social phobia, and generalized anxiety disorder. *J Nerv Ment Dis, 190,* 453-456.

Salzman, C., Goldenberg, I., Bruce, S. E. y Keller, M. B. (2001). Pharmacologic treatment of anxiety disorders in 1989 versus 1996: results from the Harvard/ Brown anxiety disorders research program. *J Clin Psychiatry, 62, 149-152.*

Schatzberg, A. F. (2000). New indications for antidepressants. *J Clin Psychiatry, 61,* 9-17.

Secher, A., Bukh, J., Bock, C., Koefoed, P., Rasmussen, H. B., Werge, T., Kessing, L. V. y Mellerup, E. (2009). Antidepressive-drug-induced bodyweight gain is associated with polymorphisms in genes coding for COMT and TPH1. *Int Clin Psychopharmacol 24,* 199-203.

Serretti, A. y Chiesa, A. (2011). Sexual side effects of pharmacological treatment of psychiatric disease. *Clinical Pharmacology & Therapeutics, 89,* 142-147.

Sibille, E., Pavlides, C., Benke, D. y Toth, M. (2000). Genetic inactivation of the Serotonin(1A) receptor in mice results in downregulation of major GABA(A) receptor alpha subunits, reduction of GABA(A) receptor binding, and benzodiazepine-resistant anxiety. *J Neurosci, 20,* 2758-2765.

Stahl, S. (2014). Mechanism of action of the SPARI vilazodone: serotonin 1A partial agonist and reuptake inhibitor. *CNS Spectrums, 19,* 105-109.

Stahl, S. M., Ahmed, S. y Haudiquet, V. (2007). Analysis of the rate of improvement of specific psychic and somatic symptoms of general anxiety disorder during long-term treatment with venlafaxine ER. *CNS Spectr, 12,* 703-711.

Stefanopoulou, E., Hirsch, C. R., Hayes, S., Adlam, A. y Coker, S. (2014). Are Attentional Control Resources Reduced by Worry in Generalized Anxiety Disorder? *Journal of Abnormal Psychology, 123,* 330-335.

Stein, D. J., Ahokas, A., Albarran, C., Olivier, V. y Allgulander, C. (2012). Agomelatine prevents relapse in generalized anxiety disorder: a 6-month randomized, double-blind, placebo-controlled discontinuation study. *J Clin Psychiatry, 73,* 1002-1008.

Stein, D. J., Ahokas, A., Márquez, M. S., Höschl, C., Oh, K. S., Jarema, M., Avedisova, A. S., Albarran, C. y Olivier, V. (2014). Agomelatine in generalized anxiety disorder: an active comparator and placebo-controlled study. *J Clin Psychiatry, 75,* 362-368.

Stein, D. J., Ahokas, A. y de Bodinat, C. (2008). Efficacy of Agomelatine in Generalized Anxiety Disorder: A Randomized, Double-Blind, Placebo-Controlled Study. *Journal of Clinical Psychopharmacology, 28,* 561-566

Tanrikut, C., Feldman, A. S., Altemus, M., Paduch, D. A. y Schlegel, P. N. (2010). Adverse effect of paroxetine on sperm. *Fertil Steril, 94,* 1021-1026.

Thasea, M., Chenb, D., Edwards, J. y Ruth, A. (2014). Efficacy of vilazodone on anxiety symptoms in patients with major depressive disorder. *International Clinical Psychopharmacology, 29,* 351-357.

Tyrer, P., Seivewright, H. y Johnson, T. (2003). The core elements of neurosis: mixed anxiety-depression (cothymia) and personality disorder. *J Pers Disord, 17,* 129-138.

Uher, R., Farmer, A., Henigsberg, N., Rietschel, M., Mors, O., Maier, W., ... y Aitchison, K. J. (2009). Adverse reactions to antidepressants. *Br J Psychiatry, 195,* 202-210.

Uhlenhuth, E., Balter, M., Ban, T. y Yang, K. (1999). International study of expert judgedment on therapeutic used of benzodiazepines and other psychotherapeutic medications: VI. Trends in recommendations for the pharmacotherapy of anxiety disorders, 1992-1997. *Depress Anxiety, 9,* 107-116.

Unschuld, P. G., Ising, M., Specht, M., Erhardt, A., Ripke, S., Heck, A., ... y Binder, E. B. (2009). Polymorphisms in the GAD2 gene-region are associated with susceptibility for unipolar depression and with a risk factor for anxiety disorders. *Am J Med Genet B Neuropsychiatr Genet, 150B,* 1100-1109.

Wade, A., Michael Lemming, O. y Bang Hedegaard, K. (2002). Escitalopram 10 mg/day is effective and well tolerated in a placebo-controlled study in depression in primary care. *Int Clin Psychopharmacol, 17,* 95-102.

Watson, D. y Clark, L. A. (1984). Negative affectivity: The disposition to experience aversive emotional states. *Psychological Bulletin, 96,* 465-490.

Weizman, R., Tanne, Z., Granek, M., Karp, L., Golomb, M., Tyano, S. y Gavish, M. (1987). Peripheral benzodiazepine binding sites on platelet membranes are increased during diazepam treatment of anxious patients. *Eur J Pharmacol, 138,* 289–92.

Wenzel-Seifert, K., Wittmann, M. y Haen, E. (2011). QTc prolongation by psychotropic drugs and the risk of torsade de pointes. *Dtsch Arztebl Int, 108,* 687-693.

Discusión. Líneas de investigación para mejorar la eficacia de los tratamientos para el Trastorno de Ansiedad Generalizada: aportes de los estudios empíricos a la clínica

Dr. Juan Martín Gómez Penedo
Universidad de Buenos Aires y CONICET

Dr. Ignacio Etchebarne
Universidad de San Andrés y Human Intelligence (HI)

Dr. Andrés Roussos
Universidad de Buenos Aires y CONICET

Como se ha argumentado en varios capítulos de este libro, los niveles de eficacia de los tratamientos para el Trastorno de Ansiedad Generalizada (TAG) lejos están de ser los ideales. En síntesis, menos de la mitad de los sujetos con TAG que son abordados con tratamientos basados en la evidencia alcanzan resultados clínicamente significativos (Cuijpers et al., 2014).

El estado de situación planteado evidencia que aún queda mucho camino por recorrer en el perfeccionamiento de los tratamientos para el TAG. Este apartado busca analizar críticamente los esfuerzos principales en esta dirección, descriptos en los capítulos anteriores de este libro, así como también discutir líneas futuras de investigación respecto de cómo incrementar aún más la eficacia de los tratamientos para este trastorno.

Entre las estrategias identificadas en la literatura para optimizar los abordajes del TAG, se describirán y discutirán las siguientes: (i) la creación de tratamientos particulares para TAG basados en características relevantes del trastorno; (ii) la identificación de características relevantes en los pacientes (variables moderadoras) para la selección del tratamiento; (iii) el establecimiento de marcadores del proceso terapéutico que sugieran la necesidad de realizar adaptaciones clínicas a los abordajes; (iv) la creación de protocolos transdiagnósticos basados en la identificación de mecanismos de acción (variables mediadoras) comunes a diversas patologías; y (v) la creación de modelos transdiagnósticos personalizados a partir de características relevantes de los pacientes. Se analizará cada una de estas propuestas junto a sus evidencias derivadas, estableciendo implicancias para la práctica clínica y trazando líneas de desarrollo a futuro. Al final del capítulo se presentará una tabla para sintetizar cada una de estas propuestas, en una búsqueda por facilitar su comprensión (Ver Tabla 1).

Un primer esfuerzo: la creación de alternativas de tratamiento

Para entender y superar las limitaciones de los primeros tratamientos para el TAG, algunos autores postularon que los pacientes con este trastorno debían contar con cualidades particulares que interferían con los abordajes utilizados clásicamente. Siguiendo esta línea argumental, se desarrollaron nuevas terapias o adaptaciones a los tratamientos clásicos, que abordaran aquellos aspectos fundamentales del TAG, no contemplados por las aproximaciones tradicionales.

Esfuerzos en esa dirección aparecen representados en este libro en los trabajos de Newman y equipo, descriptos en el capítulo "El modelo de evitación de contraste y la terapia de procesamiento emocional interpersonal", así como también en la terapia metacognitiva de Wells y el modelo de intolerancia a la incertidumbre de Dugas, estos dos últimos delineados en el capítulo de Bogiaizian "Modelos metacognitivo y de la intolerancia a la incertidumbre: integración clínica para el tratamiento del TAG".

La generalización de esta tendencia llevó al desarrollo de un verdadero crisol de tratamientos alternativos para el abordaje del TAG, que si bien en casos aislados mostraron superioridad relativa en comparación con un tratamiento estándar, no evidenciaron un incremento en la tasa de respuesta observada mediante aproximaciones metanalíticas (Cuijpers et al., 2014).

Hacia la búsqueda de moderadores y una selección sistematizada de tratamientos

A pesar de que la investigación empírica no ha demostrado la existencia de un tratamiento superador para el TAG, esto no quiere decir que los efectos de todos los tratamientos desarrollados sean iguales.

Como ejemplo podríamos citar el abordaje para TAG presentado en el capítulo de Newman y Llera, que en el marco de un ensayo clínico controlado (RCT por su sigla en inglés), no ha presentado diferencias estadísticamente significativas en sus efectos respecto de una terapia cognitivo-conductual (TCC) clásica (Newman et al., 2011). Sin embargo, el hecho de que las dos terapias presenten los mismos efectos globales a nivel muestral (es decir, en los datos agregados) no implica que generen el mismo efecto potencial a nivel del paciente. Dos tratamientos pueden tener la misma eficacia genérica produciendo, por ejemplo, que la mitad de los pacientes respondan adecuadamente a ambos abordajes. Sin embargo, los pacientes que respondieron a un tratamiento pueden tener características diferentes a los pacientes que respondieron al otro. Es decir, existe la posibilidad de que los tratamientos hayan funcionado en subtipos de pacientes diferentes, pero al no estar desagregada esa información, los efectos parezcan homogéneos (Smith y Sechrest, 1991).

Este tipo de observaciones llevaron a una nueva generación de investigaciones en la eficacia de tratamientos para el TAG, aún reciente y en desarrollo, que representa una de las líneas fundamentales a futuro para mejorar las tasas de respuesta en este trastorno. Según este planteo, existe la posibilidad de que subconjuntos de pacientes (en base a características fundamentales que contienen) respondan mejor a un tipo de tratamiento que a otro (Smith y Sechrest, 1991). Se dice, en este caso, que las características de los pacientes *moderan* los efectos diferenciales de los tratamientos (Etchebarne, O'Connell y Roussos, 2008; Kraemer et al., 2002).

De esta manera, una de las estrategias alternativas para mejorar los resultados de los tratamientos reside en identificar caracteríticas extradiagnósticas de los pacientes con TAG, que requerirían de tratamientos diferenciales para obtener respuestas adecuadas (Beutler et al., 2016; Kraemer et al., 2002). Es así que, recientemente, se han realizado estudios buscando identificar estas características que sugieran mayores probabilidades de éxito terapéutico a partir de tratamientos particulares.

En relación con los abordajes presentados a lo largo de este libro, análisis de esta naturaleza han mostrado que el tratamiento integrativo presentado en el capítulo de Newman y Llera, es particularmente útil en pacientes con TAG que tienen altos niveles de apego evitativo, en comparación con un abordaje TCC clásico (Newman et al., 2015). De igual manera, un estudio de moderación ha mostrado que la integración de estrategia de entrevista motivacional en TCC para pacientes con TAG –presentada en el capítulo de Westra y Hara– se asocia a mejores resultados a largo plazo especialmente en pacientes que presentan altos niveles de sumisión interpersonal (Gómez Penedo et al., 2017). Asimismo, se ha observado que la terapia de relajación aplicada (RA), presentada en el capítulo de Etchebarne, produce mejores resultados en comparación con TCC estándar, en pacientes con características interpersonales de ser extramamente dominantes o instrusivos en las relaciones con otros (Newman et al., 2017) o en casos de TAG de curso crónico (Newman y Fisher, 2013).

Por otra parte, se han observado efectos diferenciales de la terapia de aceptación y compromiso (ACT), descripta en el capítulo de O'Connell y Walser, en el tratamiento genérico de trastornos de ansiedad (y no específicamente en el TAG). Pacientes que presentan trastornos de ansiedad comórbidos con trastornos del estado de ánimo, se han visto más beneficiados a partir de un tratamiento ACT que de una terapia TCC (Wolitzky-Taylor et al., 2012).

La identificación de estas cualidades de los pacientes que interactúan con los tratamientos (produciendo efectos diferenciales) favorecen en forma indirecta la eficacia relativa del abordaje del TAG. Ello se debe a que posibilita realizar una selección del tratamiento óptimo para cada paciente, según sus características, mejorando la respuesta a las terapias de distintas subpoblaciones clínicas.

Siguiendo un paradigma general de selección del tratamiento más adecuado para el paciente según sus características particulares (Beutler et al., 2016), Etchebarne, Juan y Roussos (2016) diseñaron un algoritmo basado en la acumulación de evidencia empírica de los últimos años y consensos teórico-clínicos (a falta de evidencias empíricas directas), orientado a decidir el tratamiento óptimo para un paciente con TAG, según las características clínicas que presenta (Ver Figura 1). Dicho trabajo es un paso más hacia la selección sistematizada de abordajes en base a caraterísticas de los pacientes, en la búsqueda de potenciar los resultados de la terapia (Beutler et al., 2016).

Una tendencia similar a esta selección de los abordajes en base a las características y necesidades de los pacientes se observa en los tratamientos farmacológicos para el TAG. En el capítulo de Portela, se destaca que frente a efectos similares de los fármacos de primera línea, la selección de los mismos suele basarse en el perfil de efectos adversos, interacciones farmacológicas, historia de tratamientos previos, así como la preferencia del paciente. De esta manera, la selección de tratamientos farmacológicos ha pasado de una selección a partir de procesos de ensayo y error con el paciente, al estudio de respuestas diferenciales de fármacos, creando una psiquiatría de precisión, en la búsqueda de lograr una medicina personalizada (Bzdoc y Karrer, 2018).

Estos desarrollos en su conjunto, orientados a sistematizar la selección de los tratamientos en salud mental en base a cualidades de los pacientes, se ven asociados a una tendencia de los últimas años en ciencias de la salud, generalizada recientemente a la psicoterapia, en relación con la personalización de los abordajes para potenciar sus resultados (Bzdoc y Karrer, 2018; DeRubeis et al., 2014). Consideramos que continuar por este camino, identificando variables de los pacientes que produzcan efectos diferenciales en los tratamientos y sistematizando estos hallazgos en árboles de decisión como plantean Etchebarne y colaboradores (2016), puede producir una contribución valiosa a la clínica, a partir de la mejoría de los resultados de los tratamientos para el TAG.

Figura 1. Algoritmo TAG para la selección de modelos y abordajes en base a características preponderantes de los pacientes y énfasis del tratamiento. Reproducida de Etchebarne, Juan y Roussos (2016: 16), Anuario Anxia. Reproducida con permiso.

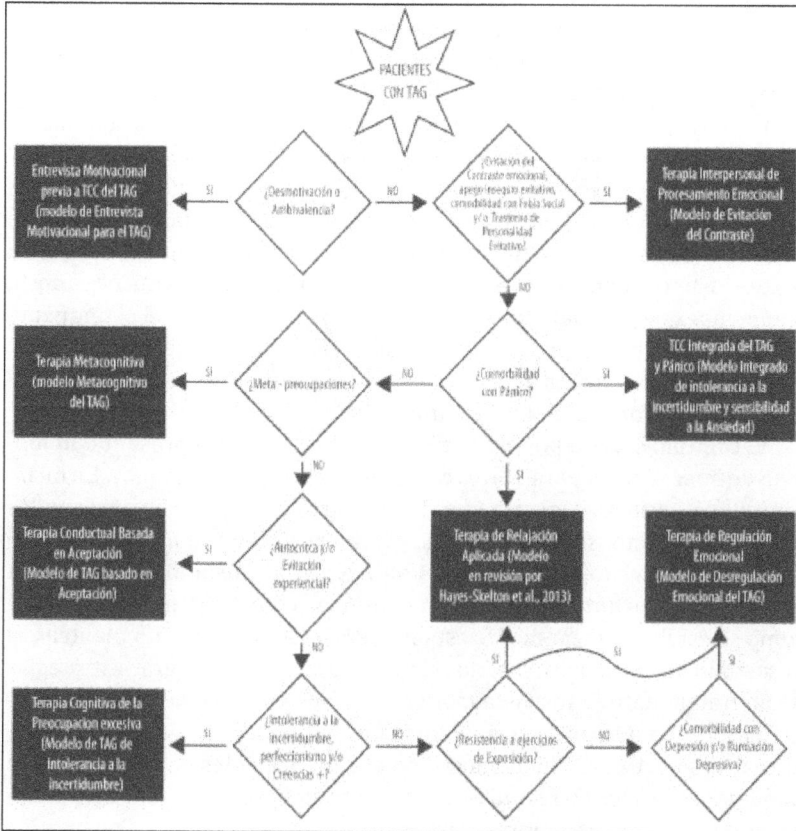

La integración de estrategias clínicas frente a marcadores del proceso psicoterapéutico

Otra de las estrategias que se ha planteado para mejorar la eficacia de los tratamientos para el TAG se sustenta en la idea de identificar indicadores durante el transcurso de los tratamientos (de distinta naturaleza), que sugieran la necesidad de realizar adaptaciones técnicas, para poder obtener mejores resultados.

En esa postura se enmarca, por ejemplo, el modelo de integración en psicoterapia a partir de la respuesta a contextos (CRPI por su sigla en inglés de *context-responsive psychotherapy integration*; Constantino et al., 2013). Este modelo se centra en la noción de "responsividad" del terapeuta (*responsi-*

veness; Stiles, Honos-Webb y Surko, 1998). La misma se refiere a adaptar el accionar del terapeuta a lo que el paciente necesita para mejorar momento a momento, y es considerada uno de los mecanismos de cambio fundamentales en psicoterapia. A partir de este supuesto, el CRPI plantea la necesidad de identificar marcadores, basados en la evidencia, que llamen a una modificación temporal en el curso de las intervenciones.

Estos marcadores, que indican la necesidad de realizar una adaptación al tratamiento que se está desarrollando, pueden tener dos formas. Por un lado, pueden ser características de los pacientes que sugieran la implementación de adaptaciones a los tratamientos, a partir de la exploración de variables moderadoras como se planteó en el apartado anterior. Por otra parte, existen también marcadores a nivel del proceso terapéutico (es decir, fenómenos que suceden durante una sesión) que indican que el terapeuta debería realizar una modificación en su accionar, al menos momentánea, para superar obstáculos en el tratamiento o brindarle al paciente la oportunidad de lograr cambios terapéuticos.

El capítulo escrito por Westra y Hara para este libro presenta un modelo de intervención para el TAG congruente con estos principios. En dicho capítulo las autoras sugieren identificar marcadores de resistencia en los pacientes, durante sesiones de TCC, y frente a su aparición, utilizar estrategias de entrevista motivacional. Una vez que el episodio de resistencia es superado, las autoras proponen continuar con el tratamiento TCC tal como se estaba realizando. De esta manera, Westra y Hara no plantean el desarrollo de un nuevo abordaje, sino que prescriben integrar estrategias de un tratamiento (entrevista motivacional) en el marco de otro (como es la TCC), frente a la presencia de indicadores particulares (resistencia de los pacientes). Un RCT ha demostrado que los pacientes de esta condición integrativa obtuvieron resultados significativamente mejores a largo plazo, en comparación con un tratamiento de TCC estándar (Westra, Constantino y Antony, 2016).

Estos resultados muestran la viabilidad de identificar emergentes que pueden ocurrir dentro de cualquier abordaje para el TAG y de estudiar cuáles son las mejores estrategias para lidiar con esas situaciones (en términos tanto del proceso como de los resultados finales). Es así que podrían desarrollarse estrategias de intervención (mediante adaptaciones terapéuticas) para aplicarse en tratamientos de distintos marcos teóricos, buscando potenciar sus resultados. No obstante, nuevas líneas de investigación de estos marcadores y una exploración exhaustiva de formas de adaptación clínica efectivas (basadas en evidencias) son necesarias para continuar enriqueciendo y validando esta estrategia de potenciación de los tratamientos para el TAG.

El desarrollo de protocolos transdiagnósticos

Otro de los intentos por mejorar los resultados de los tratamientos para el TAG se centró en el diseño de estrategias genéricas de abordaje, ya no específicamente para este cuadro, sino para un conjunto amplio de patologías con las cuales el TAG compartía una serie de mecanismos comunes. Así, surgieron tratamientos unificados de abordaje, centrados en características y mecanismos transdiagnósticos (Thompson-Hollands, Sauer-Zavala y Barlow, 2014).

El argumento fundamental para la creación de estos tratamientos se halla en la gran cantidad de propiedades que tienen en común los trastornos emocionales (es decir, trastornos de ansiedad y del estado de ánimo), así como también en sus altas tasas de comorbilidad (Barlow, Allen y Choate, 2004). Para poner un ejemplo focalizado en el diagnóstico de TAG, si no se aplica el criterio de exclusión jerárquica (es decir, la imposibilidad de diagnosticar un TAG en el curso de un trastorno del estado de ánimo), la comorbilidad entre el TAG y la distimia ascendería al 90% (Barlow et al., 2004). Estos altos grados de solapamiento podrían responder a la existencia de un síndrome general, en el que los distintos cuadros (TAG, fobia social, depresión, etc.) representan diferentes manifestaciones de dicho síndrome subyacente (Andrews, 1990). Una primera propuesta en esta dirección fue la de Krueger (1999), que sostuvo que el TAG, la distimia, la depresión y el estrés postraumático conformaban un espectro de trastornos internalizadores. Por su parte, Barlow y equipo (2004) identificaron un conjunto de cuadros dignósticos que compartían vulnerabilidades y mecanismos de acción, creando una categoría transdiagnóstica más amplia que la de trastornos internalizadores, que denominaron trastornos emocionales. Esta categoría incluía al TAG junto con los trastornos del estado de ánimo (depresión y distimia), el trastorno de pánico, la fobia social, la fobia específica, el trastorno obsesivo compulsivo y el trastorno de estrés postraumático. A partir de esta noción de trastornos emocionales, los autores se plantearon la posibilidad de establecer una estrategia de intervención común para ellos, más allá de su forma de manifestación sintomática particular y, por ende, de su etiqueta (Barlow et al., 2004). La ventaja de estos tratamientos es que permitiría una mejor utilización de recursos, facilitando tanto la diseminación como el entrenamiento de terapeutas, ya que los clínicos no necesitarían aprender una diversidad de manuales para distintos cuadros, sino que podrían centrarse en el estudio profundo de una sola forma de abordaje común para ellos (Thompson-Hollands et al., 2014).

Además de ser más eficientes en términos de costo-beneficio, estos abordajes podrían ser más potentes para producir cambios en la condición clínica general de los pacientes que se presentan con múltiple sintomatología del espectro emocional (Borkovec, Abel y Newman, 1995). Abordajes genéricos orientados, no a tratar un cuadro particular, sino a mecanismos compartidos por distintos cuadros del polo ansiedad-depresión, podrían incrementar sus resultados apuntando a los factores de producción y mantenimiento de diversas áreas sintomatológicas del paciente.

El tratamiento transdiagnóstico más conocido actualmente que podría incluir al TAG como foco, es el protocolo unificado para el tratamiento transdiagnóstico de los trastornos emocionales (Barlow et al., 2011). Este tratamiento se basa en la ya citada idea de la existencia de mecanismos compartidos por trastornos del estado de ánimo y ansiedad (Barlow, 2002), diseñando estrategias genéricas de intervención para ellos. En su forma original, sus componentes de tratamiento incluían la psicoeducación, la modificación de las evaluaciones cognitivas, la prevención de evitación emocional y la promoción de acciones no asociadas a la emoción perturbada (Barlow et al., 2004), considerando que estos principios podrían aplicarse genéricamente a todos los trastornos emocionales, sin la necesidad de realizar modificaciones importantes según el cuadro específico o su forma de presentación clínica (Waltman y Sokol, 2017).

Algunos capítulos de este libro responden también a propuestas de abordajes unificadas que incluyen al TAG entre sus focos de tratamiento. Es el caso del capítulo de Renna et al. sobre la terapia de regulación emocional. En dicha sección del libro los autores postulan que dificultades en la regulación emocional explicarían la sintomatología presente en los trastornos por distrés (categoría que engloba tanto al TAG como a la depresión). A partir de este postulado diseñan un tratamiento enfocado en mejorar la modulación y expresión emocional en estos cuadros.

Del mismo modo, O'Connell y Walser describen en su capítulo un tratamiento para TAG basado en ACT, otro de los abordajes transdiagnósticos diseñados para diferentes cuadros psicopatológicos. Cabe aclarar que si bien este modelo es transdiagnóstico, los autores presentan en su capítulo la forma particular en que se conceptualiza y trata al TAG, siguiendo los principios de ACT. Desde este modelo, la evitación experiencial tendría un rol central en el TAG (mediante el ejercicio de la preocupación excesiva) y sería el foco fundamental de tratamiento.

Asimismo, el capítulo de Juan, Gómez Penedo y Roussos presenta los lineamientos generales de un abordaje unificado (transdiagnóstico) psicodinámico para el tratamiento de pacientes con trastornos de la emoción. Este tratamiento fue diseñado a partir de una revisión sistemática de ensayos clínicos, orientada a identificar elementos compartidos por diferentes tratamientos psicodinámicos eficaces para el tratamiento de la ansiedad y la depresión. A pesar de que este tratamiento está enraizado en un análisis comprensivo de abordajes que han probado su eficacia, los efectos de este tratamiento transdiagnóstico no han sido estudiados aún empíricamente, por lo que no podría considerarse un abordaje basado en evidencia científica.

Por otra parte, el capítulo de Stephens y colaboradores, señala también en el tratamiento para el TAG de jóvenes un corrimiento en las últimas décadas hacia modelos transdiagnósticos de abordaje, en reemplazo de los tratamientos específicos originales. Dichos abordajes unificados para jóvenes centran su práctica en variables fundamentales como el diálogo interno disfuncional, la autopercepción de la sintomatología y la evaluación de los jóvenes de sus capacidades de afrontamiento.

Si bien los resultados de los diversos abordajes transdiagnósticos resultan ciertamente prometedores, los estudios de eficacia muestran que siguen sin superar el 50% de casos exitosos (Cuijpers et al., 2014).

Otra línea de investigación que podría ser especialmente útil para mejorar el diseño de tratamientos transdiagnósticos y, a su vez, sus resultados, parte de los estudios orientados a identificar mecanismos de acción comunes a distintas formas de abordaje. Estos trabajos, que se conocen técnicamente como análisis de mediación (Baron y Kenny, 1986; Hayes, 2013), buscan identificar qué variables se modifican durante el proceso psicoterapéutico, explicando las mejorías de los pacientes al finalizar la terapia. Un ejemplo de ello se encuentra en un estudio de Eustis y colaboradores (2016), quienes reportan que reducciones en la evitación experiencial median los efectos del ACT y la RA para el tratamiento del TAG (más ejemplos similares se reportan en el capítulo de Etchebarne sobre RA).

Modelos transdiagnósticos personalizados: una nueva síntesis de dos tradiciones, ¿una huella hacia el futuro?

Como el lector habrá notado, la búsqueda por identificar características relevantes en los pacientes, para orientar la selección del tipo de tratamiento específico que necesitan, implica, en alguna medida, una tendencia opuesta a la de crear tratamientos unificados. La primera propuesta se dedica a la selección de tratamientos sumamente específicos, en un intento de personalización de la psicoterapia; la segunda, a la creación de abordajes genéricos e inespecificados para una constelación amplia de cuadros posibles.

Cada una de estas propuestas tiene ventajas y desventajas complementarias. La selección de tratamientos específicos mediante la medición de variables moderadoras relevantes, facilita una adecuación de la terapia a características individuales, dándole al paciente un tratamiento a medida para su condición, que aumente las probabilidades de que obtenga resultados positivos. Por contraposición, la creación de tratamientos unificados permite abarcar una gran cantidad de condiciones clínicas, ahorrando recursos en formación (y permitiendo una mayor experticia a menor costo), en comparación con la utilización de protocolos de tratamiento individuales para cada condición. Además, estos abordajes facilitan el tratamiento de condiciones comórbidas, algo que representa más una regla que una excepción en el panorama de la realidad clínica.

Si bien estas dos posiciones han recorrido caminos paralelos (y ciertamente separados) durante mucho tiempo, en los últimos años se ha observado una tendencia hacia una síntesis de estas dos posturas aparentemente antitéticas (ver Waltman y Sokol, 2017).

Desde el mismo equipo de trabajo de Barlow, quienes crearon el protocolo unificado para trastornos de la emoción, se ha planteado la necesidad de pasar de un único tratamiento para todos los cuadros del polo ansioso-depresivo, a la creación de tratamientos genéricos pero personalizados (Thompson-Hollands et al., 2014). De esta forma se ha propuesto orientar el tratamiento de mecanismos compartidos por distintas patologías, mediante un abordaje común, pero adaptando su forma de aplicación a la manera particular de presentación clínica de quien consulta, buscando mejorar el ajuste del tratamiento al paciente, así como también la eficiencia de su aplicación (Thompson-Hollands et al., 2014). Debido a que el protocolo unificado cuenta con distintos módulos de trabajo (por ejemplo, módulos que buscan aumentar la conciencia centrada en el presente, mejorar la flexibilidad cognitiva o realizar exposiciones interoceptivas y situacionales), representando cada uno una unidad separada de abordaje, el modelo plantea la posibilidad de incluir o excluir diversos módulos, alterando su forma de ordenamiento, en base a la evaluación clínica exhaustiva de los pacientes (Thompson-Hollands et al., 2014).

Por ejemplo, en pacientes con altos niveles de neuroticismo, el tratamiento debería focalizarse en módulos de psicoeducación respecto de las emociones y en estrategias basadas en *mindfulness*, para poder contemplarlas en su contexto (Thompson-Hollands et al., 2014). En cambio, en pacientes que se presenten con altos niveles de preocupaciones respecto de situaciones sociales, el módulo orientado a la exposición (tanto situacional como imaginaria) sería el prioritario. No obstante, todavía es necesario realizar investigación empírica que sustente una eficacia diferencial de este tipo de abordaje genérico personalizado, en comparación con el tratamiento unificado original (Waltman y Sokol, 2017).

Al mismo tiempo, dentro del marco de la TCC, se ha reposicionado el valor de los tratamientos guiados por la conceptualización del caso, una tradición que nació en los principios mismos de la TCC, a partir de los desarrollos de Beck y colaboradores (1979), pero que ha quedado desdibujada en la dinámica de la creación de tratamientos específicos basados en diagnósticos psiquiátricos (Waltman y Sokol 2017).

Esta propuesta, denominada *modelo genérico de terapia cognitiva*, implica tratar a cada paciente como si fuera parte de un caso único de investigación en donde el terapeuta (en conjunto con su paciente) crea una serie de hipótesis (basadas en evidencia científica previa) susceptibles de contrastación, respecto de los factores que causan y sostienen a la patología de quien consulta (Persons, Beckner y Tompkins, 2013). En el proceso del tratamiento, guiado a partir de estas hipótesis, se realiza una recolección de datos continua para contrastar las hipótesis planteadas, así como también la evolución del tratamiento, permitiendo revisiones o actualizaciones de la conceptualización realizada del paciente y una modificación de la conducción del tratamiento.

Es así que este modelo promueve una forma flexible de abordaje, tomando intervenciones de los protocolos clásicos para patologías específicas y utilizándolas para operar sobre los mecanismos psicopatológicos considerados relevantes, según la presentación individual del paciente (Waltman y Sokol, 2017). La flexibilidad de este modelo se presenta especialmente útil para pacientes que no cumplen criterios diagnósticos claros y únicos de un cuadro psicopatológico, asemejándose más a la realidad clínica cotidiana de los psicoterapeutas (Waltman y Sokol, 2017).

Hasta el momento se ha observado que los resultados de estos abordajes son al menos equivalentes a los de los tratamientos individuales (ver por ejemplo Eells, 2013) y que podría ser una alternativa especialmente útil para tratar casos que no presentan una respuesta a tratamientos cognitivo-conductuales focalizados en un trastorno mental específico (Persons et al., 2013).

El capítulo de Fernández-Álvarez, que forma parte de este libro, presenta un modelo integrativo de abordaje para el TAG, que consideramos consistente con el espíritu del modelo genérico de terapia cognitiva. Esta propuesta terapéutica hace uso de los recursos técnicos de los modelos planteados en otros capítulos de esta obra (por ejemplo, entrevista motivacional, modelo metacognitivo, modelo de intolerancia a la incertidumbre, modelo de aceptación y compromiso, etc.), sustentando los criterios de selección de las intervenciones en la evaluación inicial de los pacientes y la forma de presentación específica de su padecimiento, experiencia subjetiva y organización de la personalidad. Este abordaje plantea utilizar información relevante de los pacientes, no ya para seleccionar los tratamientos, sino para seleccionar estrategias diferenciales de intervención dentro de un tratamiento basado en principios cognitivo-conductuales.

Una tercera corriente de abordajes genéricos, sistematizada recientemente, ha planteado una forma distinta de pensar los tratamientos transdiagnósticos personalizados en función de características de los pacientes. En su libro *TCC basada en los procesos*, Hayes y Hofmann (2018a) postulan la necesidad de que la terapia cognitiva trascienda los diagnósticos psicopatológicos clásicos y su abordaje específico. En ese sentido, proponen que la TCC vire hacia una identificación de procesos psicológicos básicos (entre los que se encuentran las cogniciones, emociones, conductas, teoría del aprendizaje y la neurociencia) vinculados al padecimiento de los pacientes, convirtiéndolos en los objetivos del tratamiento (Hayes y Hofmann, 2018a).

Por estas razones, Hayes y Hofmann (2018a) proponen redefinir la psicoterapia basada en la evidencia, mediante el estudio empírico de la capacidad de ciertas competencias y estrategias psicoterapéuticas para operar sobre la modificación de procesos básicos que produzcan una mejoría en los pacientes, ya sea en términos de alivio de sintomatología o de promoción del bienestar. Esta alternativa tiene un espíritu en común con los modelos de selección de tratamientos a partir de características relevantes de los pacientes. Sin embargo, a diferencia de esta última, la TCC basada en los procesos no plantea una selección de tratamientos diferentes según cualidades de los pacientes, que cuentan con una patología dada, sino que establece estrategias e intervenciones diferenciales que apunten a dichas características (es decir, procesos) salientes.

Esta alternativa resulta interesante ya que modifica el foco de atención, yendo desde una psicopatología que le asigna un diagnóstico al paciente, bajo la presunción de que ante su sintomatología subyace una condición que la determina, y se focaliza directamente en los procesos involucrados en su sufrimiento (Hayes y Hofmann, 2018a). Este modelo es consistente con los requerimientos recientes del *National Institute of Mental Health*, en torno a guiar las prácticas e investigación clínica en base a la iniciativa de los *Research Domain Criteria* (RDoC; Insel et al., 2010) y no a partir de sistemas diagnósticos como el DSM (American Psychological Association, 2013). Además, permite trazar puentes entre la psicoterapia y los desarrollos de la psicología básica, así como también con otras disciplinas de conocimiento como las neurociencias (Hayes y Hofmann, 2018b). Es así que los autores del modelo, recordando la famosa frase de Paul (1967: 111) para orientar los estudios de proceso-resultado ("¿Qué tratamiento, realizado por quién, es más efectivo para este individuo, con este problema específico y bajo qué circunstancias"), sugieren que la nueva pregunta insignia que guíe los destinos de la psicoterapia sea: "¿En qué procesos biopsicológicos nucleares debe enfocarse el abordaje de este paciente, dado este objetivo, en esta situación, y cómo pueden ser modificados [estos procesos] de la manera más eficaz y eficiente?" (Hayes y Hofmann, 2018b: 428).

Si bien este modelo propone una idea innovadora para repensar la psicoterapia en general, y a la TCC en particular, es necesaria una generalización de estudios empíricos que aporten evidencia en favor de la eficacia de la aplicación estos procedimientos orientados a procesos. Además, un modelo de esta naturaleza va a requerir de una verdadera revolución en los procesos de evaluación y en la forma de identificar fenómenos patológicos *versus* no patológicos. El desafío principal de este modelo reside en lograr una movilización de la comunidad científico hacia el replanteo de estos procesos de identificación, evaluación y tratamiento de fenómenos psicopatológicos. En caso de no lograrse dicha movilización, este modelo constituirá definitivamente una propuesta trunca.

Conclusiones finales: hacia una síntesis (dialéctica)

Si bien el trabajo realizado en esta discusión y en cada uno de los capítulos del libro muestra que aún queda mucho camino por recorrer en el perfeccionamiento de los tratamientos del TAG, esta obra también evidencia que existen múltiples propuestas prometedoras, vigentes en la actualidad, para optimizar el abordaje de este cuadro. Para una visión de conjunto del abanico de estrategias surgidas para perfeccionar la forma de tratar a estos pacientes, la Tabla 1 de esta discusión presenta cada una de las propuestas identificadas en la literatura, junto con una descripción y enumeración de modelos asociados.

Tabla 1. *Estrategias identificadas en la literatura para optimizar los tratamientos del TAG*

Estrategia	Descripción	Ejemplos
Creación de alternativas de tratamiento.	Diseño de estrategias de intervención basadas en características salientes del TAG que podrían causar o mantener el trastorno.	- Modelo de evitación de contraste y la terapia de procesamiento emocional interpersonal (Newman y Llera, 2011). - Terapia metacognitiva (Wells, 2009). - Modelo de intolerancia a la incertidumbre (Dugas y Robichaud, 2007).
Identificación de variables moderadoras y selección sistemática de tratamientos.	Establecimiento de características relevantes de los pacientes con TAG (transdiagnósticas) para la selección del tratamiento más adecuado.	- Modelo de evitación de contraste y la terapia de procesamiento emocional interpersonal sugerido en pacientes con apego evitativo (Newman et al., 2015). - Integración de entrevista motivacional en TCC sugerido en pacientes con problemas interpersonales de sumisión (Gómez Penedo et al., 2017). - Terapia de relajación aplicada, recomendado en pacientes dominantes o intrusivos (Newman et al., 2017) o de curso crónico (Newman y Fisher, 2013). - Terapia de aceptación y compromiso recomendada en pacientes con comorbilidad con un trastorno depresivo (Wolitzky-Taylor et al., 2012). - Algoritmo TAG (Etchebarne et al., 2016).

Uso de adaptaciones clínicas frente a marcadores del proceso.	Identificación de eventos durante las sesiones de pacientes con TAG que sugieran la necesidad de realizar adaptaciones clínicas temporales al abordaje en curso.	- Integración de entrevista motivacional en TCC frente a marcadores de resistencia durante las sesiones (Westra et al., 2016)
Creación de modelos transdiagnósticos.	Desarrollo de modelos genéricos de abordaje para un conjunto de cuadros psicopatológicos (entre los cuales se encuentra el TAG) que comparten mecanismos comunes entre sí y que conforman el foco del tratamiento.	- Protocolo unificado para trastornos emocionales (Barlow et al., 2011). - Terapia de regulación emocional (Mennin y Fresco, 2013). - Terapia de aceptación y compromiso (Hayes, 2004).
Creación de modelos transdiagnósticos personalizados.	Desarrollo de abordajes genéricos para un conjunto de cuadros psicopatológicos (entre los cuales se encuentra el TAG), adaptados en su aplicación en base a fenómenos transdiagnósticos en los pacientes.	- Modelo genérico de terapia cogntiva (Waltman y Sokol 2017). - Protocolo unificado personalizado (Thompson-Hollands et al., 2014). - TCC basada en los procesos (Hayes y Hofmann, 2018a).

Nota. TAG= Trastorno de Ansiedad Generalizada; TCC= Terapia cognitivo conductual.

A pesar de la diversidad de caminos trazados a partir de los desarrollos teóricos y de investigaciones empíricas, con el correr de los años se ha observado una evolución de las estrategias iniciales para mejorar los tratamientos del TAG. Mientras que en un primer momento las propuestas planteadas representaban alternativas opuestas (por ejemplo, personalización de tratamientos *versus* tratamientos transdiagnósticos), en la actualidad se observa un corrimiento hacia el diseño de estrategias que buscan conservar lo mejor de las distintas estrategias iniciales, representando verdaderas síntesis dialécticas de posturas antitéticas. A pesar de que la convergencia hacia una vía común de integración de diversas propuestas separadas resulte auspiciosa, aún estas alternativas requieren de una sistematización y estudio exhaustivo que permitan proveer evidencias de sus efectos diferenciales.

Por otra parte, cabe resaltar que los problemas y los debates respecto del TAG y su abordaje, planteados en esta obra, no son exclusivos de este cuadro, sino que reflejan dificultades presentes en los sistemas clasificatorios psicopatológicos actuales y de evaluación e investigación en psicoterapia en general. Definitivamente estas problemáticas se encarnan de una forma particular al referirnos al TAG. Por ejemplo, se ha argumentado que los sistemas diagnósticos sobre los que se basa la mayor parte de la investigación clínica, como es el caso del DSM (American Psychiatric Association, 2013) y la Clasificación Internacional de Enfermedades (Organización Mundial de la Salud, 1992), tienen importantes deficiencias en relación con su confiabilidad (Insel et al., 2010). Las altas tasas de comorbilidad en el TAG

(Barlow et al., 2004; Newman et al., 2010), abonan este argumento. Sin embargo, en el caso particular de este cuadro, algunos autores han planteado que el grado de solapamiento del TAG con otras disfunciones podría deberse a que este cuadro configura un trastorno de ansiedad básico, en donde la preocupación, su síntoma principal, constituye un rasgo compartido por los diferentes trastornos de ansiedad (Roemer, Orsillo y Barlow, 2004). Modelos psicodinámicos plantean incluso a la ansiedad generalizada como un patrón de personalidad, en términos de una forma estable de experimentar y operar sobre la realidad (Juan, Etchebarne, Gómez Penedo y Roussos, 2010; PDM Task Force, 2006), que podría presentarse en el marco de distintas formas de sintomatología.

De igual manera, se encuentran desafíos propios de la investigación en psicología clínica que atraviesan el avance de los desarrollos científicos para el tratamiento del TAG. La investigación en psicoterapia, como ha pasado en otras disciplinas de las ciencias humanas y sociales, ha sido presa de una disputa entre modelos nomotéticos (orientados a identificar reglas generales de naturaleza universal) e ideográficos (centrados en la búsqueda de comprender la singularidad de los fenómenos individuales) para entender a los pacientes y operar sobre ellos (Molenaar, 2004).

El diseño de tratamientos centrados pura y exclusivamente en el diagnóstico del paciente, refleja una visión nomotética asociada a la forma de conceptualizar y tratar patologías en las prácticas médicas (Hayes y Hofmann, 2018b). Los desarrollos surgidos en los últimos años, en relación con el diseño de tratamientos genéricos pero adaptados a las características de los pacientes (Thompson-Hollands et al., 2014; Waltman y Sokol 2017), los modelos centrados en procesos (Hayes y Hofmann, 2018a) o las estrategias de adaptación clínica a marcadores del proceso psicoterapéutico (Westra et al., 2016), señalan una serie de esfuerzos orientados a un planteo ideográfico, focalizado en la forma de presentación particular del paciente (Hayes y Hofmann, 2018b). Sin embargo, consideramos utópico erradicar totalmente el uso de criterios diagnósticos basados en la identificación de patologías, ya que operan como un principio de ordenamiento de la conceptualización de la presentación clínica de los pacientes. Un desafío a futuro para el campo sería la búsqueda de espacios de integración también para estas posturas que aparentan ser opuestas (modelos basados en el diagnóstico *versus* modelos de abordaje personalizado).

Otro fenómeno importante, que no ha sido tenido en cuenta en la investigación sobre los tratamientos del TAG, es el rol que desempeña la cultura en estos procesos. Investigaciones transculturales han mostrado diferencias en la forma de percibir a la psicoterapia en culturas diferentes como Argentina y Estados Unidos (Jock et al., 2013). Cabe preguntarse si el TAG tiene una presentación clínica homogénea en distintos contextos o si la variable cultural puede incidir sobre la forma de manifestación de este trastorno. De igual manera, deberían pensarse estrategias para adaptar clínicamente los abordajes, diseñados en un contexto para poder generalizarlos a otros. Para ello serían necesarios estudios dirigidos a determinar la aplicación de estos abordajes en contextos distintos al de surgimiento, evaluando posibles disonancias culturales.

Por otra parte, existen divergencias metodológicas en la evaluación de los efectos de los distintos tratamientos psicoterapéuticos en general, y de aquellos para el TAG en particular. La mayor parte de la investigación sobre efectos de la psicoterapia se basa sobre la comparación de grupos (Ramseyer et al., 2014); por ejemplo, el estudio del cambio en una medida de ansiedad sobre un grupo al que se le provee de un tratamiento en comparación con un grupo de control. Sin embargo, cuando un terapeuta evalúa el cambio de sus propios pacientes, lo hace tomando información individual del sujeto y estimando su grado de evolución durante la terapia (Ramseyer et al., 2014). Por ende, si bien la terapia es un fenómeno de por sí individual, la mayor parte de las investigaciones se centran en comparaciones de grupo, que pueden llevar a falacias en las inferencias y se alejan de la práctica clínica (Tschacher y Ramseyer, 2009).

Una serie de recursos metodológicos podrían servir para saldar estas limitaciones. Por ejemplo, dos estrategias valiosas para seguir perfeccionando los tratamientos para TAG, construyendo un conocimiento consistente y fuertemente afianzado en la experiencia clínica cotidiana e individual, pueden ser la utilización de métodos estadísticos cuantitativos orientados a identificar tanto efectos individuales como grupales (Ramseyer et al., 2014), así como también el uso de metodologías sistematizadas de caso único (Kazdin, 2002). Ambas metodologías permiten un acercamiento robusto a los efectos de la terapia, pudiendo realizar inferencias confiables y de valor clínico, a nivel individual. En el estado del arte de investigaciones sobre el TAG, se encuentran estudios recientes utilizando estas metodologías estadísticas mixtas (Newman et al., 2015; Westra et al., 2016) como también diseños de caso único sistemáticos (Roussos, Gómez Penedo y Muiños, 2016), que sería relevante replicar en un mayor volumen de investigaciones sobre el cuadro y tratamiento.

De igual manera, dispositivos como los modelos de investigación orientada a la práctica (Castonguay et al., 2013), en donde terapeutas e investigadores convergen en un mismo equipo con la finalidad de proveer un recurso clínico a los profesionales y al mismo tiempo recolectar datos para la investigación (por ejemplo, modelos de *feedback* a terapeutas utilizados a su vez para recolección de información clínica; ver por ejemplo Areas et al., 2018), podría significar un recurso destacado para continuar desarrollando conocimiento clínico respecto del abordaje del TAG.

A pesar de los desafíos planteados en esta discusión y de algunas limitaciones observadas en los tratamientos, que implican espacios potenciales de mejoría para la práctica clínica del TAG, las evidencias sintetizadas a lo largo de este libro plantean la existencia de tratamientos eficaces y eficientes para el cuadro, especialmente si se tienen en cuenta características relevantes de los pacientes para la selección y adaptación de los tratamientos. Esperamos que el esfuerzo plasmado en estas páginas sirva para diseminar estos conocimientos, basados en evidencia científica, generalizarlos a la práctica clínica cotidiana y promover futuras investigaciones sobre este cuadro, que faciliten la creación de abordajes aún más beneficiosos para los pacientes que día a día padecen este trastorno.

Referencias

Andrews, G. (1990). Classification of neurotic disorders. *Journal of the Royal Society of Medicine, 83*, 606–607.

American Psychiatric Association. (2013). *Diagnostic and statistical manual of mental disorders* (5th ed.). Arlington, VA: American Psychiatric Press.

Areas, M., Roussos, A., Hirsch, H., Hirsch, P., Becerra, P. y Gómez Penedo, J.M. (2018). Evaluación de un dispositivo de investigación orientada a la práctica en el desarrollo de un sistema de feedback en psicoterapia. *Revista Argentina de Clínica Psicológica, 27*, 229-249.

Barlow, D. H. (2002). *Anxiety and its disorders: The nature and treatment of anxiety and panic* (2nd ed.). New York: The Guilford Press.

Barlow, D., Allen, L. B. y Choate, M. L. (2004). Toward a unified treatment for emotional disorders. *Behavior Therapy, 35*, 205–230. http://doi.org/10.1016/S0005-7894(04)80036-4

Barlow, D. H., Ellard, K. K., Fairholme, C. P., Farchione, T. J., Boisseau, C. L., Allen, L. B. y Ehrenreich-May, J. (2011). *Unified protocol for transdiagnostic treatment of emotional disorders: Client workbook*. New York, NY: Oxford University Press.

Baron, R. M. y Kenny, D. A. (1986). The moderator-mediator variable distinction in social psychological research: Conceptual, strategic, and statistical considerations. *Journal of Personality and Social Psychology, 51*, 1173-1182.

Beck, A. T., Rush, J., Shaw, B. y Emery, G. (1979). *Cognitive Therapy of Depression*. New York, NY: Guilford Press.

Beutler, L. E., Someah, K., Kimpara, S. y Miller, K. (2016). Selecting the most appropriate treatment for each patient patient. *International Journal of Clinical and Health Psychology, 16*, 99–108. http://doi.org/10.1016/j.ijchp.2015.08.001

Borkovec, T. D., Abel, J. L y Newman, H. (1995). Effects of Psychotherapy on Comorbid Conditions in Generalized Anxiety Disorder. *Journal of Consulting and Clinical Psychology, 63*, 479–483.

Bzdoc, D. y Karrer, T. (2018). Single-subject prediction: A statistical paradigm for precision Psychiatry. *Brain Network Dysfunction in Neuropsychiatric Illness: Methods, applications and Implications*. Springer Book. Recuperado de: https://hal.archives-ouvertes.fr/hal-01714822

Castonguay, L. G., Barkham, M., Lutz, W. y McAleavey, A. A. (2013). Practice-oriented research: Approaches and applications. En M.J. Lambert (Ed.), *Bergin and Garfield's handbook of therapeutic change* (6th ed.). New York: Wiley & Sons.

Constantino, M. J., Boswell, J. F., Bernecker, S. L. y Castonguay, L. G. (2013). Context-responsive psychotherapy integration as a framework for a unified clinical science: Conceptual and empirical considerations. *Journal of Unified Psychotherapy and Clinical Science, 2,* 1–20.

Cuijpers, P., Sijbrandij, M., Koole, S., Huibers, M., Berking, M. y Andersson, G. (2014). Psychological treatment of generalized anxiety disorder: A meta-analysis. *Clinical Psychology Review, 34,* 130–140. http://doi.org/10.1016/j.cpr.2014.01.002

DeRubeis, R. J., Cohen, Z. D., Forand, N. R., Fournier, J. C., Gelfand, L. A. y Lorenzo-Luaces, L. (2014). The personalized advantage index: Translating research on prediction into individualized treatment recommendations. A demonstration. *PLoS ONE, 9,* e83875. http://doi.org/10.1371/journal.pone.0083875

Dugas, M. J. y Robichaud, M. (2007). *Cognitive-behavioral treatment for generalized anxiety disorder: from science to practice.* New York: Routledge.

Eells, T. D. (2013). The Case formulation approach to psychotherapy research revisited. *Pragmatic Case Studies in Psychotherapy, 9,* 426-447.

Eustis, E. H., Hayes-skelton, S. A., Roemer, L. y Orsillo, S. M. (2016). Reductions in experiential avoidance as a mediator of change in symptom outcome and quality of life in acceptance-based behavior therapy and applied relaxation for generalized anxiety disorder. *Behaviour Research and Therapy, 87,* 188–195.

Etchebarne, I., O'Connell, M. y Roussos, A. J. (2008). Estudio de mediadores y moderadores en la investigación en Psicoterapia. *Investigaciones En Psicología, 13,* 33–56.

Etchebarne, I., Juan, S. y Roussos, A. J. (2016). El abordaje clínico de la preocupación en el trastorno de ansiedad generalizada por parte de terapeutas cognitivo conductuales de Buenos Aires. *Anuario Anxia, 22,* 6–20.

Gómez Penedo, J. M., Constantino, M. J., Coyne, A. E. y Antony, M. M. (2017). Markers for context-responsiveness: Client baseline interpersonal problems moderate the efficacy of two psychotherapies for generalized anxiety disorder. *Journal of Consulting and Clinical Psychology, 85,* 1000–1011.

Hayes, A. F. (2013). *Introduction to mediation, moderation, and conditional process analysis.* New York, NY: Guilford Press.

Hayes, S.C. (2004). Acceptance and commitment therapy, relational frame theory, and the third wave of behavioral and cognitive therapies. *Behavior Therapy, 35,* 639–665.

Hayes, S.C. y Hofmann, S.G. (2018a). Introduction. En S.C. Hayes y S.G. Hofmann (Eds.), *Process-based CBT.* Oakland, CA: Context Press

Hayes, S.C. y Hofmann, S.G. (2018b). Future Directions in CBT and Evidence-Based Therapy. En S.C. Hayes y S.G. Hofmann (Eds.) *Process-based CBT.* Oakland, CA: Context Press

Insel, T., Cuthbert, B., Garvey, M., Heinssen, R., Pine, D. S., Quinn, K., Sanislow, C. y Wang P. (2010). Research domain criteria (RDoC): Toward a new classification framework for research on mental disorders. *American Journal of Psychiatry, 167,* 748–751.

Juan, S., Etchebarne, I., Gómez Penedo, J. y Roussos, A. J. (2010). Una perspectiva psicoanalítica sobre el Trastorno de Ansiedad Generalizada: Raíces históricas y tendencias actuales. *Revista de la Sociedad Argentina Psicoanalítica, 14*, 197-219.

Jock, W., Bolger, K. W., Martin, J., Penedo, G., Waizmann, V., Olivera, J. y Roussos, A. J. (2013). Differential Client Perspectives on Therapy in Argentina and the United States: A Cross-Cultural Study. *Psychotherapy, 50*(4), 517–524. http://doi.org/10.1037/a0033361

Kazdin, A. E. (2002). Drawing valid inferences from case studies. In A. E. Kazdin (Ed.), *Methodological issues & strategies in clinical research (3rd ed. pp. 655–678).* Washington, DC: American Psychological Association.

Kraemer, H. C., Wilson, T., Fairburn, C. G. y Agras, S. (2002). Mediators and moderators of treatment effects in randomized clinical trials. *Archives of General Psychiatry, 59*, 877–883. http://doi.org/10.1001/archpsyc.59.10.877

Krueger, R. F. (1999). The Structure of Common Mental Disorders. *Archives of General Psychiatry, 56*, 921-926.

Mennin, D.S. y Fresco, D.M. (2013). Emotion Regulation Therapy. En J.J. Gross (Eds). *Handbook of Emotion Regulation.* New York, NY: Guilford Publishers.

Molenaar, P. C. M. (2004). A Manifesto on Psychology as Idiographic Science: Bringing the Person Back Into Scientific Psychology, This Time Forever. *Measurement: Interdisciplinary Research & Perspective, 2*(4), 201–218.

Newman, M. G., Castonguay, L. G., Borkovec, T. D., Fisher, A. J., Boswell, J. F., Szkodny, L. E. y Nordberg, S. S. (2011). A randomized controlled trial of cognitive-behavioral therapy for generalized anxiety disorder with integrated techniques from emotion-focused and interpersonal therapies. *Journal of Consulting and Clinical Psychology, 79*, 171–181.

Newman, M. G., Castonguay, L. G., Jacobson, N. C. y Moore, G. A. (2015). Adult attachment as a moderator of treatment outcome for generalized anxiety disorder: Comparison between cognitive–behavioral therapy (CBT) plus supportive listening and CBT plus interpersonal and emotional processing therapy. *Journal of Consulting and Clinical Psychology, 83*, 915–925. http://doi.org/10.1037/a0039359

Newman, M. G., Jacobson, N. C., Erickson, T. y Fisher, A. J. (2017). Interpersonal problems predict differential response to cognitive versus behavioral treatment in a randomized controlled trial. *Behavior Therapy, 48*, 56–68. http://doi.org/10.1016/j.beth.2016.05.005

Newman, M. G. y Llera, S. J. (2011). A novel theory of experiential avoidance in generalized anxiety disorder: A review and synthesis of research supporting a contrast avoidance model of worry. *Clinical Psychology Review, 31*, 371–382.

Newman, M. G. y Fisher, A. J. (2013). Mediated moderation in combined cognitive behavioral therapy versus component treatments for generalized anxiety disorder. *Journal of Consulting and Clinical Psychology, 81*, 405–14. http://doi.org/10.1037/a0031690

Newman, M. G., Przeworski, A., Fisher, A. J. y Borkovec, T. D. (2010). Diagnostic comorbidity in adults With generalized anxiety disorder: Impact of comorbidity on psychotherapy outcome and impact of psychotherapy on comorbid diagnoses. *Behavior Therapy, 41*, 59–72. http://doi.org/10.1016/j.beth.2008.12.005

Organización Mundial de la Salud (1992). *The ICD 10 classification of mental and behavioural disorders: clinical* descriptions and diagnostic guidelines. Geneva: Autor.

Paul, G. L. (1967). Strategy of outcome research in psychotherapy. *Journal of Consulting Psychology, 31*, 109-118.

PDM Task Force (2006). *Psychodynamic Diagnostic Manual*. Silver Spring, MD: Alliance of Psychoanalytic Organizations.

Persons, J. B. (2013). Who needs a case formulation and why: Clinicians use the case formulation to guide decision-making. *Pragmatic Case Studies in Psychotherapy, 9*, 448-456.

Ramseyer, F., Kupper, Z., Caspar, F., Znoj, H. y Tschacher, W. (2014). Time-series panel analysis (TSPA): Multivariate modeling of temporal associations in psychotherapy process. *Journal of Consulting and Clinical Psychology, 82*, 828–838.

Roemer, L., Orsillo, S. M. y Barlow, D. H. (2004). Generalized Anxiety Disorder. En D. H. Barlow (Comp.), *Anxiety and Its Disorders. The Nature and Treatment of Anxiety and Panic*. (2da ed.). New York: The Guilford Press.

Roussos, A. J., Gomez Penedo, J. M. y Muiños, R. (2016). A time-series analysis of therapeutic alliance, interventions, and client's clinical status in an evidence-based single-case study: Evidence for establishing change mechanisms in psychotherapy. *Psychotherapy Research*, 1–13.

Smith, B. y Sechrest, L. (1991). Treatment of Aptitude X Treatment Interactions. *Journal of Consulting and Clinical Psychology, 59*, 233–244.

Stiles, W. B., Honos-Webb, L. y Surko, M. (1998). Responsiveness in psycho-

therapy. *Clinical Psychology: Science and Practice, 5*, 439–458.

Thompson-Hollands, J., Sauer-Zavala, S. y Barlow, D. H. (2014). CBT and the future of personalized treatment: A proposal. *Depression and Anxiety, 911*, 909–911.

Tschacher, W. y Ramseyer, F. (2009). Modeling psychotherapy process by time-series panel analysis (TSPA). *Psychotherapy Research, 19*(4–5), 469–481.

Waltman S.H. y Sokol, L. (2017) The Generic Model of Cognitive Behavioral Therapy: A Case Conceptualization-Driven Approach. En S.G. Hofmann y G.J.G. Asmundson (eds.) *The science of cognitive behavioral therapy*. Oxford: Academic Press.

Wells, A. (2009). *Metacognitive therapy for anxiety and depression*. New York: Guilford Press.

Westra, H. A., Constantino, M. J. y Antony, M. M. (2016). Integrating motivational interviewing with cognitive-behavioral therapy for severe generalized anxiety disorder: an allegiance-controlled randomized clinical trial. *Journal of Consulting and Clinical Psychology, 84*, 768–782. http://doi.org/10.1037/ccp0000098

Wolitzky-taylor, K. B., Arch, J. J., Rosenfield, D. y Craske, M. G. (2012). Moderators and Non-Specific Predictors of Treatment Outcome for Anxiety Disorders: A Comparison of Cognitive Behavioral Therapy to Acceptance and Commitment Therapy. *Journal of Consulting and Clinical Psychology, 80*, 786–799. http://doi.org/10.1037/a0029418

Esta edición se terminó de imprimir en mayo de 2019, en los talleres de Imprenta Dorrego s.r.l., ubicados en Av. Dorrego 1102, Ciudad Autónoma de Buenos Aires, Argentina.